시각예술에서의 탐구

예술실행연구

● Graeme Sullivan 저 | 김혜숙 · 김미남 · 정혜연 · 최성희 공역

Art Practice as Research
Inquiry in Visual Arts (2nd Edition)

학지사

Art Practice as Research: Inquiry in Visual Arts

by Graeme Sullivan

Korean translation copyright © **2015** by Hakjisa Publisher, Inc.
The Korean translation rights published by arrangement with
SAGE Publications, Inc.

Copyright © 2010 by SAGE Publications, Inc.

역자 서문

이 책의 저자인 그램 설리번은 현재 미국 펜실베이니아 주립대학교 미술교육과에 재직하면서 다양한 저술 활동과 예술 활동을 병행하여 왕성하게 활동하고 있다. 이 책은 내용이 보강되면서 2010년에 개정판이 발간되었으며, 이 책의 번역은 개정판을 토대로 하였다. 이 책을 읽으면서 놀라움을 금치 못하는 것은 예술을 보는 저자의 분석적이고 비평적인 시각과 이를 이론화하는 적극적인 자세다.

많은 예술가들이 예술 활동을 하고 있고 학교에서 그리고 미술관 및 박물관에서 다양한 미술교육을 실행하고 있음에도 불구하고 이론화하거나 또는 다양한 이론들을 미술 활동으로 실제화하는 것은 결코 쉬운 일이 아니다. 저자는 1990년대 초반부터 시각예술가의 비평적이고 반성적인 사고과정과 시각예술이 채택하는 탐구의 방법론에 관해 연구해 오고 있다. 이 책의 목적은 시각적 사고과정과 예술의 실행과정에 대한 연구를 증가시키는 데 있다. 저자는 예술실행에서 현재 논의되고 있는 포스트모던 철학과 예술가의 작업 등을 접목하고 분석하면서 예리한 통찰과 시각으로 예술교육의 중요성을 제시한다. 또한 이를 통해 미술교육은 우리의 생활 곳곳에 현존하는 것들에 관한 다양한 시각과 방향에서 연구할 수 있는 기틀을 제공하며 동시에 가능성을 제시한다. 현재 예술실행연구와 관련해서 많은 연구자들이 지속적으로 논문을 발표하고 있는 점을 감안할 때 이 책이 미술교육에 관심 있는 많은 연구자들에게 도움이 되었으면 하는 바람이다.

우리나라에는 현재 국제적인 비엔날레와 크고 작은 아트 페어, 미술전시회

등 많은 전시회가 개최되고 있다. 우리는 전시회에서 미술품을 감상하고 예술가의 생각을 읽어 내면서 세상과 교감하고 소통하며 우리 자신의 내면세계를 일깨우고 지평을 넓혀 간다. 예술가는 사람들의 삶을 나름대로의 통찰과 감성으로 재해석하고 독특한 작품세계를 창출한다. 예술가가 의미와 상징을 담아 다양한 매체와 표현 방법을 활용해 만들어 낸 작품들을 만나고 조우하면서 우리는 새롭게 자신을 성찰하고 우리 주변을 둘러보게 된다. 그러한 경험은 세상과 소통하는 창구가 되면서 한편으로 내면의 나를 만나는 시간이 된다.

저자는 많은 동료들과 예술가들과의 적극적인 도움과 조언이 있었기에 이 책이 가능했다고 말한다. 이 책에 담긴 내용들을 되도록 정확하게 번역하려고 노력하였다. 그럼에도 혹시 오역이 있거나 잘못 번역된 부분이 있다면 너그럽게 이해해 주기 바란다. 이 책의 번역을 함께 해 주신 교수님들께 감사드리며, 이 책의 번역을 흔쾌히 수락해 주신 학지사 김진환 사장님과 편집을 맡아 애써 주신 편집부에도 깊은 감사의 말씀을 드린다.

2015년 9월
역자 일동

『예술실행연구(*Art Practice as Research*)』는 상당히 많이 업데이트되고 수정 되었다. 이번 판은 본능적인 인간의 창작의 욕구가 어떻게 개인적으로 그리고 대중적으로 중요함을 지닌 탐구를 위한 도구로서 좀 더 충분히 이해될 수 있는 지 알고 싶어 하는 독자가 늘어 가고 있는 데 대한 대답이기도 하다. 2005년 원 본이 출판되었을 때, 시각예술 연구라는 독특한 분야는 연구집단사회에 꾸준 하게 확실한 충격을 주었다. 다양한 학문의 최전방을 가로질러 일어나는 연구 에서의 시점의 변화는 정보와 통찰의 필수 근원으로서 시각 이미지들에 대해 오랫동안 지체되어 온 관심을 가져올 것이다. 『예술실행연구』는 예술가가 교 육, 사회 그리고 문화 분야의 연구 사회에서 독특한 역할을 수행하고 있음을, 그리고 어떻게 창의적이고 비판적인 실행이 인간의 이해를 변형시킬 수 있는지 를 설명해 준다.

예술 분야 전반에서 가장 광범위한 이미지의 사용은 예술기반 교육 연구 (arts-based educational research)에서 이루어지고 있다. 그리고 이것은 재현의 새로운 형식들에 방법적 지평을 열어 줄 것이다. 예술기반 교육 연구는 질적 연 구와 직접적 연계를 가지며 북아메리카에서 아주 현저하게 이루어지고 있다. 시각적 연구 방법 분야는 또한 분야를 기반으로 하는 전통 위에서 세워진 연구 실천들이 우리가 매일 마주치는 광범위한 이미지기반 세계를 탐구하는 데 사용 된다. 이런 종류의 시각적 탐구는 대부분의 경우 전 세계적으로 사회정치학적 그리고 다중매체 형식의 문화 비판적 연구에 몰두하는 학계에서 발견된다. 그 러나 예술가는 계속 사회적 비평들을 만들어 내고 있음에도 불구하고 그들이 모든 범위의 인간, 문화적 그리고 미학적 전통과 실천을 총망라하여 창작하려는 충동에 의해 움직이기 때문에 사회과학자는 아니다. 뿐만 아니라 예술가이면서 교사이기도 한 이들이 모든 범위의 개인적 그리고 상상의 능력들을 사용하려는 욕망에 의해 움직이기 때문에 예술은 단지 교육 문제를 풀기 위해 사용하는 도구 이상의 것이다. 따라서 시각예술은 사회문화적 맥락과 교육환경에서 중요한 역할을 맡고 있다. 그러나 예술적 실행은 좀 더 많은 것을 하고 있다. 그리고 이것이 바로 이 책이 다시 쓰인 이유다.

왜 『예술실행연구』가 필요한가

『예술실행연구』는 우리가 살고 있는 세계를 심층적으로 이해할 수 있도록 돕는 지식을 만들어 내는 시각예술 연구의 역량과 그것을 이해하기 위해 우리가 어떻게 배워야 하는지를 탐구하고 설명한다.

상상력 풍부한 탐구를 통해 예술가가 만들어 내는 의미는 그들 주변의 것들과의 조우로부터 수집된(collected) 것이지만, 그 의미는 또한 예술가의 경험에 대한 반응에서 창조된(created) 것이다. 그들은 우리가 모르는 것으로부터 새로운 이해를 만들어 내고 이것은 우리가 아는 것을 완전히 바꾸기 때문에, 이것이 바로 예술가의 탐구적 정신의 독특함이다. 뿐만 아니라 예술 창작을 연구 문화 안에 위치하게 할 때 상상력 풍부한 실행은 새로운 진실을 드러낼 수 있는 역량을 가지기 때문에, 예술실행연구는 연구의 지평을 열고 그 속에서 예술가와 미술교육자를 자리하게 한다.

『예술실행연구』의 이야기는 그 첫 번째 출판 이후로 여러 가지 새로운 국면들이 전개되어 왔다. 이 책을 처음 만났던 독자는 세계 도처에 흩어져 있었다. 예술 전문가들의 성장하는 네트워크는 예술을 창작하고, 조우하는 인간의 중요한 경험이 어떻게 소수자보다는 다수자에 의해 이해될 수 있는지 재정의하기 위해 예술적 탐구의 역량을 탐구하였다. 거기에는 앎의 예술적 형식들이 우리가 살고 있는 점점 더 복잡해지는 세계를 이해하는 데 있어 우리의 이해에 어떻게 공헌하는가에 대한 공유되는 믿음이 있다. 이것은 단순한 해결법을 위한 탐색 또는 연구가 예술 전문가를 도발하는 명백한 답들을 찾아낼 것이라는 천진난만한 개념이 아니다. 그것은 반대로, 지나치게 단순화하는 것은 많은 책임들을 지워 버리기 때문에, 일상의 문제에 대한 창의적인 반응을 찾기 위해서는 독립적 사고가 필수적이다. 그들의 실행이 예리하고, 강력하며, 두려움이 없다고 생각하는 예술가는 모든 환경 속에서 모든 종류의 탐구이론과 실행을 기꺼이 살피려고 할 것이다.

『예술실행연구』가 어떻게 활용될 수 있는가

대학 내의 연구단체는 종종 연구를 위한 새로운 가능성에서 공통의 관심을 공유한다. 다른 분야의 탐구적인 파트너들과 함께 협력하면서 개인적 비전을 추구함으로써 창의적인 전통과 테크놀로지를 활용한 스튜디오기반 연구를 책임지는 중요한 장이 된다. 『예술실행연구』는 각 장들이 초점들을 바꾸면서 연구에 대한 다른 방식의 생각들을 계속해서 함께 가져오기 때문에, 이것은 흥미를 높이는 방법의 역학으로서보다는 나타나는 아이디어가 중요하다. 교수가 대학원 수업을 할 때 학생은 이슈와 아이디어를 확인하면서 그들에게 이야기하고 있는 진입 포인트를 발견할 것이고, 이것은 학생이 자기 고유의 탐구 방향을 구축할 수 있게 도와주는 데 유용할 것이다. 실기를 가르치는 교사에게 있어 소개되고 있는 이론, 실행 및 개요는 혼란에 빠지기 쉬운 넓고도 느슨한 범위들을 다룰 수 있게 할 것이다. 그러나 그것은 학생에게 전체적인 아이디어를 고치게 하는 작업이 되고, 그들이 알고 있던 것은 변화를 위한 선택이 될 수 있을 것이다. 결국, 창의성은 종종 그것이 되밀치기를 포함할 때 가장 예리하게 느껴진다. 교사교육 담당자에게, 이 책의 장들은 어떤 것을 만듦(making)의 중요성에 대한 확고한 믿음에 의해 유지되고 있다. 그리고 만약 학습이 학생의 마음속에 실재하는 것이라면, 그것은 또한 학생이 만드는 것임에 틀림없다. 우리가 손에 물체를 잡을 수 있게 되자마자 무언가를 만들기 시작하고 생각이 뒤따르기 때문에, 그렇다면 어떤 의미에서 학습은 나이에 의해 결정되는 것이 아니다. 예술적 추구에 의해 어느 정도 마음을 빼앗겼다고 공언하는 지도자에게, 연구는 소통이 중요하기 때문에 줄거리가 풀리는 바에 따라 엄청난 대화들이 이루어진다. 때때로 중요한 요점은 평범한 만큼 그림, 색칠 또는 화소로 가장 잘 전달될 것이다.

『예술실행연구』의 주요한 특징은 무엇인가

『예술실행연구』를 구별할 수 있는 여섯 가지 주요 특징들이 있는데, 그것들은 요약에 상세히 명시될 수 있다.

1. 아이디어(Ideas): 이 책은 아이디어들로 풍부하다. 그리고 이것들은 이론과 실행이 보여 주는 깊고도 사려 있는 방법으로부터 출현한다. 시각예술은 그 단순함에 우아함이 있으나 또한 다루고 있는 이슈와 활동의 깊이에 민감하다. 예술적 탐구는 거의 무한한 범위를 다루기 때문에, 연구 언어로 개념화될 때 거기에는 이론적 복잡함이 있다. 그러나 복잡성과 단순성은 예술 실행에서 창의적 긴장감을 제공한다.

2. 정체성(Identity): 연구 형식으로서 예술 실행을 위해 요구되는 독립적인 정체성이 있는데, 이는 다른 종류의 연구들과 구분 지어 준다. 창의적이고 비판적인 탐구는 알려지지 않은 것을 탐험하면서 연구 요구들에 응답하며, 이 탐구는 알고 있는 것을 비평하는 데 필요한 중요한 점들을 제시해 준다. 이것은 새로운 지식을 구성하는 연구의 목적이 다른 관점으로부터 도달될 수도 있음을 의미한다.

3. 이야기(Story): 이 책을 관통하고 있는 이야기의 주제는 당신 고유의 연결점을 찾는 것이 필요하다는 것을 말하고 있다. 왜냐하면 예술의 중심부와 연

구의 중심부에는 인간의 참여와 우리에게 그리고 우리를 위해 이야기하고 있는 이야기의 소유권이 있기 때문이다. 제7장에서 인용한 논평은 연구가 분석에서 시작되고 이야기에서 끝나며, 예술도 그러하다고 이야기한다.

4. **구조(Structure):** 이 책은 독자를 안내하기 위해 조직되어 있으나 독자는 어느 곳에서부터도 시작할 수 있다. 장(chapter)의 구조들을 활용한 정연한 규칙성의 외연과 전체에 걸친 구조의 기하도형적 배열에도 불구하고, 연구가 실행으로 들어갈 때 연구 규칙, 과정 그리고 프로젝트는 그들 고유의 구조를 지닌다. 이 책에서 표현된 관점은 지식이 유동적이고 필요한 형태에서 이루어질 때 대부분 유용한 정보를 주고 실용적이며, 또한 그것이 이런 유동적 상태에 이르면서 연구가 요구되며, 그것은 단단하면서 아직 불안정한 아이디어로 시작한다.

5. **공간(Space):** 이 책은 모두 8장으로 이루어져 있다. 그러나 창조된 공간은 예술 작업이 종종 활동의 중심 주변부에서 조직되는 방식과 유사하다. 텍스트 도처에 다른 방식들로 정보에 연결될 수 있는 기회들이 열리는 많은 장소들이 존재한다. 관련 텍스트, 늘어난 삽화에 대한 설명, 예술 작품 이미지 그리고 도표는 여러분의 생각이 어디 있는가에 따라 다른 사이트나 자료로 안내하며, 포털사이트처럼 도움을 준다. 그래서 학습 공간이 변화한다. 그리고 때때로 핵심은 예술 작품 활동 기간 동안 그리고 그 후에 나타나기 때문에, 이런 형식은 예술 실행의 열린 특징을 유지하게 한다.

6. **도달(Reach):** 이 책의 마지막 독특한 특성은 이 책이 다루고 있는 내용이 미치는 범위를 확장시키고 있다는 것이다. 지구상의 다른 지역과 다른 국가에서 다른 형태로 이루어지는 연구에의 새로운 접근 영역이 주어진다면, 그것은 논쟁에 도움이 되는 집단적 정신을 최대한 잘 이용하기 위해 이런 성장과 발달을 가져오는 것이 필요할 것이다. 결과로서 『예술실행연

구』는 국제적으로 이런 도달을 이루었다.

제2판의 새로운 점은 무엇인가

내용 범위, 독자의 요구들 그리고 많은 예시들에 대한 논의의 필요성의 증가로 부가적인 장들이 포함되었다. 초판 이후 중요한 문헌들이 출판되었고, 그들 중 대부분이 명문집(anthologies) 형태를 취하였다. 이것은 새로 출현한 분야들이 임계량(critical mass)을 발전시키기 시작하는 방법이다. 따라서 『예술실행연구』와 같은 책이 이러한 문헌에 맥락을 제공하는 것은 매우 중요한데, 그래야 그 분야가 계속해서 논쟁을 통해 아이디어들과 이슈들을 형성해 줄 수 있기 때문이다. 제3장 '실행과 그것을 넘어서'는 특히 영국, 유럽 그리고 오스트랄라시아(Australasia)에서 급격히 진행되고 있는 실행기반 연구에 대한 논쟁을 함께 가져온다. 이러한 변화는 미국 시각예술 대학교육이 암시하는 것의 관점에서 논의되었다. 미국 시각예술 대학교육은 시각예술 실행이 보이는 것을 넘어서는 것에 대한 특별한 거부감을 보여 왔다. 마지막 장인 제8장 '시각예술 프로젝트'는 두 가지 목적을 덧붙이고 제공하고 있다. 이 장은 시각예술에서의 탐구 실행의 중심 유형으로서 예술 전시 프로젝트를 위치시키고, 연구 언어로 맥락화되는 일련의 예술가들의 작품에 간단히 주목한다. 예시를 제공하는 것뿐만 아니라, 이 장은 또한 이 책 전반에서 제시하는 구조틀이 탐구로서 예술 실행의 경계들을 확장시키기 위해 수행될 수 있는 다양한 실행과 프로젝트를 위한 가장 가까운 근사치임을 보여 준다. 취지는 무언가의 시작이 되기 위해 이 책의 결론을 제공하는 것이다.

『예술실행연구』의 목적은 텍스트가 상상력 풍부한 그리고 독립적인 탐구를 수행하는 데 시각예술 전문가에게 제공하고 도와야만 하는 것이 무엇일까에 기반을 둔 대안적 방식들을 격려하기 위한 것이다. 따라서 웹 사이트(http://www.artpracticeasresearch.com)는 이 책의 내용을 다른 형식들로 열어 주기 위해 개발되었다. 2005년에 이 책이 처음 출판된 이후로 전문가 집단들이 예술실행연구를 많은 다른 이유와 목적을 위해 사용했는데, 이것은 새로운 연구를 만들어 내기 위한 예술적 탐구의 역량과 의식적 실행을 이야기하는 것이다. 웹 자원은 아이디어, 이미지 그리고 이슈의 개발과 교환을 위한 장이며, 이는 『예술실행연구』 이번 판에서 탐구하고 있는 실행에 형식을 부여하기 위한 유연한 구조를 반영한다.

차 례

Chapter 02 패러다임의 상실   79

Chapter 03 실행과 그것을 넘어서   135

Chapter 08 시각예술 프로젝트　　369

서론

시각예술 연구의 개관

연구 목적으로서의 예술 실행, 즉 시각예술에 대한 탐구의 목적은 예술가에 의해 맡게 되는 상상력이 풍부하고 지적인 작업 자체가 연구의 한 형태임을 주장하기 위함이다. 대다수의 경우, 개인적 · 사회적 · 문화적 조사 분야로서의 시각예술은 사회적 이슈가 되는 논쟁의 주류에서 배제되었다. 현대 미술은 종종 당혹스럽고 이해하기 힘든 것으로 간주된다. 여론을 야기하고 분열시키는 경향 때문에, 예술가가 하는 일이라는 것은 대부분 오해를 불러일으키기 십상이다. 심지어 학교 및 고등교육기관에 포함되어 있다 하더라도, 시각예술 프로그램은 정규 교과목 분야만큼이나 중요하게 수용될 수 있도록 분투하고 있다. 이 책에서 필자가 주장하는 것은 시각예술에서 학습의 지적 서열에 관한 기존의 오해로 인해 예술의 학구적이고 문화적이면서 동시에 사회적인 중요성이 극도로 폄하되고 있다는 점이다. 이를 다시 숙고하기 위하여, 연구에 관한 논의에서 예술 실행의 이론적 기초를 탐구하는 세부 설명이 주어지게 된다. 제시되는 내용은 연구로서의 예술 실행의 이론이다.

필자의 접근 방식은 예술가가 사용하는 이론, 실행 및 맥락에 기반을 둔 조사의 한 형태로서의 시각예술을 검토하는 것이다. 스튜디오, 갤러리 및 인터넷상에서, 아니면 커뮤니티 공간이나 예술가가 작업하는 기타 다른 장소에서 발생하는 비판적·창의적 탐색은 스튜디오 예술 실행에 기반을 둔 연구 형태라 볼 수 있다. 사회과학으로부터 행하는 조사방법론을 채택하지 않더라도, 시각예술 실행에서 탐구되는 연구 관행은 사회과학에서의 연구 목표가 유사하나 상이한 연구와 상호 보완적인 노선을 따름으로써 달성될 수 있다는 견해를 지지한다. 공통된 점은 체계적 조사에 관심을 가진다는 점이지만, 이는 참신할 뿐 아니라 인간의 이해를 변모시키는 능력을 지닌 지식을 구축하는 데 상상력과 지성이 하는 역할에 주목하는 방식이라 볼 수 있다.

▮▮ 시각예술 이론과 실제의 변화된 요구 ▮▮

학부 및 대학원 교육 분야로서, 시각예술은 고등교육에서 오랜 역사를 지니고 있다. 그러나 그 분야가 정의되는 방식은 한결같이 제도적 구성의 범주 안에서 그것이 어떻게 지각되는가 하는 데 영향을 미친다. 아카데미의 전통은 시각예술에 대한 수많은 제각각의 개념을 잉태한다. 예를 들어, 시각예술이 교양과목에서의 바람직한 경험으로 간주될 경우, 그 가르침은 예술에 관하여 학생을 더 생동감 있게 하고 계몽하기 위한 전문가 수준의 문화 관광객의 능력에 달려 있다. 역사적 조사로 간주될 경우, 시각예술 연구는 미술사, 순수 미술 및 인문학 사이의 연계를 기반으로 하며, 이는 정립된 연구 방식이 활용되면서 이러한 것이 제도적 신뢰성 정도를 보장하고 있음을 의미한다. 시각예술이 재능을 타고난 개인이나 별난 개인의 영역으로 간주될 경우, 이는 존중 아니면 무관심과 한데 묶여 간주될 수도 있다. 만일 문화적 재생 양식으로 간주될 경우, 시각예술은 장점과 가치를 결정하는 예술세계의 관행의 일부로 파악된다.

수많은 나라에서, 미술 및 디자인의 각 학교들은 바우하우스(Bauhaus)에 영감을 받은 형식주의의 국제주의나 아카데미의 아틀리에(작업실) 전통에 기반을 두고 종종 그리는 원칙에 충실한 프로그램을 제공한다. 종합하면 미술 기관은 고등교육의 주류로부터 대부분 분리되어 잔존해 왔고, 책임에 대한 요구가 예술계의 전문적·직업적 기대치 안에서 충족된다. 그러나 최근 수십 년간 산업의 경제적 합리화와 정보 서비스 및 교육기관에 대한 영향과 더불어, 이제는 교육이나 전문가적 규율이 분리되어 잔존할 수 없게 된 것이다. 21세기의 시작과 더불어, 대다수의 서구 나라들에서 직업학교는 대학으로 탈바꿈해 왔다. 고등교육의 보다 광범위한 제도의 일부가 되어 온 미술 및 디자인 학교와 더불어, 새로운 의문점이 출현하게 된다. 예를 들어, 과학이 제도적 규약하에 잘 정립된 반면, 시각예술이 의존하는 그에 상응하는 실무 관행과 변화의 매개체는 무엇인가? 만일 새로운 지식을 정립하는 연구 패러다임과 방법론적 틀을 갖추고 있다면, 급속하게 변모하는 세계의 도전에 대응하는 데에서 어떤 전통과 관행이 시각예술을 지지하는가?

비록 미국에서는 대다수의 학부 및 대학원 시각 예술과정이 대학 내에 위치해 있기는 하지만, 대개의 경우 그것은 별개이며 어느 정도는 분리되어 있는 프로그램으로 잔존한다. 그러나 사용자 지불정책이 제대로 자리를 잡아 감과 더불어, 자금 지원 할당이 생산성 요구와 차츰차츰 더 연계되어 가고 있다. 대학에서 떠맡은 두 가지 주요 활동은 연구와 교수(가르침)이기 때문에, 그것은 대부분 측정 가능한 결과의 문화적 범주 안에 그 틀을 잡을 수 있는 연구로 귀결되며, 이는 대다수의 연구 결과가 순위를 매길 준비가 되어 있고 또 그런 사조로 변모해 갈 것이 뻔하기 때문이다. 교육의 표준화를 목도함에 열중하는 연구 결과들은 같은 방향으로 총체적 규모의 움직임을 증진시키고 있다. 그 결과, 시각예술 부서와 예술교육 프로그램은 계량화 가능한 결과에 관하여 자신들이 할 수 있는 일을 정당화할 것을 더욱더 요구한다.

시각예술 공동체 사이의 일반적 태도는 과거에는 이러한 종류의 학문적 변화를 점잖게 무시해 왔다. 과도한 신뢰성의 확장이라는 제도적 범주에도 불구하고, 바라는 바는 그것이 또한 사라지는 것이다. 교사교육과 같은 교육적 관심과 밀접하게 공조를 맺고 있는 해당 프로그램에서 강제력은 교육위원회, 인가 기능 및 그와 같은 후원자의 정책적 요구범위를 충족하도록 좀 더 정교화되어야 한다. 그러나 정치와 정책을 강화시키는 현 풍토에서 예술가가 행하는 이미 인정받은 권력에 대해 자본화하는 우리의 제도적 장치 안에서 시각예술에 대한 새로운 기회가 과연 실현 가능할까?

수많은 이에게, 시각예술이 지속적으로 새롭게 재정의되어야 할 필요성은 예술가가 행하고 말하는 것과 예술작가의 그것에 형태를 부여하는 이론과 관행의 범위 내에서 나오는 변화와 개발에 대해서는 조건부일 수밖에 없다. 시각예술 프로그램이 이제 대학 체계의 일부인 몇몇 국가에서 새로운 도전에 직면하

프랭크 쉬프린과 버너비 루이(Frank Shifreen & Barnaby Ruhe). 〈재미를 더한 폰티악 (Souped-Up Pontiac)〉, 2008년 5월 10일의 미술 이벤트. 미시간 주 폰티악.
사진: 길라 패리스(Gila Paris)

개장일에 우리는 지역사회의 인디언 원주민의 도움으로 주술적 의식을 시작했다. 버너비는 무의식적 표현주의로 그림을 그렸다. 나는 재료와의 일부 연계를 추구하고 있었다. 나의 그림들은 내가 젊은 폰티악으로 간주했던 한 젊은이로 드러났으며, 다른 것은 폰티악 시의 (가톨릭의) 화체설(化體說)이었다(Frank Shifreen, 개인적 면담, 2009. 3. 17.).

예술가가 하는 일이란 예술을 창작하는 것이다. 수많은 화가들에게, 이것은 새로운 관심사들이 자신의 풍부한 상상력에 도전을 불러일으킴과 동시에 확대하거나 좁히게 되는 지속적 과정이다. 프랭크 쉬프린에게 있어서 자신의 예술에 대한 강렬한 집중은 대중의 관심사에 대한 그의 헌신에 의해 가장 잘 이해된다. 개인적 실재와 공적 참여 사이의 균형은 창의적이고 비판적인 행위가 관객을 끌어들이기 때문에 교육적 결과를 낳고 있으며, 이 사실은 학습에 대한 기회를 터놓게 한다. '재미를 더한 폰티악'은 미국 인디언 원주민 추장과 쇠락하는 자동차 산업의 좀 더 최근의 역사를 내포하고 있는 미시간 타운에서 착수된 행사였다. 폰티악의 역사는 지역공동체를 위한 혼재된 실재와 병합하고 미술 이벤트는 참여자와 방문객 사이의 대화를 제시하였다.

고 있다는 점은 새로운 제안 가능성을 점칠 수 있음을 의미한다. 예술 분야 교수진은 이제 교사로서뿐만 아니라 연구자로서 자신의 책임을 상정해 볼 필요가 있으며, 이것은 혁신과 변화의 새로운 분위기에 대응하는 데 제도적 구조를 개방하는 것이다. 이것은 일반적인 비관에도 불구하고 현존하는 지식경제는 세계적 규모에 머뭇거리며 그리고 이전 같은 어떤 것들이 지속되도록 실행의 합리성으로 가장한 과거의 진부한 문구를 의심하게 한다. 정신이 들게 만드는 점은 공동체와 국가 및 민족을 넘어 제 위치를 차지했던 제도와 구조가 불가분하게 연결되어 있다는 자각이다. 또한 알려진 바는 공동체 내에 존재하는 욕구와 신념 및 문화적 이해에 영향을 주는 변화의 양식으로 느껴진다는 것이다. 그러므로 시대의 도전에 대한 상정 가능한 반응은 유지 가능한 변화의 특질을 포착할 기회가 거의 없는 지표들을 좁히는 차원에 한정되기 쉽다.

시각예술과 같은 분야를 대학의 연구 문화 속에 포함시키는 것에 대해 시각예술 실행의 기초에 불필요한 요소를 삽입하는 행위로 보거나 혹은 경제적 기회주의의 활동으로 보는 이들은 그 의미를 제대로 파악하지 못한다고 볼 수 있다. 시각예술은 이러한 불확실성의 시대에 대학이 해야 할 일을 재정립하는 데 도움이 될 수 있는 수많은 요소들을 제공할 수 있다. 하지만 시각예술을 포함시키는 작업은 반드시 다양한 이론과 실행을 통해 그것도 지속적으로 현대 미술에 특징적인 목소리와 비전을 제공할 수 있어야 한다. 이것이 이 책을 저술하는 이유이기도 하다.

대학과 다른 기관에서 수행하는 연구는 지속적으로 문제를 해결하고, 혁신하며, 비평하는 작업을 수행할 뿐만 아니라 창조 활동을 계속적으로 해 나가며, 그렇지 않을 경우를 대비해 새로운 변화를 모색할 수 있는 가능성을 창출하는 데 필요한 지식을 생산할 수 있는 능력을 갖추고 있어야 한다. 그리고 그것은 고등교육이 이행해야 할 중요한 역할에 대한 기대감을 높인다. 많은 학자들과 실천적 예술가들이 일반적으로 예술, 특히 시각예술이 새로운 프로그램의 개발과 협업 및 프로젝트 활동을 통해 예술가 특유의 능력을 충분히 활용하여 심층적 방법으로 현상을 생산하고 비평함으로써 연구 문화 발전에 지대한 공헌을 하고 있음을 인정하는 것은 그리 놀라운 일이 아니다.

제도적 풍토가 변하고 새로운 예술 활동의 기회들이 열림에 따라, 시각예술 프로그램을 운영하는 많은 학부들이 직면하고 있는 도전 과제는 스튜디오에 기반을 둔 교육 및 예술 학습 전통을 전문 교육과정뿐만 아니라 창의적이고 비평적인 탐구의 영역으로 상정하지 않으면 안 된다는 것이다. 이 책에서 필자가 주장하는 것은 고등교육의 제도적 환경 내에서 예술 스튜디오는 연구의 장으로 간주될 수 있다는 점이다. 또한 모든 다양한 형태의 예술 실행은 학문적인 예술계의 조사에 대비될 수 있는 연구의 한 형태가 될 수 있음이 설득력 있게 주장될 수 있다. 현재의 전문직과 직업 및 교육 수요 안에서 시각예술과 예술 교육 학부 및 학생들이 스튜디오를 기반으로 신뢰할 수 있고 지속 가능한 연구를 수행할 수 있을 것이라는 기대가 점점 더 커지고 있다. 따라서 시각예술 연구에 대한 접근법은 기존의 체제와 서로 관련을 맺고 시도되어야 하나, 그것 자체에 의해 가려져서도 안 된다. 『예술실행연구』에 제시되어 있는 논지에 따르면, 시각적 연구 방법론은 스튜디오 실행 내에서 근거가 되어야 하며, 해당 방법들은 엄격한 제도적 기준과 까다로운 예술계의 기대를 충족할 수 있을 만큼 강인하다 볼 수 있다.

▌▌『예술실행연구』 ▌▌

『예술실행연구』에서는 세 가지 내용을 다룬다. 즉, 연구로서의 예술 실행을 위한 맥락, 연구로서의 예술 실행의 이론화 그리고 시각예술 연구 실행이다. 제1부 '연구로서의 예술 실행을 위한 맥락들'은 물리적 세계와 문화적 세계를 검토할 수 있는 보다 폭넓은 수단들의 맥락 내에서 예술적 탐구의 출현에 대한 역사적 설명을 제공한다. 제2부 '연구로서의 예술 실행의 이론화'에서는 시각예술 실행은 이론적으로 정당한 탐구의 영역이며, 수많은 배경과 상황에서 수행되고 있는 연구에 대한 변형적 접근법이라고 주장한다. 제3부 '시각예술 실행 연구'

는 연구에 알맞은 시각화 실행 및 전략의 범위뿐만 아니라 몇몇 모범 프로젝트의 사례들도 보여 주고 있다.

제1부 '연구로서의 예술 실행을 위한 맥락들'은 이 책의 논지에 바탕이 되는 역사적·문화적 기초를 수립한다. 제1장 '색소에서 화소로'는 과거 사립 및 공립 교육 현장에서의 시각예술 전통이 어떻게 사회적·교육적 변화를 겪어 왔는지를 비롯하여 오늘날의 제도권 및 예술계의 실행을 살펴본다. 더불어 예술 이론과 실제에 대한 변화된 생각도 다루고 있다. 문화의 불을 밝히는 자로서, 인간의 비실제적인 것을 추구하는 자로서 그리고 교육자로서 예술가의 지위는 예술가의 전문직 개발과 함께 문화적·제도권적 그리고 디지털 분계의 세계에서 오늘날 도전을 통해 만들어진다. 비록 예술의 문화적 관련성이 확실히 그것의 사회정치적 역할, 즉 학문적 원리 및 교육의 기본 형식으로서 다른 인식에 기속(羈束)되어 있지만, 시각예술은 지속적으로 혁신의 장을 열어 놓고 있다.

제2장 '패러다임의 상실'은 19~20세기에 지식이 제도화됨에 따라 등장하게 된 강력한 탐구의 실천을 살펴본다. 권위주의적 정치와 합리성의 발달에 따라 과학이 지배력을 행사하게 되고 이에 따라 시각예술은 신뢰할 수 있는 지식과 통찰력의 근원으로서 그 지위를 유지하기가 힘들었다. 하지만 포스트모더니즘과 비판적 이론 및 사회를 기반으로 한 질적 연구의 개념들에 의해 제기된 도전 과제들은 연구와 실행을 변경할 수 있는 새로운 기회들을 제공하게 되었다. 예술에 기반을 둔 연구가 현재 논의되고 있으며, 이는 북아메리카에서 교육적 문제들에 대응하기 위한 한 방편으로 급속하게 성장해 왔다. 또한 예술의 전문성 연구와 알토그래피(artography)를 포함한 다양한 방법들을 반복적으로 논의하고 있다.

제1부의 마지막 장인 제3장 '실행과 그것을 넘어서'는 실현을 다룬 것으로, 불확실한 세계에서 인간 이해를 탐구하는 폭넓은 의미들을 개발할 필요가 있으며 그리고 그것을 위해 시각예술은 중요한 역할을 할 수 있다. 이 장에서 다루는 역사적 패턴은 연구의 실기기반 형태들의 출현에 초점을 맞춘 것으로 영국, 유럽 그리고 오스트랄라시아에서는 현저하게 다가왔으며, 이것은 실행기반 연

구 또는 실행선도 연구로 분류된다. 시각예술 탐구의 이런 형태들은 미술 실기를 기반으로 하며 그리고 많은 국가들에서 시각예술의 박사학위 개발에서 핵심 구성 요소들이다. 이런 방향은 '예술 실행은 연구의 형태다.'라는 논의를 위한 강한 이론적 주장을 개발하기 위한 기반으로 재검토되고 있다.

제2부 '연구로서의 예술 실행의 이론화'는 이론적 기반을 확립하는 것으로, 시각예술 실행은 이론에서 확실하고 방법에서 튼튼한 탐구의 형태로서 제안되며 그리고 창의적이고 비판적인 결과를 중요하게 초래할 수 있다. 제4장 '연구로서의 예술 실행'은 이론화의 진행을 고찰한 것으로, 이는 탐구의 기본적인 기초가 되면서 연구에서 핵심 요소가 된다. 이론화의 역할을 받아들이는 것은 그것들을 설명하기 위해 분석하고 종합하는 것으로 개념적인 문제해결 전략들을 활용하며, 이는 새로운 실행들을 이행하는 데 도움을 준다. 이 장의 논의는 탐구의 중요한 목적을 설명하는 것으로, 인간 이해의 양상은 설명 체계의 범위를 넘어서며 그리고 여기에서 통찰은 우연적·추론적·예언적인 수단의 결과가 아니다. 이론화의 상이한 종류들은 도구적인 것에서부터 수단에 따른 접근 방법들, 반성적 사고와 행위에 기초한 실행기반 전략들에 이르기까지의 범위에서 활용되는 방법들이 서술되고 있다. 연구로서의 예술 실행과 이런 실행들의 출현을 형성하는 제도상의 조건들에 대한 논의들이 재검토된다. 이러한 분석을 통해 관련된 그리고 변형적 연구의 형태로서 예술 실행 이론화를 위한 구조가 제시된다. 자기유사성의 개념을 추진한 편조된 유추는 연구로서의 예술 실행의 동적인 유연성을 포착하여 활용한다.

제5장 '시각적 앎'은 예술적 실행의 인식의 근거들을 고찰한다. 과학에서 생각의 패턴 및 앎의 특정한 방법으로 정렬된 단순한 이분법과 예술에서의 경험을 통한 느낌의 형태는 다루지 않는다. 현대 예술실행에서부터 교육환경에 이르기까지 그리고 신경과학에서 새로운 개발은 연구의 범위를 이끌어내는 논의를 지원한다. 시각예술 실행은 인간 이해의 형태이며, 이러한 인지과정은 다양한 미디어, 언어 그리고 이미지와 물체로부터 의미를 만드는 데 활용되는 상황을 통해 분포한다. 이것은 시각예술 앎을 위한 구조에서 서술된다. 예술가의 작

업실에서의 활동을 고찰하는 연구를 진행하면서, 필자는 시각적 앎에 영향을 끼치는 인식과 상황적 요소를 폭넓게 구체화하여 확인하며, 이것을 초인지로 서술하고 있다.

제2부의 마지막 장인 제6장 '이론가로서의 예술가'는 새로운 지식의 창작과 비평을 위해 활용되는 예술가의 작업실과 그 밖의 그런 장소는 이론적으로 강력하며, 방법적으로는 탐구의 튼튼한 장소가 됨을 논의한다. 시각예술 실행 이론화의 방법에 대한 논의를 함께 이끌어 내면서 필자는 실행가를 위한 사례를 만들었는데, 여기에서 예술가-이론가는 연구자로 그리고 연구되는 것으로 보일 수 있다. 또한 이 장에서는 우리가 누구인지, 우리가 무엇을 하는지 그리고 우리가 무엇을 알고 있는지에 대한 우리의 이해를 촉진하도록 예술가에 의해 활용된 확장된 실행에 초점을 두고 있다. 디지털 환경, 문화협력 그리고 공동체 공간에 의해 그러한 것들이 전개되는 것처럼, 그런 장소는 창의적이고 비판적인 탐구를 위한 새로운 장소를 창출하며, 그것은 연구의 각기 다른 형태와 상상적 실행을 위한 기회를 제공한다. 필자는 예술가가 이런 장소를 가정된 범위를 혼란시키는 방식으로 탐구하는 것을 논의하였다. 또한 어떻게 실행과 이론이 비판적·학예사적·문화적 견해로 융합되는가를 살펴보는데, 그것은 시각예술 실행 연구의 상황 안에서 고려되고 있다.

제3부 '시각예술 실행 연구'의 목적은 두 가지다. 첫째, 시각예술 연구는 탐구로서 특징지어지며, 이는 문화적 상황, 제도상의 환경, 디지털 환경, 정보 예술, 자생적 견해 그리고 연구를 위한 새로운 길을 열어 주는 그 밖의 영역을 포함한다. 이와 같이 시각예술 연구 실행은 탐구의 다양한 분야들에서 추구되는 창의적이고 비판적인 조사로서 제시된다. 또 다른 목적은 시각예술 연구 프로젝트를 시각화하고 계획하면서 포함되는 많은 개념적 쟁점을 고려하는 것이다. 도전은 유용한 제안을 제공하지만, 그럼에도 규정된 방법들에 저항하는 경향이 있다. 예술가-이론가에게 있어 강제된 작업이더라도 기술적 수단, 간결한 디자인 또는 문제가 되는 견해들은 새로운 지식의 창의적 구성에서 오랫동안 인정된 실행이다.

제7장 '실행의 시각화'는 책을 통해 제시된 정보를 확립하며 연구, 이론 및 실행은 아이디어, 정보 그리고 실재하는 학문의 범위에 도전하는 소통적 형태와 함께 극복되어야 하고 확대되어야 함을 논의한다. 이론과 실제를 연결로서 정의하며, 구조를 보는 예술가, 과학자, 교사 그리고 그 밖의 사람들은 상상적인 탐구의 하이브리드 형태를 조사하는 방법을 전개한다. 이 장은 또한 앞 장에서 서술한 아이디어에 의거해서 시각예술 연구 프로젝트 개념화를 위한 구조를 제공한다. 시각화의 차원들은 아이디어, 자료, 텍스트, 문제를 활용한 시각적 경험, 과제, 조우 그리고 예술 활동에서 깊이 함축되며 제시된다. 연구 프로젝트들을 검토하고 디자인하기 위한 비판적이고 창의적인 실행 또한 간략히 설명하고 있다.

이 책의 마지막 장인 제8장 '시각예술 프로젝트'에서는 시각예술 연구 내에서 전시의 역할을 좀 더 상세하게 논의하고, 예술품과 예술기반 프로젝트의 윤곽을 그리는 일련의 작은 예시를 제시하는데, 이는 이 책에서 주도한 논의들을 구성할 수 있다. 2007년 베니스 비엔날레의 사례에서 프로젝트는 뉴욕의 브루클린에 소재한 펄 스트리트 갤러리에서 진행되었으며, 예술 실행과 혼합한 일련의 박사학위 연구를 간략하게 서술하고 있다. 이 장에서는 『예술실행연구』에 제시된 논의에 대한 반영과 함께 결론을 내린다. 요지는 만약 시각예술 실행을 연구로서 볼 수 있다면, 이것은 성문화에 저항해야 하며, 새로운 가능성을 향해 개방적이고 유동적인 채로 남아 있어야 한다는 것이다.

▍▎ 『예술실행연구』의 활용 ▎▍

이 책에서 만들어진 의미들은 이것이 구조화된 방법들에 의존하지 않는다. 연구로서의 예술 실행을 서술하는 이론적 구조의 층을 제시하기 위해 역사적·개념적·실행적 쟁점을 내세우는 논의들을 총 3부로 조직하여 논리를 펼치고 있다. 그럼에도 이런 분야들은 회화연작이 상황 특수성과 시각적 탐구에서 광범위한 패턴의 일부로서 진행하는 연작의 부분으로서 분리된 연구가 될 수 있는 독립적인 위치로 고려될 수 있을 것이다. 따라서 제시된 정보는 개인적으로 관련 있게 그들 스스로의 의미들을 재방문하고 재구성하도록 독자를 격려한다. 역사적 상황, 연구 전통, 이론적 강변, 비교비평 또는 시각예술 연구를 안내하는 좀 더 실용적인 지침에 대한 질문은 텍스트 해석의 다양한 방법들을 이끌 것이다.

　이런 종류들의 논의를 격려하기 위해, 각 장에서는 텍스트를 보충하도록 부가 요소들을 포함한다. 실례와 설명적 미주들을 제공하는 목적은 제시한 몇몇 아이디어의 기초에 도움을 주며 깊은 논의를 위한 출발점을 제안하기 위한 것이다. 대부분의 경우에서 이러한 것들은 예술가 작업의 예증으로 고정된다. 아이디어의 형태가 주어지고 프로젝트가 계획되는 다양한 방법들을 설명하기 위해서는 예술가 실행의 깊이와 넓이를 확인하는 방법으로서 실례들을 포함하는 것이 필요하며, 그 외의 구성 요소는 개념의 도표와 그것들의 관계들을 포함한다. 텍스트의 중심적 주제 중 한 가지는 시각 연구 전략의 활용을 증진하는 것이다.

　부차적인 것들과 그 외의 열려 있는 본문 전략들의 포함은 교사로서의 필자의 경험과 어떻게 시각예술 교수와 학생이 정보를 검색하고 활용하는가에 대한 평가를 기반으로 한다. 다른 사람의 예술 작품을 읽는 것처럼, 주어진 캡션에서 또는 정보의 본능적 개관을 통해 처음부터 자세히 살펴보는 여러 가지 방법으로 장들을 읽을 수 있을 것이다. 장들에서 첨가되는 몇몇 요점을 제공함에 있어 독자가 재료를 온전하게 받아들이고 정보 제공에 반응하는 것이 이 오리엔테이션의 목적이다. 그러므로 각 장에 있는 몇몇 언어기반 및 이미지기반 영역은 별개의 정보를 포함하며 그리고 이것들은 또한 장의 내용에서 참조가 된다. 이런 대화의 강조는 쟁점이 일어나고, 경험을 도전하거나 또는 확인하면서 그리고 가능성이 고려되면서 책의 넓은 여백에 독자가 연필로 메모하고, 그림을 그리고, 도표할 수 있을 것이다. 논의와 논쟁의 이런 요소는 시각예술 탐구의 특성으로 작업실에서 또는 교실, 갤러리 또는 지역사회의 공공의 공간에서 행해진다.

예술 실행의 유연적 본질에 대한 이해를 격려하고 연구 상황 내에서 구성될
때 그것이 생산되는 것을 이해하는 것은 『예술실행연구』에서 텍스트 요소들이
정보 사이트와 포털로 디자인되며, 그것들은 대화를 진전시키는 데 조력을 할
온라인 자원(http://www.artpracticeasresearch.com)으로 링크된다.

사이드바 포털은 정보의 별개 아이템들로 그것은 내용의 어떤 것을 설명하
는 실례들을 준다. 대부분의 경우 이것들은 특정한 예술가들의 작업과 관련
있다.

도표 포털은 논의된 개념을 설명하기 위해 이 책에서 광범위하게 활용하였
는데, 시각적 설명의 활용이 우리가 하고 있는 것의 핵심에 있는 연구 전략이기
때문이다. 많은 경우에 도표들은 애니메이션 연속처럼 실제 시간에서 잘 볼 수
있는 역동적인 연속들과 관련하며, 그것은 책의 온라인 웹사이트에서 발견할
수 있다.

대부분의 텍스트들처럼 『예술실행연구』는 색인 용어뿐만 아니라 많은 인용
문과 참고문헌을 포함한다. 그러므로 인용 포털은 인터랙티브 위키 포맷을 활
용하여 부차적인 온라인 참조 정보를 제공하며 내용은 그것을 활용하는 사람들
에 의해 대부분 결정된다. 이것은 정보형성의 개념적이고 실행적인 범위를 확
대할 것이다.

유사하게 이 책의 구조는 텍스트의 많은 부분이 장들 내에서 독립적인 하위
절로 읽힐 수 있도록 디자인되었다. 텍스트 포털에서 제시된 아이디어들과 쟁
점들처럼 이것은 더 나아가서 온라인 논의의 가능성을 열어 주며, 공간적 위치
에서 교수자원으로서 텍스트의 활용을 향상시킨다.

마지막으로 미주들은 간혹 실례들의 활용과 링크에 의해 텍스트에서 세부적
인 설명과 관련 정보를 추가하기 위해 광범위하게 활용하였다. 미주 포털은 많
은 방향들에서 대화를 가능하게 하는 기발한 자원들을 제공한다.

이 책에서 연구로서의 예술 실행의 접근 방법들이 제시된 것은 현대 예술가
들과 함께 연구를 지휘하고 대학교육기관들에서 가르친 필자의 경험들 그리고
예술가로서 필자의 독창적인 방법으로 작업하며 얻은 지식을 기반으로 한다.

제시된 논의의 기저가 된 것은 지난 20년 넘게 예술가들과 함께 협력하여 진행한 몇몇 연구 프로젝트들이며, 이것들은 텍스트 전반에서 논의된다. 이 작업과 평행하여 필자는 대학에서 학생들을 가르쳤다. 필자는 시각예술 연구 방법들에서 강좌들을 개발하였고 현재 학위 논문을 쓰는 박사학위과정에 있는 학생들을 지도하고 있으며, 그것들은 연구 방법의 범위를 확장하면서 여기에서 논의된 접근 방법의 많은 것들과 통합한다. 마지막으로 필자는 예술가로서 작업한다. 필자에게 적용되면서 아마도 다른 이들에게도 관련 있는 중요한 점은 한 사람의 예술 실행, 교수전문성 그리고 연구 프로젝트들은 유사한 교육적 조건과 탐구성 내에서 모두 적용되며, 당신은 그 결과를 결코 예측할 수가 없다는 것이다.

필자는 불확실한 탐구에 대한 간략한 이야기와 함께 결론을 맺는다. 1990년대 초반부터 필자는 거리작업을 하였는데, 거리작업은 특정한 장소에서 느껴지고 구성되며 제한된다. 이런 작업들은 길거리에서 발견된 재료들로부터 만들어지며 물체와 장소들에 반응하면서 시작되고, 부분적인 재구성과 결과로서 일어나는 추가시험 그리고 다른 진행들로 이어지면서 알지 못하는 길로 지속적으로 전개된다. 발견된 물체들의 복구와 재생의 작업은 오랜 전통을 가지고 있고, 이런 재료들로 만들어진 작품들이 되돌아온 거리는 유쾌하게 불명료한 변화의 진행을 지속한다. 예술품으로서 그것들은 함께 살 수 있는 좋은 친구들이다. 그러나 흰 벽면 위의 그것들의 존재는 서민 생활의 에너지에 의해 천천히 고갈된다. 그러므로 이런 작품들을 거리로 보내거나 벽에, 다리 밑에, 좁은 통로에, 공원에 또는 바위에 설치하더라도, 그것들은 다른 것과 우연히 만나게 된다. 필자에게 이것은 시각예술에서 교육적 역할의 일부분을 반영하는 것인데, 미술품의 생명이 짧거나 짧은 조우가 이루어지더라도 어느 누구도 그 결과를 전혀 알 수 없기 때문이다. 이런 불확실성은 무익한 것이 아니며, 이것은 우리가 물체를 다르게 보도록 제안하는 시각예술의 핵심이 된다.

Part

연구로서의 예술 실행을 위한 맥락들

Chapter 01

색소에서 화소로

네 가지의 역사적인 조건이 시각예술 실행의 등장을 특징짓는다. 첫 번째는 비평적 시각이다. 예술가들은 일상생활의 문제들을 계속해서 탐구하고 스튜디오 예술 실행을 통하여 우리의 지각을 간섭하기를 계속한다. 두 번째는 반성적 행동이다. 이것은 예술가나 이론가가 예술계에 영향을 미치고 또한 역동적으로 변화하는 경험과 지식의 세계에 영향을 받는 방식에 따라 특징지어진다. 세 번째는 기술적 주체다. 이것은 이미지 메이킹 기술이 팽창됨에 따라 스튜디오 예술 실행이 어떻게 시각 문화 전반에 걸쳐 흡수되는지를 보여 준다. 마지막 역사적인 주제는 미술 교수 지침에 관한 것이다. 수년 동안 문화적·교육적 기저가 된 것은 시각 문화로 여러 가지 방법이 모색되면서 예술가-교사는 그들의 교육적 실행을 다양화하며 변모하였다. 이러한 조건들이 영향을 미침에 따라, 미술에서의 학습이라는 애매모호한 개념은 교육과정, 즉 교육을 통하여 교수되어야 하는 내용을 전형화하려는 방향과 충돌하면서 새로운 아이디어로 자리를 잡아 가기 시작하였다. 아카데미에서 만들어진 전통적 예술 실행의 관습들과 경쟁할 수 있도록, 여러 가지의 다른 권위들이 스튜디오에서 창조된 급진적 예술 실행을 위한 모델로서 내세워졌다. 그럼에도 이런 불확실한 실행을 결합하는 것은 열정으로, 그것은 상상력과 지적인 힘을 위한 마음을 아름답게 보이게 하였다.

이 장에서는 근대 예술가들이 '새로운' 도전에 맞닥뜨릴 때마다 주로 행하던 여러 관행들을 검토한다. 이러한 혁신들은 예술가와 예술가-교육가에 대한 훈련이 제도화될 때 대학교육에서 교수 방법의 패턴과 함께 연구되었다. 그 범위는 아카데미에서 카페로, 교실에서 스튜디오로, 그리고 가상세계로 움직이면서 진화했고, 특정한 시대에는 예술가의 역할에 대한 관념이 변화되었다. 계몽주의 초기에는 분석가로서의 예술가 또는 기술자로서의 예술가에 대한 관념이 융성하였다. 20세기 중반까지, 교사로서의 예술가는 명확히 확인할 수 있는 하나의 사회 현상이었고, 창조적인 우상 파괴주의자로서의 예술가에 대한 기대가 그 시대를 지배하고 있었다. 1960년대의 사회봉기에 힘입어, 예술가세대는 미술학교를 창조적 자유와 개방성의 표상으로 만들었다. 1970년대와 1980년대에, 런던에 있는 골드스미스 컬리지(Goldsmith College)와 로스앤젤레스에 있는 칼아트(CalArts)와 같은 학교들은 대중문화의 산실이 되었다. 예술가는 미술학교에서 가르치는 것을 하나의 사회적인 현상에 참여하고 개입하는 것으로 인식하였고, 이러한 분위기는 학생으로 하여금 예술가가 되는 것을 흥미롭게 탐구하도록 격려하였다. 골드스미스 컬리지에서 오랫동안 수석 튜터였던 마이클 크레이그 마틴(Michael Craig Martin)은 그 시대 분위기를 다음과 같이 표현했다.

그 당시 기존의 권위는 추락했고, 모든 것은 회의의 대상이 되었다. 당연히 미술교육도 그 회의의 대상이 되었다. 영국에서는 모든 관습적인 제한점들이 의심과 회의의 대상이 되었기 때문에 교육에서 새로운 시도를 하는 것이 가능하게 되었다. 그리고 당신이 그것들을 무시하거나 행하지 않기를 원했다면, 그것도 용인되었다(Madoff, 2007, p. 76 재인용).

그러나 이러한 가능성은 오래가지 못했다. 1990년대 포스트모던 문화정치학에 대한 비판글에서, 로버트 휴즈(Robert Hughes)는 미술학교에서 "실기를 넘어 이론, 도제를 넘어 치료, 기본을 넘어 전략"을 장려하던 그의 친구를 신랄하게 비난하기 시작하였다(1993, p. 193).

예술가에 대한 교육이 주류 문화의 전형으로부터 고립된 천국에서 잘 이루어질지, 문화적 생산물의 이론과 실제를 적극적으로 포괄하는 공동체에서 가장 잘 행해질지는 여전히 난제로 남아 있다. 그러나 예술 실행은 현대 미술계든지 또는 교육기관이든지 간에 계속적으로 다양한 예술세계의 요구들을 조정하기 때문에 탄력적이고 회복력 또한 있는 것이다.[1] 또한 거기에는 당대의 문화적 정치학과 미학에 의문을 제기하는 새로운 시각과 이미지에 형태를 부여하는 시각예술과 저항력 또한 존재한다. 그러나 혁신적인 예술 활동과 가시적으로 눈에 보이는 경제성에 대한 요구는, 소위 매릴린 스트래선(Marilyn Strathern)이 "오딧 컬처(audit culture)"(2000, p. 2)라고 묘사한 책무(accountability)의 추종을 만들어 낸 글로벌 시대에 예술가와 학자가 무시할 수 없는 새로운 도전에 직면해 있다고 보아야 한다.

미술학교와 대학의 시각예술 활동은 내적 · 외적 자원에 의한 목적과 정체성에 대한 질문에 답해야만 했다. 이것은 모더니즘부터 포스트모더니즘까지 그리고 지그문트 바우만(Zygmunt Bauman, 2007)이 "유동적인 시대(liquid times)"라고 묘사한 현재에 이르기까지, 풍부한 역사적인 유산의 일부가 되었다. 예술가는 이러한 불확실한 시대를 다루기에 적절하다. 오늘날의 현대 예술가들은 부분적으로 이론가이며 행위미술가이기도 하고, 때로는 프로듀서, 설치가, 작가, 엔터테이너 그리고 샤먼이 되기도 한다. 이들은 물질, 사건, 미디어, 텍스트 그리고 시간을 재료 삼아 무언가를 창조하는 사람들이기 때문이다. 그리고 이 모든 것은 실제의 세계에서 창조되기도 하고, 모방된 또는 가상의 세계에서 발생하기도 한다. 예술 실행의 이러한 특징들은 시각예술에 대해 우리가 생각하는 방식을 변화시키고 제도화된 구조에서 우리가 행동하는 방식에 영향을 끼쳤다. 예술 실행은 우리가 살아가는 불확정성의 세계 안에서 오랫동안 인간의 조건에 대해 생각하는 새로운 방식을 격려하고 때로는 비판하는 창조적인 탐구의 수단이 되어 왔다.

▌▎ 연구 프로젝트로서의 계몽 ▎▌

계몽은 인간의 사고와 행동에 중요성을 부여하며 자연의 기본 속성을 설명하는 장대한 목적의식을 가진 연구 프로젝트로서 시작하였다. 이러한 새로운 패러다임은 다른 어떤 것보다 모든 영역에서 이론과 실제를 혁신하는 지식의 형태로서, 이성주의 철학의 출현을 목도하는 세계관을 반영한다. 자연과학 영역에서 경험주의 연구와 논리적 추론에 관한 자연과학의 급진적 견해는 마음(mind)에 관한 중세의 관념에 도전하는 것이었다. 앎에 대한 욕구의 증가는 계몽주의 프로젝트가 공동의 일이 되었다는 것을 의미한다. 질문에 대답하기 위해 그에 맞는 방법론이 고안되어야 했고, 그다음에 질문들이 제기되었다. 그리고 이것은 사상가나 창조가(maker) 모두에게 상상력이 풍부한 통찰력을 요구했다. 이 시대의 유산은 이론이 예술 활동을 지배하고 형성해 버린다는 것을 의미했다.

17, 18세기 철학자들이 발달시킨 비판적 시각(critical vision)은 거의 모든 측면에서 인간에 대한 이해를 건드렸다. 급진적인 이분법은 몸과 마음을 분리시켰고, 그에 관한 논쟁은 권위를 무색하게 만들었다. 회의주의가 논리에 기반을 둔 확실성에 대한 신념에 도전장을 내밀었고, 데카르트가 촉발한 진리와 실제에 대한 회의는 이 시기의 화두 중의 하나가 되었다. 진리에 대한 확실성을 추구하는 것부터, 진리가 진리가 아닐 가능성을 입증하는 것이 과학적 탐구와 비판적 논리 추구의 한 초점이 되어 갔다. 우주는 손에 잡힐 만한 것이라고 여겨졌고, 진리는 이성적 방법과 경험적 방법론을 통하여 발견되었다.[2] 자연계만 예측 가능하고, 통제될 수 있으며, 법칙에 지배되는 것이 아니라 인간계도 그러했고 예술계도 마찬가지였다. 인간이 이러하리라고 간주되는 템플릿은 기계적인 정확성에도 적용되지만 느낀다는 것, 생각하는 것, 행동한다는 것이 이

 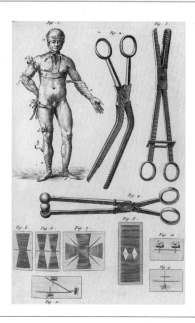

데니스 디드로(Denis Diderot, 1713~1784)와 장 르 롱 달랑베르(Jean Le Rond d'Alembert). *Encyclopedia, or a Systematic Dictionary of Science, Arts, and the Trades*에 기재된 항목. 수술(Chiru-rgie). 뉴욕 시 소재 컬럼비아 대학교 애버리 조각 및 순수미술 도서관, 컬럼비아 대학교의 허락을 받아 게재함.

     미술의 사색적이고 실제적인 측면…… 모든 예술이 그것의 사색적이고 실제적인 측면을 가졌다는 것은 자명하다. 전자는 예술의 원칙들을 아는 것으로 이루어졌고, 후자는 습관적이며 무의식적인 적용을 의미한다(Diderot & d'Alembert, 1965, p. 713, 원문에서 강조).

    '어떻게' 자연세계가 설계되었고 '누가' 그것을 만들었는가에 대한 질문은 오랫동안 철학적·과학적·예술적 세계의 중요한 논쟁거리였다. 예를 들어, 16세기에 바사리(Vasari)는 미학적·도덕적 신념을 설파하면서 창조과정에 대한 그의 명백한 견해를 보여 주었다. 실명과 실재에 근거한 르네상스 예술가들의 삶의 기록인 『예술가들의 삶*(Lives of the Artists)*』(1993)이라는 책의 서문에서, 바사리는 예술적 사고를 신의 섭리의 현현이라고 묘사하였다. 신의 섭리에 따라서 "예술가는 그들의 인도자로서 자연을 소유하였는데, 그 자연은 그들의 교사를 위한 가장 순수한 지성이며, 아름다운 모델이 되었다"(p. 9). 예술가가 창조한 이미지는 신이 설계한 이 세계의 거울이 되었고, 시각적 진리와 이상적 형태에 대해 완벽한 모범답안이 되었다. 교수 방법은 예술가를 모방해야 할 천재로서 존경하는 것이었다. 그러나 그다음 세기인 17세기경에는 우리를 둘러싼 것들이 무엇인지를 상상하는 임무가 신학보다는 백과사전식 지식에 의하여 적절하게 설명될 수 있었다.

    디드로와 달랑베르(1965)의 수술에 관한 장의 비유에서 보여 주듯이, 인간과 자연의 제반사에 대하여 연구하는 것은 새로운 지식 체계를 구축하기 위하여 기구와 기술의 설계에 대한 탐구를 요구한다.

러이러할 것이라는 또는 정확히 규명되어야 할 부분은 명확하게 설명되지 않았다.

계몽주의 시대에 나타난 실행의 패턴에서 과학자와 예술가는 세계가 어떻게 움직이고 있는가를 이해하고자 하는 공동의 목적을 공유하는 것으로 보았다. 그 당시 과학자는 질서정연한 우주를 관점, 수준, 시각의 정제된 설명적인 상세함으로 만들어지는 것으로 보았다. 다른 이들에게 익숙한 관찰과 탐구를 위한 접근 방법을 사용함으로써, 과학자는 같은 의견을 가진 실행가들의 공동체를 만들 수 있었다. 반면에 예술가는 새로운 시대의 십자선을 통해 세계를 보는 것에 편치 않았다. 많은 예술가에게 인간의 조건은 렌즈를 통해 보는 것처럼 실재의 삶의 단면으로 구획되지 않는다. 그리고 이런 불확실성은 강렬한 개인적인 비전을 가져왔으며 그러한 것들은 동시대의 삶과 정신을 이해하는 데 도움이 된다.

예술과 과학에서 주의 깊은 탐구

탐구의 새로운 방법이 의미하는 것은 개념적 체계가 이분법적 용어에서 가장 잘 보인다는 것이다. 실재(reality)는 관념과 이미지, 이론과 실제, 객관적 상태와 주관적 상태와 같이 이분화된 이성과 신체의 세계에서 존재했다. 계몽이라는 연구 주제가 온전히 실행될 즈음에, 지식이 개념화되고 시각화되는 방법은 합리성이라는 새로운 종교를 낳았다. 예술가와 과학자는 자연과 그 안에서 인류의 장소가 좀 더 이해되도록 노력하였다. 많은 경우에 이러한 영역은 예술가에게 사회적 지위와 권위를 부여하면서, 지식을 창조하는 개개인의 천재들의 출현을 통해 입증되었다. 세련된 시각적 활동과 이미지 메이킹 기술은 예술이 과학처럼 작품제작, 전시 그리고 해석으로 그 범위를 확장시키는 것을 의미한다.

유럽의 계몽주의의 시대정신은 기술적 진보와 지식의 제도화라는 측면에서 예술가에게 다른 역할을 요구하는 것을 가능하게 했다. 개인의 자유가 제도적으로 천명되었던 진보의 시대에 예술교육을 위한 새로운 책임과 기회가 생겨났다. 모든 시민을 위한 하나의 권리로서 교육에 접근하게 되었고, 적어도 이론상으로라도 이것은 인간에 대한 이해를 위한 주체로서 과학과 예술에 새로운 중요성을 부여했다. 예술교육은 아카데미를 모델로 하여 발전되었다. 애플랜드(Efland, 1990)는 이것의 기본 개념을 "예술학의 보편적인 지식에 대한 탐구를 기반으로 하여, 예술 활동의 철학과 이론이라는 지식이 연주회에서 연주하는 학생과 교사에 의하여 공유되고 발전될 수 있는"(p. 29) 세팅으로서 묘사하였다. 표준적인 미술내용에서 형식화된 미술지도가 의미하는 것은 미술지식이 자연에 기초하였음에도 불구하고 성문화되었으며, 이것은 숙련된 교사들의 이론을 통해 변화하였다는 것이다.

　기계시대의 학문 전통은 점점 새로운 제조업을 위한 기반 산업으로 기능했고, 드로잉은 디자인 기술과 발맞추어 갔다. 따라서 예술 기법은 글쓰기의 기술

〈열정 그리기(Drawing the Passion)〉. *Elements of Drawing in All Its Branches*, Plate IV, 찰스 르브런(Charles LeBrun)을 모방한 에칭. Yale Center for British Art, 폴 멜론(Paul Mellon) 소장품.

　17세기경 프랑스 학술원의 영향력 아래에서, 미술에 관한 강연과 실기실에서의 교수, 특히 실물 드로잉은 무엇을 그려야 하는가에 대한 것뿐만 아니라 누가 그것을 소유하고 볼 수 있었는지를 명확하게 정의해 놓았다. 아서 애플랜드(Arthur Efland, 1990)가 적고 있듯이, 찰스 르브런의 에칭에서 얼굴표현을 통한 인간의 감정과 열정의 묘사는 실행의 표준으로 색인되었다.

들과 유사해 갔고, 모든 사람에게 문화적 추구를 위해서가 아니라 생활을 위한 기술로 가르쳤다. 이러한 직업정신은 예술 활동이 그 경계를 넓혀 가는 데 그리고 예술가를 기술자, 분석가, 삽화가, 의사소통 전문가와 연구자로서 새로이 자리매김하는 데 일조했다. 시각적 기록장치로서, 유물이나 신화를 묘사하고 새로운 발견을 기록하기 위하여 예술가는 오목동판화법과 같은 새로운 기술을 사용했다. 이렇게 구체적으로 묘사된 입체물들은 사고방식을 묘사하였고, 사람들이 새롭게 분류된 사물들을 귀납적으로 이해하는 것을 도왔다. 지암바티스타 피라네시(Giambattista Piranesi)가 만든 놀라울 정도로 세부적으로 묘사된 에칭에 대하여, 바버라 스태포드(Barbara Stafford, 1996)는 다음과 같이 설명하였다.

> 그[피라네시]는 가망 있는 순수미술에서 그가 그 자신을 훈련시킨 것처럼 관찰자를 훈련시켰으며, 그것은 표면적으로 고립되고 분산된 물체의 미로를 지식적으로 판단하는 것에 의해서 미지의 것을 예측하게 한다. 건축가이자 에칭 판화가는 부분들을 해부하거나 시각적으로 해체하는 것으로 시작하여 자신이 분리해 놓은 것들을 영웅적인 시각적 조망으로 종합하는 것으로 끝을 맺었다(pp. 32-33).

스태포드(1996)는 예술 실행이 이 시대의 주의 깊은 활동으로 비쳐질 수 있는 유사한 관련성을 만들었다. 예를 들어, 해부학은 분석가로서의 예술가의 작업을 합리주의 철학자의 작업과 유사한 것으로 인식 가능하도록 했다. 합리주의 철학자가 "연역적인 삼단논법에 의하여 일관적인 사고를 연역적으로 해부하는 것과 유사하게, 해부학은 격렬하게 발가벗기는 것에 의하여 감각이 없는 신체를 심문하는 것"(pp. 36-37)이었다. 이런 측면에서 예술은 합리적 사고를 위한 시각적 도구였다. 예술 활동이 확대되어 감에 따라 예술 작품과 예술가-관람자 사이의 관계 또한 변화되었다. 문화적인 생산물에서 이러한 통제는 보고 수집하고 관조하는 예술의 사회적이고 교육적인 기능을 활성화하였고, 새로운 예술의 지위를 누리는 것을 가능케 했다. 스태포드가 "18세기 과학기술은 기분 좋은 바라봄을 사유화하는 것을 도모하였다."(p. 24)고 설명하듯이, 특권화된 계층에서 유지되던 과거의 예술에서 이러한 문화자본에 대한 신념은 지역적으로 기능적인 필요만을 만족시키던 장인의 활동과는 다른 것이었다. 그 결과, 학문적인 연구로서의 예술과 실질적인 추구로서의 예술 사이의 구분은 확장되었다.

　계몽주의 시대에 발생한 이러한 사고방식은 시대의 분명한 아이콘이 되었고, 우리의 시각적 사고의 방식마저 급격하게 변화시켰다. 절차를 중시하는 마인드(the procedural mind)가 형성되기 시작했으나, 아직은 세계를 통치하는 방식에서 확고한 신념으로는 무리였다. 반면, 모든 것에 대해 질문하는 마인드(the probing mind)는 직관력과 지적 능력에 의해 날카로워졌으며, 탐구라는 것이 무엇인지에 대한 사고를 확장시켰다. 지방분권적인 마인드(the provincial mind)는 온 지구를 여행하며 돌아다니는 것을 가능케 했지만, 아직 다른 사람의 관점에는 무지하였다. 경건한 마인드(the pious mind)는 도덕이라는 안전한 천국에 안착하였고, 격론을 벌이는 마인드(the polemical mind)는 맹목적인 신앙에 대한 논쟁과 혼돈되기 일쑤였다. 그러나 모더니즘을 향해 가속화하게 한 것은 바로 이러한 다양성이었다. 그러나 연구 과제로서, 합리적 이성에 바탕을 둔 추론이라는 방법론을 기반으로 하여 보편적 진리에 대한 추구와 계몽에 대한 전망을 추구하는 것은 부적절하다는 것이 입증되었다. 어떤 이에게는 혁신적인 인간의 진보로 보였던 것들이 다른 이에게는 진정성의 결여로 여겨졌다.

❚❙ 진보에 대한 전망 ❙❚

　19세기경 문화적 활동의 유산, 제도적 절차 그리고 개인적 열망은 사고와 이미지와 이념이라는 혼란스러운 세계를 창조해 내었다. 근대성과 진보에 대한 추구는 사회적 대격변과 예측하지 못한 규모로 침투한 비서구문화에 대한 경험에 의해 잠잠히 묻혔다. '논쟁'보다는 '부정'이라는 특징을 지니는 도덕적 캠페인은 과학의 승리를 누그러뜨렸다. 과학적 탐구와 예술적 탐구 사이에는 모종의 새로운 연합이 생겨나고 있었지만, 이러한 새로운 관계는 제도화된 교육적 활동이 되었을 경우에는 불안정한 요소를 내포하고 있었다. 따라서 진화하는 근대의 아이디어의 시대는 경쟁하는 표준의 시대로서 볼 수가 있을 것이다.[3] 시각예술에서도 예술은 개인적 재능, 문화적 집합체, 사회적 섬세함, 직업 또는 가정에서 필요로 하는 직업으로 다양하게 인식되는 것처럼, 중요한 차이점은 뚜렷하다.

예술과 문화에서 정체성 위기

19세기 중반에 예술가나 사회의 논평가가 직면하고 있었던 불확실성에 대한 통찰은 그 시대의 대중적 논평이나 일반교육을 위한 쟁점을 합리화하려는 교과서의 내용들과는 구분될 수 있었다.

미국 동부의 몇몇 주에서는 *The Independent*나 *The Christian Union*과 같은 작은 규모의 신문들이 모더니즘이 기존에 불변할 것으로 믿었던 신념에 도전할 때 직면할 수 있는 딜레마를 부각하였다. 그 시대의 교육 텍스트들을 살펴보는 것은 그 시대를 이해하는 데 좋은 시도가 될 것이다. 예를 들어, 『페일리의 도덕과 정치철학(*Paley's Moral and Political Philosophy*)』(Paley, 1838)은 학교와 대학에서 철학과 시민논쟁을 가르치는 전형적인 신학 교과서였다. 성서는 추론을 가르치는 기본 교재로 사용되었다. 그러나 윤리적인 인간의 행동양식의 원칙은 종교적인 교리를 기반으로 하였고, 도덕적·정치적 행동을 인도하는 기제로서 모든 것에 통용되는 법(laws of the land)으로 통합되었다.[4]

과학에 의해 설명되고, 예술에 의해 표현된 근본적인 지식에 대한 영향과 도덕성, 사회, 교육에 관한 논쟁은 이분되어 있었다. *The Independent* 신문 (1875)[5]은 신념의 도덕적인 성격을 논의하면서, 논리적 추론과 회의적 탐구는 진리의 근본을 정의하기에 적합하지 않다고 논평하였다. 여러 논쟁들은 자리를 잡는 것처럼 보였지만, 의문점과 논쟁에 대한 해결점은 논리적 비평으로 다루어지지 않았고 오직 양심에 호소할 따름이었다. 과학적이건, 철학적이건, 정신적이건 간에 교회는 숭고한 도덕성을 주창하며 이러한 현상을 탐구하고 설명하는 역할을 했다. *The Independent* 신문의 편집장이었던 헨리 C. 보웬(Henry C. Bowen)은 다음과 같이 설명하고 있다.

> 이론적으로 종교는 과학이 곤경에 처한 것만큼 그렇게 곤경에 처한 것 같지는 않다. 만약 그것이 사탄을 몰아낼 만큼 강력한 것이라는 것이 입증된다면, 그것은 다른 어떤 보호막도 필요치 않을 것이다. 그리고 이것은 결코 논쟁이 될 수 없는 것으로, 오로지 도덕성에 곧바로 나타나며, 신의 영역에 속하는 것이다(1875. 12. 30., p. 15).

이러한 도덕적인 입장은 종교는 보수적인 동시에 새로운 산업시대의 도래라는 현실에서는 자유주의를 지향했기에 딜레마를 낳았다. 그러나 어떤 사람에게는 그것이 큰 문제가 되지 않기도 하였다. 매사추세츠 주의 줄리어스 워드(Julius H. Ward) 경은[6] 잘못된 것은 자유주의의 목표인 진리추구가 아니라 '자유로운 탐구'라는 속성을 지닌 방법론이라는 것을 언급했는데, 이러한 방법론이 교회의 교리와 교조를 무시했고, 현재와 미래에 정보를 제공하는 과거를 무시했다고 주장하고 있다. 일상생활을 이해하는 데에서, 예술의 역할에 대한 논쟁을 지지하기 위해 도덕적 의무를 강조하는 것은 물론 그 시대의 토론의 주요한 주제였고, 많은 사람에 의해 공공연히 천명되었던 것이었다. 예를 들어, 존 러스킨(John Ruskin)과 같은 선도적인 지지자들의 영향은 평가절하되었다. 러스킨의 열정과 수사기법에 대한 영향은 멀리까지 전파되었으나, 예술의 도덕적 기능에 대한 그의 지지는 기계화의 영향 아래 서서히 가라앉은 반면, 자연에 관한 그의 고지식한 믿음은 결코 가라앉지 않았다.[7]

호기심 많은 중산층이 인도한 광범위한 시각들은 금욕적인 엄격함과 빅토리아 시대의 관점의 편협함을 무색하게 했다. 이것은 부분적으로 수집품을 전시하는 것과 다른 호기심들 그리고 대중연설의 유행을 초래했다. 책, 신문 및 잡지가 널리 보급된 것은 또한 사고에 부합하는 이미지가 대중화되게 하였고, 온갖 종류의 주제들을 묶기도 하고 가르기도 하는 역할을 하였다. 일상생활을 기록하고, 도덕적 권위를 옹호하며, 자신 스스로의 만족을 위하여 예술적 목적을 추구하는 예술가의 역할은 모두 교육적이고 문화적인 논쟁의 중심이 되었다.

미국 초기 역사에서 유럽의 대중화된 미술교육 모델을 현지 실정에 맞게 적용한 곳은 비록 소수였지만, 이후 산업화가 진행되고 문화가 확산되면서 형식적 교수(formalized instruction)는 급격히 발전했다. 하워드 싱거맨(Howard Singerman, 1999)이 지적했듯이, 순수미술은 미술사의 형태나 인류학, 고전연구 같은 과목에 포함되어 고등교육과정에 도입되었다.[8] 그리기 수업이 초등학교에 처음 생겼을 때도 그리기가 제품 설계에 도움이 될 것이라는 도구로서의 목적이 주된 이유였다.[9] 고등교육 개념이 미국 사회에서 널리 확립되면서 미술의 역할은 다른 영역에 비해 더 불분명해졌다. 방대한 지식을 바탕으로 한 인문대학을 이상으로 삼아야 하는지, 아니면 기술적 측면과 직업적 측면의 전망을 중시하는 교육기관이나 근본 지식을 탐구하는 연구 중심 사립대학을 이상으로 삼아야 하는지, 미술가와 미술교육자는 자신들이 무엇을 해야 하는지 결정할 수 없었다.

19세기 중·후반에는 미술가는 타고나는 것이며, 따라서 가르칠 수 있는 것은 단지 방법론이나 직업상 필요한 지식 정도라는 사고방식이 압도적이었고, 이것은 지금도 크게 다르지 않다. 니콜라스 페브스너(Nicholas Pevsner, 1973)가 지적하듯이, 이것은 학계의 표준화된 이론과 실제를 의미한다. 다른 환경에서 형식화된 미술사의 구조는 문화와 사물에 초점을 맞춘 기존 학문의 과목에 미술 연구를 접목하기 쉽게 해 주었다. 또 다른 관점은 대학에 스튜디오 개념을 도입하는 것인데, 이는 미술이 개인적인 작업이나 사회적 관습 혹은 기술적인 훈련 등 일반적인 역할을 벗어나 그 의미를 확장할 수 있으리라는 신념에 기초하고 있다.

이 시점에서 쟁점은 어떻게 시각 문화예술이 지식의 문화적 생산에 공헌을 하였는가 하는 점이다. 당대의 이론가들이 우려하였던 것은 그것이 신학이건, 과학이건, 기술이나 예술이건 간에 지식의 한시적인 성격이었고, 이것은 어떠한 학문도 가장 기본적인 전제에 대한 가차 없는 공격을 무시할 수 없다는 것을 의미했다. 대니얼 데닛(Daniel Dennett, 1995)은 대안이 될 만한 가정을 찾는 체계적인 탐구를 상기시키며 좋은 예를 제공하고 있다. 그 시작은 찰스 다윈(Charles Darwin)이다. 다윈이 동시대에 그가 접했던 저작들에 대한 숙고를 하고 있을 때, 대부분의 사람은 오직 신만이 자연세계에서 발견되는 놀라운 디자인을 창조할 수 있다고 믿었다. 그러나 데닛이 지적하듯이, 똑같은 자료들을 가지고 탐구하면서 다윈은 '자연도태' 라는 아주 그럴듯한, 그러나 분명하게 구별되는 다른 설명을 내놓고 있다. 다윈의 통찰력은 유사한 생각을 가지고 있었던 다른 사람들의 생각에 확신을 주었고, 그 영향력은 극적으로 전개되었다. 문화이론가들은 이러한 발달모델을 확신했고, 더 나아가 개체 발생이 진화의 여러 단계를 '반복' 한다고 믿었다. 이것이 발달론적인 인종 프로파일에 연결되었을 때, 엄청난 파장을 불러일으켰다.[10] 교육도 물론 19세기 말에 허버트 스펜서(Herbert Spencer)가 어린아이를 교육시키는 것은 "단순한 것에서 복잡한 것으로, 불확정적인 것에서 확정적인 것으로, 특수한 것에서 일반적인 것으로, 구체적인 것에서 추상적인 것으로, 경험적인 것에서 이성적인 것으로"(Egan, 1999, p. 86 재인용) 나아가야 한다는 인간발달의 연속모델을 강조하였다.[11]

19세기 예술계

　존 러스킨과 같은 영향력 있는 지지자의 존재가 비록 멀리까지 전파되기는 하였지만, 권위자의 능력은 여러 가지 방법으로 느껴졌다. 예를 들면, 유일무이한 러스킨의 주장은 지방분권적인 마인드를 가진 사람에게 혁신적인 문화적 활동의 중요성에 대한 확신을 주기 위한 품질보증서와 같은 것으로 사용되었다.

　아서 단토(Arthur Danto, 2001a)는 1860년대의 미국 예술가들의 작은 집단인 라파엘 전파와 활동적인 비평가들의 후원이 그것을 당대의 혁신적인 예술가 모임으로 격상시키기 위해 마케팅 전략의 일환으로 러스킨의 도덕성의 이데올로기와 시각적 진실성을 어떻게 활용했는가를 서술하였다. 그 모임의 행동들은 후에 많은 부분이 예술계의 관행으로 자리 잡게 된다. 단토에 따르면, 빅토리아 시대의 예술계는 "주목받는 예술가의 다소 창의적인 아이디어, 예술운동, 혁신, 보도 자료, 성명서, 충격적인 개관전시의 소란스러움 그리고 예술은 반드시 새로운 방식을 창조해야 한다는 관점을 창조해 내었다"(p. xxii).

예술애호가로서 미술감정가의 존재는 새로운 것이 아니었지만, 미술비평가가 리뷰를 하는 역할뿐 아니라 직접적으로 유행을 주도한다는 관점은 다음 세기까지 유효했던 근대적인 개념이었다. 1865년에 출판을 시작하고 현재까지 계속 인쇄되고 있는 주간 잡지인 *The Nation*(Meyer, 2001)에 발표된 아트 리뷰는 19세기 후반에 등장한 너무 많은 새로운 예술사조 속에서 예술이 자신을 정의하기 위해 어떻게 노력해 왔는지를 잘 보여 준다. 일단 보수적인 사고방식의 멍에가 철회되었을 때 가치의 문제를 논의한다는 것은 어떤 예술이 좋은 것이고 좋지 않은 것인지를 평가하는 것을 어렵게 하였다. 미술비평가들이 특이한 이미지나 사물을 대면하였을 때, 그들은 새로운 이미지들을 혁신적인 것으로 간주하기보다는 기술적인 것이 결여된 것으로 인식하게 되었다. 한 예로 들 수 있는 것이 로댕의 조각품 발자크에 관한 것이다. 1898년 로댕이 그 작품을 기념비적이지만 아주 단순하게 만들었을 때, 그 작품이 숙련된 예술 작품의 그것을 보여 주지 않았기에 파리의 비평가들은 매우 당황해했다.

그러나 몇몇 비평가는 관심을 가지고 이 시대의 작품을 보았다. 1905년 런던에서 열린 프랑스 인상주의자들의 전시에 관한 리뷰에서 'N. N.'이라는 필명을 쓰는 엘리자베스 로빈스 페넬(Elizabeth Robins Pennell)이라는 비평가는 새로운 시대의 예술로 간주될 수 있는 방법에 관한 중요한 단서를 제공하고 있다. 동시대의 예술계에서 벌어지고 있는 현상들을 통찰력 있는 눈으로 보면서, 그녀는 별 상관이 없어 보이는 집단의 혁신적 기여를 재평가할 수 있었다. 이것은 동시대의 다른 예술가들이 하지 않았던 일들이었다. 특히 그녀는 인상파는 불완전한 무능한 예술가들이라는 잘못된 관념의 신화를 깨뜨릴 수 있었다. 또한 그녀

는 다른 중요한 문제를 지적하였는데, 그것이 인용 가치가 있기에 다음과 같이
인용한다.

　　그러나 자신들의 고유한 개성을 표현하기 위해 알려진 전형을 그리는 것으
　　로부터 탈피해 그들 스스로 자연을 관찰하려고 하는 노력이라는 측면에서 볼
　　때, 가장 도전적인 인상파는 기존의 것들을 모두 거부했다. 자연을 구도에 맞
　　추어 배열하려고 한다거나 혹은 그렇게 하지 않는 것은 하나의 예라고 볼 수
　　있다. 자연을 관찰하려고 한다는 것은 그들 자신만의 방법을 위해 자연을 있
　　는 그대로 기록하려고 한다는 것을 의미한다. 그리고 그들이 화면의 효과를
　　위하여 사용한 방법들은 그 전에 누구도 시도하지 않았던 것들이었기에 비평
　　가들을 당황시켰고, 그에 따라 인상주의 화가는 자만하고 나태한 화가가 손쉬
　　운 방법으로 작품을 제작하거나 노동력을 절감하기 위한 방법을 사용한다고
　　비난받았다. 이러한 비난은 굉장히 거세었고, 흥분은 서서히 가라앉았다. 현
　　재의 전시에서 스스로 자신의 눈을 통하여 목도한 것들을 이용하고자 하는 사
　　람에게 지식, 경험 및 기술 능력이 대담한 실험의 기초가 된다는 사실은 의심
　　의 여지가 없다(Meyer, 2001, p. 82 재인용).

　　엘리자베스 페넬이 말한 지식, 경험 및 기술은 그 시대의 혁신적인 과학자들
의 태도에 대한 적절한 묘사였다. 1999년 *The New York Times*의 기사에서, 리
처드 파넥(Richard Panek)은 과학과 예술은 감각을 사용하여 경험적 탐구를 추
구하는 데서 구분할 수 없었다고 적고 있다. 그러나 그들의 방법은 서로 달랐으
며, "과학자가 순수하게 객관적으로 질량과 운동을 보편적 법칙으로 이끈다면,
예술가는 순수하게 주관적인 개인적 반응을 보편적 진리로 말한다"(p. 1). 19세
기 말에 결정적인 결론이 자명해 보였다. 즉, 예술가는 환원할 수 없는 기본 요
소, 예컨대 쇠라(Seurat)의 화소, 몬드리안(Mondrian)의 기본 조형 요소, 그리고
말레비치(Malevich)의 사각형과 칸딘스키(Kandinsky)의 선, 점과 평면과 같은
기본 요소에 집중하기 시작했다. 과학에서 현미경과 망원경은 기본 구조를 추

적하고 균열시키고 있었고, 어니스트 루더포드(Ernest Rutherford)의 원자의 분열은 순수한 형식이라는 새로운 세계 안으로 우리를 깊게 인도하였다. 이것은 "수백 년 동안 과학자는 자연세계를 탐구해 왔고, 예술가는 그러한 결과를 인간사에 적용해 왔다."(Panek, 1999, p. 39)는 전례를 따른다.

그러나 지식은 불확실한 진보를 만들었다. 물리학자는 자연세계의 불확실한 관찰에 대한 늘어 가는 관심에 부응하는 이론들을 구축했다. 이것은 혼란스러운 세계였다.

> 이 세계는 물결은 입자가 될 수 있고, 질량은 에너지가, 공간은 시간이 될 수 있는 그런 세계였다. 음악은 그 선율을 잃었고, 문학은 선형성을, 회화는 원근법을 잃었다. 과학자가 이론의 순수성을 위해 감각 경험을 저버렸을 때, 과학자는 그 나머지를 우리에게 남겼다(Panek, 1999, p. 39).

그러나 예술가는 감각적 경험을 포기하지 않았고, 오히려 과학자에게 가르칠 몇 가지의 것들을 가졌다. 많은 근대 화가들은 자신의 환경이 자기가 결코 겪어 보지 못한 아주 다른 종류의 세계에 둘러싸여 있다는 것을 인지했다. 그들이 만들어 낸 이미지는 일반 대중의 질서를 붕괴시켰다. 세잔(Cezanne)은 다각적 관점으로 풍경을 잡아내고자 했을 때 물리학자가 그 당시에 골몰하였던 것을 표현할 수 있기를 기대하였다. 아마도 공간과 시간이 결국 그렇게 불가침의 것은 아니었다. 세잔은 시간과 공간과 빛이 결코 고립될 수 없고 움직임이 없을 수 없는 역동적인 세계에 살고 있다고 파악했다. 그 세계는 빛이 모양에 따라 굴절되고, 시간은 위치에 따라 달라지며, 공간은 평평하지 않은 그런 세계였다. 세잔의 정물화는 결코 정지되어 있는 것이 아니었다. 후대의 관점과는 다르게, 세잔의 회화 속의 정물들은 유클리드 기하학에서 말하는 원통, 구 또는 원과 같은 확정된 형태라기보다는 변화하는 관계를 역동적으로 보여 주는 세계였다. 과학자는 나중에 단순하고 복잡한 해결책들의 조합은 인간과 신체적 구조와 체계를 둘러싼 불확실한 관계들을 이해하는 데 필수적이라는 것을

깨달았다.[12]

▮▮ 파편화된 실재들 ▮▮

　19세기에 오래된 것에 대한 신념을 흔들고 새로운 것에 대한 불확실성을 보여 주었던 탐구에 대한 망설임은 진취적인 신뢰가 실추되면서 20세기에는 개념적·창조적·문화적으로 나뉘었다. 여기에는 상업적 관심의 예술계와 교육적 수요의 학문적 세계 사이의 불편한 관계와 더불어 전문가와 학자로서 예술가의 해결되지 않은 역할에 대한 문제가 내재되어 있었다.

　심지어 20세기 초 대학과 예술학교에서의 가르침에 대한 개념은 1841년에 랄프 왈도 에머슨(Ralph Waldo Emerson)이 설득력 있게 표현한 예술에 관한 통찰력을 적용하기에도 너무 이른 것이었다.

　　영혼이 진보적이기 때문에, 그것은 자체를 반복하지 않는다. 그러나 모든 행위에서 새롭고 공정한 전체의 생산을 시도한다…… 따라서 우리의 순수예술에서는 모방이 아닌 창조가 목표다…… 예술가는 표현에서 반드시 당대의 상징을 이용해야 한다. 예술은 창조할 필요가 있는 것이고…… 예술은 작품 속에서 작가가 분명히 밝히고 싶은 보편적 관계와 힘에 대한 감각을 일깨우며, 기분을 들뜨게 해야 하고, 처해 있는 상황을 깨뜨릴 수 있어야 한다(Logan, 1955, p. 43 재인용).

　시각예술이 제도권에서 형성되는 방식에 대한 지속적 탐구는 19세기 동안 그 영역의 전문화가 어떻게 이루어지는가에 관한 것이었다. 과거에 관찰되었던 대로, 어느 정도의 동의를 이끌어 내었던 관점은 이론과 실제의 표준에 대한 동의였다. 고등교육 안에서 자리를 모색했던 초기의 노력들은 미술사, 인문학, 직업교육 또는 문화도덕 안에 시각예술을 다양하게 자리매김하려는 것이었다.

심지어 학교의 교육과정 안에서도 소묘가 제도화되고, 미술교육은 도구적 유용성을 빼고는 생각할 수 없게 되었다. 사람들은 사진이 도덕성을 전달한다고 믿었고, 미술은 지성이 아닌 손으로 이루어지는 활동이라고 믿었다. 어린아이의 작품과 비서구문화에서의 예술 작품에서 발견된 시각의 순수성이 세상을 새롭게 보려고 하는 예술가의 필요와 만났을 때에야 비로소 사람들은 '인상' 너머에 '표현한다는 것'이 있다는 것에 관심을 가지기 시작했다.

예술가는 만들어지는 것이 아니라 발견되는 것

20세기 초 예술의 파당 중에서의 논쟁은 미술에서의 학습을 어떻게 정의할 수 있는지에 대한 답을 내놓지 못하고 있었다. 미술사가에게 미술 활동은 미술에 관하여 배우는 것을 의미했지만, 미술가에게는 예술 작품을 만드는 것을 의미하였다. 그러나 많은 사람들의 마음에 남아 있었던 가늠하기 어려운 문제는 예술가는 만들어지는 것이 아니라 발견되는 것이라는 관념이었다. 따라서 미술 학습을 제도화하려는 어떠한 시도도 기껏해야 기술적이거나 전문적인 훈련을 제공하거나, 미술사적 안목을 기르기 위해 인문학적 소양을 가르치거나, 미술수업(art teaching) 같은 다소 창조성이 부족한 교양과목(open pathway)을 제공하는 것이었다. 대학미술협회(College Art Assoiation: CAA)[13] 같은 전문적인 모임들이 선택할 길은 자명했다. 왜냐하면 대학의 수준에서 시각예술 연구의 교육적 미래는 얼마나 미술이라는 내용을 학문적인 활동의 영역으로 변모시키는가에 달려 있었기 때문이다. 미술사의 개론 강좌는 미술에 대한 공부의 특허처럼 받아들여졌다. 반면, 미술품을 창조하는 사람들을 훈련시키는 것은 미술학교와 인문과학 대학의 몫으로 남겨졌다.

고등교육이라는 영역에서 예술가의 좀 더 적극적인 역할을 추구했던 사람들은 실기 경험을 미술사적 주제 및 철학적 문제들과 연결 지을 수 있는 내용을 담보할 수 있는 전문성이 필요하다는 것을 믿었다. 이것은 결국 현대의 예술가들이 궁극적으로 추구하는 것이었다. 예술과 삶에 관한 주제에 대하여 서로 의견을 교환할 수 있는 학생들을 예술가-교사가 가르치는 것은 합리적인 것처럼 보였다.

　이와 같이 교육과정은 어떠한 특정한 구조로 형식화될 수는 없었다. 그리고 기교는 창조력을 배양하기 위한 선결 과목이 될 수도 없었다. 가르치는 것은 대화를 통해 이루어졌고, 배우는 것은 개인적인 미학적 문제해결 능력에 초점을 맞추게 되었다. 이러한 전문가-초보자 모델은 강력한 개인적 비전을 추구하는

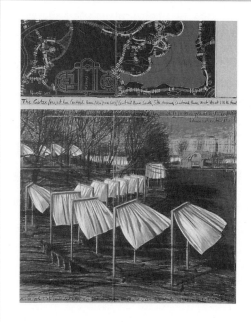

크리스토(Christo), 〈뉴욕 센트럴 파크를 위한 게이트 프로젝트(The Gates Project for Central Park, New York City)〉(2003), 콜라주. 위: 30.5×77.5cm. 아래: 66.7×77.5cm. 연필, 섬유, 목탄, 왁스 크레용, 파스텔, 에나멜 물감, 수작업으로 그린 지도, 섬유 샘플, 테이프. 사진: 볼프강 볼츠(Wolfgang Volz). © Christo, 2003. 작가의 허가를 받아 게재함. http://www.christojeanneclaude.net

　1841년, 랄프 왈도 에머슨(Ralph Waldo Emerson)이 말했던, "예술가는 그의 추종자들에게 넓은 의미를 전달하기 위하여 반드시 당대의 상징을 사용해야 하고, 예술은 사람들을 신나게 만들어야 한다. 또한 모든 측면에서 환경의 장애를 넘어뜨려야 한다."라는 언급에 반향하며, 크리스토와 잔느-클로드(Christo & Jeanne-Claude, 2000)는 그들의 작품에 대해 다음과 같이 말하고 있다.

　이 프로젝트의 찰나성의 미학은, 예술 작품이 보일 기간이 한정적이라는 느낌과 그 작품이 결코 오래 지속되지 않을 것 같다는 사실에서 기인한 유연함을 그 작품에 부여하기 위한, 미학적인 결정이었다. 이러한 감정들은 대개 유년기나 우리의 삶과 같은 순간적인 것들을 위하여 유보된 감정이었다. 이러한 것들은 우리가 그것들이 지속될 것이 아니라는 것을 알기에 소중히 간직되었다. 크리스토와 잔느-클로드는 이러한 사랑 또는 부드러움 또는 유연성과 같은 느낌을 그들의 작품을 통하여 전달하고 싶었으며, 거기에 새로운 미학적 특징을 가미한 것이다(p. 24).

　크리스토와 잔느-클로드의 작품에는 내재되어 있는 교육 경험이 있다. 그들의 예술 작품처럼, 개인적 의미는 부분적으로 즉각적인 경험에 교섭될 수 있지만, 궁극적으로는 계속되는 성장과 변화의 과정을 통하여 교섭될 수 있다는 것이다(Sullivan & Hochtritt, 2001).

사회의 이방인으로서 예술가의 이미지에 기대는 측면이 있다. 따라서 새로운 것에 대한 범주는 과거로부터 내려오는 이미지나 현재의 축적된 이미지 또는 양식화된 브랜드와 관련하여 정해진 것이 아니라 급진적인 차이의 측정에 의하여 정해졌다. '이전에 결코 보인 적이 없는' 환상에 대한 추구는 적어도 포스트모더니즘의 이론적 공격이 있기 전까지는, 예술 실행의 사회적 구축을 저지하는 신화적 상태에 도달하게 되었다.

20세기 중반에 예술가-교사의 이미지는 몇 번인가 반박당했으며, 게다가 스튜디오 공간이 학문의 주류에서 밀려났음에도 고등교육에서 시각예술의 영역은 확장되었다. 시각미술의 교육적인 역할과 문화적인 역할에 대한 검토를 하면서, CAA는 캠퍼스 프로그램의 급격한 팽창 속에서 미술가의 전문적인 프로파일을 통제해야 할 필요성을 느꼈다.

미술가는 정말로 교육 환경에서 활용 가능한 문화 자본을 소유한 자생적 전문가라는 관념에 기대고 있다. 믹 윌슨(Mick Wilson, 2009)은 대학의 전통에서 중요 의무로서 연구의 출현에 관한 그의 개론적 설명에서 초기 역할 중의 하나가 그 분야의 정체성을 확고히 할 연구와 새로운 지식의 창조에 관한 것이었다는 것을 지적하고 있다. 그러나 다른 하나의 언급되지 않은 목적은 탐구 분야를 만들어 내고 보전하는 다소 정치적인 임무였다. 윌슨은 다음과 같이 설명하고 있다.

교육자, 특히 창의적인 실행을 스스로 선언한 교육자는, 시장 가치의 교환 체계 너머로 존재하는 문화적 가치의 담지자로서, 자신들이 역동적이고 비판적인 변화의 주체 세력이라는 관점에 굉장히 매력을 느낀다. 그러나 제도화된 교육이 갖게 되는 보수적인 힘의 영향도 무시할 수 없는 것이다. 교육은 사회 재건의 중요한 열쇠였다(p. 64).

또한 CAA는 인증과정을 유지하고 정치적인 후원자를 유지하기 위하여 비슷한 분야들의 사례를 알아보았다. 대학에 종사하는 예술가-교사의 가르치기 위한 자격 요건을 비준하기 위한 약정에는 어떠한 종류의 교육 관련 학위든지 간에 법적 의무였던 반면, MFA 학위는 대학교에서 가르치기 위한 기본 조건에 해당하는 것이었다. 심지어 20세기 후반까지 예술가는 BA나 MFA 과정에서 '발견'되는 것이라고 믿었다. 그러나 확실히 일반적인 미술교육 과정으로 배운 사람과는 별 관련이 없고, 이는 가르친다는 것의 역할이 일반적인 미술교육 과정하의 교수-학습과는 상관없는 것이었기 때문이다. 교수하는 것이 시각예술에서 실용적인 제도권의 프로그램을 위해 요구된다고 추정하는 것은 교육할 수 있는 형식적인 것으로서, 예술가의 진술을 스튜디오 비평과 예술 글쓰기로 보았던 많은 사람에게는 아나테마였다.[14] 탐구라는 측면에서, 이러한 환경에서 학생은 말하자면 '연구자(researcher)'라기보다는 예술적 정체성을 찾는 '모색자(searcher)'가 되었다. 그러나 다른 이론적 · 문화적 · 정치적 변화는 제도화된 미술교육을 둘러싼 구체화된 관습을 더 깊게 압박했다.

예술의 의미는 발견되는 것이 아니라 만들어지는 것

몇 가지의 비유는 시각미술이 근대의 흐름과 포스트모던적 관점에 대응하는 과정에서 발생했던 변화의 패턴을 특징짓는다. 이러한 이미지는 패러다임을 위한 원칙들로서 규정하기 어려운 이론의 영향을 체계화하였다. 특정 영역의 상호 관련성은 처음에는 확보되었으나 나중에는 분리되었다. 세 가지의 주요한 주제는 본다는 것의 개념, 구조라는 용어 그리고 맥락에 관련된 담화이고, 이러한 주제는 어떻게 시각미술이 문화의 생산을 위한 장소이며 하나의 특정한 영역으로 교육이 필요한 전문적인 직업이라는 개념으로 확장되었는지를 잘 보여 줄 것이다.

본다는 것에서 안다는 것으로

본다는 것은 물론 시각미술의 중심이 되는 활동이며 또한 교육의 목표에 대한 논의에서도 항상 중심이 되는 주제다. 예를 들어, 본다는 것의 개념은 '순수한 시각(innocent eye)' 이라는 관점에서 '훈련된 시각(trained eye)' 그리고 나아가 '인지하는 시각(knowing eye)' 이라는 관점으로 변화해 왔다. 이러한 변화는 사물을 새롭게 보는 방법의 출현으로부터 시각화의 과정을 미술의 기본 형식요소로 환원시키던 시대로의 발전, 그리고 시각이라는 것은 사실 문화적 관습에 영향을 받는다는 현재의 관점으로 발전된 것과 궤를 같이한다. 시각적 앎에 대한 상세한 설명은 제4장에서 다루고 있는데, 이 장에서 시각에 대한 변화하는 관점을 소개하는 것도 유효할 것이라 생각한다.

눈이 순수한 시야를 획득할 수 있느냐 하는 개념은 추상주의 미술에서 그 개념을 달리하며 발전되었다. 어떤 사람에게, 유년 시절은 샤갈(Chagall)의 작품에서 보이듯 심오한 문화적 상징이 넘쳐 나는 시절이다. 또는 칸딘스키처럼 보편적인 언어로 가득 차거나, 클레의 작품처럼 표의문자로 표현될 수 있거나, 장 드뷔페(Jean Dubuffet)처럼 창조과정을 분출시킬 수 있는 시절이기도 하다.[15] 그러나 이러한 개념의 대부분은 본다는 것의 급진적인 방법을 믿었던 그 시대의 사회적 분위기의 산물이다. 예를 들어, 거칠고 단순하지만 생동감이 넘치는 아동미술에 대한 초기 관심은 비서구문화의 시각미술에서 유래한 넘치는 표현력에 기댄 측면이 많다. 그러나 이러한 다소 편리한 연결성은 아동미술을 '원시적' 문화에 의해 촉발된, 그리고 순수하고 상상력이 풍부한 방식으로만 창조된 미술이라는 관점만을 만족시킨다.

이러한 자민족중심주의는 종의 발달을 재현하는 것처럼 개인의 발달의 패턴을 보는 미심쩍은 진화재현설을 반복하는 것처럼 보인다. 이것은 개인의 생활 주기는 인간으로서 똑같은 패턴을 따른다는 것을 의미한다. 이와 같이 유년 시절의 순수함은 비서구문화의 단순성과 관련되고, 유년 시절과 비서구문화는 진보와 발달의 일직선상의 발달모델의 초기 형태에 해당한다. 아이들이 성장하는 것과 같이 원시적인 문화도 궁극적으로 완전한 국가 형태로 발달·발전해야 하는 것이었고, 이것이 당대 서구사회에서 널리 통용되던 모델이었던 것이다. 이러한 관점이 미술의 발달과 교육적 활동에 끼친 영향은 상당하며, 20세기 중반까지 통용되었다.[16]

　　시각적인 것에 대한 관심의 상당 부분은 시각미술을 역사적·경험적·예술적 탐구의 한 부분으로 보는 것이었는데, 이것은 예술가를 문화적 점등원으로 보는 관점의 출현과 맥락을 같이한다. 애브람스(Abrams, 1971)는 『거울과 램프(*The Mirror and the Lamp*)』라는 자신의 저작에서, 근대의 미술가를 혁신적 변화의 주체 세력으로 파악하고 있다. 그들의 상상력의 발휘가 다른 사람으로 하여금 사물을 다르게 인식하도록 만들었기 때문이다. 미술작가에 대한 이러한 관점은 근대 미술을 혁신과 진보의 아이콘이 되게 하였다. 순수미술의 전통에 관심이 있던 사람들은 과거를 회상하고 회귀하고 싶어 했던 반면, 모더니즘의 열기 속에서 작품을 창작했던 사람들은 미래를 선도할 수 있다는 그러한 전망에 들떠 있었다. 과학자와 예술가의 활동이 그러하듯이, 시각에 관한 병리학적 통찰력과 인지 또는 인식에 관한 심리학적 통찰력은 시야에 관한 과학과 시각의 창조성에서 서로 관련되어 있다는 것을 알아냈다. 따라서 예술적 탐구과정을 과학의 환원주의적 방법론과 연관시킴으로써, 시각미술의 조형 요소가 확립되고 구조화되며 형식화될 수 있었다. 이것은 어떻게 구도(Dow, 1899/1998)와 디자인과 조형 형식(Itten, 1964)이 시각의 언어(Kepes, 1944)를 이루게 되었는지를 설명하는 영향력 있는 텍스트의 제목에서 명백하게 보인다.

　　순수미술과 미술사적 탐구와의 관련성, 시각미술과 실기 창작과정과의 관련성은 대학교, 단과대학, 미술학교에서 제도화된 프로그램 가운데 구별하는 것을 용이하게 했다. 형식주의 미학자는 교실과 개인작업실에 강조점을 두었고, 그에 기반을 둔 이론과 실제를 생산해 내었다. 미술을 조형 형식의 언어로서 개념화한다는 것은 가르칠 내용이 정의될 수 있고 그것을 기반으로 교육과정도 만들어질 수 있다는 것을 의미한다. 이러한 접근법은 미술에 관한 지식은 조형 형식의 언어로 체계화될 수 있고, 따라서 모든 사람이 이것을 배울 수 있다는 입장을 수반했다. 미학적 원칙은 명확했다. 전문적인 화가들이 개인 작업실에서 작품 활동에 푹 빠져 몰두할 때, 예술가-교사는 실기실 같은 교실에서 일하면서 학생을 시각적 탐험에 연관시키고 문제해결 능력을 배양하는 데 몰두했다. 교수에서의 원칙들 역시 매우 명확했다.

형식주의의 탐구와 표현적인 통찰이라는 두 가지의 요구 사항은 실기실 같은 교실에서 해결될 수 있었다. 그곳에서는 조형 형식의 구조와 언어가개인적 발견을 위한 매개체로서 기능하였다. 모순적이게도, 미술가를 새로운 조형 형식 창조자로서 상정하는 파울 클레의 이미지에서—그는 미술가를 나무로 표현했다[17]—명백히 표현되는 것처럼 조형 원칙과 형식주의는 개인적 비전에 의견을 낼 수 있는 통로로 이용될 수 있다고 강력히 주장되었다.

모던 미술에서 파울 클레(Paul Klee)

내가 직유법을, 나무에 대한 직유법을 사용해도 될까? 예술가는 다양성의 세계를 연구해 오고 있고 아마도 그 안에서 드러나지 않게 그의 방식을 찾는다. 그의 방향감각은 스쳐 지나가는 이미지와 경험에 질서를 부여한다. 자연과 삶에서의 이런 방향감각은 여러 갈래로 펼쳐진다는 점에서 나는 나무의 뿌리로 비교하고자 한다.

뿌리를 통해 예술가에게도 그 수액이 흐르고, 그를 통해 흐르며, 그의 눈에도 흐른다. 따라서 그는 나무의 몸통처럼 그렇게 서 있다.

수액의 힘에 자극되어 그는 그의 작품에서 그의 시각을 형상화한다.

세상을 바라보며 나무의 수관이 시간과 공간 안으로 펼쳐질 때, 그의 작품도 그러하리라.

어느 누구도 나무가 나무뿌리의 이미지에서 나무의 수관으로 성장한다고 단언할 수가 없다. 위로도 아래로도 그 사이에서도 거울의 반사된 이미지는 없다.

서로 다른 요소들에서 서로 다른 기능이 확장되면서 생생한 상이함을 만들어 낸다. 그러나 예술가는 때때로 그의 예술이 요구하는 자연으로부터 그런 출발을 거부당한다. 그는 무능함과 의도적인 왜곡으로 비난당한다.

그는 정해진 그의 자리에 서서, 나무의 몸통으로서, 단지 그에게로 오는 것들을 지나가게 하거나 모으는 것 이외의 것은 하지 않는다. 그는 섬기지도 지배하지도 않으며 단지 전달할 뿐이다.

그의 위치는 겸손하다. 그리고 수관의 아름다움은 그의 것이 아니다. 그는 단지 통로일 뿐이다⋯⋯. 예술작품의 창조는—나무의 수관의 성장처럼—필연적이며, 회화라는 특정한 영역으로 들어가는 그 결과로 자연의 형태의 왜곡이 수반된다. 그것으로 인해, 거기에 자연이 다시 태어나는 것이다(Klee, 1969, pp. 13-19).

시각과 언어

근대적인 관점인 본다는 것에서 포스트모던의 관점인 안다는 것으로의 이행은 순수한 시각, 해석적 시각, 인지하는 시각으로의 이행과 밀접한 관련이 있다. 이것은 다음의 두 가지 자료로부터 확인될 수 있다. 문학적 담화와 문화적 탐구로부터 도래한 통찰력은 어떻게 시각적 이미지가 해석되는지에 대한 보다 종합적인 이해를 제공하였다. 근대의 해석의 관습은 작품 내부에서 의미를 발견하려고 하는 행위에 기대어 있다. 반면 포스트모더니스트는 미술가나 작가에게 예술 작품이나 저작이 어떻게 읽혀야 하는지에 대해 어떠한 특권도 주지를 않고, 광범위한 맥락적 사실이 작품이나 저작에 주어진다. 21세기 초기에 언어학자가 해석이 어떻게 생성되는지를 구조화하는 데 관심이 있는 동안, 신경과학과 인지과학에서 온 증거들은 시각의 생물학적 구도에 보다 완벽한 대요를 제공하였다. 그리고 이것은 어떻게 우리가 이미지를 인지하는지에 대한 많은 논쟁거리를 제공하였다.

20세기 중반 문학비평과 미술비평에서, 시인이건 화가건 간에 예술가가 의도한 작품의 의미에 기반을 두고 작품을 판단하는 것은 오류라는 설이 지배적이었다. 새로운 비평가들(New Critics)에[18] 의해 묘사되고, 그리고 '의도적인 오류'(Wimsett & Beardsley, 1971)로 논의되면서 그런 시각은 의미가 예술 작품의 형식과 구조 안에 머무르고 있고 독자 또는 관람자가 그것을 발견할 지식과 지각력이 있을 때 드러나는 것이라는 입장을 견지했다. 이러한 시각에서는 화가의 의도나 독자/관람자의 반응, 어떠한 맥락적·문화적 요인에 대한 고려도 적절하지 않았다. 세밀한 보기 또는 읽기를 통해, 지식 있는 비평가는 권위적 반응과 함께 작품의 미덕을 판단할 수 있었다. 그러나 이러한 상황은 해석의 초점을 예술가에서 관람자로 이동시키는 결과를 초래하게 되었다. 형식주의의 유산이 흔들리고 나서야, 의미 만들기를 위한 완벽한 준비가 꽃을 피울 수 있게 되었다.

20세기 후반에 시각적 이미지의 이해와 창조의 과정은 언어학적 전환점을 맞았다. 해석에 관한 포스트모더니즘의 영향하에서 예술 작품은 텍스트로 보였다. 텍스트의 의미는 부분적으로 맥락과 장르 그리고 관람자가 해석의 과정에서 지니고 있는 배경지식에 의하여 형성된다고 믿었다. 통용되는 원칙의 의미는 해석이 형성될 때 절충·교섭될 수 있다는 것이었다. 즉, 의미는 만들어지는 것이지 발견되는 것이 아니었다. 우리가 보고 있는 것을 이해하기 위하여 그리고 아는 것을 신중하게 사용한다는 것을 설명하기 위하여, 문학비평가와 문화비평가는 시각 텍스트와 언어 텍스트에서 그리고 그것들을 둘러싼 참고 자료와 맥락에서 의미가 인식되는 다양한 방법에 주의를 기울였다. 이것은 해석의 상호 교환적 성격을 드러냈다.

이러한 해석에 관한 역동적 견해는 맥락이 의미가 만들어지는 방식에 영향을 끼치고, 관점, 연관점 그리고 예술 작품의 해석이 이루어지는 상황에 따라 달라진다는 전제를 기반으로 하고 있다. 맥라클런과 라이드(MacLachlan & Reid, 1994)는 이 과정을 프레이밍(framing)이라는 비유적인 대중적 관점으로 설명하고 있다. 이 개념은 관람자 또는 독자가 익숙하지 않은 정보를 습득하는 과정에서 익숙한 지식이나 경험을 끌어옴으로써 끊임없이 의미를 추정한다는 전제에 기대고 있다. 프레이밍은 시각화의 과정에서 지각의 도상과 인지적 스크립트를 우리가 보는 것에서 우리가 아는 것으로 변환하는 것을 돕는 방식과 유사하다. 이것은 정보를 이해 가능한 맥락 안으로 놓기 위하여 정보를 연관시키고 검색하는 것을 돕는 개념적 구조다. 다른 이미지나 텍스트에 연관시키지 않고서는 우리가 조우하게 되는 조형 형태는 그것이 무엇인지, 어떠한 맥락 정보를 가지고 있는지 그리고 의미가 무엇인지에 대한 정보를 결여하게 될 것이다. 이러한 상호 교환적인 과정은 문화나 맥락에서 발생한 것뿐만이 아니라 인지작용에서 발생한다. 이러한 예는 휴마 뮬지(Huma Mulji)의 예술 작품과 그것이 보이는 방식에서 잘 드러난다.

자신의 작품에 관한 언급 중, "과거로부터 300년 그리고 동시에 30년 미래에서 사는 역설적인 삶"(2009, n.p.)이라고 말한 휴마 뮬지는 문화, 맥락 및 인지에 관한 해석과정이 창조적 긴장 속에서 이루어진다고 특징적으로 언급하고 있다. 그녀의 남아시아 문화유산의 일부를 시각 문화의 지형으로 그리면서, 그녀는 조각 작품 〈아리비안 딜라이트(Arabian Delight)〉에서 장소의 정치학을 뒤틀린 유모와 함께 전개한다. 그 질문들은 여행가방 안의 낙타를 소재로 삼은 그의 작품에서 낙타를 타고 가면서 아주 기분 좋은 듯이 보이는 주인의 음흉한 미소가 드러날 때 삐져나온다. 도상과 이미지가 국경 없이 차용되었다는 것은 식민주의를 경험한 문화의 하나의 특징이기도 한데, 그러나 이러한 국적 불명의 이미지의 사용은 문화를 미리 만들어진 모양에 압축함으로써 볼품없고 이동적이며 독특한 것들을 꼼짝 못하게 한다. 이것은 지식이 어딘가로부터 개입될 수 있다는 추정에 의해 그런 의미의 생각을 비우는 것에 가깝다.

　라지아 새딕(Razia Sadik)은 해석의 정치학을 논의하기 위해 그 지역의 지식과 그 문화권 안의 문화적 관점을 끌어왔는데, 이것은 뮬지의 작품인 〈아라비안 딜라이트〉에 관해 상당히 다른 프레이밍적 접근을 보여 준다.

　　비록 여행가방과 낙타가 일시적인 덧없음과 교통수단을 암시하지만, 뮬지의 작품은 의미를 창조하는 과정에서 여러 다른 층위에서 이 두 가지의 역할에 사로잡혀 있다. 대중의 다양한 반응으로 의미가 변화해 감에 따라, 이러한 의미의 변덕스러움은 그녀에게 예술가로서 좋은 배움의 기회를 제공하였다. 이러한 관점에서 뮬지의 방법은 점차적으로 진화했고, 융통성 있는 설명으로 변모해 갔다. 예를 들면, 사물들이 보이는 방식이나 그것들이 잘 만들어졌는지 여부에 관한 오류로서 미학적 판단이 번역 또는 변환의 과정에서 유실된다는 생각은 다른 문화 현장에 따라 아주 다양하다. 뮬지는 특히 똑같은 현상을 보는 아주 다른 시각에 관심이 있다. 이 작품의 미완성적인 성격은 그녀의 지역문화에 존재하고 있는 모순의 부서지기 쉬운 연약성과 변덕스러움에 충분히 깊은 울림을 준다. 이런 의미에서, 시각적으로 자명하지만 불합리하게 꿰맨 낙타의 가죽은 그것이 이러한 일관성 없음의 변덕스러움을 잘 표상하기 때문에 그녀에게 중요하다.

　　이 작품은 두바이 아트 페어(Art Dubai fair)를 위해 2008년에 만들어졌으나 그 주제적 측면 때문에 그 전시에서 공식적으로 거절당했다. 뮬지는 아랍에미

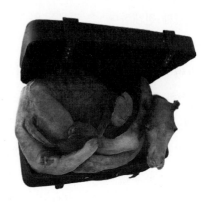

휴마 물지(Huma Mulgi). 〈아라비안 딜라이트〉(2008). 41.5×57×61 inches. 모조가죽으로 만든 여행용 가방, 낙타, 금속봉, 솜, 천. 작가의 허가를 받아 게재함. http://www.humamulji.com

　　휴마 물지는 짐짝에 들어간 낙타를 파키스탄과 걸프만의 아랍 국가들과의 관계에 대한 말장난으로 사용하였다. 30년 동안 아랍 국가들은 파키스탄인에게 번영한 '다른' 천국이었다. 그러나 약간은 허황된 이러한 꿈에 이끌려, 권력 관계의 계급 구조는 걸프 지역으로부터 유래하고 남아시아로 겹친 아랍의 정체성에 의한 남아시아의 정체성의 문화 변용으로 손상되었다. 휴마 물지는 "그것은 강제되었다. 약간은 꼬아진 것이며 잘 맞지 않는다. 모든 것 중에서, 나는 낙타는 내가 의도한 대로 표현된 것 같다. 왜냐하면 그것은 정말 평범하고 진부한 것인데, 이국적인 것이 되어 버렸기 때문이다."라고 말하고 있다(Mulji, 2009, n.p.). 그녀는 낙타를 지역 문화의 이동과 외국의 것에 의해 대변되는 정체성에 내재한 부조화를 나타내는 최상의 비유로 여긴 듯하다. 낙타는 역사적으로 중동지역의 문화와 남아시아 지역의 문화에서 모두 일반적인 것으로 인식되는 것인데, 이 여행용 가방에서는 그것을 따라가건 앞서 가건 간에 모두가 짐일 뿐이라는 불합리한 운명의 뒤틀림이라는 의미를 지니게 되기 때문이다(Razia Sadik, 개인적 면담, 2009. 4. 16.).

리트와 파키스탄과의 관계성에 대하여 대화를 촉발할 것을 의도했던 반면, 전시 불가 통보는 명백하게 이것을 차단했다. 그러나 의도되지 않았던 그녀의 작품의 정치화는 사실 다른 방식이긴 해도 그녀가 자신의 작품을 통하여 의도했던 똑같은 기능을 수행했다. 비록 이같은 경우는 그녀의 작품이 전시되는 기회를 희생하고 얻어진 것이지만, 결국 전시로부터 거절당한 것이 예술 작품이 본래의 의미를 얻는 기회를 갖는 셈이 되었다(개인적 면담, 2009. 4. 6.).

시각적인 뇌

오늘날 미술의 이해에 대한 프레이밍은 인간과 사회의 의사소통 과정의 복잡성을 이해하는 방법에서 시각화가 중요한 역할을 차지하는 계기를 만들어 준 생물학적 변화에 의하여 또한 영향을 받는다. 시각적 인지를 다루는 뇌과학자는 이미지는 전체적으로 형태 또는 게슈탈트로서 인식된다는 동형 이성의 개념을 부정한다. 이러한 원칙은 시각이 지각적 조직과정으로서 보이는 방식에 영향을 미친다. 미술교사에게 이것은 시각의 언어를 이루는 구성요소와 원칙들이 있고 전체적인 것은 부분의 총합 이상의 것이라는 것을 의미한다. 그러나 보는 것은 우리의 두뇌이지 눈이 아니라는 것은 명확하게 되었다. 20세기 중반경 감각, 사고 및 감정 사이의 관계를 연구하는 사람들은 지각한다는 것은 주의 깊은 의미 만들기라는 인지의 작용이라는 것을 깨달았다.[19] 넬슨 굿맨(Nelson Goodman, 1978)이 상기시키듯이, "지각 없는 개념은 단지 **비어 있는 것**이고, 개념 없는 지각은 **맹목적인 것**이다"(p. 6, 원문에서 강조). 따라서 우리가 아는 세계가 우리가 보는 세계에 의미를 제공하고 있는 셈이 되는 것이다.

존 브로크먼(John Brockman, 1995)이 "제3의 문화의 사색자(third-culture thinkers)"(p. 18)[20]라고 정의한 과학자들은 정보가 처리되는 이 역동적인 방식을 학제 간의 경계가 넘나드는 것으로 묘사하였다. 브로크먼의 대화의 대부분에서, 과학자는 시각미술에 대하여 대화가 가능한 사람들이었다. 예를 들면, 컴퓨터 과학자 로저 생크(Roger Schank)의 정보처리는 '놀람(surprises)'에 관한 것이고 이것은 기대하지 않은 것으로부터 온다. 마빈 민스키(Marvin Minsky)와 세이머 페퍼트(Seymour Papert)가 1960년대에 인공지능에 관하여 그들이 생각하는 것을 개념화하기 위하여 이미지를 찾고 있었을 때, 그들은 자신들의 영리한 기계의 모델이 될 만한 하나의 유일한 구조는 없다는 것을 깨달았다. 그들의 '마음의 조직(society-of-mind)' 이론은 다중의 구조와 가변 자원을 이용한다. 민스키가 언급한 것처럼, "아마도 사람들은 몇 가지의 다른 방식으로 그것을 이해하지 않는다면, 어떤 것도 이해할 수 없을 것이다. 그리고 지식을 대표하는 순수하고 최상의 방식으로서, 유일한 진리에 대한 탐구는 잘못된 생각이다."(Brockman, 1995, p. 163 재인용)라고 언급했다.

민스키에 따르면, 그것을 적용하는 것은 그것을 이해하기 위하여 어떤 것을 재현하는 몇 가지 다른 방식을 취한다. 『자연의 숫자(*Nature's Numbers*)』(1995)라는 이언 스튜어트(Ian Stewart)의 책에는 수학적인 것, 예를 들어 어떻게 수학이 "유연한 흐름(flexible flux)"을 포용하는 "엄격한 법칙(rigid laws)"(p. 47) 이상의 것이 될 수 있는지를 보여 주고 있다. 이것은 어떻게 사물과 현상들이 작동하는지에 관한 법칙과 공식을 아는 것은 충분하지 않다는 것을 의미한다. 스튜어트는 아마도 "고정된 것과 유동적인 것은 공존한다."라고 할 것 같다. 안다는 것이 이렇게 인식된다면, 이것은 철학자인 맥신 그린(Maxine Greene, 2003)이 상상력이라고 묘사한 것과 궤를 같이하게 된다. 맥신 그린은 상상력을 가능한 것이 발생할 수 있는 장소로서 묘사한다. "열림을 추구하면서 고정되는 것에 저항"할 수 있는 장소, "앞으로 펼쳐질 것들이 존재하기 때문에 불완전한 것을 풀어낼 수 있는"(pp. 22-23) 장소로서 상상력을 정의한다.

20세기 말, 마음과 뇌에 대한 우리의 이해는 정신적 상태와 육체적 상태에 대한 관계를 명확하게 볼 수 있었기 때문에 다시 상상될 수 있었다. 시각적 형태는 우리의 뇌의 연속 작용을 통하여 해독되어야 할 상징으로 인식되지 않았다. 시각화 과정은 어떤 법칙에 의해 제한되는 것이라기보다는 잠재적 의미의 관계망이 뒷받침될 때 더욱 역동적인 것이 되었다. 인지과학자 중에서 연결주의자는 시각적 해석이 수평적인 신경의 활동의 복잡한 배열로부터 생성된다고 보았다.[21] 시각적 정보가 지각되고 처리되는 장소인 보는 뇌(seeing brain)에 관한 초기 이해는 알고 있는 뇌(knowing brain)의 주의 깊은 활동에 대한 이해로 대치되었다. 뇌가 임무를 수행하고 있을 때, 뇌과학자가 뇌를 보는 것을 가능하게 했던 영상기술은 복합적인, 통합적인, 스스로 조직하는, 분배 시스템으로서의 뇌의 사진을 보여 주고 있다. 그 결과, 어떻게 뇌가 지식을 구축하는지에 대한 조금 더 복잡한 모델이 탐구의 새로운 영역을 열고 있다. 예를 들어, '뉴로에스테틱(neuroesthetics)'(1999, 2009)에 관한 세미르 제키(Semir Zeki)의 뇌과학연구는 시각적 경험에 대한 새로운 통찰력을 드러내고 있다. 시각적 인지작용은 점점 더 뇌과학에서 중요한 역할을 차지하고 있으며, 예술가와 미술교육자, 연구자에게 새로운 도전과 논쟁점을 불러일으키고 있다. 이 이슈에 관해서는 제4장에서 자세히 논의될 것이다. 그러나 로버트 솔소(Robert Solso, 1994)가 설명하듯이, 시각적인 과정의 주의 깊은 특징은 다음과 같이 인정되었다.

> 만약 우리의 뇌가 인간의 인지와 상상력의 바깥에서 존재하는 세계로서의 외부의 세계를 안다면, 감각 경험을 통하여(그중 시각이 가장 중요한데) 우리의 인상은 우리의 눈이 민감한 전자기력의 띠를 통하여 한곳으로 모아질 것이다. 우리의 마음에 존재하고 있는 인지작용의 핵심은 대개 감각 경험의 합성물이며, 뇌에서 전달되는 신경조직의 신호를 통하여 독특한 방식으로 전달된다(p. 45).

'감각 경험의 합성물'로서의 또 다른 예는 팀 로다(Tim Roda)의 이미지에서 보인다. 이 세계는 우리가 알고 있는 개인과 가족 그리고 온갖 종류의 기억에 의한 사람들만큼 일상생활의 존재하는 것들 간에 일어나는 것이 현실 모습이며, 로다의 사진들은 그런 구성을 가장 잘 보여 준다. 로다가 그려 내고 있는 사려 깊고 친밀한 방식으로 모아진 기억의 편린 같은 이미지들은 관람자가 알 수 없지만, 그럼에도 불구하고 불편한 기억들을 자극할 만한 충분히 도발적인 이미지들을 그려 낸다. 이러한 방식으로, 우리가 보는 것으로부터 유추되는 우리의 지식은 단순한 우리 주변에 있는 것들의 샘플링이다. 팀 로다의 이미지 스캐닝과 드로잉 추론 등은 인지 정보처리 과정의 선택적인 지각과정과 유사하다. 그가 설명했듯이, "사진은 개인적이고 보편적인, 몇 가지의 층으로 이해될 수 있는 모호한 순간을 포착한다. 나는 사람들로 하여금 우리의 삶이 얼마나 모순되는지에 관한 익숙하면서도 동시에 약간은 불편한 감각적 이슈를 포착하려고 시도한다"[22](Roda, 2005).

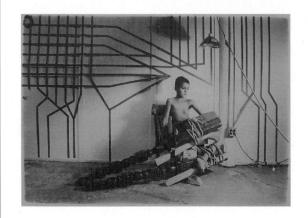

팀 로다(Tim Roda). 〈무제 #167(Untitled #167)〉. 16×23 inches. 흑백사진. 그렉 쿠세라 갤러리(Greg Kucera Gallery)의 허가를 받아 게재함. 아트 에이전트, 함부르크; 엔젤 갤러리, 토론토; 바에르 리지웨이 전시회, 샌프란시스코에도 참가함.

나는 사진을 사용하는 것을 시작하였다. [왜냐하면] 사진이야말로 내가 가족의 역사에 대한 비유를 관람자들에게 가장 큰 울림을 주는 방식으로 그려내는 것을 가능하게 하는 데 탁월한 매체였기 때문이다. 비록 마지막으로 작업하는 것은 사진이지만, 나의 작품은 설치미술, 조각, 사진, 영화, 행위미술의 영역을 고루 횡단한다. 사진기는 시간이라는 관념에서 기억과 구축된 실재 사이를 맴도는 한순간을 기록하기 위해 사용된다. 그러나 사실, 그것은 '실제 시간'의 사건에 대한 기록물인 것이다…… 모든 장면은 연극조의 시각적 개념으로 시작한다. 그리고 이 개념은 나의 가족에 의하여 연출된다. 비록 우리 모두가 즉각적인 주체이지만, 그 작업은 나의 유년 시절과 일종의 가족의 전통과 같은 비유적 잔향들로 가득 차 있다. 희망하기는, 이러한 비유들이 관람자들이 그들 자신의 개인사와 관련 맺을 수 있도록 충분히 열려 있었으면 좋겠다는 것이다(Tim Roda, 2005. 12., http://www.gregkucera.com/roda_statement.htm, 2009. 3. 22.).

창작된 실제

맥락은 고정되어 있고 의미는 현상 안에서 발견되고 날카로운 분석에서 되찾을 수 있다는 원칙에 대한 불신은 문화이론에서 유사하게 보인다. 어떻게 문화가 인식되고 보이는가에 관한 것은 정치학과 시학과의 관계에서 보아야 한다는 것이다. 문화탐구의 이성주의 모델은 아무리 그 문화권 안의 사람들의 관점에서 해석되었다 하더라도, 그들 자신이 관찰되는 것 없이 볼 수 있는 통찰력 있는 기록자의 신화를 유지할 수 없었다. 대신, 그 현장을 불평등한 관계 맺음이 가능한 장소로 생각하는 연구자들은 "인류학적 지식의 생성과 재현에 대한 연구자들의 주관성의 핵심"(Pink, 2001, p. 19)이라는 것을 인지한다. 좀 더 포괄적인 목표는 관찰되는 사람과 관찰하는 사람에게 자신의 목소리를 낼 수 있는 기회를 주는 것이다. 또한 관찰자건 피관찰자건 간에, 관찰연구에 참여하는 참가자를 "의견을 낼 수 있는 주체, 즉 피하거나, 논쟁하거나, 의견을 되물을 수 있는 존재로 상정할 수 있는 변화를" 이끌어 내는 것을 포함한다(Clifford & Marcus, 1986, p. 14).

　어떻게 탐구가 '반응하기'를 필요로 하는가에 관한 개념은 토착문화 이론가가 명백하게 밝히고 있다. 역사적으로 원주민, 부족 그리고 그들의 문화에 대한 연구는 식민주의와 제국주의의 영향으로부터 자유로울 수 없다. '이것은 누구의 연구인가?'라는 물음은 던져야 할 기본 질문이 된다. 토착문화 이론가들은 토착적 관점을 제시하기 위하여, 그리고 단지 바라봄이라는 연구의 자세로부터 벗어나기 위하여 서구 중심의 연구 전통을 탈식민지화하는 과정을 거쳐야 한다. 그렇게 함으로써 목적은 민족의 삶과 문화 그리고 언어의 생존을 통제하는 것이 된다. 린다 튜히와이 스미스(Linda Tuhiwai Smith, 1999)는 다음과 같이 설명한다.

　　　토착적 관점에서 서구의 연구 방법은 실증주의 전통에 놓여 있는 연구 이상의 것을 의미한다. 토착민족에 관한 어떠한 연구건 간에, 서구의 연구 방법은 문화적 지향점, 가치 체계, 시간과 공간, 주관성에 관한 다른 개념과 지식에 관한 아주 다른 관점들, 고도의 전문화된 형태의 언어와 힘의 구조에 대한 다른 관점들을 수반한다는 것을 의미한다(p. 42).

　토착 공동체가 수행한 연구 프로젝트들의 의제들을 검토하면서, 스미스는 행동 지향적 · 포괄적 · 역동적 과제 수행의 패턴들을 알게 되었고, 주류의 연구 방법론과 토착민의 과제 수행 패턴들을 결합하였다. 그러나 연구된 주제들은 결정적으로 토착민의 관점하에서 이루어진 것이었고, 연구 방법을 탈식민화하는 다음과 같은 강력한 개념, 즉 주장하기, 명명하기, 기억하기; 협상하기, 틀을 다시 만들기, 다시 조직하기; 발견하기, 재고하기; 창조하기, 보여 주기,

이야기하기; 젠더화하기, 민주화하기, 보호하기; 연관 짓기, 연결하기 등을 선사하였다.

지식이 창조되고 비판되는 방식이 합리주의 전통과 그 방법으로만 유지될 수 없다는 것은 자명하다. 디지털화된 세계의 규정하기 힘든 범위는 토착 문화에 알려진 형이상학적 가능성과 과학과 예술에서 발현된 새로운 개념에 의하여 열려진 새로운 현실세계를 포착하는 점점 더 복합적인 개념적 공간을 제공한다. 이러한 '연결된 문화'(Taylor, 2001)라는 개념하에서, 포스트모던 이론가들은 신체의 정치학, 탈중심화된 자아, 문화적 파열, 초학문적 연구와 같은 재미있는 주제들에 몰두하게 되었다. *The New Yorker*가 "컴퓨터상에서는 누구도 내가 개란 것을 모른다."라는 자막과 함께, 컴퓨터 자판 앞에 앉아 있는 한 마리의 개를 그린 만화는 이를 아주 잘 대변한다. 디지털 기술은 탐구를 도와주는 새로운 도구라기보다는 이전에 시도되지 않은 방식으로 사물과 현상에 대하여 다시 생각하는 것을 가능하게 만드는 장소에 가까운 것으로 보인다. 이것은 예술가, 과학자, 연구자, 문화이론가 및 시민운동가가 이미지와 생각의 신선하고 새로운 언어를 서로에게 말할 수 있는 그런 종류의 공간이다.

문화적 · 정치적 · 기술적 · 경제적 변화의 급진적 통합은 현재 창조적이고 비판적인 영역들에 영향을 미치고 있고 그러므로 시각미술가에게, 미술교사에게, 대학교육을 받고 있는 학생에게 그들이 지금 현재 무엇을 하고 있는지에 대하여 생각해 보도록 새로운 도전장을 내밀고 있는 것이다. 로버트 휴즈(Robert Hughes, 1993)와 같은 문화비평가가 미술학교에서 기술에 대한 이론의 지배력을 비난할 수 있었던 반면, 이러한 영역은 물론 상호 배타적인 것으로 비추어질 수 없는 것이었다. 대학교의 실기실과 미술학교에서 작업했던 사람들은 더 이상 시각예술이 직면한 도전과 공공 및 공동체 안에서 예술가의 지위를 재고하기 위한 가능성을 열어 가기 위해 그대로 있지 않았다.

차카이아 부커(Chakaia Booker)는 비유적으로 그리고 물리적으로 문화적 · 상황적 맥락을 포괄하는 시각적인 형태를 놓고 고심해 왔다. 그에게 화가의 팔레트는 내재된 에너지를 의미했고, 그녀의 팔레트는 타이어였다. 그녀의 언급

에 따르면, "나의 팔레트에 여러 색채를 풀어 놓은 것을 대신해, 타이어의 질감
이 나의 물감이 된다. 이러한 질감은 그것이 타이어의 무늬로부터 온 것이건,
잘려진 흔적에서 나온 것이건 또는 낡았건 간에 모두 나의 작품을 만들기 위한
나의 에너지의 원천이 된다"(개인적 면담, 2004. 6. 21.). 형태가 조형적인 사고
이상의 내용이 될 수 있다는 생각은 표현적인 기술적 수단이라는 경계 안에서

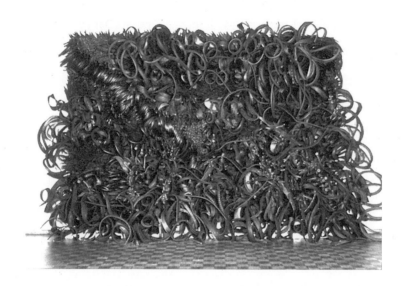

차카이아 부커(Chakaia Booker). 〈초록색이 되기는 너무 어려워(It's So Hard to Be Green)〉(2000). 150×
252×288 inches. 타이어, 나무. 전시: 휘트니 뮤지엄 아트 비엔날레 2000(The Whitney Museum of Art
Biennial 2000). 작가와 말보로 갤러리(Marlborough Gallery)의 허가를 받아 게재함. 사진: 넬슨 테자다(Nelson
Tejada). http://www.chakaiabooker.com

　　차카이아 부커는 형태에 사회적 의미를 부여하기 위하여 오래된 고무 타이어를 사용한다. 그 의
미 또한 검은 동질성에서부터 도시의 생태학에 이르기까지 다양하다. 그러나 부커는 타이어로부
터 의미 생성의 걸죽한 핵심을 뽑아 낸다. 그 타이어의 검은색은 아프리카인의 피부를 상징하고,
패턴화된 바퀴자국은 부족의 장식 패턴과 유사하다. 타이어의 탄력성과 변통성은 '디아스포라 동
안 아프리칸 민족의 생존'을 나타낸다…… 오늘날 가장 파괴할 수 없는 쓰레기 중의 하나를 격노한
아름다움으로 변모시키면서, 부커는 재활용 가능한 자원을 그의 작품의 소재로 쓰고 있는 것이다
(Anderson et al., 2000, p. 65).

그리고 사회적 역할에 관한 논쟁들 가운데서, 문화적 경계를 넘어 우리의 도전에 대한 이해를 확장시키는 데 큰 도움을 준다.

‖ 결 론 ‖

시각미술 연마가 활동의 제도화 과정은 오래되었고, 다양한 역사를 밟아 왔다. 각각의 시대에서, 미술가와 미술교육자에 대한 공식적인 훈련 또는 인증과정은 어쩔 수 없이 제도권 안에서 고전을 유지하기 원하는 사람들과 그렇지 않은 사람들 사이의 분파를 만들어 내었다. 기술 연마가 공공기관의 책임이라는 전제하에, 많은 사람들은 예술가의 양성에서 성공을 판단하는 척도가 상업적 미술계의 중심에서 인정받는 것이라고 생각한다. 아카데믹한 위상을 공고히 하고 싶은 예술가는 반드시 견고한 분야의 기초 위에서 창조 활동의 영역을 개척해야 했다. 이런 방식으로 대학은 자신의 고유의 영역을 확보해 나갔고, 나아가 제도화된 미술계를 만들어 내었다. 그 시험대는 어떻게 이러한 요구사항들을 수용하는가 하는 문제와 시각미술이 연구의 분야가 되는 과정에서 통합성을 유지하는 것이었다. 그러나 학계에서는 예술가로서, 교육자로서 또는 연구자로서 그들의 정체성을 놓고, 시각미술을 가르치는 교수진의 역할을 둘러싼 질문들이 생겨났다. 많은 사람들에게 이것은 제도권 안에서 시각미술의 적절성에 관한 논쟁들을 계속해서 만들어 내었던 지속적인 질문이었다. 시각미술 안에서 연구란 무엇인가라는 논쟁의 정치학은 이러한 딜레마의 핵심 부분이다. 현 시대의 불확실성과 시각미술이 사고의 새로운 방식에 어떻게 공헌할 수 있는지에 관한 질문은 지금이 바로 이 문제에 천착해야 할 시간이라는 것을 말해 준다.

경제적 세계화와 정치적 양극화는 문화적인 변화의 패턴을 통합하고 분열시키기를 계속한다. 만연된 경제합리주의 정책의 영향은 과거 미시경제학적 개혁이 교육과 사회의 변화에 직접적으로 영향을 끼쳤던 지방의 지역들에서 날카롭게 체감된다. 고등교육에서 합리화와 책무감을 통해서건 또는 공립학교에서 표준화를 통해서건 또는 아니건 간에 수행의 시장으로서 교육의 모델은 점점 더 지배적이다. 만약 교육의 비전이 상상력이 빼앗긴 채 유지된다면, 아마도 심오하고 공정한 변화를 위한 잠재력을 지니고 있는 것은 공장 모델이나 운영 구조라기보다는 문화 영역일 것이다.

그렇다면 어떠한 문화 환경이 예술적으로 도전이 되고, 사회적으로도 유의미하며, 경제적으로 보일 수 있고, 문화적으로도 의식적으로 깨어 있는 미술교육연구를 위한 모델을 지지할 수 있을까? 현재의 문화적인 제도적 체계에 대한 검토는 몇 가지 가능성을 보여 준다. 나중에 이 책의 후반부에서 다룰 것이지만 여기서 두 가지의 예를 먼저 설명하는 것이 나을 것 같다. 물론 인터넷은 사업상의 수단으로 전자시장을 사로잡기 위해 '닷컴'을 무분별하게 사용했던 것과 같은 네트워크 의사소통의 다른 모습을 보여 주기도 하였다. 최근 촉발된 MySpace.com과 YouTube와 같은 소셜 미디어 네트워크에 대한 폭발적인 관심도 좋은 예가 될 것이다. 소셜 미디어 네트워크는 개인적인 의미를 간직한 공간과 그 공간을 가능하게 하는 개인의 주체성에 대한 인간의 기본 욕구를 자본화한 것이다. 즉, 디지털 세계는 개인에게 의사소통 방식과 의사소통의 내용을 선택할 권리를 행사할 수단을 제공한다. 그러나 인터넷은 동시에 상당한 영향력을 가지고 자립 가능한 체계를 구축하기 위하여 디지털 환경의 능력을 착취하는 열정과 같은 비도덕적 의도를 위하여 이용되기도 한다. 서구 기업들의 '맥월드(McWorld)'(Barber, 1996)가 균질화된 메시지를 전달하기 위하여 계급 구조를 유지하는 반면, 이데올로기의 생산은 독립된 특권을 통해 형성되며 인터넷의 뿌리줄기적인 성질을 이용해서 발생한다. 메시지를 전달하는 것은 조직적인 것이라기보다는 사고 그 자체이고, 사람을 끄는 것은 경제적인 것이라기보다는 정서적인 것이다. 인터넷의 사용을 극도로 제재하기를 원하지 않는 반면, 사실 웹상에서 예술가와 연구자의 집합소와 같은 공동체의 활발한 네트워크를 위한 공간이 많다는 것을 말하려 한다. 그곳에서는 비계급적 구조가 지방과 전 지구적 수준에서 대화를 격려한다.[23]

제도적인 그리고 문화적인 활동이 시각예술연구를 위한 가능성을 제공하는 방향으로 재개념화될 필요가 있는 또 다른 영역은 갤러리나 박물관에서의 큐레이터의 직에 대한 것이다. 예를 들어, 여러 다양한 시각들과 견해들을 보여 주기를 추구하는 큐레이터는 문화적·교육적 담화를 철학적·경제적·정치적 견해를 교환하고, 서로 의사소통하며 실행을 위한 기초를 형성할 수 있는 다양성이 보장되었을 때 발현될 수 있는 것들로 여긴다. 만약 이론과 이슈가 사고를 불붙였을 때, 그때는 그것들에 관하여 논의할 필요가 있다. 한편 해체하는 작업 또한 중요하다. 의식했건 그렇지 못했건 간에 인종, 문화, 성별, 계급 같은 것들은 우리가 선택하는 방식들에 영향을 미친다. 큐레이터가 이러한 개념을 다루기 위한 새로운 방식을 제공하는 것은 이러한 세계화 맥락에서 가능한 것인데, 뉴욕과 같은 문화의 중심지에서건 아니건 간에 다양성이 보장될 수 있는 공간의 확보가 문화와 예술에 관한 담론들이 활발히 전개될 수 있는 일종의 권위가 된다. 예를 들어, 세계화를 탐구하는 전시를 기획했던 큐레이터들은 그들이 그 장소를 점유했다고 믿는 사람들로 "비대칭적인 무지"(Sengupta, Dietz, Nadarajan, Bagchi & Narula, 2003, p. 40)라는 비난을 받을 만하다고 설명하였다. 그들은 "글로벌 공간의 가장 끝자리에 사는 우리는 중심공간에 사는 사람들이 우리에 관하여 아는 것보다 이 공간에 관하여 더 많이 안다."라고 덧붙였다 (Sengupta, Dietz, Nadarajan, Bagchi, & Narula, 2003, p. 49).[24] 중심에 있는 것보다 주변에 있는 것이 더 나은 관점을 제공한다는 것이다. 이것이 바로 현재 인간이 처한 여러 삶의 조건들을 탐구할 뿐만 아니라 인간 신체의 디자인과 기능에도 의구심을 표했던 이슈들에 반응하기 위하여 새로운 방식을 추구하였던 큐레이터와 예술가들에 의해 촉발된 대화였다. 이것은 우리의 앎의 세계에서 중심을 향하여 변화해 가는 시각미술의 영역이다.

바버라 스태포드(Barbara Stafford)는 오늘날과 같은 사이버 시대의 시각 이미지의 중요성을 탐구하며, 그녀의 '에세이 선언문(essays-manifestos)'의 서문에서, 미술교육가 및 역사가 그리고 예술가에게 실제적이고 적절하며 창조적이고 비판적인 예술 실행 활동을 수행할 것을 촉구하고 있다. 비판과 해체의 과정을 통해 여러 어려움들과 딜레마들을 드러낸 언어 활동에 기반을 둔 세계를 해체하면서, 스태포드는 "명확하고, 환원될 수 없는 그리고 고도의 시각적 전문성이 요구되는 초학제 간의 **문제들**에 초점을 맞추는 새로운 분야의 연구 영역을 열기 위해서는 좀 더 건설적인 입장이 요구된다."라고 주장한다(p. 9, 원문에서 강조). 이것이 이미지 기반 학문 영역이 사라질 위기에 처해 있다는 것을 의미하지는 않지만, "우리는 고등교육의 제도권 안에서 그리고 탈중심화된 전자 사회에서 우리의 관련 없음을 확인해야 한다는 말이다"(p. 9). 한편 진정한 모험을 감내하기 위한 요청으로, 스태포드는 다음과 같은 도전적인 시사점을 제시하고 있다.

다른 학문의 영역에서 논의되고 다루어졌던 의제 및 정의 그리고 이론을 끌어안는 것과 본다는 것, 즉 시각의 성격을 역사적으로, 그것도 사이버시대의 도래에 즈음하여 교차적인 프로젝트를 고안하기 위하여 과거의 문화들을 재개념화하는 것은 아주 다른 일이다(pp. 9-10).

바버라 스태포드의 요구는 최근의 요구(2007)에서 좀 더 절박하며 우리가 지금 뇌에 관해 알고 있는 것과 이미지와 물체가 어떻게 마음을 형성하는가에 있어서 미술과 인문학은 시각적 형태와 처리 과정의 중요성을 재고하도록 그 순간을 포착해야 한다는 것이다. 필자는 스태포드의 견해를 이 책의 다른 장에서도 계속 지지하며 더 자세히 설명할 것이다. 사회과학과 인문과학의 연구 방법론에 영향을 끼쳤던 의제 및 정의 그리고 이론은 시각예술 탐구가 여러 이론으로 경쟁하고 재개념화되었을 때, 중요한 유사점과 차이점으로서 나뉘어 논의되었다.

이것은 시각미술에는 앞으로 더 많이 연구되어야 할 많은 분야들이 있다는 것을 인정하는 것이기도 하나, 이러한 공유된 목표에 대한 접근 방법은 시각미술 본연의 길을 발전시켜야 한다고 주장할 수 있는 기초를 제공한다.

1 예술계(artworld)에 대한 개념은 박물관과 갤러리를 통하여 예술의 문화적 생산, 전시, 보존, 판매 등 다양한 요소들을 묘사하기 위하여 사용되었다. 원래 디키(Dickie, 1974)의 제도권 이론을 설명하기 위해 사용되었지만, 예술계라는 개념은 예술과 문화를 둘러싼 맥락을 이해하기 위하여 아주 유용하게 구축된 개념이 되었다(Young, 2001). 다소 명확하지 않은 것은 교육에서의 결과물과 예술계의 영향력에 대한 시사점들이다. 저자는 "학문적인 예술계"(Sullivan, 2005, p. 88)의 영향력에 대한 유사한 글을 저서인, 『예술실행연구』(2005)의 초판에 게재하였다. 동시대의 문화의 예술계와 제도권의 문화의 학문적인 예술계 사이의 평행선은 고등교육에의 박사학위에 관하여 스튜디오 예술 영역에 박사학위가 도입되는 것에 대한 논쟁들에서 잘 보인다. 연구 공동체와 관련된 제도적인 규정과 관습의 직간접적인 영향은 예술가가 고등교육 내에서 담당해야 할 새로운 역할모델과 의무로서 간주되었다. 학문적인 예술계와 실행기반 연구와의 관계에 대해서는 스크리브너(Scrivener, 2006)를 보라.

2 몬티 피손(Monty Python)의 짧은 희곡 『몬티 피손과 성배(*Monty Python and the Holy Grail*)』는 중세적인 지성을 곧 대치할 과학적인 합리성의 잠정적 시작을 잘 보여 주고 있다. 이 희곡의 시작 부분에는 한 마녀를 불에 태워 죽이려고 작정을 하고 있는 와자지껄한 소작농들의 한 무리가 등장한다. 그들은 자신들이 이성적인 또는 합리적인 사람들이라고 믿고 있었고, 그들의 행동에 대하여 베디베르라는 귀족이 질문을 던지는 장면이 나온다. 베디베르는 후에 아서왕이 성배를 찾기 위해 길을 떠날 때 같이 동행하게 되는 귀족이었다. 그는 소작농들에게 "어떻게 그녀가 마녀라는 것을 알았는가?"라고 물었고, 그들은 "그녀가 마녀처럼 생겼기 때문이다."라고 답하였다. 그러나 시각적 증거는 가짜다. 베디베르는 "그녀가 마녀인지 아닌지 알 수 있는 구별할 수 있는 방법들이 있다."라고 설명하면서, "마녀들을 어찌하려고 하는가?"라고 질문하였다. "불에 태워야지!"라고 군중이 소리를 지르자, "마녀의 어느 부분을 태울 것인가?"라고 질문하였다. 이 질문에 그들은 온순하게 "나무?"라고 대답했다. 따라서 그들은 아마도 마녀들은 나무로 만들어졌기 때문에 불에 잘 탈 것이라고 추론했다. 베디베르는 만약 마녀가 정말로 나무로 만들어졌다면, 어떻게 그것이 믿을 만한 사실이 될 수 있는지를 증명하기를 원했다. 그들이 나무가 잘 탈 뿐만이 아니라 물에 뜬다는 사실을 알아내고 결론을 내리기까지 다양한 추측들이 주어졌다. 게다가 오리도 물에 뜬다. 따라서 그들은 논리적으로 만약 마녀가 오리와 같은 무게라면, 그것은 그녀가 나무로 만들어졌다는 것을 뜻하고 그러므로 그녀는 마녀라고 추론하였다. 불행히도 그녀는 오리와 같은 무게였고, 당시 중세적 논리는 만연해 있었으며 결국 그녀는 화형에 처해졌다. 이 사건은 잘못된 결과를 초래하는 잘못된 전제의 논리적인 문제점에 관하여 말해 준다. 비록 주의 깊은 소작농이 그 당시에는 깨닫지 못하였다 할지라도 이성적 사고가 비이성적 결과를 초래할 수 있었다.

3 시각적으로 의사소통할 필요성은 통찰력이나 상상력만큼이나 거짓말이나 오해에 자리 잡고 있다. 스티븐 제이 굴드(Stephen Jay Gould, 1991)는 그의 에세이 『페트루스 캠퍼의 각도(*Petrus Camper's Angle*)』에서 좋은 예를 제공한다. 페트루스 캠퍼는 18세기 해부학으로 유명한 네덜란드의 과학자였다. 그러나 그는 종종 화가로 일하기도 했다. 과학과 미술에 대한 그의 관심은 유럽적

인 얼굴 특징을 보이고 있지만, 그는 검은색의 피부색으로 그려진 동방박사들의 도상에 대한 의구심을 갖기 시작했다. 시각적으로 정확하지 않은 이러한 묘사들을 발견하고, 그는 각 인종과 국적에 따른 다른 두상의 묘사를 해부학적 구조와 연결시키는 작업을 시작했다. 두상의 측면에서 이마로부터 내려오고 옆으로 펼쳐지는 부분들의 비율들을 측정함으로써 얻어진, '얼굴의 각도(facial angle)'가 그가 만들어 낸 측정 기준이었다. 그러나 굴드가 측정한 이러한 얼굴의 각도는 나중에 인종 간의 타고난 차이를 인종의 가치에 결부시켜 본질을 왜곡하는 결과를 초래한다. 즉, 가장 낮은 얼굴의 각도는 유인원의 것이었고, 그 중간은 아프리카인에게 돌아갔다. 반면 가장 높은 각도는 고대 그리스인의 두상이었다. 역사적으로 왜곡된 응용을 통하여 잃은 것은 페트루스 캠퍼의 본래의 의도였다. 그의 목적은 예술적인 것이었고, 그의 화가로서 그리고 학자로서의 책무는 아름다움을 정의하는 것이었다.

4 이와 같은 논리적이고 도덕적인 사고방식의 재미있는 조합이 식민주의가 팽창하던 시기에 사람들의 사고방식에 영향을 끼친 예는 그 토지가 투자 가치가 있는 소유물이라는 사고가 확산되면서, 토지의 소유에 관한 관점에서 드러난다. 문서로서 소유관계가 확실히 드러난 토지를 제외하고, "신이 그 토지를 만인에게 하사하였기 때문에 그 전에 그 토지가 누군가에게 소유되어 있지 않았다면, (설사 누군가가 소유했던 적이 있어도) 그 토지는 신을 기쁘게 하기 위한 목적하에 누구에게도 소유될 수 있다"(Paley, 1938, p. 73). 이러한 천명은 테라 눌리우스(terra nullius), 즉 '토지는 어느 누구에게도 소유되어 있지 않다.'라는 원칙을 실행하는 것을 가능하게 했다. 이것은 오스트레일리아나 아메리카에 거주하였던 원주민들에게는 그들이 소유할 땅을 가질 수 없었기에 끔찍한 결과를 초래하였다.

5 *The Independent*는 뉴욕 시, 3 파크 플레이스에서 헨리 C. 보웬(Henry C. Bowen)이 출간하는 주간신문이었다. 보웬이 편집장이자 소유자였다. 이것은 시카고에 지부를 둘 정도로 매년 정기구독하는 고정 독자층이 있는 신문사였다.

6 이것은 '새로운 잉글랜드 자유주의(New England Liberalism)'라는 제목의 사설에서 나온 것인데, 이 사설은 줄리우스 H. 워드(Julius H. Ward) 경이 매사추세츠 마블헤드에 위치한 성 마이클 교회(St. Michaels' Church)에서 한 설교를 다루고 있다(Ward, 1876 참조).

7 1873년에 뉴욕의 주간지인 *The Independent*에 실린 존 러스킨(John Ruskin)이 쓴 새에 관한 작은 책 *Love's Meinie*에 관한 리뷰에서 보이는 것처럼, 존 러스킨은 이러한 두 가지 측면에서 상당한 영향을 미쳤던 것 같다.
The Independent: 최근 출판된 책 중에서 주목할 만한 것은 새에 관한 글을 싣고 있는 러스킨의 최근 팸플릿이다. 그 팸플릿은 새들의 구조, 이름, 나는 모습, 자연과 예술에서 이용되는 모티브에 이르기까지 많은 정보를 담고 있는 매력적인 책이다. 또한 날카로운 관찰력과 보는 이를 몰입하게 만드는 힘은 러스킨의 천재성을 다시 한 번 느낄 수 있는 부분이다. 그는 정말 '보는 눈'이라는 신의 선물을 받은 자다. 그는 로빈의 깃털 같은 정말 평범한 것을 선택하더라도 우리에게 그것이 마치 새로운 것인 양 느끼게끔 하는 능력을 지녔다. 세밀한 관찰을 가능하게 하는 그의 능력은 누구

나 아는 비밀(?)—우리 눈의 눈동자가 홍채의 중심에 있는 것이 아니라 약간 안쪽에 위치해 있다는 것과 같은—을 기억나게 한다. 보인 것이 무엇이든지 간에 그것은 러스킨을 통하여 지각된 것이고, 그는 자신이 본 것을 가장 매력적인 방법으로 말하는 방법을 안다는 것이다. 그가 대다수의 대중이 생각하는 것과 다를 수 있었던 이유를 알기 위해서라도 우리는 그의 저작들을 읽어야 한다. 그의 저작들은 기독교의 문명에 대한 아주 귀중한 소수파의 보고다(Minor Notices, 1873. 11. 13., p. 1418).

8 Howard Singerman(1999), *Art Subjects: Making Artists in the American University*, Chapter 1: 'Writing Artists Onto Campuses'(pp. 11~40)를 보라.

9 학교에서 교과로서 미술이 확립된 부분에 관한 설명을 위해서는 아더 Arthur D. Efland(1990), *A History of Art Education*의 제3~6장을 보라. 그리고 Don Souch & Mary Stankiewicz(1990), *Framing the Past: Essays on Art Education*과 Peter Smith(1996), *The History of American Art Education*을 보라. 영국의 미술과 디자인 교육에 관한 역사적인 흐름을 알고 싶다면, Mervyn Romans(2005), *Histories of Art and Design Education: Collected Essays*를 보라.

10 스티븐 굴드의 1981년 저작을 보라. Stephen J. Gould(1981), *The Mismeasure of Man*.

11 인간의 발달과정에 관한 다른 시각도 존재한다. Kieran Egan(1999), *Children's Minds, Talking Rabbits & Clockwork Oranges*를 보라. 이 책에서 이건은 발달과정은 복잡한 것에서 단순한 것으로 발전해 간다고 주장하고 있다. 그는 어린아이가 복잡한 것을 이해하는 능력에 믿음을 갖고 그의 이론을 발전시키는데, "이야기, 비유, 라임(rhyme)과 리듬(rhythm), 이분법적인 구조 만들기와 중재, 단어로부터 이미지를 형성하는 능력, 추상적 관념 등"(p. 92)을 통하여 의미를 교섭하고 절충해 나가는 행위에 중요성을 부여하고 있다.

12 과학자와 예술가가 눈에 보이는 세계를 해석하고 이해하는 것에서 보이는 공통의 관심사에 대해서는 Leonard Shlain(2007), *Art & Physics: Parallel Visions in Space, Time, and Light*를 보라.

13 CAA는 1912년에 설립되었다. 설립의 역사에 관한 정보를 알고 싶다면, Howard Singerman (1999), *Art Subjects: Making Artists in the American University*를 보라.

14 Lori Kent(2001), *The Case of Lucio Pozzi: An Artist/Teacher's Studio Critique*를 보라. 이것은 예술가-교사의 실기 교수 방법으로 특히 그의 실기실에서의 작품비평에 관한 사례연구다.

15 Jonathan Fineberg(1997), *The Innocent Eye*를 보라. 예술가들이 수집한 아동미술을 검토하는 과정에서, 그는 현대 화가들의 예술 활동과 어린아이들의 창조적인 과정을 비교한다.

16 뉴 사우스 웨일즈 교육국이 1952년 제작한 『초등학교 교과과정(*Curriculum for Primary*

*Schools)*에 게재된 다음의 인용문은 조형적인 발달과정의 어린이 중심주의 이론들이 스탠리 홀 (G. Stanley Hall)의 "개체발생이 계통발생을 따른다."라는 격언에 어떻게 잘 나타나는지를 보여주고 있다. 각각의 성장은 전체 종의 발달론적인 패턴을 반복한다. 이런 경우에 유아기는 발달과정에서 미숙한 또는 '원시적인' 단계로 비추어진다.

원시적인 부족은 그들의 창조적인 예술성을 보여 주는 훌륭한 예를 많이 남겼다. 공식적인 가르침 없이 이러한 예술들이 만들어졌다는 것을 아는 것은 매우 중요하다. 예술은 문화 이상의 것이라는 점은 확실하다. 그것은 표현이다. 특히 어린아이나 원시적 부족민에게는 자아 표현의 서투른 분출에 가깝다(p. 357).

17 파울 클레의 1969년 저작 『근대미술에 관하여(*On Modern Art)*』의 서문에서, 허버트 리드 (Herbert Read)는 클레의 논평은 그가 1924년에 했던 강의를 준비하면서 기록되었다고 밝히고 있다. 리드는 "이러한 노트들은 가르친다는 것이 미술계에 불러일으킨 여러 가지 문제들에 관한 클레의 깊은 명상의 산물"(Klee, 1969, p. 5)이라고 설명하고 있다. 리드는 이어 클레의 자신의 예술에 관한 그의 설명과 예술가가 "현실에 자신의 고유한 질서를 부여하는 것에 대한" 방어적인 글들은 사회적인 의무의식을 지니고 있다고 덧붙이고 있다. 이러한 이상적인 세계는 리드가 꿈꾸는 것이기도 하였기에, 리드는 클레의 공동체에 관한 생각—"개인적인 노력만으로는 충분하지 않다. 예술가에게서 마지막 권력의 원천은 사회에 의해 주어지는 것이며, 이것이 근대미술가들이 결여하고 있는 것이기도 하다."(Klee, 1969, p. 6)—에 박수를 보냈다.

18 '새로운 비평(new criticism)'이라는 용어는 존 크로우 랜섬(John Crowe Ransom)의 1979년 같은 제목의 저작에서 유래하였으며, 이는 20세기 중반의 문학과 미술의 중요한 사조였다. 새로운 비평의 기본 기조는, 그것이 시각예술이건 문학이건 간에, 예술 작품의 조형적인 장점은 예술 작품 자체의 형태에서 발견되어야 한다는 것이다. 이런 관점에서 새로운 비평의 구조적인 강조점은 1950년대와 1960년대 비평가 클레먼트 그린버그(Clement Greenberg)가 지지했던 형식주의의 미학적인 전통과 유사하다.

19 Rudolf Arnheim(1969), *Visual Thinking*과 이스라엘 스케플러(Israel Scheffler)의 '인지적 감정 (cognitive emotions)'에 관한 철학적 논쟁을 보라.

20 존 브로크먼(John Brockman)의 『제삼의 문화(*The Third Culture)*』(1995)는 C. P. 스노우(C. P. Snow)의 『두 개의 문화(*The Two Cultures)*』(1959)에 대한 반향으로 책 제목을 정하였다. 『두 개의 문화』는 20세기 중반의 지성인과 (연구만 하는) 과학자 사이의 충돌로 발생한 인문학과 과학 사이의 문화적인 틈을 조명한다. 그의 저서는 명성 있는 과학자들 사이의 대화를 연대기적으로 기록한다. 그는 과학자들을 스노우가 언급한 빈 간극을 메우며, 관심 있는 대중과 직접적으로 소통할 "제3의 문화의 사색자(third-culture thinkers)"(p. 18)로 묘사한다.

21 연결주의와 평행적인 프로세싱에 관하여는 Bechtel & Abrahamsen(1991)을 보라.

22 2009년 3월 22일 http://www.gregkucera.com/roda_statement.htm에서 인용하였다.

23 예술가들이 운영하는 웹기반 협동조합형태의 모임들이 많이 있다. 이들의 공통적인 관심사는 아이디어, 연구, 사회적인 행동, 지역사회 개발 등등에 있다. 대표적인 세 개의 사이트는 다음과 같다(2009. 2. 11. 검색). http://www.sarai.net, http://www.rhizome.org, http://www.creativityandcognition.com. 다른 많은 비공식적인 웹사이트 외에도, 지역사회 공동체에 기반을 둔 다른 종류의 사이트가 출현하고 있다. 프랭크 쉬프린(Frank Shifreen)이라는 도시에 기반을 둔 예술가는 이 현상을 다음과 같이 설명하고 있다.

예술가들을 도시 안의 예술가 거주지역 안으로 모으려고 하는 지역의 자족적인 예술가 공동체들은 각각의 예술가들을 사이버 공간에서 서로 연결하려는 시도를 해 오고 있다. 기술적인 문제들은 대용량의 이미지와 텍스트들을 온라인상에서 보관할 수 있게 되면서 상당 부분 해소되었다. 나 역시 예술가들의 웹사이트 네트워크를 개발하려고 하는 비영리 모임의 한 구성원이다. www.cultureinside.com이라는 사이트는 불어, 독일어 및 영어로 구성되어 있다. 스페인어도 곧 추가될 예정이다. 예술가들의 온라인 의사소통에 대한 획기적인 개발은 마르크 안드리센(Marc Andreessen)과 지나 비안치니(Gina Bianchini)가 2005년에 만든 'ning' 네트워크다. Ning 사이트들은 무료이거나 소액의 사용료를 지불하면서 다수의 집단을 만들거나, 채팅, 메시지 보내기, 멀티미디어 보관과 프레젠테이션 등이 가능한 사회적인 네트워크다. 현재 관심사, 포커스, 프로페셔널리즘에서 다양한 영역을 보여 주는 수백 개의 Ning 예술 집단들이 있다. Ning 사이트들의 특징은 언어에 있다. 언어에서의 차이점들은 효과적인 의사소통과 누구에게나 개방되어 있는 지식에 접근하는 데 오랫동안 장애물이었다. 언어 번역 프로그램들은 현재 실질적인 의사소통을 가능하게 할 만한 용량을 구비하였고, 점점 더 나아지고 있다. 샘플이 될 만한 Ning 사이트들은 다음과 같다. Art Lab(240) English-India: http://artlab.ning.com; Art Education 2.0(3555): http://arted20.ning.com; Visual Artists Forum(1555) English India: http://visualartistsforum.ning.com/; Art Network Directory(155): http://artnetworks.ning.com/; Artistic Research: http://artisticresearch.ning.com(개인적 면담, 2009. 3. 6.).

24 이 전시는 미니애폴리스에 위치한 워커 아트 센터(Walker Art Center)에서 2003년 2월 9일부터 5월 4일까지 '위도가 형태가 되는 방법: 글로벌 시대를 가로지르는 예술(How Latituedes Becomes Forms: Art Across a Global Age)' 이라는 제목으로 개최되었다. 문서 보관상의 정보를 보려면, http://www.walkerart.org/archive/B/AC7395A5CF7598E16164.htm(2009. 6. 26. 검색)을 보라.

패러다임의 상실

과학이 이성의 교회(the Church of Reason)[1]를 위한 선언문으로 탈바꿈하게 되면서, 새로운 지식을 얻기 위한 방법으로 논리적 추론이 일상화되는 시대가 도래하였다. 그러나 정신의 논리가 세상의 논리와 일치할 수 있다는 계몽주의 개념은 연구 과제로서 부적합하다는 것을 증명했다. 물질계와 인간행동에 대한 우리의 이해를 기계화가 형성하기 시작하면서, 예술은 말 없는 방관자로 그 역할이 축소되었다. 과학의 지배와 진보의 합리성은 시각예술이 통찰과 이해의 확실한 원천으로 보이는 것을 어렵게 만들었다. 예술가는 새로운 어떤 것에 대한 비전을 포착하며 급진적 활동을 펼쳤으나, 이 새로움에 대한 논의가 시각예술 탐구에서는 적절한 성과를 내는 데 실패했다고 볼 수 있다.[2] 세련미의 신조는 문화와 지역사회에 미미한 영향만을 주었으나 예술학교에서는 도그마로 고집스럽게 남았다. 그러나 여전히 예술과 인문학의 사회문화적 구조 안에서 흥미로운 가능성이 발견되었고, 그 다층적 공간은 새로운 디지털 시대에 시작되었으며 인간에 대한 이해를 생각하는 훨씬 더 개방적인 방식을 요구한다.

세기말 무렵 과학의 정전들은 의심의 눈초리를 받았다. 경험과 유리된 채

'저 너머에' 외계가 존재한다는 가정은 우리가 알고 있는 세계를 충분히 설명하지 못했다. "만일 어디로 가고 있는지 모른다면, 도착했다는 것을 어떻게 알 것인가."라는 금언이 분명히 보여 주듯, 실증주의 철학의 유산은 대부분 이미 알고 있는 지식 안에서 연구 결과가 도출된다고 가정한다. 이러한 맥락에서 지식이란 정도나 양의 차이를 통해 표현되는 것이자, 우리가 알고 있는 것에 견주어 비교되어 왔다. 물론 예측된 결과를 기대하는 것이 의도치 않은 가치 있는 결과가 불가능함을 의미하지는 않는다. 다만 호기심을 가지고 뜻밖의 결과를 수용할 수 있어야 할 뿐이다. 이것이 우리가 정확한 이론을 구축하는 방식이다. 인간과 문화의 풍요로운 복합성에 흥미를 가진 연구자는 이보다 더 질적인 방법으로 탐구하였다. 이러한 방식은 인간의 경험을 심도 있게 파고드는 유일한 방법이기에 문제를 해결하기보다 포위하는 식에 그쳤다. 이에 지식은 국지적이고 특정한 통찰력이 요구되는 상황에서 정도의 차이가 아닌 근본적 유형으로 그 차이가 드러났으며, 이것이 바로 우리가 합리적인 이론을 구성하는 방식이다.

그러나 우리는 무엇이 가능한가를 탐구하는 지식과 이론을 어떻게 창조할 것인가? 단순하게 선형적 절차로서 또는 폐쇄적 과정으로 탐구하기보다는 어떻게 연구가 상상적인 통찰력을 확인하고, 도전하며 또는 우리의 이해를 변화시키는 창의적이고 비판적 실행으로서 볼 수 있는가? 간혹 알려진 것은 그렇지 않은 것의 가능성을 제한할 수 있으며 그리고 이것은 새로운 시각으로 사물을 보는 창의적인 실행을 요구한다. 연구의 핵심적인 목표가 지식의 새로운 개념의 창조라고 한다면, 이것은 어떻게 탐구가 개연적이고, 그럴듯하며 그리고 가능한 결과를 도출할 수 있는가를 재고하도록 요구한다. 이것은 체계적이고 엄격할 뿐 아니라 창의적이고 비판적인 실행을 활용해서 성취할 수 있는 것으로 예상된다.

오래된 패러다임을 바꿀 새로운 방식을 구성하고자, 예술에 종사하는 이들이 과학에서 이용되는 탐구 방법에 정통하여 그 유사점과 차이점이 설득력 있게 논의될 수 있도록 할 필요가 있다는 주장이 있다. 그러나 이것은 과학에서 사용되는 방법이 무난하게 받아들여지거나 무조건적으로 거부당한다는 의미가 아니라, 통찰력이 정확함만큼이나 관점에 입각하고 있다는 뜻이다. 19세기 초 프리드리히 프뢰벨(Friedrich Froebel)[3]은 지식이 직접 경험에 기반을 두고 있음을 설명하기 위해 '대립물의 통일 법칙(the principle of the unity of opposites)'을 주장하였다. 예를 들어, 나무 블록을 가지고 노는 아이는 다른 모양의 블록을 경험하고 난 후에 블록이 사각이라는 것을 이해하게 된다. 이는 구체가 아닌 정육면체가 꼭짓점을 가진다는 깨달음이다. 이러한 방식의 학습은 무엇이 어떤 것이고 어떤 것이 아닌지를 결정하게 도우며, 하나의 학습 전략이자 탐구 방식으로써 시각예술을 돕는 유용한 경험이다. 비교분석법이 이러한 인식을 확대 증폭시키고 질적 연구에서 가장 우선시되는 분석법임에도 불구하고 해석을 위한 시각을 훨씬 더 넓게 확장해야 할 필요가 있다. 결국 전후 사정이 변하면 의미 역시 변하기 때문이다. 예를 들어, 예술가와 관람자는 서로 밀고 당기는 화가 특유의 형식이 액자 안팎에서 부분과 전체 사이의 역동적 긴장감을 만들어 낸다는 것을 알고 있다. 때문에 시각예술이 현실과 관련 있는 세계를 알게 되는 방식을 제공한다면, 어떠한 연구법이든지 간에 과학의 방법론을 모방하는 것이 아니라 그에 필적할 수 있어야 한다. 그리하여 시각예술 연구와 과학 사이의 다양한 수렴과 발산을 온전히 이해하고 평가하기 위해서 과학적 방법론의 핵심 원리를 알 필요가 있다.

이 장은 세 가지 주요한 주제를 다룬다. 첫 주제인 '진리로서의 방법'에서는 과학적 방법이 지식을 성문화해 온 원리를 검토해 본다. 과학적 연구는 물질계를 탐험하는 강력하고 견고한 방법으로 드러났고, 한때 인간행동의 규범적인 천성이 받아들여지는 사회과학에도 기꺼이 적용되었다. 그러나 인간 능력에 대한 탐구가 환원론적 방법을 통해 포착해 내기가 어려움에도 불구하고, 후기 실증주의자에 따르면 이성적 관점은 여전히 적용 가능하다.[4] 두 번째 주제인 '원칙을 의심하기(Doubting Doctrines)'에서는 연구 이해의 틀을 구성하는 데 영향을 끼쳐 온 실증주의자의 추측을 평론해 본다. 변화에 대한 의문과 방법에 대한 논의가 과학계 내부에서부터 계속되어 왔으나,[5] 과학의 패러다임에 대한 그 외의 직간접적 도전은 포스트모더니즘과 비평이론에서 비롯되었다. 이러한 비평은 인간의 쌍방향적이고 사회적인 세계를 다루기 위한 실증주의의 능력을 거부하는 해석적 연구 철학에 논점을 두고 있다. 세 번째 주제인 '시각적 선회'에서는 새로운 가능성과 경로를 열기 위한 연습으로 연구를 생각할 수 있게끔 예술계에 종사하는 연구자를 위한 기회를 탐험해 본다. 만약 인간 지식 습득의 주체로서 시각예술의 중요성이 충분히 인정받는다면, 창조적이고 비판적인 시각을 기반으로 하여 더 넓은 연구 개념을 추구해야 할 필요가 있다. 이러한 논의들은 연구법으로서의 예술 실행으로 무엇이 제시되는지에 대한 이 책의 서막이라 하겠다.

▮ㅣ 진리로서의 방법 ㅣ▮

한번 진실을 밝히는 과정이 용인되어 체계화되고 나면 의미 추구는 명확한 목표가 되는 것이 일반적인 사실이다. 비록 의미가 규정하기 힘든 구성체일 수 있으나, 어떤 것을 알게 되는 그 과정은 새로운 지식에 접근하여 그것을 이용하는 방식을 수반한다. 과학적 조사법의 체계화는 기초 철학과 더불어 이성주의와 경험주의 같은 추정에 달려 있다. 이런 종류의 깨달음은 합리적 연역의 결과물이나 경험의 귀납적 산물이 되는 지식과 진실을 쥔 역사적 결정체라 하겠다. 그러나 양측 모두는 지식 구성에 확실한 수단을 유지하는 데 동반자적 관계로 기능한다.

20세기 후반에 후기 실증철학의 수정론적 경향에도 불구하고, 논리적 실증주의의 합리성은 소위 '과학적 방법'이라 알려진 것을 감독하는 장기 신탁 관리인처럼 기능해 왔다. 지식 구축에 대한 이러한 접근은 아마도 모더니즘의 가장 강력한 중심 사상이자 진보를 상징하는 핵심일 것이다. 지식이 습득된다는 규정된 방식에 대한 흔들림 없는 논지는 자연과학의 방법들이 사회과학에도 적용될 수 있음을 의미한다. 연역논리학의 효율적인 사용은 설명과 인과관계 혹은 관계적 특성이 추론 가능하고 법과 유사한 일반화가 구축되는 데서 논쟁과 검증 가능한 안건들이 규정되고 연구될 수 있게 만든다. 과학적 전통 안에서는 어떠한 상황이든 이유가 있다는 개념이 기꺼이 받아들여진다. 이것은 자연과학을 잘 뒷받침할지도 모르나 인문과학에 적용되었을 때는 설득력이 반감된다. 인과관계를 밝히는 일은 높은 예측 능력을 지니고 있으나, 인간의 본성은 행위의 근본적인 인과 구조나 개별적 패턴을 밝히는 데에서 마치 애태우듯 모호하게 남아 있다. 코헨, 매니언과 모리슨(Cohen, Manion, & Morrison, 2000)은 "실증주의 철학이 덜 성공적이지만 인간행동의 연구를 위해 적용되며, 인간 본성의 무한한 복잡성과 파악하기 어렵고 만질 수 없는 사회적 현상의 특성은 자연계의 질서와 규칙적임에 의해 극명한 대조를 이룬다."(p. 9)라고 주장하였다.

실증주의 철학의 패러다임에 분명 비판의 목소리가 있음에도 불구하고, 탐구에 대한 대다수의 논쟁은 자연적이거나 해석적인 접근 방식에 대한 과학적 방법 사이의 경계선 긋기에 집중되어 있다. 후자는 연구 실행이 확실한 경우일 때 훨씬 현실적이고 긴밀한 가설을 제공하는 것으로 보인다. 그런데 이러한 개념적 차이는 하나의 틀 안에 담는 것이 필수적이다. 양과 질에 대한 논의를 뛰어넘는 방법이 고려된다고 할 때 이분법적 차이에 덜 의존하면서 다소 실용적인 혼용을 이루어 내는, 이론과 실제라는 상관된 형식으로서의 틀 말이다.[6] 연구에 대한 더 포괄적이고 총체적인 개념이 추구될 경우, 연구 절차에 대한 사고방식을 서로 대립 구도로 나누고자 하는 경향을 없애기란 쉽지 않다. 나탈리 제레미젠코(Natalie Jeremijenco)의 작품 〈나무 논리(Tree Logic)〉가 보여 주듯이, 우리의 지각이 전착될 때 기존의 준거 틀은 새로운 경험을 설명할 수 없다. 경험의 복잡함을 설명해야 할 필요성이 연구에 대한 다양한 접근 방식을 요구할 때에도, 첫 단계는 과학적 연구를 이끄는 특정 신념들을 면밀히 살펴봄으로써 상반되거나 합치될 수 있는 분야를 식별하는 것이다.

필자는 적어도 네 가지의 원칙들을 면밀히 살펴보고자 한다. 이들이야말로 과학적 이해를 뒷받침하며 또한 학문적 관행에 만연한 영향을 행사하는 탐구 방법을 구성하기 때문이다. 합리적 법칙(rationality rules)은 논리적 추론이 어떻

나탈리 제레미젠코, 〈나무 논리(Tree Logic)〉(1999). 살아 있는 여섯 그루의 나무, 금속 보강제, 스테인레스 스틸 재질의 파종기, 전신주. 사진: 더글라스 바토우(Douglas Bartow). 매사추세츠 현대 미술관(MASS MoCA)의 허가를 받아 게재함.

　　나탈리 제레미젠코는 예술가이자 실험가다. 〈나무 논리〉는 시간이 흐르며 보이는 나무의 작위적 성장 반응을 나타낸다. 나무는 역동적인 자연 체계이며, 〈나무 논리〉는 그 역동성을 드러낸다. 자연 상태에서 나무의 친숙한 동시에 상징적인 형태는 굴중성과 굴광성의 반응에 대한 결과다. 즉, 나무는 땅을 떠나 태양을 향한다. 전도된 경우에도 이 실험에서 여섯 그루의 나무는 여전히 땅을 벗어나 해를 향해 성장한다. 그러니 나무의 자연적 성향은 시간이 지나면서 가장 자연스럽지 못한 형태를 잘 구현해 내며, 자연적 존재들의 본성이 무엇인가에 대한 의문을 자아낸다.

　　나무에 대한 인식은 나무를 자연계의 절대 불변의 상징이 아닌 성장 반응의 한 무리로 볼 때 변화한다. 하나의 예술 작품, 특히 〈나무 논리〉를 접한 대중은 동기와 결과를 해석(하고 논의)하도록 권유받는다. 흔히 그 반대의 경우가 대중 담론을 포용하지 않는 '진짜 과학' 이란 사실에도 말이다. 정교한 구성 체계를 통해 제레미젠코는 '데이터' 형성을 위한 사실의 합성에 내재한 색다른 조작을 즐기고 있다(MASS MoCA, http://www.massmoca.org/event_details.php?id=29, 2009. 3. 3.)

　　게 과학 탐구와 지식 구축을 이끄는 데 이용되었는지를 설명한다. 이 과정에서 경험주의와 그 한계는 경험의 양태를 설명하고 분석하며 입증할 때 엄격한 중재의 사용을 전략으로 꼽는다. 형태와 경험이 관찰 가능한 현상임을 실재의 객관화가 수용할지라도, 객관적 실재와 주관적 실재의 참작은 그러한 종류의 모든 탐구에 대한 논의에서 중요하다. 마지막으로 본질주의적 (몰)이해는 우리 주위의 사물이 고유한 본성이나 본질을 지니고 있다는 견해이며, 이는 합리적 · 경험주의적 분석의 대상이 될 때 보편적 결과를 예측할 수 있는 특정 사항들에 대한 연구를 가능케 한다. 실제와 지식, 관계에 대한 신념 체계로서의 연구 방법론 사이의 차이를 구분하는 데 종종 사용되어 온 중심 원리들을 살펴보는 데는 장점이 있다. 그렇다면 이렇게나 숭배받는 근본 원리들은 무엇인가?

합리적 법칙

탐구를 위한 처방전 그 이상으로 과학 패러다임을 온전히 이해하기 위해서는 기초가 되는 근본 개념을 이해할 필요가 있다. 이 한도는 존재론(실재)과 인식론(지식)에 대한 개념을 반영한다. 존재론적 가정은 실재의 정의를 다루며 조사되는 사회 현상들의 본질과 관련 있다. 과학적 합리주의자는 무엇이 진짜인가에 대한 질문에 답하기 위해 사물이 어떠한 인간관계와도 독립적으로 존재하며 때문에 증명과 연구의 대상이라고 주장할 것이다. 인식론적 관심은 지식 주변을 선회하고, '실제로' 보이는 것은 감각 경험을 기반으로 하며 그것은 관찰과 실험에 의해 입증되고 새로운 지식은 습득되고 소통된다. 인간의 본성과 환경의 관계에 대한 가정은 결정론적이고 규칙 중심적인 세계가 존재한다는 개념을 수용한다. 이 세계에서 인과관계를 이해하는 것은 예측과 통제의 확실한 근거를 제공한다. 절대적 진리에 대한 추구가 문제시됨에도 불구하고, 듀이(Dewey)는 "보증된 주장 가능성(warranted assertability)"(1938, p. 9)을 적합한 대체물로 규정했다. 여기에서 보증이란 합리적인 원인에 상응한다. 때문에 연구자의 도전은 충분한 뒷받침을 받는 설명을 찾는 것이 된다. 이는 잠정적일지도 모르는 이론적 명제가 추론될 수 있는 경험적 자료의 수집을 필요로 한다. 그러나 이 수집된 자료는 검증 가능하고 일반화될 수 있는 것들을 설명한다.

결과적으로 지식의 위계는 권위와 또래비평의 기준점이 되며 서서히 늘어난다. 때문에 연구는 지식과 추론의 조합이며, 가장 만연한 형태가 과학적 방법론이다. 과학적 방법의 힘은 몇 개의 특징과 가정에 기인한다. 예를 들어, 경험주의는 자료가 확률 면에서 가정을 확인하거나 반박할 것이라는 기대에 적절히 작용한다. 어떠한 결과가 어쩌면 의도된 간섭의 결과이며, 우연과 실수의 귀결이 아닐지도 모른다는 주장이 될 수도 있는 확률 말이다. 핵심 변수들의 조작과 측정을 감안한 환원주의적 의도, 표본의 사용, 개념의 운용, 유효성과 신뢰성에 대한 통제와 관심의 발휘는 다른 것들에 의해 복제되고 확인받을 수 있는 견고한 모델을 제공한다. 이것은 객관성의 역할 유지를 돕고, 과학적 체계를 구축하는 현재 진행형 탐구의 자기 수정적 특징에 기여한다.

연구 실행을 검토하면서 '방법(method)'과 '방법론(methodology)'을 구분하는 것이 필수적이다. 필자는 특정 방법이나 탐구의 형태가 자리한 이론과 실제의 광범위한 설명 체계로서 철학적 의미로의 방법론을 견지한 레이먼드 모로우(Raymond Morrow)의 의견에 동의한다.

> **방법(methods)**이라는 용어는 개인적 기법(예: 조사, 참여 관찰)과 특히 관련이 깊다. 반면 **방법론(methodology)**은 사회에서 사회에 대한 이론과 결과에 대한 연결고리 및 방법들의 예상치를 제시하는 데 널리 이해될 수 있다. 요컨대, 방법론은 특정 형태의 지식을 구성하는 전반적인 **전략(strategy)**을 더욱 명확하게 함축하고 있으며, 다양한 메타 이론의 가정들에 의해 타당화된다(p. 36, 원문에서 강조).

앞서 설명한 방법론적 원칙과 실천은 서두의 연구 텍스트에서 충분히 설명되었으며, 여기서 자세히 반복할 필요는 없다.[7] 그러나 합리적으로 논의한 문제들이 경험적으로 연구되고 실험된 방식을 더 나아가 탐구해 볼 것이다.

경험주의와 그 한계

경험과 감각이 객관화되고 연구될 수 있는 지식의 원천이라는 믿음은 영속적인 유산이지만, 희화화될 가능성 또한 지니고 있다. 예를 들어, 지식이 기반으로 하고 있는 장소로서의 감각에 대한 신뢰는 오랫동안 의심의 대상이었다. 이 감각이 농간을 부린다는 것을 증명하기 쉽기 때문이다. 경험주의에 대한 또 다른 고정관념은 경험주의적 절차가 과학적 탐구의 "마치 민족지학적 연구는 경험적이지 않다."(Morrow, 1994, p. 32)는 것과 관련하여 단지 활용된다는 가정이다. 지식 습득의 한 가지 방법인 경험주의는 자료를 인간 경험에 초점을 두고 분석과 증명의 절차를 거쳐 그것을 이해한다. 그러므로 경험주의는 경험과 현상의 요소를 조사하는 체계적 방식을 제공할 뿐만 아니라, 그 결과는 이미 알려진 것의 누적된 기록을 평가하는 데 쉽게 이용될 수 있다.

서구 철학의 논리적 실증주의자가 연역적 사고와 함께 귀납적 탐구를 섞어 버무릴 때, 과학적 방법의 경험론적 기반은 거푸집이었다. 이 기만적일 정도로 단순한 절차는 의문을 품고, 추측이나 가설이 제기되어 시험받고, 가능성 있는 결과로 결과가 확인되거나 부인되는 수단으로서 고전적 상태에 놓여 있다. 로버트 피어시그(Robert Pirsig, 1999)의 정신 기행문은 모터사이클에 대한 은유를 통해 품격 있는 문장으로 과학적 방법을 설명하고 있다. 그의 묘사는 상세히 인용할 만하다.

　　귀납과 연역이란 두 종류의 논리가 사용된다. 귀납적 추론은 그 기계에 대한 관찰로 시작해 일반적인 결론으로 끝맺는다. 예를 들어, 모터사이클이 둔덕을 넘다가 엔진이 불발된다면, 그리고 나서 다른 둔덕을 넘다가 엔진이 불발된다면, 그리고 또 다른 둔덕을 넘다가 엔진이 불발된다면, 그리고 나서 길고 완만히 경사진 길을 넘으면서 엔진 불발이 없다면, 그리고 네 번째 둔덕을 넘다가 또 엔진 불발이 일어난다면, 우리는 엔진 불발이 둔덕 때문에 일어났다고 논리적으로 결론지을 수 있다. 이것이 특정 경험에서부터 일반적인 진리를 추론해 내는 귀납법이다.

　　연역적 추론은 그 반대다. 일반적인 지식에서 시작해 특정한 관찰을 예측해 낸다. 예를 들어, 기계 수리공이 그 기계에 대한 사실들을 책에서 읽은 후, 전기에 의해서만 건전지로부터 경적에 동력이 공급된다는 것을 알았다고 치자. 그러면 그는 건전지가 다 된다면 경적이 울리지 않을 것이라는 사실을 논리적으로 추론할 수 있다. 이것이 연역법이다.

상식으로 풀기에 너무나 복잡한 문제들에 대한 해법은, 관찰된 기계와 안내
책자에서 발견된 의식의 체계 사이를 오가며 엮는 복합적인 귀납법과 연역법
의 긴 끈에 의해 성취된다. 이 짜임에 맞는 프로그램은 과학적 방법으로 형식
화된다(pp. 103-104).

과학적 방법 안에 내재한 한 가지 가정은 지식이란 추측 · 축적 · 분석 · 사실
의 확인을 통해 얻어진다는 점이며, 경험적 접근의 유용함은 과학적 탐구의 초
석으로 남아 있다.

또한 이것은 스트라우스와 코빈(Strauss & Corbin, 1990)의 근거 이론(grounded
theory) 그리고 링컨과 구바(Lincoln & Guba, 1985)의 방법론적 다각화(triangulation)
와 신뢰성(trustworthiness) 등 규범적 권한에 대한 새로운 주제와 개념을 통한 질
적 연구의 초기 몇몇 경험적 실행에서도 명백히 드러난다. 과학적 탐구의 견고함
을 확인하는 데 이용되는 반증 가능성의 개념은 경험적 추론과 불가분의 관계를
지닌다. 어떤 것이 그럴듯한 진실임을 밝히기보다 거짓임을 드러내는 것이 더 가
치 있다는 칼 포퍼(Karl Popper)의 주장(Miller, 1985)은 기본 원칙이라 하겠다. 모로
우(1994)는 이것을 다음과 같이 묘사하였다.

포퍼에게 경험적 명제를 검증하는 것보다 과학에 더욱 근본적인 것은 그 명
제가 틀렸음을 증명해 **반증**하는 일이다…… 결국 무한한 양의 유효 증거는 모
든 종류의 이론에서 찾을 수 있다. 그러나 단 하나의 부정적 증거는 장차 해당
이론을 무너뜨릴 수 있다. 특정 학설에 기준한 사실의 특징에 비춰 보건대, 어
떤 신뢰도 높은 이론은 일련의 실제적 '증거'를 축적할 수 있다. 과학적 타당
성에 더욱 중요한 것은 장차 명제가 거짓으로 판명될 수 있는지에 대한 여부
였다(p. 70, 원문에서 강조).

과학 커뮤니티의 냉철한 눈과 연구 복제 능력은 지식 상태를 점검하는 추가적
인 기준점으로 기능한다. 방법론적으로 반증의 개념은 경험에 기초한 질적 연구

와도 관계가 있다. 예를 들어, 데이비드 실버먼(David Silverman)은 모순 사례가 사례와 범주의 개념적 명확성을 높이는 접근 방식으로 "이상 사례 분석(deviant-case analysis)"(2001, p. 239)을 지목하고 있다. 그러나 열린 마음가짐이 없다면, 경험적 지지를 받는 이론과 그 이론의 잠재적 반론은 무기력하게 잔존할 수밖에 없다. 1993년 파울 파이어아벤트(Paul Feyerabend)는 다음과 같이 설명했다.

> 과학은 과학적 철학이 긍정할 준비가 되어 있는 것에 비해 훨씬 더 신화에 근접한 개념이다. 과학은 인간에 의해 성장되어 온 많은 사고 양식 중의 하나일 뿐 가장 우수한 사고 양식은 아니다. 과학은 과시적이고 요란스럽고 경솔하지만, 특정 이데올로기를 지지하기로 마음먹은 이들과 과학의 단점과 한계를 고려하지 않고 수용하는 이들에게만은 본질적으로 우월하다(p. 295).

초기 질적 연구에서 샤츠만과 스트라우스(Schatzman & Strauss, 1973)는 현장 연구가들의 이론에 대한 편애를 자제하고 이론 중립적인 관찰을 할 수 있게끔 장려하였다. 여기서 새로운 주제들은 이론이 발견되면서 비교·분류되었다. 그러나 무엇이 사실인가에 대한 상태 자체는 의문의 여지가 있다. 관찰과 감각 인식을 통해 수집된 경험적 이해는 우리가 알고 느끼고 믿는 것을 투입하지 않고는 제대로 기능하지 않는다. 즉, 우리의 경험적 지식의 토대는 우리의 현실을 구성하는 기존 상황에 따라 끊임없이 정보를 제공받는다는 것을 의미한다. 탈실증주의적 시각을 표현하는 데서 필립스와 버뷸스(Phillips & Burbules, 2000)는 객관성의 완고함을 완화시키며 다음과 같이 설명했다.

> 관찰자가 보는 것과 보지 않는 것 또 그 관찰이 취하는 형태는 관찰자가 품은 이론, 가설, 가정, 개념 도식 등의 배경지식에 영향을 받는다(p. 15).

지식 구축에 대한 인상적인 기록에도 불구하고, 경험주의에는 한계가 있다. 이론가는 관찰된 경험이 연구 가능한 현상을 통해 실행 가능한 유일한 근거라는 가정에 의문을 제기하고, 문답과 대화 형식의 다른 접근 방식이야말로 대상을 이해하기 위한 이성과 논증의 사용 영역을 더욱 확장시킨다고 주장한다. 이를 위한 일차적 과제는 경험적 세계에서 발견되는 현상을 확장하여 전후 관계를 설정하는 일이다. 이는 외부에 존재하는 관심 대상과 내부에서 느껴지는 감각 신호에 민감하게 반응하게 되는 상태를 일컫는다. 예를 들어, 현상학자들에게서 인간의 의식은 경험 · 감각 · 직관을 통해 지식을 이해한다는 것이 중요한 방식이라 하겠다. 연구 실험에서 일반적인 현상학은 특정 경험을 포착해 풍부하고 구상주의적인 세부 묘사를 이끌어 내는 상세한 서술을 수반한다.

객관적 현실과 주관적 현실

탐구에 대한 도전이 사람과 공간, 사물로 가득한 세계에 관한 새로운 정보를 발굴해야 할 필요성에 기인한다면, 이에 타당한 질문은 '누구의 세계인가?' 일 것이다. 사회적 현실에 관한 우리의 인식은 우리가 생각하고 말하고 행동하는 것의 대다수를 형성하며, 인간 사고와 행동에 대한 사유에서 가장 기본적인 몇 가지 물음에 대한 추측을 통해 규정된다. '무엇이 진짜인가?'라는 질문이 주어졌을 때, 대답은 다양한 존재론적인 믿음에 의해 형성될 것이다. 현실주의자는 개인의 관심과 영향에 구애받지 않는 단일 현실이 있다고 주장할 것이며, 상대론자는 현실이 다양한 형태로 구성되어 존재한다고 주장할 것이다. 마찬가지로 지식이 어떻게 획득되어 전달되는가에 대한 논의는 객관적 상태와 주관적 경험 사이의 인식론적 구분을 야기할 것이다. 이 상이한 개념들은 세상을 바라보는 대안적 방식을 강조하는 주체와 객체의 연속을 따라 종종 서로 대립하는 관점처럼 비춰진다.

객관적-주관적 분기점의 어느 한 쪽에 임하려는 경향은 과도하게 단순한 자세를 채택한다. 예를 들어, 극단적 상대주의에 의지하는 것은 '저 너머' 어딘가에 객관적인 세계를 구성하는 요소들이 있다는 생각을 무시해 버린다. 우리가 개개인이 구성한 각자의 렌즈를 통해 경험적 현실을 들여다 볼 때, 축적되어 온 지식으로 인해 전보다 지금 더 특정 대상을 잘 이해하는 것에 실수란 있을 수 없다. 현실은 상대적이며 진실은 잠정적일지도 모르나, 특정 현상에 대해 현재 알려진 것을 활용하는 행위는 숙고해 보아야 할 중요한 관점이다. 그러한 정보를 무시하는 처사는 진실과 지식 그리고 의견 사이의 필수 불가결한 경계를 무시하는 일이다.

한 인간의 세계관이 개인의 현실적인 진실을 기반으로 하여 지각된 현실을 구성할 것이라는 가정에서 필립스는 객관적 타당성과 진실을 혼동하지 말 것을 당부한다. 즉, 객관적 기준을 빛 좋은 개살구라고 여겨 제쳐 놓기 쉽다는 뜻이다. 그렇다고 객관성을 유지하는 일이 자동적으로 확실성을 획득하는 것은 아니다. 그러니 어떠한 측정도 기껏해야 근사치일 뿐, 항상 어딘가에 오류가 존재한다는 것을 받아들인다면, '객관적 진실(objective truth)'은 그저 이용하기 편리한 허구로 비춰질 수 있다. 과학적 무결점을 자랑하는 연구에서 도출된 어떠한 양적 결과라도 통계적 용어로 표현될 수 있으나, 이것은 그 발견이 잘못된 결과인지 아닌지를 가늠하는 한 가지 방식에 불과하다. 진실은 잠정적이며 객관화가 이치에 맞지 않는다 해도, "그동안 실행되어 온 풍자 정신"(Phillips, 1990, p. 35)이 그러했듯 방법론적 관점을 무시한 탐구과정 자체가 지속적으로 억제되어야 한다는 것은 명심해야 한다. 대상에 대한 비판적인 반영과 주관성의 관계는 안지올라 처칠(Angiola Chruchill)의 종이로 만든 미궁 같은 설치미술 작품에서 제대로 포착할 수 있다. 그녀는 형식과 구성, 측량에 심혈을 기울였으나, 작품의 정밀함은 외면이 내면이 되고 객관이 주관적 경험을 마주하는 지각 공간을 펼치고 있다.

객관성과 주관성을 극단적으로 보려는 경향은 이제 아무런 효용이 없다. 연구자들이 직면한 현실을 포착하는 것은 그 사이에 존재하는 공간이기 때문이다. 상호주관성(intersubjectivity)은 복합적인 경험과 표현을 고려하게 되면서 이루어진 이해와 합의를 설명하기 위해 가장 흔히 사용되는 용어다. 상호주관성을 통해 필자는 개인과 공동체의 이해를 돕는 "공유되고 상징적으로 매개된 의미들"(1995, p. 12)의 세계가 있다는 마이클 파슨스(Michael Parsons)의 주장을 상기해 본다. 이에 수반된 원칙은 해석이 개인적 관점만큼이나 전후 사정과 관계에 의해 영향을 받는다는 것이다. 그러니 상호주관성은 개인과 문화가 어떻게 일관되고 모두가 이해하는 의미를 구성하는지를 묘사하는 일종의 합의점을 반영한다고 하겠다. 연구를 응용하는 데서 상호주관성은 관측과 이해의 신뢰 정도를 파악하는 여러 다른 방법을 서술하는 용어다. 상호주관에 의한 합의는 질적 연구의 프로토콜로 사용되며, 실험의 참가자와 채점자 집단을 평가하는 신뢰도 측정 도구로 존재한다.

지표에 대한 높은 고정성은 그 도구가 제대로 기능하고 있으며 그것을 사용하는 이들이 일관적인 결과를 찾아낸다는 것을 의미한다. 신뢰도나 증명된 견해와 같은 외부적 동의를 중요하게 여김에도 불구하고, 외부 자료가 의미를 정식으로 인정하는 데 필수적이라는 가정은, 유효 정보의 실행 가능한 자원으로서의 다양한 주관이 가진 효능을 손상시킨다.

안지올라 처칠. 〈미궁(The Labyrinth)〉(2003). 종이. 작가의 허가를 받아 게재함.

처칠은 1958년 첫 개인전을 열었으며, 예술가, 교육자, 작가로서 유럽과 미국에서 광범위하게 작품을 선보였다. 그녀는 그림, 종이 작품, 설치미술 그리고 교육에 구애받지 않고 형식과 내용, 구조와 주관성 사이의 공간 노출에 부단히 노력했다.

안지올라 처칠에게 중요한 것은 관객이 새로운 시선을 통해 대상 물체에 참여하는 방법을 배운다는 점이다. 어떤 것을 새로운 시선으로 본다는 것은 그것을 난생 처음 본다는 것을 의미한다. 특정 양식과 전통에서는 그 어떠한 것도 반복되지 않는다. 그 양식이나 전통이 현재의 것이라면 관객의 주관은 그것을 새롭고 신선하며 흥미로운, 심지어 자극적인 것으로 만들어 버린다. 처칠은 창조적 영감력을 이어 가고 있다(Robert C. Morgan, 1999, n.p.).

엘리엇 아이스너(Elliot Eisner, 1991)는 '거래 계좌(transactive account)'가 주
관적 차이와 객관적 차이 사이에서 스스로를 위한 유의미한 자리를 찾아내려는
인간의 협상 방식이라고 보았다. 아이스너는 상호 교섭적 학습에 대한 듀이의
해석에 기대어 이것이 인간 경험이 어떻게 지식 형성의 장이 되는지에 대해 역
설하며, 다음과 같이 설명하였다.

> 세상에 대해 우리가 알 수 있는 것은 항상 탐구의 결과였기에 인간의 마음
> 이 그 매개체가 되어 왔다. 마음이 매개체가 되면서 세상은 존재론에 기인한
> 객관적 상태로 이해될 수 없다. 객관적 세계는 일반적이고도 특정한 실체로
> 상정된다. 세계에 대한 인간의 이해는 주관적 삶 **그리고** 상정된 객관적 세계
> 사이의 교류가 이루어 낸 결과이기 때문에 이 두 세계는 불가분의 관계를 맺
> 고 있다(p. 52, 원문에서 강조).

이와 유사하게 개인과 집단, 공동체 사이에 존재하는 관점의 공유와 보강, 인
증은 적절하고 유용한 지식 기반을 확립하게 돕는다. 닉 크로슬리(Nick Crossley,
1996)는 이러한 과정들이 '급진적인 상호주관성(radical intersubjectivity)'이라 명
명한 '차원들(dimensions)'을 구성한다고 보았다. 여기에서 급진적 상호주관성
이란 인간의 경험과 행위를 사회적으로 구성된 것으로 보며, 자아와 타자를 상호
반영적인 존재로 인식하는 "자기논리적 상호주관성(egological intersubjectivity)"
(p. 71)으로 상정한다. 이는 의미가 인간, 그림, 시와 같은 형식에 담기는 것이 아
니라 사회관계와 담론의 네트워크 안에 존재한다는 것을 뜻한다.
이분법보다 역공간 혹은 사이 공간에서 의미 형성이 이루어지는 상호주관성
에 대한 폭넓은 해석은 다층적 시각과 중의적 개념 그리고 불확실한 결과가 사
물을 다른 시각으로 보는 기회가 될 가능성을 제공한다. 이것은 우리가 살고 있
는 다양한 세계들을 이해하고자 개인과 공동체가 사회문화적 맥락에서 만들어
낸 '제3의 공간(third space)' 구성 방식과 유사하다. 이 개념은 레이 올덴버그
(Ray Oldenburg)의 저서 『정말 훌륭한 장소: 카페, 커피숍, 서점, 바, 헤어 살롱

그리고 공동체의 중심이 되는 다른 공간들(*The Great Good Place: Cafes, Coffee Shops, Bookstores, Bars, Hair Salons, and Other Hangouts at the Heart of a Community)*(1997)을 통해 잘 알아볼 수 있다. 올덴버그는 집과 직장 사이의 카페, 커피숍, 커뮤니티 센터, 미용실, 가게, 술집 그리고 기타 오락시설로 손꼽을 수 있는 '공간(place)'에서 공동체의 주체가 형성되는 방식과 이 장소에서 인간이 어떻게 하루를 보내는지를 분석하고 있다. 더 광범위한 문화 정치적 관점에서 호미 바바(Homi Bhabha)는 제3의 공간을 혼종성의 공간(hybrid place)이라고 견지하고 있는데, 이 공간은 문화 정체성이 한 문화가 다른 문화에 특권을 부여하고 본질을 추출해 내는 방식을 통해 권위를 고착화하는 구조·관습·내러티브를 벗어날 수 있게 돕는 자리에 위치해 있다. 결과적으로 상호주관성과 제3의 공간 같은 구성체들이 '학습 공간(places of learning)'(Ellsworth, 2005)으로 비춰질 때 이들은 언제나 새로운 의미 '창조(making)'가 가능한 생산적인 공간이 된다.

본질주의자의 (잘못된) 견해

실증주의적 관점의 흔한 예 중 하나는 만물에 핵심적인 정수나 적어도 고정 불변의 본질이 존재한다고 가정할 때 현실적 요소들을 찾아 검증하는 것이 쉽다고 생각하는 것이다. 본질적 가치는 인간 본성보다 물질계를 다룰 때 더 명확히 설명될 수 있지만, 형태가 고유의 성질을 가지고 있다는 믿음은 이러한 가치를 묘사할 수 있는 특정 성질이 규정될 수 있음을 의미한다. 그러니 이론과 개념의 요소를 설명하며 아이디어에 대한 추상적 묘사로 기능하는 사고 구성체는 몇몇 현상들의 핵심 요소라 하겠다. 또한 이 구성체와 개념은 조직적이고 실증적 방식으로 검토하기 위한 조작화가 가능하다. 즉, 조사자가 대상을 측정하는 방식을 명료화하고 이를 통해 산출된 정의가 어떤 개념을 논의하는 틀로 사용되지 않는다면, 그 개념은 무의미하다. 20세기 중반 독창성에 관한 심리주의 문학과 심리 측정 실험을 계획하고자 했던 시도들을 떠올려 보자. 당시 독창성은 과학적 발명과 신기술의 창의적인 사용이 절실히 요구되었던 시기에 인간 행위의 가장 핵심이 되는 중요 가치로 여겨졌다. 핵심인 속성을 묘사할 것이라는 기대를 받으면서, 독창성을 규정하는 일은 개념을 밝혀내는 것—아이디어를 만들어 내는 유창함과 문제에 대한 민감도, 아이디어의 유연함과 독창성, 새로운 정보를 합성하고 조직화하는 능력—을 의미했다.[8] 그리고 난 뒤에 창의적 행위를 관찰하고 창의적인 개인을 구분해 내도록 과업이 설계될 수 있었다. 창의적 행위에 대한 이런 본질주의적 시각의 한계는 수십 년 뒤에야 비로소 독창성을 사회문화적 구성으로 보아야 한다는 주장에 의해 도전받았다.[9]

형태와 사고, 행위가 본질적 속성을 지닌다는 개념이 받아들여진다면, 논리적으로 이 특징들이 대상의 계층과 장르에 따라 분배되었다고 주장하기 쉽다. 이는 관측 가능한 차이에 대한 이성적 설명을 가능하게 할 뿐 아니라 과학적 분석에도 그 가능성을 제공한다. 이 개념은 인간의 사회심리와 문화적 맥락에 관한 연구에 적용될 때 그 문제점이 가장 뚜렷하게 드러난다. 예를 들어, 본질주의적 방법론의 시각은 지속적으로 변화하고 변형되어 어떠한 상태도 부정할 수 있는 독립 변수로서 인종 프로파일링과 종족별 특성을 규정하는 일이 실현 가능성은 있으나 옹호할 수 없는 일이 되게 만든다. 이와 유사하게 성에 대한 본질주의적 시각은 집단적 특성에 따라 개인이 설명될 수 있다고 가정한다. 성적 차이가 합리적인 생물학적 근거를 가질 수 있지만, 이것이 남녀의 차이를 구분하는 잣대로 쓰일 때 문제가 발생한다. 이러한 방식으로 인간 본질을 밝혀내는 연구의 결과는 의사 결정이 특징과 인지된 차이를 구분하는 것에 근거하고 있음을 의미한다. 또한 이 두 사례에서는 인종차별적이고 성차별적인 시각을 구성하게 된다.

교육철학에 대한 본질주의적 시각 역시 이와 유사한 결말을 초래하여 학교와 기타 교육기관이 사회·문화·정치·경제적 가치와 신념의 수용을 바탕에 둔 설립 목표를 형성하는 방식에 드러난다.[10] 학교 교육은 지속적으로 유지되는 사회적 진실과 도덕적 강박관념을 개인에게 전달하는 도구로 비춰진다. 이때 습득된 가치는 미리 구성된 내용을 학습함으로써 사회에 기여할 수 있는 제대로 된 사회 구성원이 되도록 하는 가치를 의미한다. 그러나 교육 기본을 통해 추구해 온 방법은 반드시 환원주의적이고 결과 지향적이며 규범적인 성질을 가진다. 어떤 규율에 기반을 둔 학습이건 간에 그 본질은 미리 조직된 교육과정을 통해 나열할 수 있다는 것을 가정으로 삼는다. 이때 교육과정은 효율적으로 교육받고 표준화된 수단이자 평가 가능한 타당성 있고 신뢰할 만한 학습 방법이다. 인생이 그렇게 간단하다면 말이다.

물론 본질주의는 미학 전통과 예술 실행의 한 가지 특징 또 예술 교육의 근거로써 시각예술에서 장구한 유산을 자랑한다. 예술이 독창적인 방식으로 인간의 지식을 표현한다는 주장은 본질주의 전통을 기반으로 미학 교육 · 감각 중심 학습 · 시각 판단 능력에 대한 논의에 이용되고 있다. 서구 철학자는 예술적 경험의 힘과 그 본질을 설명하기 위해 오랜 세월 애써 왔다. 플라톤조차도 『국가론(*The Republic*)』에서 시인을 추방했을 때 예술의 본질적인 힘을 인식하고 있었다. 아리스토텔레스는 시학이 인간사를 통찰할 수 있는 힘을 부여한다고 선언하며 예술을 지지하였고, 이는 예술의 중요성을 인식한 일부 논의들의 전조가 되었다. 예술 경험이 어떻게 지식의 미학적 형태를 구성하는지를 강조한 이는 18세기의 철학자 바움가르텐(Baumgarten)이었다. 그의 주장은 교육적 적합성을 가질 수 있는 현상에 대한 지각 이해를 인간의 감각이 제공하는 방식에 근거를 두고 있었다. 이것이 형식주의 비평에 적용되었을 때 어떻게 시각적 상징 구조가 의미 있는 '진실들'을 표현하고 받아들일 것인가에 대해 약간 다른 주장이 전개되었다. 이 주장의 한 예는 1950년 베니스 비엔날레에서 유럽 미술 비평가들에게 흠씬 두들겨 맞은 잭슨 폴록(Jackson Pollock), 빌렘 드 쿠닝(Willem de Kooning) 그리고 아쉴 고르키(Arshile Gorky)의 작품들에 대해 민족주의적 반론을 펼친 비평가 클레먼트 그린버그(Clement Greenberg)에게서 포착할 수 있다.

의외의 방식으로 모든 예술이 새로운 '비전'을 구현해 왔듯이, 폴록과 드 쿠닝, 고르키가 표현한 예술의 유형이 큐비즘과 포스트큐비즘의 전통과 딱히 유리된다고 볼 수는 없다. 내 생각에 그들의 예술은 큐비즘 이후, 1930년 이후의 경험에 대해 큐비즘적 질서를 부여하려는 최초의 진실하고 강제성 있는 노력이다. 그들의 예술에 담긴 형식적 본질은 그들의 예술 작품에 개별적 통일성을 부여하려는 노력으로 인해 완전히 관통되었다. 베니스에서 그들은 분명 너무도 새롭게 보였을 것이다. 참신함을 넘어서기 때문에 폭력적이게도 보이는 그런 새로움 말이다. 그래서 나는 이 경험이 미국적 경험에 의해 전달되었을 때 유럽인들이 느꼈을 혼란과 이 예술에 대한 반항심을 이해할 수 있다 (Greenberg & Sylvesyter, 2001, pp. 229-230).

학교에서 미술교육이 필요한 근거 중 하나로, 본질주의적 주장은 미술 학습의 내재적 가치가 개인의 발달에 기여하는 바가 무엇이며 어떻게 미술 콘텐츠의 특징적인 가치가 교육과정의 폭과 깊이를 증가시키는지를 강조한다. 미술 학습의 고유한 본질에 대한 주장을 내세우는 아이스너 같은 옹호가는 관념과 사고, 감정에 비전과 형태를 부여하는 예술의 표현 능력과 대응력을 오랫동안 강조해 왔다. 아이스너의 이러한 견해와 유사한 주장들은 다른 양식에서 불가능한 방식으로 의미를 창조하고 소통하곤 했던 구조주의 비평이 지배적이던 시기에 미술 학습을 이미지가 표현되어 받아들여지는 시각적 상징화의 한 과정으로 보았다.[11] 미술에서의 앎은 미술에서의 학습을 탐구의 과정으로 인식하고 미술에서의 교수를 발달과정에 알맞은 내용을 가르치는 것으로 간주하는 것을 기본 요소로 한다. 그러나 아서 애플랜드(Arthur Efland)가 지적하듯, 미술교육에 대한 이러한 시각은 지식의 이해를 형성하는 맥락적 요소와 상황적 요소에 대한 관심 부족으로 인한 한계를 지닌다. 지각과 인지는 훨씬 더 복잡다단한 인간의 능력과 그 상황을 고려해야 한다. 제프 히틀리(Jeff Heatley)가 찍은 잭슨 폴록의 작업실 바닥 사진이 이를 보여 준다.[12]

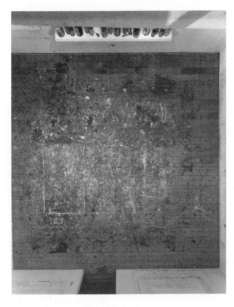

〈잭슨 폴록의 작업실 바닥(The Floor of Jackson Pollock's Studio)〉(1998). 롱아일랜드 이스트 햄튼의 더 스프링스에 위치. 사진: 제프 히틀리(Jeff Heatley). 히틀리의 허가를 받아 게재함.

잭슨 폴록을 회고하는 에세이에서, 작고한 바니도(Kirk Varnedoe)는 롱아일랜드에 있는 폴록의 작업실에 들어갔던 경험을 이렇게 묘사하였다. "폴록의 거대한 캔버스들은 물리적으로 공간에 들어차 있다. 그러나 경험적으로는 와 닿지 않는다"(1998, p. 16).

내가 폴록의 전시회에 갔을 때 바니도가 묘사한 방식으로 어떤 새로운 것을 알게 되는 힘은 나를 감명시켰다. 호주 정부는 1972년 폴록의 유명한 〈푸른 지주: 2번(Blue Poles: Number II)〉을 사들였다. 나는 캔버라에 있는 호주 국립 미술관의 거대한 전시 공간에 걸린 그 작품을 수년간 감상해 왔다. 그러나 롱아일랜드의 작업실에서 폴록이 110×110피트에 달하는 캔버스를 바닥에 펼쳤을 때, 그는 불과 몇 피트의 작업 공간만을 가지고 있었다. 폴록은 어떻게 작업실의 한정된 공간 안에서 작품의 시각적 공간을 창조할 수 있었단 말인가? 〈푸른 지주〉를 하나의 미술품으로 이해하는 것, 이 작품을 한 격정적인 인생이 가져온 감정적인 찰나의 깜빡임으로 받아들이는 것 그리고 폴록의 바닥 팔레트를 경험하려 복제된 작업실 안으로 들어서는 것은, 미학적 경험을 꾸준히 되살리는 행위의 풍요로움을 알게 되는 것과 같다.

방법을 넘어서

지식 연구를 위해 과학적 접근을 옹호하는 많은 이들은 탐구의 견고한 체계와 상관없이 기본 교의가 지속적인 토론의 대상이라는 점을 인정하고 있다. 더구나 실행과정에서 이루어지는 원칙의 적용은 적응과 변화를 포함한다. 그러나 가끔은 엄격한 개념이 태도와 행위의 유연함을 억압하곤 한다. 예를 들어, 인간행위의 근본 원인이 되는 정신생물학적 구성체가 있다고 가정하는 것은 결정론을 맹신하는 것과 같다. 사회적 기대 효과는 주체로서의 인간을 설명하는 유일한 근거나 결과물이라기보다 다수의 영향들이 끼친 결과일 것이다. 개개인은 자신이 처한 사회적 상황에 어떻게 대응할 것인지를 선택할 역량이 있기 때문이다. 인간이 만들어진 방식에는 신경 구조와 사회문화적 배경에서의 상호작용에 의해 일부 명백한 유사점들이 존재한다. 그러나 더 흥미로운 질문들이 사람과 문화의 의사 결정에 초점을 둘 때 그 원인에 집중하는 것은 반드시 환원주의적이라고 볼 수 없다. 어떤 면에서 보면 인과관계의 직선적 논리를 지나치게 강조하는 것은 미술작품이 예술적 의도에서 기인한 단순한 결과물이라고 단정하는 것과 유사하다. 분명 시각적 이미지를 창조하고 이해하는 과정에 다양한 요인들이 존재함에도 말이다.

다른 기본 원칙들이 학문에서만 한정적으로 사용되는 것은 아니다. 예를 들어, 앞서 논의한 포퍼의 왜곡 가능성 개념은 예상 결과가 참보다 거짓임을 확인하는 데 이용되지만, 그렇다고 예술 분야에서 결과에 대한 추측이 경험주의적 사고에 위험요소의 대상이 되는 전통과 관행이 없다고 보는 것은 그릇된 시각이다. 애플랜드가 지적했듯이, 시각예술은 '구조화되기 어려운 영역(ill-structured domain)'으로 이루어져 있으며, 학문 분야에서 탐구의 특징인 반복 가능성이란 자기 수정(self-correcting)의 성격을 가지고 있지 않다. 그러나 우리가 경험주의란 관찰을 통해 대상을 밝히는 것임을 받아들인다면, 자연히 예술 분야의 대상은 경험에 기반을 둔 비평을 위해 이론과 실천을 내세울 것이다. 이것이 바로 예술이 작품과 예술가, 문화평론가 그리고 예술교육자가 느슨한 연계를 보일 때 일어나는 일이라 하겠다. 이 각각의 주체들이 바로 또래비평과 역사비평 같은 과정을 통한 토론과 의견 일치·불일치의 기원이 된다.

양적 연구의 관습은 축적된 지식에 근거한 의문 제기 과정에 명확한 틀을 제시한다. 가설이란 반드시 측정할 수 있고 실험 가능한 것이어야 하지만, 그렇다고 상상력을 완전히 배제할 필요는 없다. 그러나 통제와 환원주의에 대한 필요성과 검증을 위한 탐구는 종종 사색을 통한 해결 가능성을 완전히 배제해 버린다. 커크와 밀러(Kirk & Miller, 1986)는 다음과 같이 말했다.

확인을 위한 연구가 순조롭게 이루어질 때 모든 것은 예상한 대로 명확하게 드러난다. 인정받은 이론은 효용성 있는 하나의 사례를 통해 지지를 받으며 그 어떠한 변화도 필요치 않다. 일상의 사회생활에서 확인이란 통찰의 부재 바로 그것이다(p. 15).

반면 과학에서 급진적인 통찰은 우연이나 행운, 직관에서 나오는 것만큼이나 다음의 처방에서도 그러하다.[13] 이전에 행해진 조사를 토대로 한 탐구는 무난한 연구 실험이 될지는 몰라도, 학문은 아이디어에 관한 것이기도 하다. 분명 예술 분야의 연구에서 누군가의 기술적 능력을 습득하는 것은 개연성뿐 아니라 가능성에 대한 인식을 고조시킨다. 그러나 가설 검증이 체계적 탐구로 향하는 유일한 방법은 아니다. 사소한 가설을 확인하거나 확인하지 않는 것은 연구자가 연구의 효과나 관계가 우연이나 오류가 아니라 어떤 것이 개입된 결과일 것이라고 주장하게끔 이끈다. 통계학적 의의는 확률의 수적 지표를 제공한다. 그러나 만약 경험에 근거한 실패 위험에 대해 예상 결과를 평가하는 원칙을 도입할 때, 예술 탐구에서 유용하게 쓰일 몇 가지 전략들이 있다.

결과물의 신뢰 여부를 평가하는 기준들은 그 결과가 통계상으로 중요한가에 대한 문제가 아니라 의미 있는 것인가에 대한 문제다. 때문에 해석보다 이해를 추구하는 연구자들에게 발견의 중요성은 특히 타당성과 신뢰성에 대한 문제를 다룰 때 조심스러운 태도를 취할 것을 요구한다. 이는 찾은 결과물을 꾸준한 비평으로 이끄는 과정에 따라 올바른 논증과 체계적 분석, 일관된 집중을 수반한다. 상황과 자아, 타아로부터 기인한 여러 해석을 통해 새로운 관찰이 구성되기 때문이다. 제롬 브루너(Jerome Bruner, 1996)는 연구의 목적은 설명이 아닌 이해를 성취하는 것이며 그 과정에서 우리는 의미를 구성한다고 강조하였다.

해석의 목표는 설명이 아닌 이해이며, 설명의 도구는 텍스트 분석이다. 이해란 본질적으로 논쟁 가능하고 충분히 검증하기 어려운 명제를 잘 훈련된 방식으로 구성하고 맥락화하여 만들어 낸 결과물이다. 그러니 그럴듯함이나

'진실스러움(truth likeness)' 이 필요조건이요, 이는 둘 중 어느 하나도 엄밀히
구체화될 수 없는 일관성과 실용성의 혼합물이다(p. 90).

이것이야말로 진정 사려 깊은 예술비평가가 하는 일이 아니겠는가. 5개의 사
진 패널로 구성된 르네 콕스(Renee Cox)의 〈요 마마의 마지막 만찬(Yo Mama's
Last Supper)〉에 대한 미술비평을 바라보는 아서 단토(Arthur Danto)의 반응이
바로 정확한 예가 될 것이다. 콕스의 이 작품은 2001년 뉴욕의 브루클린 미술
관에서 전시되어 뉴욕 시장인 루돌프 줄리아니(Rudolph Giuliani)가 품위 유지
용 가리개(Decency Panel)를 설치할 생각을 품게 만들었다. 단토는 올바르지 않
은 기준에 근거해 예술을 평가하려는 이들에게 미술 비평이 어떻게 협조하는지
묘사하였다.

나는 기꺼이 이해의 복잡함에 대해 지적할 것이다…… 그리고 그 토론 참가
자는 비평가가 생각하는 방식대로 그것[미술 작품]을 예술로 고려해야 한다.
시각적으로 발전된 견해가 무엇인지에 대한 관점에서 말이다. 그렇게 보인다
면, 그럴듯해 보이는 중요 가설들을 찾아 그 가설들이 진실이 **아닐** 수 있음을
관찰하는 것이 문제가 된다(p. 33, 저자 강조).

▌▌ 원칙을 의심하기 ▌▌

지금까지 어떻게 현실과 이성, 진실, 지식 및 객관성에 대한 기본적 추정 정
보를 제공하는 연구의 전통과 연구 관점이 세밀한 검토를 받는지 검토해 보았
다. 다음으로는 연구의 지배적인 모델인 과학적 패러다임의 비평들을 좀 더 자
세히 살펴볼 것이다. 예를 들어, 포스트모더니즘은 모더니즘 철학과 그 실행의
이론적 기초에 도전장을 던졌다고 할 수 있다. 방법론적 단계에서 비평이론과
사례연구를 지지하는 이들은 탐구를 이끄는 합리성과 경험주의의 제한된 개념

에 의존하는 것이 과연 적절한가에 대해 의문을 제기한다. 그 대안으로 제시된 것이 바로, 예술이 개인적·사회적·비평적 탐구 형식을 갖출 수 있다는 신념을 바탕으로 한 비평 관점이다. 여기서 다루는 '포스트모던의 압력과 그것을 넘어서' '비평이론' 그리고 '반성적 회귀'에 대한 논의는 비평적 구성주의·위치성·성찰·변형된 탐구 같은 특정 주제를 이끌어 낼 것이다. 이 주제들은 이 책의 후반부에 예술 실천을 학문적 연구 대상으로 이론화하는 데 쓰이는 개념으로 활용될 것이다.

포스트모던의 압력과 그것을 넘어서

1990년대 초, 여느 다른 이들처럼 필자 역시 당시의 시대 분위기를 포착할 도구로 '포스트모던적 상황(postmodern condition)'이란 진부한 묘사를 통해 포스트모더니즘을 표현하려 애썼다.[14] 포스트모더니즘에 대한 정의가 모호했음에도 불구하고, 비평가의 냉혹한 평가에서 문제해결의 실마리를 찾는 일은 종종 유익한 것이었다. 일례로, 월터 다비 배너드(Walter Darby Bannard)가 포스트모더니즘을 "목적도, 질서도, 특징도 없고, 제멋대로에, 광범위하고, 수평적 구조를 지닌, 대중을 위한"(Jencks, 1989, p. 12 재인용) 개념이라고 묘사했을 때, 그의 견해를 따르는 것은 쉬운 일이다. 피어스(Pearse, 1992)를 포함한 다른 비평가들은 포스트모더니즘의 정의에 좀 더 균형 잡힌 시각을 제공한다.

포스트모던적 시각은 부정적 반응과 긍정적 반응을 모두 다 이끌어 낸다. 20세기에 들어서면서 낙관주의자는 새로운 개념의 미술교육을 구상하기 시작했다. 지역문화를 표현하는 방식이 그 가치를 인정받고, 성·인종·민족·계급의 덕목이라는 미명 아래 역사적으로 소외되었던 이들의 차이점이 축복받으며, 모든 시기와 장소의 문화적 산물이 교육자와 학생에게 유효한 '텍스트'로 존재하는 그러한 학문으로서의 미술교육 말이다. 반면 비관론자는 우수성의 표준을 묵살한 채 미술교육을 목적 없고 파편화된 상대론적 대상으로 바라

보았다(p. 251).

그러나 포스트모더니즘은 서구 문화의 고전이 가지는 제약과 근대 문명의 근본적 이론을 고려할 때 그 실행에 기초가 되는 가정의 평론을 제시하려는 진실된 시도였다. 스티븐 코너(Steven Connor, 1997)에게 포스트모던의 전제 조건은 '거부(refusal)'다. "개성의 거부, 표현 의도의 거부, 현실세계를 표현하거나 현실적으로 표현하려는 야심에 대한 거부, 사회적 규범과 관습—특히 의사소통 방식의 관습 같은—에 대한 거부"(p. 428) 말이다.

필자는 이 시기들을 의미 · 관련성 · 의심 · 관점이라는 인식을 통해 특징짓는다. 이러한 인식을 통해 쌓인 퇴적물은 사회에서 구성된 의미의 본질과 해석의 '차례(turn)'를 암시했다. 이때의 차례란 예술을 감상하는 관객들이 작품을 이해하기 위해 작품을 새로이 창조해 내는 순간을 일컫는다. 의미의 창조는 이론과 그 이론의 맥락 그리고 이해를 위해 정보를 제공하는 주체로서의 예술가 · 예술 작품 · 관객 간의 관계를 통해 형성된다. 지식의 제시 · 연구 방식을 분류 · 배치 · 통제하는 구조는 그것들이 가진 이분법과 위계 구조 그리고 유형의 분류 체계에 의해 혼란스러워졌다. 이론이 실천의 일부요, 형식이 내용이며 사고가 행동이고 정신이 육체이며 진실은 허구이고 과학이 예술이 되는, 개념의 붕괴가 일어났다. 그러나 놀랍게도 이러한 현상에서 일관성 있는 조짐이 나타났다. 자기만족적인 태도를 벗어나기 위한 비평 초점의 전향과 기존에 용인된 관습들에 대한 도전이 사고와 행동의 세계를 더욱 흥미롭게 만들었던 것이다.

마크 탠시(Mark Tansey)의 작품 〈텍스트의 기쁨(The Pleasure of the Text)〉이 암시하는 바, 녹슨 취약점을 가진 이론이 순탄하게 굴러갈 리가 없다. 이때의 이론은 문제시되는 상황을 발전시켜야 할 당위성을 지녔음에도 불구하고, 궤도에서 그 움직임을 멈추어 버리고는 면밀한 분석을 견디지 못하는 환영으로 비춰진다. 이 의구심은 통설로 받아들여지는 역사적 사실들에 의문을 제기하고 과거를 보는 방식을 통제해 왔던 이들의 권력과 특권을 흔들어 놓는다. 이것은 진보라는 미명하에 사회적 · 문화적 · 정치적 · 경제적 요구에 소외되었던 주변부의 목소리가 강력한 반대를 표명하면서, 관점을 중심부에서 주변부로 확장하였다. 다양한 사회적 현실에 대한 관심은 개인과 집단 그리고 문화에 대한 더욱 포괄적인 시각이 제시될 수 있음을 의미한다. 이 현상에 포함되어 사회 비평의 전통을 구축하고 있는 시각예술가는 사람이 예술을 접한 뒤 사고하고 감각하며 행동하는 방식에 영향을 미칠 수 있는 질문을 던지기 위해 상황과 배경, 기술을 포함한 모든 방식을 이용했다.

포스트모던의 압력은 아직도 교육적 연구에서 감지된다. 여기서 제시하는 비평들은 세 가지의 주요 전략으로 나뉜다. 첫 번째 전략은 몇 가지 사회적 현상 분석에서부터 포스트모던 이론가까지의 내용을 아우르는 학술 논문을 이용해 비평 이론의 관점을 도입하는 것이다.

마크 탠시. 〈텍스트의 기쁨(The Pleasure of the Text)〉(1986). 65×54inches. 캔버스에 유채. 뉴욕 가고시안 갤러리의 허가를 받아 게재함.

아이디어와 사건 사이에 기묘하지만 일관성 있는 연결고리를 만들기 위해, 마크 탠시(Mark Tansey)는 장소와 역사적 인물들을 하나로 엮는 역설과 초현실 기법을 이용한다. 노골적으로 삽화 그림과 문학 비평의 분석 용어를 결합한 탠시는 표현 · 미술 · 역사의 본성에 대한 일반적 신념에 철학적 습격을 가한 것과 다를 바 없는 그림을 만들어 낸다. 전통이란 논쟁거리를 밟고 선 탠시는 문화를 청소하고 사회 양식을 다듬는 노동자라 하겠다. 마치 궁극적으로 그의 기념비적인 작품을 만들어 낼 종이쪽과 그림 자투리를 모아 빗질하듯, 탠시는 그의 작품을 시각적으로 실감 나게 만들기 위해 다양한 도구와 기술을 이용하고 있다. 이것은 단순한 표현의 문제가 아니라 회화적 · 역사적 · 언어적 표현이 본질적으로 딜레마가 표출되는 공간이라는 증거다(Jonathan Binstock, 1996, pp. 140-146).

이러한 접근 방식은 교육적 탐구 분야에 의문을 제기하고 특정한 포스트모던 개념과 아이디어를 이용하는 근본 이론과 그 이론의 실천을 와해시킨다. 이것의 목표는 더 적절한 이론적 설명을 도출해 냄으로써 '저 너머'에 무엇이 존재하는지를 더 잘 이해하는 것이다. 예를 들어, 제임스 쉬리히(James Scheurich, 1997)는 교육 연구의 실증철학적인 근거를 논평하는 과정에 푸코(Foucault)의 고고학적 구성의 요소들을 적용하여, 연구의 접근 방식이 어떻게 재구성될 수 있는가를 입증했다. 포스트모던 교육비평가들이 이용한 두 번째 전략은 쉬리히의 접근법과 유사한 방식을 적용하고 특정 연구 방법을 해체하는 것이다. 예를 들어, 브라운과 존스(Brown & Jones, 2001)는 행동 연구의 원칙을 풀어내고, 참가자들에게 힘을 부여하려는 목적을 지닌 실행가기반 연구(practitioner-based research)가 때로는 어떻게 새로운 유형의 통제와 통설을 야기할 수 있는지 보여 주었다. 이 접근법은 특정 예술가에 대한 회고전을 열거나 회고록을 쓸 때, 해당 예술가보다 이론가를 더 빈번히 언급하는 수정주의적 통제를 가하는 큐레이터나 미술 작가가 이용할 법한 방식이다. 교육 연구의 세 번째 포스트모던 방식은 연구 실행을 완전히 무너뜨리고, 상황을 더욱 명확하게 보기 위한 뼈대를 제공하는 이미지와 아이디어를 고안해 낸다. 이와 관련된 한 가지 예를 살펴보도록 하자.

교육 연구에 대한 포스트모던 비평에서 스트로나크와 맥루어(Stronach & MacLure, 1997)는 포스트모더니즘을 "돌파구가 아닌 신경 쇠약(nervous break down rather than a breakthrough)"(p. 21)에 가까운 역사적 현상이라고 묘사했다. 시대정신을 포착하려는 시도가 탐구의 현실성에 대한 통찰을 제공하긴 하지만, 그들은 '포스트모던적 포용(postmodern embrace)'을 분명하게 정의할 수 없는 파열로 보았다. 그러나 이 관점은 우리가 살고 있는 세상과 깊은 관련을 지닌 효과적인 아이디어를 구축하는 데 훨씬 더 유리한 위치를 우리에게 제공한다. 스트로나크와 맥루어는 이 비평에 대해 포스트모더니즘은 주로 현실세계와 관련성이 극히 적은 이론가가 포스트모던적 사고가 어떻게 일상의 경험과 상업적 관습에 침투했는지를 밝혀내는 언어 게임이라고 반응하였다. 이러한 사례들은 무궁무진하다. 예를 들어, 〈모나리자〉가 자화상이라면 자기 지시성 (self-referentiality)일 것이고, 티셔츠에 인쇄된 모나리자 그림은 복제품 (simulacrum)일 것이며 또 모나리자가 여자 복장을 한 다빈치라면 이는 수행성 (performativity)을 의미한다. 스트로나크와 맥루어는 "현대 건축·문학·패션·영화·경영·시장 조사·광고 홍보의 세계는 포스트모더니즘에 의해 구성된 개념으로 가득 차 있다."(p. 15)라고 주장한다. 이 주장은 일상에서 우리가 아주 짧은 순간 마주하는 이미지 선전이나 시각적 문화—몇 가지 규칙을 포함해 상세히 문서화된—에 대한 상세한 분석을 통해 충분히 지지를 받는다.[15] 스트로나크와 맥루어는 사회에 만연한 이 현상에 대해 강조한다. 그러나 이들은 특히 서비스가 교육 연구에서 응용 구조로 접목될 경우 많은 이론가들이 모더니즘과 포스트모더니즘의 관계를 해석하는 방식에 비판적이다. 포스트모더니즘을 특징짓는 두 비평가의 주요 은유 분석은 이론가와 실제 당사자 간에 닥친 문제점 간의 연결고리를 이해할 수 있도록 돕기 때문에 유익하다.

일반적인 은유는 중심과 주변부의 개념에 반해 포스트모더니즘을 경계와 가장자리의 측면에서 설명하는 데 이용되었다. 스트로나크와 맥루어는 그것이 아무도 모르는 사이에 대부분의 문화평론가와 교육이론가가 성취하길 염원하는 어떤 관점을 어떻게 백지화하는지를 보여 주기 위해 이 이미지를 해체했다. 그들은 이 경계에 대한 은유가 사용되는 몇 가지 방식을 묘사했다. 예를 들어, 몇몇 이론가는 모더니즘과 포스트모더니즘이 권력 관계나 권력자의 자리가 가진 문제점 해결에 아무런 도움이 되지 않는 편 가르기·양자택일 같은 이분법적 태도를 고수하는 양극성 혹은 패러다임이라고 규정한다. 이와 유사한 주제는 가장자리에 대한 비유가 부족한 실태를 꼬집는다. 누군가 중심이나 주변부에 경계를 지으려 한다면 그가 경계의 안을 보는지 밖을 보는지에 대한 방향성의 문제가 생기기 때문이다. 시각예술과 미술교육 분야의 평론가는 극단적 상황을 보길 즐기고 선호하는 관점대로 주장하길 좋아한다. 순수하고 숙련되지 않아, 주류(the mainstream)를 넘어서 볼 때 비로소 진가를 알아볼 수 있는 '아웃사이더 아트(outsider art)'에 대한 묘사가 적절한 사례라 하겠다. 아웃사이더 아트는 고급문화와 대중문화를 모두 배타적인 것으로 보는 경향을 가지고 있기 때문이다.

스트로나크와 맥루어의 비평에서 포스트모더니즘이 지닌 또 다른 이미지는 모더니즘에서 포스트모더니즘의 전이과정을 마치 단계적(stage-like) 과정으로 본다는 점이다. 이 과정은 주어진 관점을 확장하려고 시도하지만, 특히 교육적 맥락 안에서 비춰질 때는 결과적으로 거친 표면을 매끄럽게 다듬는 역할을 한다. 예를 들어, 이것은 다문화주의[16]를 옹호하는 교육이론가나 포스트모더니즘을 잘 정리된 역사적 순서 안에서 모더니즘을 대체하는 단순한 양식적 현상으로 치부하는 미술교육 작가가 직면한 현재 진행형의 딜레마라 할 수 있다. 경계 이미지의 세밀한 사용은 몇몇 이론가가 모더니즘적 사고방식이 가진 한계를 구원·혁신하려 했던 방식에서 명백히 드러난다. 이들은 아이디어와 그 실천 방식을 해체하고 난 후 조금 더 통합적인 개념을 구상하고자 포스트모던적 전략의 사용을 꾀했다. 사회문화적 관심을 1990년대 초 현대 미술에 재주입(re-instill)하려는 수지 개블릭(Suzi Gablik, 1991)의 노력은 이러한 복구 자세의 사례라고 할 수 있다.

모더니즘과 포스트모더니즘의 복잡한 관계를 가장 잘 표현하는 비유를 생각해 볼 때 스트로나크와 맥루어는 가장자리와 경계에 대한 '남성 중심적' 비유를 거부한다. 그들은 "빨래 개기(folding)"라는 개념에 의지하는 "은유의 분야(field of metaphors)"(1997, p. 28)와 관련된 여성적 읽기를 선호한다. 다양한 방법들을 탐구해 나가는 과정에서, 빨래 개기 은유와 더불어 의복과 신체에 대한 언급은 모더니즘과 포스트모더니즘의 관계를 드러내며, 그것들은 "직조(weave)"에 대한 이해를 돕거나 또는 "의미를 동원(mobilize meaning)"(pp. 85-98)하기 위한 다양한 해석적 테마들을 제시한다.[17]

그렇다면 이러한 방식으로, '육체/옷(body/clothes)'에 의해 생겨난 이 비유적 공간은 우리가 내부와 외부, 기원과 이유, 개인적인 것과 문화적인 것 사이의 관계에 대한 의문을 허락한다. 단, 단일한 읽기 방식이나 본질적인 의미,

혹은 고정적이고 완전한 해석을 향해 힘들게 나아가는 일이 없도록 말이다.
이러한 가능성의 브리콜라주(bricolage)는 포스트모더니즘의 '한계'에 대한
서술을 시작할 적절한 소재일지 모른다. 그것은 단일한 정의(definition)나 형
식으로 기능하는 것이 아니라 연속적인 기호 사슬로서 기능한다. 이때 모더니
즘과 포스트모더니즘의 문제적 관계를 수반하는, 복잡하고 종잡을 수 없는 표
현과 차이에 대한 다양한 읽기 방식이 나타나게 된다(p. 30).

비평이론

광범위한 사회문화이론과 그 실행에 의문의 그림자를 드리운 것이 포스트모
더니즘이 한 일이라면, 특정한 파열 지점을 강조한 것은 비평이론이 한 일이다.
포스트모더니즘이 사회문화적·경제적 배경의 광범위한 비평에 다소 초연한
태도를 보였다면, 비평이론은 다양한 모습으로 사회 변화에 명확한 초점을 유
지했다. 근대성에 비판적인 반응을 보이며 가족 유사성을 공유했던 비평이론
과 포스트모더니즘은 단순화·구체화된 관습에 도전장을 내밀었다. 과거와 현
재를 수월하게 오가는 역사적 담론의 한 형태로서, 중요도(criticality)에 대한 기
본 교의는 20세기 초 수십 년에 걸쳐 유럽에서 구축되었다.[18] 세기 중반 즈음
포스트모더니즘의 이론적 영향력이 최고조에 달했을 때 비평이론가는 문화 연
구 분야에서 새로이 형성된 제도적 프로그램을 통해 든든한 지지를 받을 수 있
는 안식처를 발견했다. 이제 그들은 비평과 사회 변화에 대한 그들의 유별난 관
심을 추구하기 위해 다양한 규칙들에 기인한 탐구의 가닥을 끌어모을 수 있었
다. 포스트모던 이론은 연구의 실험 모형과 대중문화에 비평이론가가 문화적
관습과 정체성 정책을 규합하는 프로젝트 중심의 사례연구를 할 수 있도록 자
리를 마련해 주었다.[19] 그 핵심에서 비평이론은, 어떻게 사회 구조가 인간의 무
한한 가능성과 상상력을 속박할 음모를 꾸미는지를 분석한다. 이론가는 사색
능력과 비판 능력을 향상시킴으로써 인간이 소외와 지배 같은 대상에 대항할
수 있는 역량을 키워 주고자 노력한다. 자연히 이것은 점점 더 전체주의화되는

모더니즘의 망령보다는 구체적이고 지역적인 영역을 다룬다.

이론이 실천과 그 실천으로 인한 이론을 형성하는 과정에서, 개인과 문화에 대한 비평과 그 변화에 대한 관심은 비평이론이 교육의 활용을 강조하는 시대로 접어들게 만들었다. 이는 특히 실천당사자 중심의 연구와 비평적 교수법 (critical pedagogy)를 응용하는 과정에서 뚜렷하게 드러난다.[20] 비평이론을 구성하는 각기 다른 학설들을 인정하면서도, 킨첼로와 맥라렌(Kincheloe & McLaren, 1998)은 비평이론가를 절충적 성격의 혼합과 동일시한다.

> 우리는 비평하는 이(criticalist)를 연구자나 이론가라고 정의한다. 이들은 사회비평이나 문화비평의 한 형태로 자신의 과업을 이용하고자 하며, 다음과 같은 기본 가정을 받아들인다. 첫째, 모든 사고는 근본적으로 사회적·역사적으로 구성된 권력 관계에 의해 조정되고, 사실은 절대 이데올로기적으로 기록된 어떤 형식에서 제거되거나 가치의 지배에서 유리될 수 없다. 또한 개념과 대상 사이의 관계와 기표와 기의 사이의 관계는 절대 안정적이거나 고정되어 있지 않고, 때로는 자본주의적 생산과 소비라는 사회적 관계에 의해 중재되기도 한다. 언어는 주체성(의식적이고 무의식적인 인식)의 형성에 핵심적이다. 또한 어떤 사회든 특정 집단은 다른 집단보다 특혜를 받는데―이 특권 부여의 다양한 이유가 있지만―현대사회의 특징인 이 억압은 하위 계층이 그들의 사회적 지위를 자연스럽고 필수적·필연적인 것으로 받아들일 때 가장 강력하게 재생산된다. 그리고 억압은 다양한 모습을 지니고 있으며, 계층억압 대 (對) 인종차별주의같이 타자를 희생하고 안일한 대상에 초점을 두는 것은 종종 그들의 상호 연결 관계를 망각하게끔 한다. 마지막으로, 주류(mainstream)의 연구 실행은 (대부분이 부지불식간에 이루어진다 해도) 보통 계층·인종·성의 억압을 재생산하는 사회 체계와 관련 있다(p. 263).

킨첼로와 맥라렌의 비평이론의 특징에 대한 목록을 증류하는 과정에서 개인에 대한 사회 탐구가 미치는 영향력의 핵심은 명백하게 나타난다. 권한부여

(empowerment) · 규정(enactment) · 응용(praxis) · 비판적 사고(critical reflection)
와 같은 용어들은 과정을 앞으로 이끄는 데 요구되는 반영적 실행을 위한 것이
다. 이때 재귀란, 세상을 보는 관점의 특성을 인식하는 포지셔닝(positioning)의
개념과 관계 있다. 페미니즘 담론에서 처음 논의되기 시작한 포지셔닝 혹은 포

아프로다이트 데지레 나바브. 〈나는 페르시아산 카펫이 아니다(I Am Not a Persian Carpet)〉(2001). 젤라틴 실
버 프린트. 16×20 inches. 작가의 허락을 받아 게재함. http://www.aphroditenavab.net

사진 연작 중에서 〈나는 페르시아산 카펫이 아니다〉를 통해 나는 이란 문화의 복잡함이 문화적 상품에
국한되고 있는 세태에 도전한다. 가끔 바닥에 깔린 '진짜' 카펫이 어디에 있고 '인간' 카펫이 어디에 있는
지 구분하기 어렵다. 그러나 여성의 몸과 자아의 형상은 부분적으로만 드러날 뿐 결코 전신을 드러내지 않
는다. 나는 여성의 육체에 대한 고정관념을 담는 동시에 육체에서 벗어남으로써 그 고정관념에 도전한다.
각각의 사진은 여성의 정체성을 조금씩 부분적으로 보여 주며, 정돈된 분류의 대상이 되는 것을 거부한다.
이란에서 나고 자라 미국에서 20년을 산 여성으로서, 나는 서로를 약화시키려고 노력하는 미국과 이란의
대립적인 역사와 관습 사이에서 협상을 해야 했다. 카메라와 펜을 통해 나는 시각미술의 결과물과 두 문화
의 정치를 심문한다.

데지레의 『인생 이야기 말하지 않기: 네 명의 이란인에 대한 자전적 미술 비교 분석(Unsaying Life Stories:
A Comparative Analysis of the Autobiographical Art of Four Iranians)』(2004)에서 사진과 인용 발췌

지셔널리티(위치성, positionality)는 연구자들이 자료를 이해하고 제시하는 방식을 전해 주는 체계를 확인하는 것에 깊은 연관이 있다. 테트롤트(Tetreault)에 따르면, "전후 관계는 우리의 정체성 형성에 중요하게 작용한다. 예를 들면, 우리의 성, 인종, 계급, 나이…… 등은 본질적 특성이기보다는 관계적 위치의 표지가 된다. 그것들의 결과와 함축은 상황에 따라 변한다."(Banks, 1996, p. 6 재인용)라고 했다. 브론윈 데이비스(Bronwyn Davies, 1992)에게 "포지션이란 방만하게 상호 영향을 미치며 구성된 개념으로, 담론이 이동하거나 어떤 대상의 포지션이 변화하는 등 급진적인 변화와 이동에도 순응하는 성질을 지닌다."(p. 57) 비평이론과 긴밀하게 관련된 또 다른 주제는 도출된 결과가 개인과 공동체에 영향을 미칠 것이라는 기대감에 관한 것이다. 이 정치적인 포커스는 음성·접근·권력·특권을 거부하는 구조적이고 체계적인 문제점을 드러내려는 비평적 목표와 관련 있다. 이것은 부당과 억압에 도전하여 변화를 꾀할 수 있는 개인을 만들어 내는 것이 목표다. 또한 문화 정체성의 구현에 이용되었던 문화적 산출물의 수단을 되찾는 것을 목표로 한다. 이러한 시도는 자전적 사진 예술 유희로 볼 수 있는 아프로다이트 데지레 나바브(Aphrodite Désirée Navab)의 작품에서 너무나 우아하게 포착되어 있다.

반성적 회귀

연구집단 내에서 포스트모더니즘과 비평이론에 대한 논의 검토는 동시대의 문화를 검토할 때 필수적인 비판적 반영 태도가 부족하다는 진단에 깊은 불안감을 나타낸다.[21] 간단히 말해서, 연구의 목적이 특정 상황에 존재할 것이라 여겼던 정보를 찾는 것이고 초기 설정 기구와 프로토콜이 가설상의 배경이나 관계의 증거나 원인을 찾기 위해 이용될 때 연구가 이루어진다면, 연구자는 이 공식에서 잠재적 오류의 원인으로 배제될 것이다. 그러나 이것이 실제의 맥락과 상황을 조사할 때 일반적으로 발생하는 것은 아니다. 오히려 연구자의 경험이 탐구과정의 상당 부분을 차지하고, 이것은 오류가 일어날 수 있는 잠재적 골칫

거리라기보다는 귀중한 자산으로 여겨질 수 있다. 길리언 로즈(Gillian Rose, 2007)는 "재귀는 학문적 지식을 보편화하는 주장에 반대하는 시도이자, 학문적 지식이 (다른 모든 지식과 마찬가지로) 특정 상황에 놓여 있고 부분적인 특징을 지니고 있음을 주장하는 시도다."(p. 136)라고 설명했다.

  비평이론의 전후 사정 안에서 논의되는 재귀는 행동을 빚어 내고 반응을 형성하게끔 돕는 필수적인 주체로서 경험이 가지는 긍정적 효과를 인정한다. 조지 마커스(George Marcus, 1998)는 그것을 관찰하고 "재귀는 주체성·경험·공감에 대한 유희를 즐기는 자기 비평과 개인적 탐색과 연관이 있다."(p. 395)고 했다. 그러나 인문과학과 인문학의 분야에서의 연구 체계 안에서 반성적이 될 때, 그것은 연구자와 연구 대상에 영향을 미치는 비평적 구성주의의 형태를 취한다. 비평이론의 위치를 옹호하는 이들은 새로운(종종 지나간 관점에 대한 것이기도 한) 대화의 지평을 여는 탐구의 해방적 역할이 가진 중요성을 인정한다.[22] 게다가 시각 연구의 쌍방향적 특성에 관해 생각해 볼 때, 반성적 태도는 인간의 과정과 행위의 범위를 더욱 넓히는 탐구를 가능하게 하면서 우리의 역량을 향상시킬 잠재 가능성을 제공한다. 또한 이들의 다수는 그림을 통해 쉽게 포착되어 이미지로 형상화할 수 있다.[23]

  이미지가 어떻게 자료로 해석될 수 있는지에 대한 물음과 정지·이동 중인 이미지의 상태에 대한 관심은, 특히 사회학과 인류학에서 오랜 시간 논쟁거리가 되어 왔다.[24] 전통적으로 사진과 필름은 그 자료의 형식이 지나치게 주관적이고 정돈되지 않은 상태인 데다 체계적 분석을 거부하는 특성을 지니고 있어서 이 둘의 사용이 논란의 대상이었다. 그러나 그레고리 스탠작(Gregory Stanczak, 2007)이 묘사하듯, 사회 연구에서 이미지의 역사적 사용은 최근 들어 '삽화로 기능'하는 시각적 이미지를 강조하던 것에서 "시각적 혹은 이미지 중심의 연구가 더 넓은 범위의 지식 체계를 아우르며 중요한 미개척의 가능성과 활력을 나타내는"(p. 3) 국면으로 전환되었다. 덧붙여 그는 "이미지는 연구과정의 부속물이 아니라 사회적 세계관을 학습하는 데 불가분의 요소다."(p. 3)라고 주장하며 이미지의 중요성을 역설하였다.

연구 토론에 반성적 태도를 주입하는 몇 가지 방법론적인 함축된 내용들이 있다. 첫째, 관찰자와 관찰 대상을 어떤 탐구에서건 상관없이 지식의 합법적인 원천으로 볼 필요가 있다는 것이다. 둘째, 계속되는 면밀한 탐구에 그것의 출처가 어디건 어떤 방식으로 얻었건 상관없이, 지식을 지탱할 필요가 있다는 것이다. 그리고 이러한 비평적 태도가 개인과 공동체의 행위에 충분한 근거를 가지고 있을 때, 비평적 실천이 어떻게 변형적 호소력을 가진 창조적 반응을 야기할 수 있는지를 인식할 필요가 있다. 어떻게 비평적 태도가 개별적인 연구 방법으로 바뀔 수 있는가에 대한 설명은 충분히 제시되지 않았으나, 반성적 탐구가 화제를 이끌어 내고 전후 상황에 독립적이라는 합의는 이루어져 있다.

시각적 연구 방식을 연구한 논문 대다수가 빠뜨린 것은 시각 정보의 이해가 단순히 시각적 내용의 묘사 그 이상의 의미를 가진다는 점을 인정해야 한다는 것이다. 시각적 연구를 수행하는 조사자들이 더욱 복잡한 계획을 떠맡으면서, 어떻게 이미지를 만드는 이들(개인 · 주체 · 공동체)과 이미지를 해석하는 이들(대중 · 비평가 · 다른 문화평론가)이 시각적 형태로 그 의미를 구성하는지를 이해하는 행위가 그들에게 주어진 과제가 되었다.

이제 인문과학 분야에서 시각적 연구를 담당하는 이들이 연구과정의 일부로 시각적 자료들을 수집하는 것뿐 아니라 자료의 원천이 되는 시각적 형태를 만드는 것에도 도전하면서, 연구과정에서 시각이 담당하는 역할은 점점 더 복잡해지고 현실적으로 변하고 있다. 길리언 로즈는 자신의 저서 『시각적 방법론 (*Visual Methodologies*)』(2007)의 개정판에 '연구 프로젝트의 일부로서 사진 만들기(Making Photographs as Part of a Research Project)'란 제목의 장(chapter)을 추가하고, 사회과학 연구에서 사진을 찍는 것에서 사진을 제조하는 것으로의 이동은 이미지의 반성적 성질을 환영하는 승인이라고 말한다. 사라 핑크(Sarah Pink, 2006)는 이러한 태도를 시각적 인류학의 특성을 통해 포착했다.

재귀는 다양한 접근 방식을 통해 '연구자의 태생적 기원'과 이것이 생산된 지식에 어떻게 영향을 미치는가를 이해할 필요에 의해 만들어졌다. 어떤 이들은 이것을 타당성과 연구 품질 통제의 문제로 남겨 둔다. 그러나 재귀가 현장 조사와 시각화 · 명문화된 재현의 과정을 통해 적절한 통합을 이루어야 한다 고 주장하기 위해, 대부분의 시각적 인류학자들은 다른 방식을 추구한다. 이 때 이용되는 방식들은 단순히 조사자의 접근법을 설명하는 것이 아니라, 조사 자와 정보 제공자의 포지셔널리티가 구성되고 현장 조사를 통해 지식이 생산 되는 과정들을 밝히는 것이다(p. 35).

이처럼 비평적 반성을 꾀하는 태도는 시각적 이미지가 단순히 맥락화된 산 물 이상의 것임을 암시한다. 배리 골드스타인(Barry Goldstein, 2007)은 자신의 저서의 장 제목으로 다소 강조된 "모든 사진은 사기다." (p. 6)라고 외친다. 시각 적 형태는 복잡한 문화 구성체로서 문화적 관행에 뿌리를 두고 다수의 상징적 과정에 개입하며 다양한 목소리를 지닌 정보 체계에 거주한다. 이러한 이유로 시각적 형태는 비판적이고 반성적인 반응을 필요로 한다. 이렇게 시야를 넓히 는 시각적 연구 실행의 유형은 교육과 공동체의 맥락 안에서 확장되고 있으며 여기에서 예술기반 연구 또한 다양한 텍스트를 비평적 · 창의적 시각으로 끌어 오는 새로운 방법으로 적용된다.

▮▮ 시각적 선회 ▮▮

삭제된 목소리와 관점을 회복하려는 비평이론가와 현대적 삶의 문화적 경계 를 끊임없이 들쑤시는 포스트모던 비평가와 더불어, 미술교육자는 시각적 형 식의 급작스러운 등장이 탐구의 본질에 직접 미칠 영향에 늦게 주목하기 시작 했다. 예술에서 이미지의 창조와 그 소통의 실행이 연구에 대한 우리의 생각을 급격하게 바꿀 수 있다는 깨달음이 퍼졌을 때, 새로운 미술교육자와 연구자들 은 그 도전에 기꺼이 응했다. 이 열성적인 분위기는 지난 수십 년에 걸쳐 가속 화되었다. 교육 연구 분야에서 학술 공동체 내의 탐구 주체가 된 이 '시각적인 것(the visual)'이 도입되며 야기된 방법론적 딜레마들을 잠깐 살펴보도록 하자. 필자는 이 책의 후반부에서 연구의 한 형태로 다룰 예술가와 예술 실행의 역할에 대한 도전을 받아들일 것이다.

연구 체제의 일부로서 예술이 발생한 것은 1980년대와 1990년대 양적 연구와 질적 연구의 경계에 대한 일부 논란을 유발했다. 이 논란의 대부분은 철학과 관습 사이의 차이에 대한 것이었으니 더 이상 언급하지 않겠다.[25] 실증주의와 구성주의 간의 균열이 생기자 열렬한 지지자는 이데올로기적으로 분리된 각자의 편에 줄을 서기 시작했다. 제도적 관행에 대한 평론은 전통적 경계 · 영역 구분 · 예술 분야 · 문화 집단화가 지닌 문제적 상황을 밝혔다. 그리고 많은 비평가들은 이것들을 연구 패러다임의 명백한 양립 불가 상태를 암시하는 증상으로 보았다. 교육 연구 분야에서 예술의 역할을 옹호하는 선구적 인물로서, 엘리엇 아이스너(Elliot Eisner, 1993)는 "무엇이 개인적이고 독특한 것인가(what is individual and distinctive)"와 무엇이 "정형화되고 일반적인가(patterned and regular)"(p. 5)에 대한 갈등을 논의하며 이 교착 상태를 중요하게 다루었다.

> 우리는 어떻게 한쪽의 개념 분류의 검증주의적 단절을 막고 다른 한쪽의 급진적 상대론의 무제약과 허무주의를 피할 것인가? 아니면 이것들은 누구도 믿지 않는 진정 불안정한 대안인 것인가? 아마 그럴지도 모른다(p. 8).

인문과학 분야 연구를 위한 실행 가능성 있는 접근 방식인 질적 방법론은 비평가가 없었다면 그 출현이 불가능했을 것이다.[26] 그레고리 치젝(Gregory Cizek, 1995)은 과학적 분석보다 "두툼한 짜임새(thick texture)"를 좋아하는 질적 연구의 성격을 "바삭한 그래놀라(crunchy granola)"(p. 26)에 비유하며, 다음과 같이 질문했다.

> 모든 이해가 문맥화될 수 있다는 개념을 누군가 받아들인다면, 모든 경험이 문화에 깊이 스며든다면 또 모든 지식이 개인화된 구성체라면, 어떤 해석론자

의 주장이 과연 거부될 수 있을까? 만약 받아들여진다면, 우리는 후기 구조주의자·후기 구성주의자에 포스트모더니스트일 뿐 아니라 후기 과학주의자일지도 모른다(p. 27).

　질적 탐구에서 결과를 평가하는 기준은 그 결과의 개연성이 아닌 타당성에 근거한다. 질적 연구를 실행하는 연구자의 관심을 끄는 것은 정도의 차이가 아닌 종류의 차이다. 이것은 대표 표본부터 전체 표본까지를 포함한 결과를 일반화하는 것이 연구 결과를 설정하는 유일한 방법이 아니라는 전제에 달려 있다. 그러나 개연성 표본의 필요성이 중요함에도 불구하고, 이 요구조건을 충족하는 현장 중심의 전략이 존재한다. 더글라스 헤카손(Douglas Heckathorn)이 고안한 실험참가자 주도적 샘플링 방법(the respondent-driven sampling method)이 그 예다. 조앤 제프리(Joan Jeffri, 2002)는 미국의 4개 도시에서 재즈 연주자들에 대한 연구를 실행했다. 그는 무작위 샘플링을 위한 필수 기준을 충족하는 기법을 이용해 재즈 음악가들의 대표적 네트워크를 조직할 수 있었다.[27] 세부 사항에서 일반적 요소에 이르기까지 결과를 추론해 내는 대부분의 양적 연구에서 일반화 가능성은 핵심적인 특징으로 기능한다. 그럼에도 불구하고 중요한 점은, 현실의 행위·사건·유물을 관찰해 얻은 연구 결과가 구체적인 것들 사이의 빈 공간을 메워 연결함으로써 얻어질 수 있음을 인정하는 것이다. 즉, 어떤 상황에서 진짜처럼 보이는 것이 유사한 맥락에서 관련성을 가질 수 있다는 말이다. 아이스너는 이러한 일반화 방식을 추론의 책임 소재가 연구자에게서 독자로 이동하는 '소급적(retrospective)' 방식이라고 지칭했다. 이 방식은 "과거의 경험을 새로이 조명할 수 있게 돕는 아이디어를 조우 혹은 형성"(p. 205)하는 과정을 수반한다. 아이스너에게는 이것이 단지 정보를 일반화함으로써 어떻게 우리가 배우는가를 결정짓는 논리적인 추론을 위한 기술이었을 뿐 아니라 새로운 아이디어와 이미지들에 반응함으로써 경험을 이론화할 수 있는 기술이었다.[28]

　아이스너는 특정 대상과 일반적 대상의 관계를 묘사하며, "일반적인 것은 특정한 것에 있으며, 특정 상황을 통해 일반적 관찰을 수행하는 것은 바로 우리가 일상 삶에서 하는 것과 같다.”(2008, p. 20)라고 주장한다.

　　많은 경우 각기 다른 연구 패러다임의 상대적 장점에 대한 논의는 그 차이를 잇는 가교로서의 지침을 제공하기보다 이론적 장벽이 된다. 그러나 연구 실행의 현실이 그들의 구분을 모호하게 만든다고 주장하는 증거들은 넘쳐 난다. 아먼드슨, 설린과 레러(Amundson, Serlin, & Lehrer, 1992)는 후기 실증주의적 관점을 채택해 이렇게 주장했다. 관찰과 예측을 강조한 과거의 실증주의적 시각과 달리, 현실주의적 접근 방식은 엄격한 규칙의 적용과 통제를 감시하기 위한 수단으로 간결함과 이론적 일관성 같은 국제적 기준을 추구한다. 가브리엘 살로몬(Gabriel Salomon, 1991)은 다른 형태의 탐구가 필요한 교육 현상에서 개별적이고 상호 의존적 요소를 밝히는 것을 목적으로 하는 연구 접근 방식을 제시했다. 특정 결과와 다수의 의미를 구별하는 것과 같이, 각각 다른 지식의 개념에 기반을 둔 ‘분석적(analytic)’이고 ‘체계적(systemic)’인 접근법은, 자료 분석에서 상호 보완의 기능을 수행한다. 살로몬의 방식은 분석의 정확성이 일관된 초점을 유지하도록 돕는 학습 환경의 복잡함을 포착한다. 단, 조직적 자료의 운용 방식이 연구의 결과가 진실된 것임을 보증할 때 말이다. 질적 연구와 양적 연구의 방법론을 혼합한 이 실용적인 접근법들은, 통합의 정도에 따라 다양한 형태를 갖추며 ‘혼합 방법론(mixed methodologies)’ 혹은 ‘혼합 모형 연구(mixed model studies)’로 표현된다.[29]

예술기반 연구

　　다양한 접근 방식을 혼합해 전통적인 연구가 지닌 한계를 극복하기 위한 또 하나의 방법은 미술을 탐구의 도구로 이용하는 것이다. 미술이 (다른 접근 방식과 경험을 통해) 연구의 목표와 의도에 상당 부분 기여한다는 전제하에, 미술교육자는 미술이 탐구의 독특한 형태임을 점차 소리 높여 주장하기 시작했다. 우리는 특히 미국과 캐나다의 출판 시장에서 안내 책자와 문집, 그리고 수도 없이

많은 학술 논문을 통해 미술교육 연구 방법론에 붐이 일고 있는 시대의 한가운데에 살고 있다.[30]

톰 배론과 엘리엇 아이스너(Tom Barone & Elliot Eisner, 1997)는 느슨하고 집합적인 용어로, 예술기반 연구(arts-based research)가 1990년대 중반 무렵 처음 공식적으로 언급되었다고 말한다. 그 이후 미술과 언어의 미학적 특성에 근거한 교육 탐구 방식이자 혼합된 예술 표현 방식이자 체현된 문화적 실천으로서, 예술기반 연구의 영향력은 교육을 논할 때 눈에 띄는 존재감을 갖기 시작했다.[31] 건강관련 산업에서 창의적인 전통을 구축하며 동반한 조처로는 예술적·과학적 탐구의 경험적 요소들과 함께 앎의 독특한 방식으로 예술에서 오랫동안 관심을 가졌던 것을 예술기반 연구와 다소 다른 수단으로 변형하여 융합시켰다.

아이스너(1991)는 감각적 이해와 비평적 포용의 한 형태로서 지식을 받아들이는 교육적 감식안이 지닌 예술적 기교를 제시한다. 그의 개념에 의지하는 교육자는 예술기반 연구를 반성과 행동의 사회적 과정이라고 보았다(Barone, 2008). 이에 따라 예술비평에서 교육비평가는 교실에서 볼 수 있는 현상에 대해 감수성을 증진시킴으로써 전문가가 될 수 있게 되었다. 이러한 관점의 이해는 교육적 변화에 대한 판단 근거가 된다. 그러므로 예술기반 연구에서 교육 탐구는 보는 것과 감각하는 것이 증거 유형 축적의 기준이 되는 현상들을 묘사하고 해석한다. 예술기반 연구를 수행하는 연구자는 교실에서 벌어지는 복잡한 실재적 상황을 이해하기 위해, 즉각적인 반응을 이끌어 내는 접근법의 사용을 독려하는 것이 특징인 질적 연구를 더욱 선호한다. 연구의 문제점들을 해결하기 위해, 자료 수집은 다양한 형태의 미술 기록과 풍부한 문학 자료의 창조를 수반한다. 이 수집된 자료들은 내부자의 통찰과 관찰자의 냉철한 비평적 초점을 투영한다. 대개 의사소통의 방식이 언어에 기반을 두고 있으나, 재현의 방식은 (연구한 여러 조직적 현실을 포착·반영·비평하는 데 사용되는) 다양한 미술 형식을 불러일으킨다.

기본적으로 예술기반 교육 연구는 질적 연구와 양적 연구의 전통—비평적·

사회적·창조적으로 교육이 직면한 문제를 해결하고자 예술의 역량을 이용하는—사이에 인지된 단절을 잇고자 하는 실행자기반 탐구의 본보기라 할 수 있다. 이 경우 문제점과 사안은 예술을 근거로 한 탐구 전략을 사용해 조사되지만 사회과학에서 방법론적인 단서를 얻는다. 예술기반 연구의 기본 특성에 대한 배론과 아이스너(1997)의 요강은 경험을 마주하고 대표하는 방식의 다양함에 관심을 기울인다. 이때 경험은 연구 결과와 새로운 방식으로 효과적인 소통을 하는 표현과 재현의 사용과 미술을 통해 얻어진다. 구성주의·비평 해석·콘텍스트 이론에 대한 강조와 함께, 예술기반 연구는 급속도로 전파되는 문헌 자료를 낳는다. 이때의 자료는 광범위한 이론적·문화적 지지를 기도하며 자신의 위치를 인정받는 방법론으로 향상시키고자 노력한다.

그런데 예술기반 연구로서 많은 이론가와 실행가가 제시하는 것이 무엇인가에 대해 명확한 설명을 요구하는 움직임이 있다. 이 핵심 주장은, 예술이 우리가 세상을 이해하고 표현하는 특별한 방식을 제공한다고 강조한다. 때문에 이 주장은, 연구 방법이 사회과학의 분야에서 질적 탐구로 확장될 때, 인간의 이해와 관련된 문화적 타당성을 지닌 형식과 관습으로서의 예술을 견지할 기회(다른 탐구 분야는 제공할 수 없는)를 제공한다는 것이다. 대부분의 경우, 예술기반 연구를 수행하는 연구자는 사회과학 분야에 그들의 탐구가 안정적으로 자리한 이론적 변수를 심어 놓는다. 바로 "단순히 질적 연구 조사자들에게 다양한 사회적 의미들을 수확해 전달하기 위한 더욱 다채로운 조사와 소통의 도구를 제공"(Leavy, 2009, pp. 11-12)하는 공간에 말이다. 이와 관련된 한 가지 논점은 복잡한 사회적·교육적 문제가 다양한 조사 방식을 필요로 하며, 그 조사 전략은 예술을 기존 연구의 패러다임에 위치시키는 것이다.

사회·교육의 변화에 대응하는 예술기반 연구의 역할이 강조되면서도, 이 역할의 의미는 명확하지 않다. 만약 예술기반 연구의 구성 조건이 개념화되고 수행될 경우, 예술의 관습보다 사회과학 분야의 제한에 구속된다면 예술 중심 연구가 성취할 수 있는 것에는 한계가 있다. 예술이 연구자에게 도구적 잡종의 형태로 이용되거나 새로운 관점을 통한 학문을 주입하고 알리기 위한 매개로 이용될 때, 일부 이러한 구분은 예술적 조사의 다양한 역할에 대한 정의에 의해 합리화되었다. 그러나 교육과 사회과학 분야에서 새로운 형식의 예술기반 연구에 대한 열의가 존재하는 한, 기존의 사회과학 연구의 전통에 미술의 자리를 마련하려는 경향 안에서, 양면적 특성은 분명히 존재한다.

예술기반 연구에 관한 숀 맥니프(Shaun McNiff, 1998, 2008)의 개념은 비교적 광범위한 인식론적·철학적 전통을 수용하고 있다. 이 전통은 인간의 이해와 함께, 어떻게 인간의 이해를 통해 개인과 타자에 영향을 미칠 것인지에 대한 단순한 물음에서 출발한 건강 요법(health therapies)의 문맥과 상통한다. 조사 연구의 미사여구에 의문을 제기하면서, 맥니프는 과학과 예술이 탐구의 형식과 지식의 상호 보완적인 방식이라는 원칙을 고수한다. 그리고 그는 "상대적 비교와 어느 것이 다른 것보다 더 신뢰할 만하다는 가정을 축소"(2008, p. 34)하는 경향을 거부해야 한다고 주장한다. 덧붙여 그는 "과학이 체계적 탐구에 대한 강조를 통해 예술을 기초로 한 연구를 돕듯, 예술은 예상하지 못했던 것에 대해 민감히 반응하는 과학 분야에서 발견의 과정을 증진시킨다."(2008, p. 39)라고 역설한다. 맥니프에게 직접 예술가로부터 예술 실행을 통해 지식을 습득하는 것은—전통적인 탐구과정만큼이나 엄격함과 관련성을 지닌—창의적 긴장감을 통해 연구과정을 고취시키는 행위다. 이것은 특정 주제에 대응하는 탐구 방식의 구성을 신뢰한다. 이때의 연구 방식은 개인적 문제를 다룰 뿐 아니라 공동체를 끌어들이는 새로운 통찰력의 가능성까지 지니고 있다. 이런 상관관계를 지닌 관점은 공감 교육의 중요한 역할을 강조한다. "집단적 표현의 후류(slipstream)가 어떻게 홀로 도달할 수 없는 장소에 우리를 데려다 주는지"(2008, p. 32) 배울 수 있도록 예술 실행이 도울 때, 이것은 공감교육의 한 가지 특징이라 할 수 있다.

교육과 사회의 다양한 문맥적 상황에 이용되는 예술 실행과 창의적 형태의 탐구는, 많은 장점을 얻기 위해 예술이 가진 수용 능력에 새로운 의미를 부여하고 있다. 예술의 도구적 가치는 오랜 세월 인정받아 왔으나, 연구 담론 안에 예술을 위치시키기 위한 논의의 폭과 깊이는 새로운 수준의 이론화 단계를 필요로 한다. 인간 지식과 교육 실천은 불확실성과 변화의 세계에서 절대적으로 중요한 요소들이며, 이들의 영향력 있는 형태인 미술을 새로이 인식하고자 하는 노력은 많은 것들을 성취할 수 있다. 그러나 창조성의 도구적 중요성에 대한 맹목적인 믿음 같은 과거의 열정에서 배웠듯이 많은 것들을 잃을 수도 있다.

G. 토머스 폭스와 J. 게이츠만(G. Thomas Fox & J. Geichman, 2001)이 경고했듯이, 예술기반 연구가 탐구의 주체로 기능했음에도 불구하고, 이는 교육 연구의 장식적 특징에 쉽게 국한될 수 있다. 교육 연구의 시대에 활기를 불어넣기 위한 폭스의 전략은 현대 미술을 주제적 내용의 원천으로 보는 것이다. 이때 원천은 현재 상황에 대한 만족감을 뒤흔들고 이론과 실제에 정보를 제공하는 신선한 시각을 제안하는 능력을 가지고 있다. 이것은 의견 제시의 한 방법일 뿐이다. 왜냐하면 예술기반 연구에 대한 일부 묘사는 예술에 대한 모더니즘적 개념에 포함된 채 남아 있기 때문이다. 이에 따라 본질주의적 개념은 논쟁의 여지가 있다기보다 구체화되어 있고, 그 관점들은 비평적이라기보다 소극적인 상태다. 존 발다치노(John Baldacchino, 2009b) 역시 어떻게 예술 실행이 "사회의 과학적 패러다임을 이해"(p. 3)할 수 있을지에 대해 회의적이다. 도구적 목적을 취함으로써, 비평적 칼날을 무디게 하기 위해 우리는 반드시 필수적·동시대적인 예술의 형태와 어울려야만 한다. 발다치노는 다음과 같이 설명한다.

> 예술 **실행**은 특정하고 특별한 **연구**의 한 형태다. 예술에서 질적-양적 구분 개념은 적절하지 않다. 분명한 성질에 의해, 예술 연구는 미술이 사실을 **추구**하는 것이 아니라 **발생**시킨다는 개념적 분류를 요구하기 때문이다(p. 4, 원문에서 강조).

예술의 정보 제공 연구와 알토그래피

복잡한 인간의 사고와 행동을 구성하는 문맥들을 면밀히 조사하고자, 예술기반 연구를 수행하는 연구자는 의식적으로 창조적·비평적 과정을 연구 실행의 핵심에 위치시킨다. 이러한 연구 동향을 이끈 것은 캐나다의 연구자들이었다. 그들은 미술 연구의 구조 안에서 경험과 주체성 그리고 공동체를 탐험하고 묘사할 때, 이들을 지식의 구성과 사회문화적 변화에 중요한 요소로 파악했다. 기대하는 것은, 아드라 콜(Ardra Cole)이 설명한 것처럼 "연구는 미술처럼 접근하기 쉽고, 환기시키며, 구체화하고, 감정이입을 하며, 도발적이다."(2004, p.16)라는 것이다. 콜은 동료인 개리 놀즈(J. Gary Knowles)와 함께 이러한 접근법을 예술의 정보 제공 연구(arts-informed research)라고 묘사했다. 이 연구법은 "학문적 과업에 형태와 미술의 과정을 불어넣는 혁신적인 연구를 고취시키기 위한 문맥을 제공"하며 "지식의 향상과 함께 학문과 공동체의 교량적 기능"(Knowles & Cole, 2008, p. 59)을 목적으로 한다.[32] 이들은 "방법론은 문학예술의 언어와 시각예술의 과정, 그리고 행위예술의 형태에 지식 향상을 위해 학문적 탐구의 포괄적 가능성을 불어넣는다."(p. 59)라고 주장한다.

놀즈와 콜은 『질적 연구에서 예술에 관한 핸드북(*Handbook of the Arts in Qualtative Research*)』(2008)에서 예술의 정보 제공 연구의 몇 가지 특징을 밝혀내었다. 그들은 예술의 정보 제공 연구의 특징이, 뚜렷한 예술적 탐구 방식을 연구 텍스트 안에 통합한, 특정 예술 형태에 모양을 갖추는 것이라고 묘사했다. 이 연구 텍스트는 다음과 같은 내용을 포함하고 있다. 첫째, 연구의 목적과 탐구된 주제와 사용된 방법 안에는 고유의 통합성이 존재하기 때문에 연구와 예술의 형태와 내용은 분리할 수 없다. 둘째, 연구 계획은 예술가가 하는 행위와 배려심·민감성·솔직함이 (새로운 연구 가능성을 추구하는) 정신적 습관이 되는 장소를 보고 힌트를 얻는다. 또한 연구과정은 '예술가로서의 연구자(researcher-as-artist)'가 연구된 개념적·이론적·창조적 요소를 재구상하면서, 예술 탐구의 반성적 특징을 인정한다. 그리고 이러한 역할과 책임은 "학술집단을 포함하면서도 공동체와 관객에게 도달하는 연구를 위한 명백한 의도"(p. 61)를 가지고 만들어진다. 어떤 예술가로서의 연구자가 설명했듯이, 예술의 정보 제공 연구 과정은 "오랫동안 끌고, 연결하고, 층을 쌓는(lingering, linking and layering)"(Burns, 2004, p. 214) 행위를 포함한다.

　　캐나다 출신의 다른 미술교육자들 역시 시각·문학·행위 예술을 통한 예술 실행에 기반을 둔 새로운 연구 방법들을 개발하고 있다.[33] 예를 들어, 브리티시 컬럼비아 대학교의 교수진과 학생들은 수년간 스튜디오 답사(풍부한 이론과 공동체를 배경으로 한)를 포함하여 혁신적인 미술 조사 방식 사례를 탐구해 왔다. 리타 어윈(Rita Irwin)과 스테파니 스프링게이(Stephanie Springgay)를 필두로 연구자들은 알토그래피(A/r/tography)라 명명한 접근법을 발전시켰다. 본질적으로 알토그래피는 미술가·연구자·교사의 다양한 역할과 주변 관계를 참고 자료(어떤 예술 실행이 탐구를 위한 장소로 탐구되는지)로 이용한다.[34]

　　연구 접근 방식으로서의 알토그래피는 예술을 기초로 한 연구에서 구분되어 사회과학 연구에 포함되는 몇 가지 특징이 있다. "생생한 탐구(living inquiry)"(Springgay, Irwin, Leggo, & Gouzouasis, 2008, p. 84)라고 표현되는 알토그래피는 연구가 공동체의 가치·요구·흥미·행위의 내면과 그 사이에 존재한다는 것을 의미한다. 그리고 이 화두가 연구되는 장소는 지역적인 울림과 전 지구적인 관련성을 지니고 있다. 알토그래피는 들뢰즈(Deleuz)의 리좀(rhizomes)과 주름(folds), 데리다(Derrida)의 사이 공간 그리고 니콜라스 부리오(Nicolas Bourriaud, 2002)의 관계 미학 같은 다양한 자료들로부터 개념적 비유를 끌어낸다. 이때 연구는 구성체들이 탐구의 틀을 구성하는 것처럼 비춰지는 '중간적(in between)' 상태의 장소에서 일어난다.

　　개념에 대한 추정과 의미를 혼합하는 경향을 지닌 카테고리들이 탐구의 대상이 되면서, 알토그래피는 이것을 이론·개념·형식·문맥 사이에 새로운 관계를 형성하는 연구 공간으로 이해한다. 대신 만들어진 것은, 알토그래피의 탐구와 새로이 형성된 개념 구조(연구 자체에서 발생한)와 관련 있는 예술가·연구자·교육자의 밀접한 역할 사이에 형성된 '긴밀한(contiguous)' 관계다(Springgay, 2008, p. 38). 알토그래피는 관람자에게 강력히 어필하는 예술 창조과정을 탐구의 핵심에 끼워 놓고 이론과 실제를 통합하고자 한다. 관람자는 개인과 공동체를 한데 묶는 이야기·언어·이미지·역사와 동질감을 느낌으로써 미술 창조과정에 참여한다. 이때 알토그래피에 의해 드러난, 풍부하고 동시에 복잡한 존재론적·인식론적 상황이 있다. 이 반항적 태도는 창조적이고 비평적 방향을 날카롭게 다듬는 역할을 한다. 이것은 공동체와 문화의 차이점을 만들어 내는 미술의 권력에 긍정적인 인식을 제공한다. 이에 대한 논의는 이 책의 제2부에서 다루고 있다.

▮| 결 론 |▮

우리가 알고 있는 세계는 끊임없이 변화한다. 당연하게 여겼던 확실성과 고정적인―대상의 의미를 찾아내는 과정을 단순한 과업으로 만들어 버리곤 했던 ―존재들은 사라진다. 이 장에서 논의한 변화의 양상은 문화 변화의 필수 매개체인 예술에 대해 새로운 열의를 불러일으킨다. 이 긴박한 상황을 포착하는 두 가지의 대조적인 이미지들이 있는데, 하나는 과학적 발견과 예술적 통찰을 통해 새로운 세계에서 온 것이요, 다른 하나는 낡은 것이 항상 새로운 것이 되는 고유의 세계에서 발견되는 것이다.

우리의 세계 '저 아래(down there)'에 대한 명쾌한 해법을 기대했던 이들이 우리를 혼란스럽게 했던 2000년 2월, 인간 게놈 지도가 최초로 만들어졌을 때, 필자는 자연이 인간이 쳐 놓은 느슨한 덫을 빠져나가는 방식을 다시 한 번 깨달았다. 우리가 복잡한 현실이라 알고 있는 것은 유전자와 단백질 상태에서도 역시 놀랍도록 엉망진창이었던 것이다. 유전의 세계는 확실히 잘못된 이론이 아니었고, 인간 게놈의 이미지는 끝없이 나열된 2차원의 바코드가 아닌 다차원적 지형도에 가까웠다. 그것은 들쭉날쭉하고 서로 덕지덕지 달라붙어 특정하면서도 복잡한 방식으로 기능하는 것처럼 보인다. 당시 *The New York Times*에 보도된 결과는 놀라운 것이었다. 과학 저술가는 그 모든 것을 어떻게 이해했을까. 일단 그들은 은유·비유·형상화라는 예술에 기초한 전략을 사용하여 분류했다. 어느 기사는 "유전적 고고학자들(genetic archaeologists)"이 "끈적거리고, 지저분하고, 탄력 있고, 역동적이고, 수다스럽고, 멋지고, 터무니없는 삶의 분자(sticky, stringy, springy, dynamic, garrulous, gorgeous, and preposterous molecule of life)"를 알아냈다고 표현했다. 유전자 지도는 미국의 도심과 교외의 인구 분배와 비교되었다. 도심의 주택 집단과 산지 지형만큼이나 다양했기 때문이다. 인간 게놈은 학교 급식실에 있는 울퉁불퉁한 오트밀에 비유되었다.

이것은 일반적인 과학 보고서가 아니었다. 이것은 어떤 새로운 것을 이해하고자 하는 다른 방식에 대한 추구이자 어떤 것을 설명하고자 하는 몸부림이며, 그 과정은 우리가 의미를 협상할 때 쓰는 자연스러운 방식이다. 우리는 이해하기 위해 무언가를 만들어 낸다. 우리는 무언가를 알게 되면 상상한다. 그러나 이렇게 풍부한 이미지를 지닌 경험의 기교는 더 큰 요구를 충족하는 것처럼 보인다. 조형적 이미지는 대부분 피상적이기 때문에 단순히 우리가 그 아래에 존재하는 어려운 과학에 대한 이해를 도울 뿐이다. 그러니 어떤 것을 완전히 이해하기 위해서는 분류 · 조직 · 비교하는 과정과 참고 정보가 필요하고, 그럼으로써 지식은 용인된 체계 안에서 무리 없이 안착할 수 있다. 결과적으로 어떤 것을 완전히 이해하는 것에 예술적 또는 조형적 통찰은 충분조건이지 필요조건은 아니라는 뜻이다.

필자가 언급하고자 하는 다른 이미지는 트릭스터(Trickster)다. 앎의 고유적인 개념을 제공하는 것으로 『질적 연구로서의 예술을 위한 핸드북(*Handbook of the Arts in Qualitive Research*)』(Knowles & Cole, 2008)에서 동일 주제로 아이스너의 에세이가 있으며, 토머스 킹(Thomas King)은 복잡한 현실에 대한 이해에 핵심적인 구전(oral traditions)에 대해 설명하였다. 그는 트릭스터의 전통적 인물상이 어떻게 현대의 토착적인 정체성을 다루는 것을 돕기 위해 다시 구상되었는지 설명한다. 이것은 "동일한 시각을 견지하며 앞과 뒤를 보는 것을 수반한다"(p. 22). 조안 아치발트(Jo-ann Archibald, 다른 이름은 Q'um Q'um Xiiem)에게 있어 겹겹으로 이루어진 토착 지식은 삶과 배움에 대한 원칙들로 가득한 '스토리워크(storywork)'라는 문화적 관습으로 엮이는데, 이 스토리워크는 "또한 토착 연구 방법론"(2008, p. 373)이다. 아치발트는 트릭스터 캐릭터가 어떻게 "감정 · 사고 · 행위로 인한 경험적 학습 방식을 통해 각각의 스토리워크 원칙을 평가"(p. 373)하게끔 도왔는지 서술하였다. 늙은 인간 코요테(Old Man Coyote)라는 트릭스터 이야기는 "편안하고 친근하며 쉬운 방식으로 사고하고 감각하며 행동하기를 원하는"(p. 374) 그녀의 만족스러운 상태에 훼방을 놓는다.

루이스 하이드(Lewis Hyde, 2008)의 주장에 따르면, 트릭스터는 토착 공동체와 신화적 문화 그리고 현대 생활에서 발견된다. 일례로, 헤르메스는 고전 시대에 가장 유명한 트릭스터였다. 코요테와 까마귀는 미국 원주민 역사에서 특별한 위치를 차지하고 있다. 다른 문화들 역시 고유의 트릭스터를 지닌다. 노예문학(slave narratives)에 중심적인 인물인 헨리 루이스 게이츠 주니어(Henry Louis Gates Jr., 1988)는 아프리카에서 유래한 '헐뜯는 원숭이(signifying monkey)'라는 인상적인 이야기를 한다. 게이트의 이야기에 따르면, 이 원숭이는 "아프리카와 카리브해 연안 그리고 남아메리카의 흑인 신화에 놀라울 정도로 빈번히 등장하는 트릭스터 유형…… 사실 이 트릭스터 토포스는 신세계로 향하는 험난한 여정에서 살아남았을 뿐 아니라 나이지리아, 베냉, 브라질, 쿠바, 아이티 그리고 미국에 이르기까지 현재까지도 나타나고 있다"(p. 4).

트릭스터에 대한 핵심적 묘사는, 상충하는 두 단어들이 불가사의하고 모순된 성격을 포착하는 데 변함없이 사용된다는 점이다. 트릭스터는 내부자이면서도 외부자이고, 의존적이면서도 독립적이고, 무의식적이면서도 순응적이고, 언제나 포식자이면서도 피식자이고, 언제나 거리에 있으면서도 집에 있다. 트릭스터는 사실과 허구, 진실과 거짓을 다루며, 기회를 잡을 수도 혹은 차단할 수도 있다. 트릭스터는 이 모든 것 그리고 그 이상의 것을 의미한다. 윌리엄 그랜트(William Grant)의 작품 〈날개 달린(Winged)〉은 유동적이고 난해한 트릭스터—안내하면서도 회유하기 위해 꿈과 현실의 경계를 오가는—의 특징을 포착한다.

트릭스터의 한 가지 중요한 역할은 공동체가 세워진 기반 그 자체를 폭로하고 방해하는 것이다. 파괴를 목적으로 하는 것이 아니라 그 기반을 더욱 견고하게 만들기 위함이다. 트릭스터는 공공의 관심사와 지식을 공유하기 위해 모이

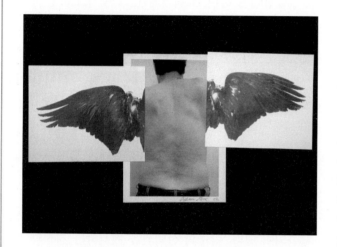

윌리엄 그랜트(William Grant), 〈날개 달린(Winged)〉(2002), 흑백 사진, 20×16 inches, 작가의 허가를 받아 게재함.

　이 작품은 인간의 능력과 무능력을 우화적으로 나타낸다. 여기서 두 날개는 인간의 형상에 부착된, 분리해 떼어 낼 수 있는 요소다. 의도적인 날개의 존재는 덧없는 것처럼 보일 수 있다. 각각의 날개는 분리되거나 떼어 낼 수 있고 버려지거나 잃어버릴 수 있다. 부착된 날개들은 이중성, 즉 상실된 것이 또한 찾을 수 있는 것이라는 중의적 메시지를 전달한다. 이 이미지는 안과 밖, 신성과 세속의 의미를 숙고한다. 그러니 이 날개 달린 이미지는 많은 믿음들—천사·영혼·악마·무당처럼 많은 문화적·종교적 경계를 넘나드는 존재들의 이미지—이 혼합된 결과물이다. 우리는 모두 신성함과 불경함을 경험하며 신의 은총에서 구원에 이르는 추락을 우리의 삶을 통해 끊임없이 마주한다. 날개 달린 이 우상은 개인의 막연한 욕망에 스스로를 내보인다. 날개는 타락 천사와 일방적인 정신성 혹은 고귀한 영혼의 상징에 대한 표식을 창조한다(W. Grant, 개인적 면담, 2004. 1. 18.).

　그랜트의 『문화의 다른 수호자들: 사회 구성체 내에서의 예술적 저항과 성장(Different Keepers of Culture: Artistic Resistance and Growth Within Social Constructs)』(2007)에서 이미지 발췌

는 공동체에서 적응하지 못했기 때문에, 공동체에서 제외되거나 감금되곤 했다. 공동체는 그들의 자율성과 생존을 보장하기 위해 사회적 구조인 계급(hierarchy)을 구축해 안전한 도피처가 될 수 있었다. 그러나 하이드(2008)가 지적하는 것처럼, 이 계급은 변화를 반대하게 되면서 "문화의 덫(trap of culture)"(p. 201)이 되었다. 트릭스터는 이 덫을 벗어나는 것뿐만 아니라 그것을 장점으로 바꾸는 것에도 능숙하다. 심지어는 그 덫을 문화적 장점으로도 바꾼다. 트릭스터는 기생하는 것이 아니다—숙주는 이런 방식으로 이것들을 생각해 보지

않았기 때문에 유용함을 실감하지 못하며, 트릭스터는 그 방식으로 단지 되돌려줄 뿐이다. 그러니 트릭스터는 매우 창의적이라 할 수 있다.

『트릭스터는 이 세상을 만든다(*Trickster Makes This World*)』(2008)라는 하이드의 저서는 '어떻게 분열적인 상상력이 문화를 만드는가?'라는 부제를 가지고 있다. 여기서 하이드는 "문화의 기원·생동감·지속성은 문화가 세워진 기반 그 자체를 폭로하고 방해하는 기능을 지닌 대상을 위한 자리가 있어야 한다고 요구한다."(p. 9)라고 주장한다. 이 역할은 연구집단 내에서 예술 연구자의 역할을 재정립하면서, 그들의 의무를 정확하게 포착한다.

과학적 탐구가 대단한 위치에 놓여 있다고 해도, 인간의 욕구와 이해의 모든 면을 만족시킬 역량은 제한되어 있다. 탐구의 선택권을 제시하는 지성과 상상력의 더 큰 공간은 이제 논의의 일부가 되었다. 그러나 지식의 가치를 인정하고 사용하는 방식에 대해 다양한 인식적 가능성을 제공하는 정보 자료는—전 세계적인 접근이 가능해졌음에도 불구하고—서양의 과학적 개념이 지닌 한계에 도전하는 제도적 장벽 안에서 크게 달라진 것이 없다. 일반적인 미술과 특정적인 시각예술이 일상의 현실을 온전히 이해하는 데 기여할 수 있다는 방식은, 학문적인 미사여구나 문화적 논평 혹은 대중 토론에서조차 거의 논의되지 않는다. 이러한 상황은 예술가, 비평가, 이론가 그리고 교사가 그들만의 대화를 이어 가도록 한다.

다양한 상황에 적용될 수 있는 인간 탐구와 인간 이해의 한 형식으로서 시각예술이 다재다능한 능력을 보임에도 불구하고, 그 다양한 능력을 다른 학문의 본보기로 바꾸면 성공할 확률이 낮아진다. 문화적·교육적으로 인정받기 위하여 사용되는 또 다른 전략은 시각예술의 본질적 성격에 대하여 만들어진 주장들이다. 이 접근 방식은, 시각예술이 다른 인간의 이해에 관한 형식과 다르기 때문에 그 독특한 속성과 자질에 따라 가치를 인정받는다고 주장한다. 그러니 이러한 분리주의적 형태는, 시각예술이 모든 분야를 위한 역량이 아니라 몇몇 재능 있는 분야에만 어필한다는 의견을 고수한다. 그러므로 더 넓은 문화 발달과 공동체의 발전에 대한 시각예술의 기여도는 제한적일 수밖에 없다.

다음 장에서는 시각예술이 인간의 통찰력에 대한 강력한 문화적 주체였음을 주장할 것이다. 시각예술 분야가 더욱 발전해 유지된다면, 시각예술의 이론과 실제를 통해 기반이 잡힌 어떠한 관점을 도입할 필요가 있다. 제도적 한계를 넘어서는 전문적인 신뢰성을 유지하면서도 그 한계 내에서 기능해야 하는 필요성은, 뚜렷하게 구분되고 옹호할 수 있는 접근법을 요구한다. 이를 위해 이 책에서는 세계를 이해하는 데서 탐구의 실행이 확장되어야 하며, 다양하지만 상호보완적인 방식으로 연구의 목표가 성취될 수 있다는 동의가 이루어져야 한다고 생각한다.

1 피어시그(Pirsig, 1999)는 이성이 지도 이념이 되는 역설적 상황과 이 상황이 어떻게 기존 지식에 대한 의존으로 이어지는지를 설명하였다. "모든 제도화된 기관과 마찬가지로, 이성의 교회는 개인의 장점이 아닌 단점에 근거한다. 이성의 교회 개념에서 요구되는 가치는 능력(ability)이 아닌 불능(inability)이며, 이로써 당신은 배울 수 있는 인간이라고 여겨질 것이다. 진정한 수완가는 항상 위협적인 존재다"(p. 402).

2 전위주의(avant-gardism)의 문제점에 대한 논의는 Arthur Danto(1986a), "Bad Aesthetic Times" in Frascina and Harris, pp. 297-312; Suzi Gablik(1984), "Individualism," pp. 20-35, "Bureaucratization," pp. 55-72; Terry Eagleton(1992), *Capitalism, Modernism and Postmodernism*, pp. 91-100을 보라.

3 브로스터먼(Brosterman, 1997)은 프뢰벨의 이론과 실제, 특히 모더니즘 시기의 유치원 운동(the kindergarten movement)의 발전과 영향에 대한 흥미로운 해석을 제시하였다.

4 필립스와 버불스(Phillips & Burbules, 2000)의 짤막하고 유용한 텍스트인 *Postpositivism and Educational Research*를 보라.

5 학문 분야와 지식 분야를 넘나드는 변화에 대한 고전 텍스트는 쿤(Kuhn, 1970)을, 방법과 실제의 변화에 대한 구체적인 예는 파이어아벤트(Feyerabend, 1993)를 보라.

6 질적 접근과 양적 접근 방식을 통합한 혼합 방법론을 촉진시킨 연구 전략은 Creswell(2009),

Tashakkori & Teddlie(1998, 2003)를 보라.

7 일반 교육 연구 텍스트는 Cohen, Manion, & Morrison(2000)과 Jaeger(1997)를 보라. 질적 연구의 개념화에 대한 입문서로는 Creswell(2007), Flick(2002), Marshall & Rossman(1999) 그리고 May(2002)를 보라.

8 창의력 연구는 Guilford(1950, 1956)를, 교육 실험과 적용은 Gowan, Demos, & Torrance(1967) 그리고 Torrance & Myers(1970)를 보라.

9 Feldman, Csikszentmihalyi, & Gardner(1994)를 보라.

10 교육 자료에서 본질주의적 수사(essentialist rhetoric)의 유사성에 대한 텍스트로 *National at Risk*(National Commission of Excellence in Education, 1983)를 보라. 당시 미국 사회의 강력한 보수 세력인 경제적 이성주의와 문화 소양(Bloom, 1987; Hirsch, 1987)은 경제적 번영·국가 수준의 향상·국제적 성과에 힘입은 교육 발전에 기인하여 2001년 「아동낙오방지법(No Children Left Behind: NCLB)」에 대한 논의를 주도하였다.

11 일반 아동 예술 발달과 특수 매체를 통한 상징적 기능을 다룬 하워드 가드너(Howard Gardner)의 초기 연구(1973, 1980, 1990)를 보라.

12 사진작가인 제프 히틀리(Jeff Heatley)는 새로운 시각을 제시한다. "실제로, 전체 바닥을 보는 것은 사진을 볼 때만 가능하다. 그 장소에 가서 문가에 서 있거나 바닥을 가로질러 걷는 것으로는 전체를 볼 수 없다. 이것은 사진을 촬영한 내게도 같은 상황이었다. 나는 사다리와 서까래 때문에 사진과 영상이 볼 수 있는 것을 볼 수 없었던 것이다. 그러니 마지막으로 현상된 사진 슬라이드를 보는 것은 실재의 폭로(revelation)였다."(개인 서간문, 2004. 3. 18.)

13 지식 구축과정의 창조성에 관한 파울 파이어아벤트(Paul Feyerabend, 1991)의 논의, 교묘하고 논리적인 창의적 사고과정에 대한 데이비드 퍼킨스(David Perkins, 2000)의 논문, 창의적 돌파구의 결정적인 순간에 대한 로버트 와이즈버그(Robert Weisberg)의 비평을 보라.

14 당시 신문 기사에서는 학교와 대학 과정에서 이루어진 미술교육이 현대 미술 실천을 교육과정과 교수법 그리고 학습에 직접적인 지침으로 사용할 수 있다고 주장했다. 기본 전제는 포스트모더니즘이 비평적 맥락과 참조의 틀로서 예술가의 실행을 제공했다는 것으로, 예술기반 미술교육이 논의될 수 있을 것이다. Sullivan(1993, 1996, 1998)을 보라.

15 시각 문화를 다룬 유용한 표본 문헌은 Dikovitskaya(2005), Gierstberg & Oosterbaan(2002), Mirzoeff(1999) 그리고 Walker & Chaplin(1997)을 보라.

16 다문화주의에 대한 교육계의 반응은 Banks(1996)를 보라. 그는 개인적·문화적 지식에서 학술 지식에 이르는 결과물을 설명할 수 있는 지식 체계 유형화를 발견했다.

17 스트로나크와 맥루어(1997, pp. 28-30)는 6개의 주제—배제(exclude)와 포함(include), 외관 (surface)과 심층(depth), 실재(real)와 부재(unreal), 유용(utility)과 과다(excess), 자연(nature)과 문화(culture), 역사(history)와 신화(myth)—로 분류하였다. 이 분류는 조건의 고정적 상태보다는 관계의 상태를 예증하고 현실화하는 방식으로 모더니즘과 포스트모더니즘의 이론과 실제 사이의 연결고리를 탐색할 수 있게 돕는다.

18 비평이론을 요약한 유용한 텍스트로는 Geuss(1981), Kellner(1989) 그리고 Morrow(1994)를 보라.

19 청년 문화(youth culture)와 디지털 매체와의 관계에 대한 잰 자고진스키(jan jagodzinski, 2004)의 논문은 비평에 근거한 연구 프로젝트에 포스트모던적인 해석을 추구한 좋은 예라 할 수 있다. 그는 라캉의 심리분석학적 접근 방식과 슬라보예 지젝(Slavoj Zizek)의 전략적 통찰을 이용하여 청소년기 환상(youth fantasies)이 가진 다양한 감정 상태를 설명하고자 한다.

20 행동 연구에 대한 포스트모던적 시각은 Brown & Jones(2001)를 보라. Apple(1990, 1993, 1996, 1999), Giroux(1981, 1983, 1997) 그리고 Giroux & McLaren(1989)의 풍부한 자료 역시 비평적 페다고지 연구에 도움이 된다.

21 포스트모더니즘의 뒤를 이어 교육 연구가들이 마주한 문제점에 대한 유용한 비평으로는 Hesse-Biber & Leavy(2006), Scheurich(1997) 그리고 Stronach & MacLure(1997)를 보라.

22 과거 연구에 대한 재검토를 통해 탐구의 새로운 장을 연 비평적 시각은 맥신 그린(Maxine Greene)의 저서 중 존 발다치노(John Baldacchino, 2009a)의 비평을 참조하라.

23 일반 질적 연구와 특수 미술 연구에서 이미지 사용에 대한 산드라 웨버(Sandra Weber, 2008)의 논의를 보라.

24 마커스 뱅크스(Marcus Banks, 2001, 2008)와 더불어 마이클 이미슨과 필립 스미스(Michael Emmison & Phillip Smith, 2000)의 글은 사회과학 연구에서 시각 방법의 사용에 대한 기본 설명을 제공한다. 반면에 사라 핑크(Sarah Pink, 2001, 2006)와 길리언 로즈(Gillian Rose, 2007)는 인류학과 사회학에서 시각적 전략의 전통적 사용법을 넘어서는 시각적 형태들의 역할에 대해 좀 더 핵심적인 논의를 제공한다. 이 외에도 Jon Prosser(1998) 그리고 Theo van Leeuwen & Carey Jewitt(2001)의 선집을 보라.

25 패러다임 논의에 대한 개요는 Creswell(2003, Chapter 1), Tashakkori & Teddlie(1998, Chapters 1, 2), 그리고 Reichardt & Rallis(1994)를 보라. 질적 연구 방법론의 논의에 대한 반응은 Eisner &

Peshkin(1990)을 보라.

26 Gross & Levitt(1994) 그리고 Smith & Heshusius(1986)를 보라.

27 컬럼비아 대학교 티처스 컬리지(Teachers College)의 예술·문화 연구 센터(Research Center for Arts and Culture)는 전(全) 미국을 대상으로 재즈 예술가 연구(Study of Jazz Musicians)를 수행하기 위해 4개 도시의 재즈 연주자들의 대표 표본을 구성하는 응답자 중심의 샘플링 기법을 도입했다. 자세한 사항은 『비트 바꾸기: 재즈 연주자의 직장 생활 연구(*Changing the Beat: A Study of the Worklife of Jazz Musicians*)』(Jeffri, 2002)와 http://www.tc.columbia.edu/academic/arad(2009. 6. 22. 검색)를 보라.

28 연구 결과의 일반화에 대한 명쾌한 논의는 아이스너의 *The Enlightened Eye*(1991, Chapter 9, pp. 197-212)를 보라.

29 혼합 방법론에 대한 종합 비평은 Tashakkori & Teddlie(1998, 2003), 연구의 포괄적 상황에 대한 설명은 Creswell(2009)을 보라.

30 Elliot Eisner & Michael Day(2004), Liora Bresler(2007), J. Gary Knowles & Ardra Cole(2008)이 편집한 연구 안내 서적을 보라. 이 서적들에는 저자가 스튜디오 리서치에 대해 연구한 장이 있다(Sullivan, 2004, 2007, 2008). Melissa Cahnmann-Taylor & Richard Siegesmund(2008), C. T. Patrick Diamond & Carol A. Mullen(2006), Richard Hickman(2008), Stephanie Springgay, Rita Irwin, Carl Leggo, & Peter Gouzouasis(2008), Patricia Leavy(2009)를 보라. 또한 1995년 창립된 이후 예술기반 연구 논문을 정기적으로 출판해 온 학술지 『질적 연구(*Qualitative Inquiry*)』와, 그중에서도 특히 예술을 기초로 한 연구 주제를 다룬 뮬런(Carol A. Mullen)과 핀리(Susan Finley)가 편집한 2003년 9호를 보라.

31 언어 사용의 중요성을 강조하는 예술기반 연구에서, 데이터 수집과 분석을 중개하는 형식에 초점을 두는 Neilsen, Cole & Knowles(2001), 혼합적·예술적 연구 실행에 초점을 두는 Cahnmann(2003), 그리고 체현화된 문화적 실행에 초점을 두는 Finley(2008)를 보라.

32 아드라 콜(Ardra L. Cole)과 개리 놀즈(J. Gary Knowles)는 2000년 미술 정보 제공 연구 센터(The Center for Arts-Informed Research)를 설립하였다. 현재 이 센터는 토론토 대학교의 성인 교육·지역 발전·상담 심리학과(the Department of Adult Educatoin, Community Development and Counselling Psychology)에 속해 있으며, 방대한 자료와 출판물을 간행하고 있다. *Lives in Context*(Cole & Knowles, 2001), *The Art of Writing Inquiry*(Neilsen, Cole, & Knowles, 2001), *Provoked by Art*(Cole, Neilsen, Knowles, & Luciani, 2004), *The Art of Visual Inquiry*(Knowles, Luciani, Cole, & Neilsen, 2007) 그리고 http://www.utoronto.ca/CAIR/ airchome3.html(2009. 3. 1. 검색)을 보라.

33 '이미지와 아이덴티티 연구 공동체(Image and Identity Research Collective)'는 인문학과 사회과
학 분야에서의 미술 연구를 탐구하는 캐나다 연구 센터로서, 몬트리올 시의 컨커디아 대학교 교
육학과 소속인 산드라 웨버(Sandra Weber)와 맥길 대학교의 클로디아 미첼(Claudia Mitchell)이
공동 창립하였다. 이 연구 기관의 연구는 광범위한 문화 · 교육 문제를 연구하고자 이미지기반 접
근과 학제 간 연구를 이용한다. http://iirc.mcgill.ca(2009. 3. 2. 검색)를 보라.

34 브리티시 컬럼비아 대학교의 서버에 속해 있는 알토그래피 웹사이트는 알토그래피에 대한 훌륭
한 소개와 샘플 논문 · 자료 · 관련 링크를 제공한다. 텍스트 자료는 Irwin & de Cosson(2004),
Springgay, Irwin, Leggo, & Gouzouasis(2008) 그리고 http://m1.cust.educ.ubc.ca/Artography
(2009. 3. 2. 검색)를 보라.

Chapter 03

실행과 그것을 넘어서

광범위한 학문 영역에서 연구와 실행에 따른 이론의 중요한 역할 작용은 질문의 여지가 없다. 탐구가 목적하는 것과 같이 정밀한 추상 개념에서 설득력 있는 이론적 설명의 획득은 높은 기준을 설정한다. 좀 더 설득력 있는 설명은 덜 확실한 견해를 대체하므로 이론은 잠정적임을 감안한다. 일상생활에서 큰 이론이 우리의 삶과 우리가 사는 세계의 커다란 쟁점을 다룬다면, 작은 이론은 일상생활에서 일어나는 소소한 사건들을 설명하는 데 작용한다. 웅대한 이론적 제안에 평범한 실제적인 이유를 더하여 우리는 어떻게 정책, 프로그램 및 실행을 계획하고 적용하는가를 설명하는 것으로 이론을 구성한다. 그리고 연구와 학문의 분야에서 이론은 가장 널리 확산되어 있다.

새로운 통찰에 대한 약속과 강제된 이론의 가능성이 사람이 연구를 하는 이유라면, 이러한 것들은 우리 삶을 만들어 가는 구조로서 행위를 개선시킬 수 있음을 예상할 수가 있다. 인간과학 같은 전통 연구에서 연구 방법은 대부분 학설을 만들고, 연구는 현존하는 지식들을 만들어 내며, 연구 결과는 간격을 메우는 데 도움을 준다. 그럼에도 간혹 결과들이 놀랍게도 새로운 이론들을 만들어 냄으로써 새로운 방향을 제시하기도 한다. 간혹 이런 결과는 논리적인 추론처럼 뜻밖의 발견에 의한 결과이며, 시각예술과 같은 연구 분야에서 직관과 이성의 통합은 가능성을 열 수 있다.

알고자 하는 유사한 충동은 사람에게 미술을 하지 않을 수 없도록 하게 만든다. 오랜 전통과 함께 그 외의 학문들에 의해 시각예술이 무엇인지, 왜 미술품들이 만들어졌으며, 어떻게 그러한 것들이 보였고, 문화적 영향은 무엇이며, 미술이 어떻게 왜 가르쳐졌는지 등에 관한 설명은 탐구되면서 이론화되었다. 미학자는 이러한 것들은 가장 철학적인 쟁점으로 미술이론을 문화적 실천과 개개인의 삶을 살아가는 것과 연결시킨다. 삶 또는 시각예술에서 이야기하는 유행적인 설명과 논쟁을 위한 진행과정은 유사하지만, 그것은 이론을 형성하는 가치와 신념에서 일반적으로 차이가 있다. 시각예술을 해석하기 위한 이론은, 예컨대 예술에 대한 서로 다른 견해를 반영하며, 예술이 어떻게 이해되어야 하는지에 대한 상이한 서술을 산출한다. 철학적 이론들은 개념, 내용, 시각예술의 형태와 내용에 관한 관계적인 것을 포함한다. 표준이론은 다양한 문화적 관계와 상황 안에서 역할과 가치를 고려해야 한다. 이 장에서는 특히 시각예술 실행의 이론과 예술가 스스로 어떻게 대학 내에서 연구실행가로서 도전하며 이론가의 역할을 하는지에 대한 것들을 다룬다.

▮▮ 실행의 이론화 ▮▮

대학에서 가장 보편적인 이론 개발의 유형은 증거와 논쟁의 신뢰성을 평가하기 위한 형식적 추론 전략의 사용이다. 이것을 데니스 미타그(Dennis Mithaug, 2000)는 "이론화 구축하기"로 부르는데, 그 이유는 이것이 문제들이 무엇이, 왜, 어떻게 일어나는지 그리고 어떻게 불일치가 해결되는지에 대한 설명을 구축하는 데 도움을 주기 때문이다. 이것은 일반적인 진행으로 이론화를 문제해결의 형태로 묘사하며, 과학적 방법과 도덕적 추론 등에 활용된다. 이에 미타그는 "과학자는 상황을 설명하기 위해 그 이유를 연구하며, 철학자는 도덕적 의의를 판단하기 위해 이유를 탐구하며, 그리고 정책입안자는 그런 상황들을 조정하며 규정한다."(p. 119)라고 했다.

　　이런 문제해결 전략을 활용한 이론을 구축하는 것은 문제를 인식하는 것과 어떻게 그것을 설명하는가의 간격을 약정하는 것에 기초한다. 좀 더 확실한 설명을 발견하기 위해, 연구자는 제2장에서 인용한 로버트 피어시그(Robert Pirsig, 1974)의 과학적 방법을 위한 모터사이클 분석을 서술한 것을 따라가도록 한다. 유사한 방법으로 시각예술 영역에서 널리 알려진 것이 디자인 프로세스이며—여기서 필자는 모더니즘의 문제해결, 제품 기반, 마켓 디자인 프로세스 등을 관련지을 것이다—하이브리드, 하이테크, 현대 디자인 연구의 질적 연구 실행이 아니다.[1]

　　문제해결은 어떤 것들이 다른 것들에 비해 좀 더 적절하더라도 정확한 해결들을 위한 다원적인 심미안을 장려한다. 탐구의 순환과정은 연구 문제의 동일시를 수반하며, 여기에 그것의 해결을 위한 기준, 이미 행해졌던 것에 관련된 연구의 재검토, 활동 계획, 물건이나 원형의 제품 그리고 해결 방안에서 문제가 원래 요구하는 것과 상반되는 검사를 하는 평가 단계를 포함한다. 만약 결과가 불만족스러우면 순환과정은 다시 시작한다.

도구적 이론화: 실행에서 문제해결

　　문제해결 전략을 활용한 의미 있는 이론화의 영향은 많은 분야에서 설득력 있게 나타난다. 대학에서의 유사한 접근은 문제기반 학습으로 알려져 있다. 이 것은 자발적 탐구 안에서 다양한 원천으로부터 실재하는 지식을 수용하며, 현실세계 문제에 대해 어떻게 정보에 접근하고 적용하는가 하는 학습의 원리에 기초한다.[2] 좀 더 구체적으로, 일반적인 문제해결처럼 문제기반 학습은 문제를 만나게 되면, 주어진 업무는 관련 자료를 상기하면서 그것에 접근하는 가장 좋은 방법을 결정하는 것으로서 학습에서 자원이 풍부한 접근을 요구한다. 오늘날 정보 테크놀로지에 대한 접근에서 내용 지식은 손에 쥐어져 있음을 의미한다. 이런 탐구의 혁신적인 형태는 이런 지식의 체계에 접근하는 것을 요구할 뿐 아니라 성공적인 해결 방안을 달성하기 위한 다른 분야의 정보를 활용하게 한다.

이론화를 위한 문제해결 접근은 학습이 어떻게 순환과정인가를 강조하며, 그리고 이것은 교수-학습에서 참여 활동 연구와 비판적 접근의 특징이 된다.[3] 문제해결을 이론화의 형태처럼 생각하는 것은 학습자는 실행가이자 연구자이며, 그러므로 문제를 규명하고 비판적 반성과 탐구의 순환과정에서의 결과를 평가하는 수용 능력이 있음을 주장하는 것이다. 이런 과정에 의한 새로운 방향들의 적용 탐색은 전개되며 실재하는 문제들에서 새로운 해결 방안을 발견하는 제한된 가능성의 이런 구조에서처럼, 장소는 연결망에 대한 이론적인 쟁점들을 또한 불러일으킨다.

탐구 방법처럼, 문제해결은 특히 영국, 유럽 및 호주의 예술과 디자인 프로그램에서 박사학위 연구에 활기를 불어넣어 주고 있으며 그리고 이런 접근 방법의 세부 내용을 이 장의 후반부에서 고찰한다. 대학에서 미술과 디자인의 문제해결에 초점을 맞춘 연구를 위한 이론적인 지지는 도날드 숀(Donald Schön)의 영향력 있는 저서 『반성적 실행가: 어떻게 전문가들은 활동하면서 생각하는가(The Reflective Practitioner: How Professionals Think in Action)』(1983) 그리고 『반성적 실행가 교육하기: 직업 안에서 새로운 교수-학습을 위한 새로운 디자인 모색(Educating the Reflective Practitioner: Toward a New Design for Teaching and Learning in the Professions)』(1987) 등에서 찾아볼 수 있다. 숀의 아이디어는 전문적인 실행가들이 무엇을 하는가를 관찰한 것을 토대로 조직이론과 학습이론을 어떻게 재개념화하는가에 관한 것으로, 이러한 것들은 '활동에서 알아 가기' '활동에서 반영하기' '예술 실행에 반영하기' 등 그의 구성주의적인 이론을 형성시켰으며, 디자인의 실행에서 탐구과정의 확고한 중심이 된다.[4] 숀이 의미하는 것은 효율적 실행가가 손에 있는 문제를 은연중 암묵적으로 이해하는 수용 능력을 가지며, 이런 직관적 수용 능력은 지식의 실재하는 체계와 상호작용하면서 새로운 비판적인 통찰을 형성한다는 것이다. 그러므로 활동에서 반영하기 접근에서, 숀은 문제해결 전략의 옹호자이며, 그것은 또한 수용된 실행을 후퇴시키는 저항과정이 된다.

대학의 박사과정에서는 중추적인 연구 실행으로 널리 확산되어 있는 문제해결의 활용에 관해 약간 유동적이다. 예를 들면, 문제해결에 관한 초기의 논의에서 스티븐 스크리브너(Stephen Scrivener, 2000)는 연구 학생에게 "문제를 해결하도록 논증하기, 문제를 해결하는 것에서 새로운 또는 향상된 인공물의 결과 보여 주기, 문제 해결된 것을 볼 수 있는 문제 하나 보여 주기"(p. 4) 등과 같은 여러 개의 기준을 제시한다. 시각예술 학생과 디자인 학생은 신속하게 과제를 하면서 "문제해결 연구 구조가 적합하게 보이지 않는다."(2006, p. 168)는 반응을 보였다. 그는 시각예술, 디자인 그리고 테크놀로지의 연구 프로젝트 간에 융통성 있는 유사성과 차이성을 위한 '표준'을 설정하고 산출물을 예측하는 확인을 진행하였다.

또 다른 사람은 디자인과 시각예술 연구에서 방법적인 강조가 문제해결의 제한점이라고 주목한다. 크리스 바커(Chris Barker, 2006)는 "문제와 문제들"(p. 3)은 그들이 주요 쟁점들에 반응하더라도 비판적 자세는 시스템과 기관의 구조 그리고 전문적인 실행 안에서 변함없이 파악된다고 설명한다. 닐 브라운(Neil Brown, 2006)은 바커와 마찬가지로, 숀의 이론에서 폭넓게 목표를 설정하고 동일한 온라인 명시선집을 집필하였다. 그는 실용주의적 문제해결은 제도적인 것을 넘어서는 잠재력을 제안할 거라는 편협성을 주장한다. 브라운 또한 숀의 활동에서 반영하기 방법은, 부분적으로 "해결하기에는 관습적으로 회의적"(p. 2)임을 시사한다.

열린 의미의 이론화를 위한 관련 없는 방법들의 활용에서 문제해결, 실제적인 추론 또는 탐구기반 학습, 이론과 실제 간의 관계분석은 일반적으로 일정하다. 논리적 추론에 기초한 원리, 아이디어 그리고 개념이 어떻게 일치하는가의 평가는 이론을 실행으로, 그 반대로 의미를 해석하는 기초가 된다. 의미 있는 이론화에서 전술상의 유익함은, 어떻든 이론과 실제의 구성 요소들이 정책, 진행과정 및 프로그램 형태로 요소가 분류될 수 있음에 기초하여 결과가 된다.

이런 접근은 어떤 수행을 하더라도 기간과 조건을 규정하기 때문에 특히 정책 입안가, 인가받은 기관, 국가 평가 실행 등에 인기가 있다. 이런 문제식 접근은 이론과 실제에서 변화에 반응하지만, 새롭고 규모가 큰 이론 개발이 자리 잡기에는 수용 능력이 제한적이다.

시각예술 실행에서 융통성과 확고함이 어떻게 그럴듯하면서도 신뢰할 수 있는 지식을 창안하는 힘을 가졌다고 주장하는 이론화 전략이 될 수 있는가? 비록 이런 전략이 선형적이고 환원적이지만, 이것은 시각예술 실행이 교육 환경에서 어떻게 교수-학습 정보를 이론화하는가에 활용된다. 그러나 수단으로서의 접근은 실기실이나 교실에서의 목적이 인간을 이해하는 데 기여하는 설명적인 탐구의 형태로 활용되는 것을 제한한다. 예술, 개인, 지역 및 문화에 대한 새로

마이클 루닉. 〈이것이 미술관인가요?(Is This the Art Gallery?)〉(2000). 종이에 펜과 잉크. 6×8inches. 작가의 허가를 받아 게재함.

운 지식을 생산해 내는 수용 능력을 가지는 시각예술 실행에서 이론의 개발은 기관에서 또는 미술계에서 어떻게 미술이 형성되고, 어떻게 이것이 탐구의 전통적인 형태와 비교되는지를 면밀하게 검토해 보아야 한다.

시각예술 실행의 형식은 미술가, 평론가 및 미술교육가의 작업에서 그리고 우리가 만들고 전시하는 미술품에서 볼 수 있으며, 철학가이면서 카툰 작가인 마이클 루닉(Michael Leunig)은 이런 장소와 상황에서만 예술이 나타나는 것이 아니라 어디서든 새로운 경험과 통찰을 발견할 수 있음을 우리에게 환기시킨다.

연구 실행의 이론화

탐구의 전통적 방법에서 벗어난 시각예술에서 연구 실행의 위치는 제한적 역사와 함께 논의된다. 1970년대 초반 펜실베이니아 주립대학교에서 학생들을 가르치고 있을 때 케네스 바이텔(Kenneth Beittel)은 실기 경험과 연구 실행을 연결하였다. 그의 간략한 선언서인『미술교육을 위한 연구 대안들: 미술제작으로의 탐구(*Alternatives for Art Education Research: Inquiry Into the Making of Art*)』(1973)에서 과학적 연구의 경험적 전통이 "방법을 우상화하고, 의미를 결과로부터, 동기를 목표에서, 경험을 앎으로부터 분리시키는"(p. 1) 그런 '방법'을 비난하였다. 바이텔에게서 이것은 설명되거나 예상되는 것이 아닌 '이해'로 연구의 가장 중요한 산출물이 된다(p. 5). 브렌트 윌슨(Brent Wilson, 2001)은 바이텔의 실증적 연구 거부는 그 당시 바이텔이 박사과정 대학원생에게 새로운 질적 접근을 시도하도록 권장함으로써 박사과정 학생들에게 관심을 갖게 하였다. 그 결과, 많은 학생은 자신의 실기 작업과 가르치는 수업의 현상적 연구를 진행하였다.

바이텔이 주창한 질적 연구 방법의 확산은 엘리엇 아이스너(Elliot Eisner)와 다른 연구자들에 의해 의욕적으로 받아들여졌으며, 제2장에서 논의한 연구에서의 예술기반 접근 방법과 예술-주입 접근 방법들이 제기되었다. 그러나 이것은 대학에서 탐구의 공동체 내에서 예술 실행을 어떻게 개정하는가를 고려하는 추진력으로 작용하는 교육적 연구 방법의 범위에서는 그렇게 확산되지 않았다. 이 장의 뒷부분에서 다시 설명하겠지만 정부 합리화의 합류, 공공기관의 강제성 그리고 창의적 기회는 대학에서 미술과 예술가에 대한 중요한 현안 문제를 불러일으킨다. 이러한 관심사는 많은 직업과 학문 분야에서 공감대가 형성되면서 그 안에서 이론, 실행 그리고 연구에 관한 새로운 논의가 진행되었다.

예를 들면, 연구 방법에 관한 논의는 1990년대 실행기반 연구 개발의 기조가 되었으며, 이것은 다양한 분야에서 각기 다르게 회답하였다. 그 결과, 실행기반 연구는 많은 학과에서 발견된다. 1980년대 영국 지역사회 건강산업의 가장 매력적인 방식들에서 사용법의 실마리를 발견하였다. 그 당시 건강관리 직업인은 의학이나 건강 분야에서 새로운 지식을 구축하는 개업자처럼 그들의 정체를 확실히 하기 위해 고군분투하였다. 임의 추출된 통제된 경험은 유일하면서 실행 가능한 연구 방법으로 장려되었다. 그 후 좋은 결과는 의학에서뿐만 아니라 농업에서도 확인되며, 새로운 치료, 치료법, 치료약이 의약과 농업생물공학 산업을 성장·발전시키는 데 밑거름이 되었다. 증거기반 연구는 단지 확실한 정보를 산출할 때만 유효하다고 선언되었으며, 그것은 병을 치료하거나 건강을 증진시키고자 할 때도 적용되었다.[5]

그러나 건강관리원은 그들이 종사하고 있는 분야의 대부분의 지식들이 서로 다른 연구로부터 발생하였음을 알고 있다. 새로운 지식은 일반적으로 치료와 함께 돌봄 쪽으로 기울어지면서 환경에서부터 모색되었고, 그 증거는 이론이 그랬던 것처럼 실행과 연습(임상실험)을 통해 수집되었기 때문에, 실행기반 증거란 용어는[6] 증거기반 연구의 진언처럼 전도되어 인용되었으며, 분석의 단위는 문제만큼의 환자가 되면서 질적 경험에 관심을 갖게 하였다. 실행기반 연구자는 개개인의 실생활에서 다양한 실재와 경험과 조우하며 근거가 되는 새로운 지식을 창출하고 구축하는 데 책임을 져야 했다. 도전은 예방과 치료에 관한 사례기반 자료와 진단을 토대로 결정된 것과 함께 치료의 특성을 이해하는 실행의 중심으로부터 균형 있는 증거들을 도출하는 것이다. 디지털 은행정보에 접근하는 것처럼, 이것은 증거 자체보다는 그것이 관련된 쟁점들과 개인적인 요구의 실제 속에서 어떻게 그것을 통합하는가에 관계한다.

　유사한 논의는 교육 연구의 최근 역사에서 널리 확산되었으며, 교육적 난제를 치료하기 위해 추구된 증거기반 연구 제도는 힘차게 수행되었다. 후기 실증 철학의 부활은 수업 교사의 역할과 책임, 준거의 템플릿과 측정할 수 있는 산출은 과감하게 추출하면서 학습 환경에 대해서는 정보에 근거해 결정하도록 그들의 수용 능력을 왜곡하였다. 교육적 연구의 유일한 철학인 것처럼 과학적 합리주의를 장려하기 위한 잘못 지도된 경향은 학습하고 가르치는 것이 정확하게 정의된 측정 가능한 결과로 사용되면서 통제된 실행들이 감소되었다는 것이다.[7] 그런 표준적 접근은 인간을 알고 이해하는 것처럼 복합적이며 중시되지 않음을 의미했음을 많이 보게 된다.

　'처해 있는' 학교 개혁의 경험을 바탕으로, 교육이론가인 자넷 밀러(Janet Miller, 2005)는 모든 학년의 교수법, 교육과정 그리고 조직에 따른 학교 변화는 국부적으로 결정되며, 어떤 종류의 균일한 한결같은 템플릿 속으로 밀어붙이는 저항이라고 설명한다.

　　　교사, 학생 그리고 연구자가 다양한 상황에 반응하는 것처럼, 그들도 간혹 확실한 개혁운동을 쫓아 행동하며, 그렇게 해서 목적, 방법 그리고 프로그램을 재정비한다. 처해 있는 학교 개혁의 개념은 학교 경과 또는 목표를 재구성하는 어떤 필수적인 또는 일반화된 규범을 분열시킨다. 이것은 이런 경과와 목표들이 지속적으로 어떻게 특유의 학교 문화 내에서 그리고 특정한 개인이 고쳐 쓰는가에 관심을 갖게 한다(p. 165).

　밀러의 후기 구조주의자 견해는 시각예술에서 다양하게 특성들과 결합되고 실행되고 있음이 확인된다. 실례는 미술가의 작품과 미술품을 연구하는 비평가의 평론에서 그리고 시각 문화의 비평에서 발견된다. 이런 분야는 상이한 진행과 실행이 예술을 제작하고, 예술을 연구하고, 예술을 가르치는 데 관여되는 것을 반영하며 그리고 우리는 상이한 연구 방법들을 활용하는 것을 발견한다. 필자는 예술가를 시작으로, 실행의 각 분야를 간략하게 다루고자 한다.

예술 실행의 이론화

예술가는 새로운 통찰과 의식을 창조하는 주요 인물로서, 우리가 보고 생각하는 방식을 변화시키는 잠재성을 지닌다. 실기 경험은 지적인 것과 상상적인 탐구의 형태이며, 스튜디오는 지식을 생산하고 개별적으로 놓여 있으면서 사회적·문화적으로 관련 있음을 이해하는 그리고 연구가 진행될 수 있는 충분히 견고한 장소다. 연구의 관심 분야는, 예컨대 예술품을 제작하는 과정에서 어떻게 통찰이 개발되는가를 조사하는 것이 포함된다. 더군다나 만약 연구의 아호(弧) 안에서 고려한다면, 빅터 버진(Victor Burgin, 2009)이 부연한 것처럼, 이것은 단지 통찰이나 아이디어가 드러난 것으로 또는 이것을 어떤 형태로 그저 나타내고자 하는 것으로는 충분하지가 않다. 이것은 우리가 알고 이해하는 것을 더해서 다양한 의미로 논의되도록 활용되어야 한다.

그런 까닭에 시각예술에서 연구 실행은 예술적인 앎의 진행과 산출물에 관한 질문을 던지게 된다. 이것을 하기 위해서는, 예술가는 연구자이며 동시에 연구의 대상이 되어야 한다. 자기관찰 방법과 민족지학적 전략을 이용할 수 있는 많은 것들은 만약 욕구가 조사되고 자신과 다른 사람을 폭넓은 관람자로 해서 탐구의 결과가 계속해서 소통된다면 스튜디오에 적합하게 된다.[8] 대안적으로 예술가는 사례 연구의 주제가 될 수 있으며, 그리고 여기에서 방법의 범위는 해석적 전기[9]부터 관심 있는 특정 연구에까지 이르며, 그런 방법은 휘트니 채드윅과 이자벨 드 코르티브론(Whitney Chadwick & Isabelle de Courtivron, 1993) 등이 시도한 것으로, 둘 다 예술가인 커플들 간의 상호 영향에 관해 질문을 던진다.

평론가는 그들이 보는 시각예술에 반응하며 예술 경험에 의해 참여와 이해의 새로운 수준을 갖게 되면서 통찰을 제공한다.[10] 새로운 지식과 이해의 제작자로, 비평가로, 역사가로 그리고 철학가로서 왜 그리고 어떻게 예술이 만들어지고 해석되었고 사회에서 이것이 어떻게 기능하는지에 대한 통찰을 부여한다. 주요 연구의 관심은 예술에 대해 해석을 함으로써 형태, 방법 및 의미를 연구하는 것이다. 이것을 하기 위해서 평론가는 많은 이론적이고 방법적인 것들을 활용하며 그리고 간혹 시각예술을 연구하기 위해 특이한 접근 방법들이 가능하다. 이러한 비평은 탐구의 목적이 되면서 또한 개별적·관념적·제도적 영향들을 받는다. 다른 연구 과제처럼, 평론가의 목표는 질문을 던지고 주장한 것들을 지지하고 정당화하는 증거를 기반으로 해서 작품을 만들어 내는 것이다.

인간 표현의 형태처럼, 예술품은 지식이 창조되고 의미가 만들어지는 하나의 장소로서 고려될 수 있다. 여기에서 예술품에 관한 연구는 어떻게 대상이 아이디어, 주제 그리고 쟁점에 대해 의미를 지니는가를 새로운 통찰로 소통한다. 연구의 대상으로서, 하나의 예술품은 개별적으로 그리고 문화적으로 형태를 구성하며 따라서 지식의 원천으로 조사될 수 있다.[11] 역사적 연구는 이미지가 의미를 전달할 수 있다는 것으로 서술, 설명, 표현을 통해서 또는 상징적 형태를 통해서 방법들을 제공한다. 포스트모던에서는 미술품과 미술가, 관람자 간의 관계를 열어 주는 토론을 하며, 미술품과의 조우 결과로서 잠재적인 의미가 만들어진다. 이것은 연구자에게 연구의 관점이 미술품 자체인가 또는 시각예술을 형성하는 다른 주변 상황을 문화적 의미로 다루는가 등 다양한 시각을 채택하게 한다. 진행, 매체, 이미지 그리고 대상의 주어진 범위는 현대 문화 안에서 풍부하며, 시각예술을 제작하고 해석하는 취사 선택은 계속 변화한다.

예술 실행이 시각예술 주변의 상황을 이해하는 것을 돕는 기능을 연구하는 연구자는 예술의 소통적이고 정치적인 역할에 관심이 있을 것이다. 다양한 사회적·문화적·정치적인 것을 추구하기 위한 창의적·비판적 수단의 활용은 긴 역사를 지니며, 우리 주변을 둘러싸고 있는 시각 문화의 널리 미치는 영향은 비판적 연구를 정당화한다. 미술품, 인공품 그리고 그 밖의 사회적으로 처해 있는 텍스트 그리고 그것들의 제작과 발표 상황의 분석은 그 자체의 형태이면서 공공에게 보이는 것들을 의미하며 또한 연구의 주제다. 그러나 단순한 비평을 넘어서서 영향을 미칠 수 있는 통찰을 제공하는 연구자가 필요하다. 이런 사회적 역할은 학문적 범위에 의해 강제된 것 외에 시각적이면서 텍스트의 이미지를 근거로 하는 폭넓은 비판적 진행의 활용을 요구한다.

시각예술 실행의 이런 범위는 문학에서 몇몇 탐구 노선과 통합되며, 특히 개인적·문화적 수준에서 예술의 의미를 발견하는 중요성에 관해 그리고 시각문화 안에서 어떻게 예술이 기능하는지 이해하는 것에 관해 논쟁한다.[12] 과거에 잘 이해되지 않았던 것은 예술가의 작업실에서 그들이 하는 것으로서, 그런 것은 탐구의 이런 예술적 전통의 일부다. 어떤 미술교육가에게, 학교 미술실은 문제 발견과 문제해결, 매체 탐구, 개인적·사회적으로 관련 있는 아이디어에 형태를 부여하는 유일한 장소다.[13] 예술가를 연구하는 것에 의해 미술제작 실행을 이해하는 것은, 상상력으로의 통찰을 드러내며 창의성을 조사하고 예술적 학습진행의 모범으로 활용되는 일반적인 접근이다.[14] 린다 와인트라웁(Linda Weintraub, 2003)의 어떻게 현대 미술가는 생각하고 작업하는가에 대한 보고서, 그리고 엘라 쇼햇(Ella Shohat, 1998)의 여성주의 예술실천을 사회적·정치적·문화적·세계적 시각으로 관련시킨 명문집 등 미술 제작의 특정한 상황에서 예술가의 실행을 해석한 광범위한 문헌 연구가 있다.

이 장에서 논의를 전개하는 것은 실기 실행이 시각예술 연구가 실행되는 중심지라는 것이다. 스튜디오는 탐구의 장소로 일상생활로부터 장벽이 되거나 격리되는 것이 아니다. 더 나아가서 스튜디오에서의 예술 경험은 아이디어와 상상력을 포함하며 개인적·사회적·문화적 행위에 정보를 준다. 이러한 것들은 공동체 안에서 또는 기관에서 쟁점을 제기하며, 이런 탐구는 각기 다른 주제 안에서 또는 가로지르며 진행한다. 이런 쟁점을 면밀히 검토하고 논의를 세밀하게 살펴본 다음 충분히 실행 가능하다고 본다면, 이것은 스튜디오에서 예술가와 관람자가 시각예술과 조우함으로써 변환될 수 있음을 볼 수 있는 현상으로 평가될 수 있다.

그런 사례로 믈잔 바징크(Mrdjan Bajić)의 예술이 있다. 그는 2007년 베니스 비엔날레의 세르비아 대표로 선정되었으며, 그것은 독립국가로서 세르비아의 첫 번째 참여였다. 세르비아 관을 방문한 관람자는 연구 형태로서 스튜디오 예술의 수사학이 그의 마음에 있다면 전시된 바징크의 작품에 어떻게 반응할까? 전시장에 들어가기 전에, 세르비아 관 입구 바로 위에 있는 간소하게 흰 벽으로 된 전시관 안의 선에서 간단하게 돋을새김을 한 유고슬라비아 이름을 볼 수 있음을 알아챘을 것이다. 전시장에 들어서면 대담하게 잘린 조각들이 바닥 주변과 벽을 가로질러 있음을 먼저 보게 된다. 예술가적 감식력과 풍부한 아이디어는 마음에서 곧바로 반응한다. 커다란 금속, 폴리에스터 그리고 나무로 된 조각품의 제목은 〈천사〉다. 이것은 머리를 돌린 자유의 여신상처럼 보이며, 벽에 부착되어 있으면서 공간 속으로 전진한다. 또 다른 독립된 구조물들은 여행하는 것처럼 보이지만 움직이지 않는다. 벽의 코너에 설치된 스케치북 조각과 콜라주는 소형의 구조물을 더하여 작은 이야기를 만들어 내며 그러한 것들은 예술가의 개인적이고 문화적인 기억들의 발자취다.

카탈로그에 제시된 전시명은 〈리셋(Reset)〉으로, 이것은 역사적 사건, 문화적 정책, 이미지 조각들 사이의 제한적 공간을 암시한다. 전시 카탈로그에 따르면, 바징크가 선정된 이유는 "실제적으로 문화적 유산, 전통 그리고 자생적인 영역들의 정체성이 그의 분야에서 가장 최근의 세계적 경향"(Velickovic, 2007, p. 5)을 보여 주기 때문이다. 로랜드 헤질(Lorand Hegyl, 2007)은, "믐잔 바징크는 **역사적 흐름**의 얽힌 망을 작업하였다. 개인적 요소는 사회적·공공적·집합적·관습적·사회문화적으로 현저한 실제성과 그것들의 직간접적인 효과가 명료하여 결코 밀봉되지 않는다."(p. 11, 원문에서 강조)고 한다. 전시장을 떠나면서, 불행스럽게도 후미진 벽면의 〈유고미술관(Yugomuseum)〉은 쉽게 지나쳐 버릴 수 있으며, 비디오 모니터가 있는 벽면에서는 실제 시간에서 파편화된 문화적 순간들의 목록들을 다루며 상연된다.

그래서 믐잔 바징크의 베니스 비엔날레 프로젝트는 세르비아의 역사와 지역적·문화적 정책, 텍스트의 구조적인 그리고 일시적인 재료의 탐구는 문서화되고 소통되며, 또는 예술가에 의해 의미가 구현되고 관람자에 의해 재해석되는 이미지와 오브제의 창조 속으로의 연구는 탐구할 수 있는 잠재적 연구가 될

수 있는가다. 아마도 바징크의 작품은 현저하게 자연에서의 철학적이거나 또
는 부분적으로 재료적인 사고에서 활동의 연작이며, 그 증거는 형태와 장소와
상황의 관계에 대해 만들어진다. 연구 진행으로서 예술의 개념이 앞서 언급한
모든 또는 어떤 실례들을 포함하더라도, 연구로서의 예술 실행 이론화는 깊은
함축과 가능성을 지닌다.

위/왼쪽: 음잔 바징크. 〈천사(Angel)〉(2006~
2007). 스테인레스 스틸, 철, 폴리에스터, 153×
134×106 inches.
위/오른쪽: 〈유고미술관(Yugomuseum)〉(1998~
2007). 나무, 스틸, 에폭시 컬러, 프린트, LEDs, 일
렉트로닉스, 비디오시스템. 169×59×134 inches.
아래: 〈백업(Back up)〉(1986~2006). 종이, 나무
직물, 콜라주 재료들, 철물. 1100×300 cm. 작가
의 허가를 받아 게재함.

▮▏ 실행 기반 연구와 실행선도 연구 ▕▮

대학 내에서의 예술실행연구의 현황에 관한 논쟁은 미시경제 개혁 분위기에 편승해서 대학교육에서 예술 프로그램의 현황에 관한 질문들이 제기되었던 1970년대 초와 1980년대로 거슬러 올라간다. 글로벌 경제 관계자 어젠다의 결과로서, 이런 논의는 곧 다른 국가들로 널리 퍼져 갔다. 그 결과로 호주의 경우처럼 미술학교와 교사양성 대학들, 그리고 그 밖의 직업훈련학교는 통합 대학 체계 산하로 들어갔거나, 또는 영국의 폴리테크닉 같은 독립대학은 대학 학위의 지위를 인가받았다. 이런 재구조는 확실히 모든 것을 흔들었으며, 한편으로 연구자와 예술가에게 시각예술과 디자인을 통해 대학 문화 전체를 좀 더 직접적으로 연결할 수 있도록 바꾸는 기회를 제공하였다.

논쟁에는 세 가지 요소가 있다. 이 중 두 개는 원인이 된다. 하나는 대학교육 체계에서 법률을 개정하여 미술과 디자인 학교가 합병하는 것이며,[15] 다른 하나는 정부 기금의 지급으로, 특히 영국과 호주에서의 재정 지원은 직접적으로 연구 산출과 결합되었다.[16] 전자는 아카데미에서 예술의 위치를 재평가하는 원인이 되었으며, 후자는 어떻게 대학 연구 공동체가 운영되고 지원되는지 재평가되는 원인이 되었다. 그 결과, 시각예술의 이론과 실천에 관한, 그리고 실기실 탐구가 대학 연구 공동체의 일부분으로 실행할 수 있도록 고려될 수 있는가에 대한 실질적인 질문이 제기되었다. 이것을 성취하기 위해, 연구로서의 예술실행 이론화를 위한 건전한 논쟁이 필요하였다. 유사하게, 대학기반 예술가와 예술교육가는 정부정책의 변화, 시장 요구 그리고 영국과 호주 그리고 볼로냐 프로세스[17] 같은 유럽에서 발의된 이행할 수 있는 책임 있는 조처에 적절하게 반응하였다.

상황 변화는 미술과 디자인 학교, 미술교사 교육 프로그램 그리고 그 밖의 실행기반 직업 프로그램들을 대학 체제 속으로 밀어 넣으면서, 정체성 위기의 어떤 원인이 되었다. 새로운 제도적 구조가 만들어지면서 신뢰가 상실되고, 독립성이 감소되었으며, 다른 것들에 임대되어 관리되었다. 과거의 자기만족은 동요가 되면서 대학교육에서 시각예술을 풍자하였다. 학생의 배움은 교실이나 실기실에서 예술가의 단순한 참여에 의한 결과라고 더 이상 믿지 않게 되었다. 비록 개별적인 정체성과 개인적 신념은 지속적으로 미술학 학사학위와 미술학 석사학위 프로그램에서 높이 평가되었으나, 일반적으로 미술 프로그램은 개인적 발견의 사적인 통과의례보다 더 많은 것들을 필요로 하였다. 시각예술 교수진은 대학 내에서 새로운 아카데미의 경력을 갖게 되었다. 그 결과, 대학교수의 가르치고 연구하는 활동에 의해 연구기금을 통한 전문가 지원이 가능해졌다. 대학에 재직하고 있는 예술가 또한 가르치고 있지만, 그러나 질문은 그들이 연구를 하는가다. 그 결과로 비판적인 질문은 1990년대 초반부터 논쟁이 시작되었다. 즉, 시각예술 실행은 연구의 형태로서 받아들여질 수 있는가?

실행기반 연구자의 초기 도전은 대학에서의 연구 공동체의 언어와 전통의 범위 내에서 실기기반 연구를 위한 적합성을 발견하는 것의 어려움이다. 1980년대 후반에 제기된 논의는 등가의[18] 개념을 채택했다. 과제는 물리학과 인문과학의 연구 방법과 나란히 하는 실기 연구 진행을 정렬하는 것이었으며, 그 이유는 이런 것들이 연구 실행에서 인정되었기 때문이다. 이러한 것은 그 당시 이해되는 것이었으며, 이것은 예술 실행가에게 연구 문화에 접근하는 데 도움을 주었다. 또한 이것은 한편으로 지혜롭지 못한 결정이었다. 그 전략은 공동의 목적을 정의하는 것으로, 실기 실행은 어떤 연구 활동에서도 예상되는 성취 목적으로 볼 수 있다. 연구의 정의는 국제적인 기관인 경제협력개발기구(OECD)[19]에 의해서도 승인되었으며 『프라스카티 매뉴얼(Frascati Manual)』[20]에 설명되어 있는 것처럼 시각예술과 디자인 실행가에 의해 착수된 창의적 탐구가 포함된 것으로 보인다.

실행기반 연구자는 창의성을 연구의 중요한 특징으로 소개한 『프라스카티 매뉴얼』에 활용된 연구의 정의에 관심을 가졌다. 새로움과 혁신을 위한 탐구는 고유적인 창의적 능력을 보완하는 것으로 보았으며, 그것은 시각예술과 디자인에서 실기기반 활동의 핵심이었다. 『프라스카티 매뉴얼』은 간혹 많은 실행

기반 연구 정책 문서에서 활용한 연구 정의의 출처로 인용된다. 연구는 다음과
같이 묘사된다.

> 창의적인 일은 인류, 문화 그리고 사회 전반의 지식을 포함하는 것으로, 지
> 식의 증진 향상과 지식의 축적을 활용한 체계적인 기초를 토대로 착수된다
> (OECD, 2002, p. 30).

'창의적 일'로 묘사된 연구는 저항하기 어렵다. 예술에 의해 착수되는 탐구
와 같은 것으로 묘사된 신뢰할 수 있는 연구의 정의를 위한 이런 조사에서 가
끔 누락되는 것은 『프라스카티 매뉴얼』의 목적을 이해하는 것이다. 1960년대
초에 개발되고 지속적으로 갱신되면서, 이 보고서는 경제기구의 연구와 개발
을 주도하는 데 도움을 주는 지침서가 되었다. 프라스카티 연구 정의의 개념적
인 기초는 기초 연구와 응용 연구 사이의 관습적 차이를 승인하는 것이다. 창
의성과 새로움의 중요성은 지식을 산출하는 데 필요한 기준처럼 가장 중요한
부분으로, 특히 혁신적인 실천과 창의적인 산업에서 좀 더 개발되고 적용되어
야 한다.[21]

이것은 '지식의 축적'에 창의적으로 기여하는 의미로서 실행기반 연구 활동
의 구조에 대한 논리적인 결정으로 보인다. 불행하게도, 이것은 또한 실행기반
연구자가 사회과학에서 연구와 개발 구조를 구성하고 약정하도록 지원을 계속
한 것을 의미했다. 어떤 상황에서 이것은 유용하며, 특히 디자인과 테크놀로지
영역에서 연구는 간혹 문제해결 절차를 포함하며, 이런 과제는 창의적 해결방
법과 생산물, 진행과정이 된다. 그러나 비록 목표가 발명적 통찰과 결과를 추구
하더라도, 연구 전략은 제한적이지만 오로지 실재하는 지식 구조로부터 자극
을 받는다.

대학에서 연구 공동체가 형성된 지 10년이 지나면서, 오늘날 긴장감이 뚜렷
이 존재한다. 영국과 호주의 실행기반 연구자들은 대학에서의 연구는 대부분의
경우 연구비와 프로파일을 활용한 연구 결과의 측정을 필요로 하며 고급학위

프로그램에서 동등한 연구가 나오도록 노력한다. 기본적인 학문적 초점이 과학 내에서 짜맞춰진 기간과 상황에 의해 실행기반 연구자가 하는 일을 정의하는 것은 어떻게 아트 스튜디오가 새로운 지식을 창조하는 장소로서 보이는가에 대한 가능성을 언제나 제한한다.

실행기반 연구자가 직면한 정체성 위기와 도전은 예술가가 연구를 진행하면서 무엇을 하는가를 좀 더 적절하게 제시하기 위해 스튜디오 상황에서 책임져지는 그런 연구를 재정의하는 것이다. 정체성 위기에 대한 이유는 비교적 간단하다. 즉, 예술가는 사회과학자가 아니다. 시각예술 연구자의 '처해 있는 상황'을 인정하는 것과 시각적 형태와 텍스트 형태의 다양성에서 결과가 제시되는 후기 학문 분야의 특성은 연구에 대한 접근 방법의 다양성을 수용하기 위해 논쟁한다. 다시 설명하면, 연구의 모든 형태는 목적이 있고 체계적인 탐구를 수반하며, 상이한 접근 방법과 전략은 일반적인 결과를 설득하는 데 활용될 수 있음을 동의해야 한다. 이것은 시각예술과 디자인에서 실행기반 연구의 독특성을 인지하는 중요한 개념적이고 방법적인 도전을 불러일으킨다.

이런 초기 논의들의 대부분은 미국에서 약간의 연구자들이 참여하였지만, 유럽, 영국 및 호주에서 이론가와 실행가의 연합이 포함되었다.[22] 비록 이런 성장하는 문학의 주요한 부분은 제도적 조건에 의해 만들어지며, 그것은 현재 강의학점모델이 미국에서 이론가, 예술가 그리고 미술교육가들이 직면하고 있는 그것들과 전혀 다르지만, 포함된 내용은 현저히 관련 있다. 미국에서 독립적인 미술학교의 커다란 공동체를 가지면서, 시각예술은 대학교에서 미술단과대학이나 학부에서 또는 예술학부나 교양학부 프로그램에서 긴 역사를 가진다.

대학교육에서 예술가의 역할과 직업적 정체성이 안고 있는 변화는 지속적으로 논의되어야 할 주제다. 제1장에서 설명했듯이, 미국의 대학교육에서 시각예술의 제도적 지위를 바라보면, CAA는 미술사와 이론 그리고 관련된 시각적 연구 프로그램의 직업적 윤곽은 안정되어 보인다. 그러나 미술가의 위치는 불확실하다. 실기실에서의 교수-학습 방법에 대한 딜레마, 현대 예술계와의 관계 모색, 제도적 참여의 모든 단계에서의 제한된 접근 등 이런 모든 것은 불확실성

을 가중시킨다.[23]

　이런 모호함은 공공적 논의가 어떤 징조가 될 때 여기저기에 남게 된다. 예를 들면, *Art in America*(Rubinstein, 2007) 5월호는 미술학교가 직면한 절박한 쟁점들에 대한 질문에 반응하는 13명의 널리 알려진 예술가와 학자에 의한 논평을 포함한 '집단 비평'을 실었다. 대부분에서 그 근거들은 현저하게 인습적이다. 창의적인 방향을 위한 자극은 미술학교가 앞장서서 의식적인 노력을 하는 가능성보다는 문화적 변화와 과학기술 상황들의 결과로 받아들여졌다.

　좀 더 낙관적인 태도는 CAA *Art Journal*(Min, Okudzeto, Beck, James, Odita, & Soutter, 2009)의 2009년 봄호에서 다양한 교원 패널들이 행한 MFA 논의에서 볼 수 있다. 이러한 배경의 제시는 국제 · 국가 · 지역을 가로지르며 대학 미술교육에서 변화된 인식을 반영하며, 쟁점에서 다뤄진 대담은 미국에서의 문헌이나 협의회 순회에서 종종 조우된다. 마틴 벡(Martin Beck)이 언급한 "문화적 매개자"(p. 5) 같은 아이디어를 둘러싼 시장의 요구를 넘어서서 MFA 프로그램의 결과들을 생각하며 포함되는 것은, 미술교육을 위한 풍부한 대안이 제도권 밖에서 발생하는 것이며, 스튜디오 환경 내에서 교수되는 다양한 역할들의 중요성이다. 간접적으로 그러한 것들은 그런 논쟁이 'MFA를 위한 자율권' 항의이기보다는 많은 가능성들에 대해 어떻게 반응하는가를 고려하는 도전으로 비춰진다. 자격증과 재정적 이유에 대한 오래된 논쟁은 대화에서 나타나지만, 이것들은 쟁점이 아니며 실기 프로그램에서 학생과 교수진의 수용 능력이 현재 가지고 있는 프로그램을 개발할 수 있는가다. 비록 미국에 있는 대학과 미술학교의 상황과 구조는 매우 다르지만, 예술가와 학자가 유사한 쟁점에 논의하는 풍부한 정보가 가능하며, 따라서 도전은 단순한 반복이기보다는 새로운 영역으로의 토론을 진행하는 것이어야 한다.[24] 다행스럽게도 CAA는 대화를 지속적으로 전개하고 있다.

　티모시 엠린 존스(Timothy Emlyn Jones)가 미국에서 시각예술의 실기박사과정에 대해 논의하면서 "방어 보수주의"(2006, p. 124)라고 확인하였음에도 불구하고, 대학 내에서 현대 미술교육의 재정의된 개념이 기대를 갖게 하는 실현성은 그리 멀리 있지 않다. 디지털 비주얼 테크놀로지에 따른 급변하는 세계 변화, 통섭 학문을 통한 새로운 하이브리드 협력 구축 그리고 상업과 문화의 휘발성적 세계화와 같은 대학교육이 직면하는 실제에서 그런 것들은 이성적인 이유만으로는 더 이상 설명되지 않는다. 경제적 합리주의는 주된 정치적이고 사회문화적인 정책처럼 지지할 수 없음을 안다. 많은 것들에서 이것은 본질적인 것으로 예술가의 창의적이고 지적인 에너지는 대학교육에서, 그리고 넓게는 공동체에서 좀 더 충분히 인정되어야 한다.

연구로서의 예술 실행을 촉진하는 과제 중 하나는 예술가가 하는 무엇인가를 재고하는 것이다. 예술가가 하는 것은 물론 예술을 제작하는 것이다. 연구의 대상과 주제로서 예술은 미학자, 역사가, 심리학자, 사회학자, 미술비평가 그리고 문화해설가에 의해 오랫동안 점검되었다. 그러나 창의적인 예술품의 실행에서 예술가가 무엇을 하는가 하는 점, 진행과정, 산출물, 경향 그리고 이런 활동을 지원하는 상황 등은 예술가의 시각에서 그렇게 연구되지 않았다. '내부자' 로서, 예술가는 주로 내용에서는 침묵하는 참여자가 되며, 그리고 그것을 다른 사람들에게 스튜디오 경험의 관련된 것들을 해석하게 한다. 예술가는 기꺼이 이론가, 철학가, 연구가, 큐레이터, 미술평론가 등의 지위를 가질 수 있으며, 실행기반 연구와 그것의 대중 변형인, 실행선도 연구에 근거하여 성장되는 문헌에서 발견되는 많은 논쟁들을 만들어 낸다. 명문집에 있는 주장된 논의, 역사적 개요, 연구 안내서, 사례연구, 기사, 토의 자료, 학술 발표집, 특정 목적을 지닌 인쇄물과 e-신문, 온라인 리서치센터 그리고 전공 논문과 단일 저자 텍스트에서 보다 적은 외연으로 이론화된 논쟁에 이르기까지, 지금 예술 실행 연구의 중요성이 논의되고 있다.[25]

본질적 이론화: 예술적 연구

대학교육에서 거의 서양식 제도를 통해 가차 없이 움직이는 책무의 예찬에 대한 이론가들과 실행가들의 반응은 광범위한 기관의 상황 내에 처해 있는 실행이다. 영국에서 대학교육위원회를 준비하기 위한 크리스토퍼 프레일링 (Christopher Frayling, 1977) 경이 작성한 초기 노동당의 보고서에는 "**실행기반 박사학위**에서 진전된 지식은 부분적으로 실행이다."(p. 14, 원문에서 강조)라고 명시되어 있다. 더군다나 여기에는 "그 분야에서의 독창성, 전문적 지식, 기 여도에서 박사학위의 특성은 고유의 창의적인 작업을 통해 증명되어야 한 다."(p. 14, 원문에서 강조)라고 인정하고 있다. 좀 더 요구된 것은 "**창의적 작업**의 실질적인 **상황들**을 포함한다."(p. 14, 원문에서 강조)이며, 이것은 어떻게 프 로젝트의 독창성이 요구되며 그리고 학문적인 기여는 무엇인가를 확인시킨다.

　프레일링(1993)은 연구 실행으로서 미술과 디자인의 위치를 최초로 구조화 하였다. 그가 인용한 개요는 3개의 각기 다른 오리엔테이션으로 설명된다. 즉, 미술과 디자인으로의 연구, 미술과 디자인을 통한 연구 그리고 미술과 디자인 을 위한 연구다. 이것은 시각예술이 정말 탐구의 강력한 형태라고 주장하는 많 은 이론가에 의해 계속해서 세분화되고 조립되었다.[26] 예술 실행이 그 분야를 형성하는 이론적·역사적 쟁점으로의 연구를 위해 활용되든, 미술의 진행과 실행의 지식을 확장하기 위해 미디어와 테크놀로지의 활용을 통하든, 특정 의 미를 포착하는 수단으로 미술 제작 활용의 목적을 위한 것이 되든 간에, 실기 경험은 연구의 상황 내에서 고려될 때 다양한 관점에서 살펴볼 수가 있다. 한 예로, 메인 주에 있는 비주얼 아트 닥터럴스터디스 대학에서는 시각예술가를 위한 이론 중심의 PhD를 제공하며 이곳에서 미술가–철학가는 풍부한 이론 적·교육적 모델을 제시한다.[27]

　프레일링과 다른 학자들이 제시한 시각예술과 디자인에서 실행기반 연구의 특징은 정책 설명을 위한 학계의 요구에 부응하면서, 또한 프로그램 개발을 안 내하는 결과로 점진적으로 다듬어졌다. 영국, 호주 그리고 일부 유럽에서 시각 예술과 디자인에서 실행기반 연구와 실행선도 연구 박사학위의 수행이 널리 보 급되면서 증가하고 있으며, 미국에서는 그런 프로그램들이 현재 자리 잡아 가 고 있다.[28]

　예술과 인문학에서 실행가에 의해 탐구의 독특한 형태를 책임지는 제도적 지원은 과학적으로 기초가 된 개념들의 정의가 OECD 같은 회원국들에 의해 뒷받침되면서 그것을 넘어서서 앞으로 나아간다. 예를 들면, 영국의 예술연구위원회(Art and Research Council)는 연구 실행을 승인하는 어젠다를 옹호하는데 그것은 '창작과 공연예술'에서 본질적인 것이다. 연구의 확장된 서술은 다음과 같다.

실행선도 연구는 창작과 공연예술에서 연구 활동의 독특한 특징이다. 예술과 인문학 연구자가 집행하는 다른 연구와 마찬가지로, 이것은 연구의 질문과 문제의 확인이 포함되지만 연구 방법, 맥락 그리고 결과는 창의적 실행에 중요한 초점을 둔다. 이런 연구 경향의 목적은 창의성과 실행을 통해 새로운 지식과 이해를 조명하거나 가져오며 그리고 산출물은 텍스트기반이 아니라 공연(음악, 댄스, 드라마), 디자인, 영화 또는 전시가 그 결과가 된다(Artsand Humanities Research Board, 2003, p. 10).

예술과 인문학에서 실행가가 책임지는 탐구의 독특한 형태를 위한 지원은 실기 상황에서 그런 종류의 연구가 진행되도록 명확하게 정의된 설명들이 나타나게 된다. 데이비드 토머스(David Thomas, 2007)의 PhD 학위는 박사학위 논문 프로젝트의 일부로 회화와 설치 작업이 포함되었으며, 그의 연구를 다음과 같이 서술한다.

예술 실행은 예술 제작의 실행을 통한 연구 방법이다. 그런 작품 제작은 실행이면서 동시에 신체적 · 이론적 · 지적 활동의 복합적인 정보이며, 사적인 세계와 공적인 세계가 만나는 곳이다. 예술 실행은 객관적 · 주관적 · 이성적 · 직관적 진행이 뒤얽히는 결과다. 이렇게 생각한다면, 예술은 학문이며 문화와 역사의 개념적인 것과 언어적 관습에 의한 정보를 제공한다(p. 81).

토머스의 연구에 대한 묘사는 마리트 마켈라와 사라 로우타린(Maarit Mäkelä

& Sara Routarinne, 2006)의 실행선도 연구를 정의할 수 있을 것이며, 그 이유는
직접적인 연구를 위한 자극처럼 예술적 진행의 주요한 역할이기 때문이며—이
런 사례에서 연구는 미술 제작의 실행을 선도하며, 이러한 것들은 그 외 이론
적·개념적·문화적·역사적 시각 사이에서 맥락화된다. 실행기반 연구가 앞
서 제시한 건강관리의 실례처럼 그 외 다수의 학문 영역에서 확산되었음에도,
마켈라와 로우타린에게 있어서 이런 방법으로 시각예술연구를 묘사하는 것이
적합하지 않게 보였다. 마켈라와 로우타린(2006)은 다음과 같이 설명한다.

> 연구의 분야를 확립하기 위해서는, 제작은 일반적으로 생각하는 것의 결과
> 로 일어나며—적어도 이론에서는 실행 선도 연구의 분야에서…… 연습은 좀
> 더 핵심적인 역할을 한다. 제작은 연구 이면의 추진력으로 생각할 수 있으며,
> 그리고 실행의 일정한 방식 역시 아이디어의 창작자다(p. 22).

마켈라와 로우타린은 자료 수집의 연구 과제를 인정하는 것은 또한 자료창
작처럼 개념화되며 실행 선도 연구의 독특한 특징이라고 말한다.

예술에서의 연구의 분석적 개요에서, 헨크 보르도르프(Henk Borgdorff, 2006)
는 예술에서 연구의 존재론적·인식론적·방법적 특징을 제시하였다. 그는
"연구로서의 실행"을 "예술적 실행이 연구 진행과 연구 결과의 필수 구성 요소
라고 추론하며 명시하면서 서술한다."(pp. 12-13)고 하였다. 그의 실행의 종합
을 앞서 제시한 영국의 예술과 인문학 연구위원회의 연구 정의와 같은 요소들
과 연결하면서, 보르도르프는 예술 실행의 전형적인 '대상, 진행 그리고 상황'
의 다양성으로 점철된 합성적 설명에 도달한다.

> 예술 실행의 목적이 예술대상과 창의적 진행을 통해 고유한 조사를 집합함
> 으로써 우리의 지식과 이해를 확장시키는 것이라면, 예술 실행은 연구로서 적
> 합하다. 예술 연구는 연구 상황과 예술계에서 타당성 있는 것으로 질문이 던
> 져지면서 시작된다. 연구자는 특정 예술품과 예술적 진행에서 놓여 있거나 구

현된 암묵적 지식을 드러내고 정교화하는 실험적이고 해석학적인 방법들을 사용한다. 연구 진행과 결과는 연구 공동체와 일반인에게 적절한 방식으로 제공되고 보급된다(p. 23).

아카데미 예술계

아카데미 내에서 어떻게 예술 실행 연구가 문화적 생산으로 이해될 수 있는 가에 영향을 준 또 다른 조건은 제도적 실행에 의한 역할 담당이다. 어떻게 시 각예술이 아카데미 실행처럼 구성될 수 있는가를 고려하면서, 닐 브라운(Neil Brown, 2003)은 상이한 방법들의 예술 실행이 제시된다고 설명한다.

> 미술 제작은 연구의 방법으로서, 연구의 결과로서 또는 그와 동등한 연구로 서 대학교의 대학원 프로그램에서 다양하게 제시된다. 연구의 방법으로 시각 예술은 문화적 대상과 사건에서 민족지학적 탐구의 방법으로 더욱 신뢰를 받 으며 사용된다. 연구의 결과로 고려해 보면, 미술품은 시적이고 기술적이며, 그 외 문화적 연구 수단의 산물로 제시된다. 연구와 동등하게 미술품은 연구 의 상태와 일치하지만, 부정확한 유추는 예술과 과학의 혁신적인 가치 사이에 서 형성된다(p. 2).

이런 실행은 아카데미에서 시각예술 연구의 지위를 방어하는 장치로 제도적 논의를 설명한다. 예를 들면, 예술가의 하는 일이 무엇인가를 결정하는 데 사용 하는 전략은 연구에 관해 우세한 견해를 갖고 있는 대학의 실기실에서 어떤 작 업이 행해지는 것을 고려하는 것이다. 많은 경우에서, 시각예술이 무엇인지 이 해하기 위한 시도는 예술 실행을 과학적 연구와 비교하는 것이다. 정의와 결과 주변의 충분한 행위는 초기에는 다양한 정부 보고서에 인용되었으며, '전통 적' 연구로서 묘사한 것은 예술적 연구 활동에 커다란 그림자를 드리운다.

두 가지 주요 전략은 실기기반 연구의 아카데미 지위를 확실하게 해 주는 탐구의 특성을 지닌다. 첫째, 등가 평가로 시각예술 실행의 형태가 좀 더 전통적인 학문과 관련된 장학금을 비교하여 규모를 설정하는 것이다. 예를 들면, 개인전은 중재인이 있는 잡지에 게재된 기사와 동등하게 평가되는 것이다. 공공 분야에서 전시의 목적은 문화적 연구 성과물을 활용하여 다른 사람과 소통하는 것이고, 이것은 비평가와 문화이론가에 의해 자세하게 논평되는 제재가 되며, 그 당시에는 드러나지 않았던 다른 중요한 결과가 제기되기도 한다. 그럼에도 응용과학의 경우처럼, 연구 중심지에서 현저한 강조는 대부분 제품 생산과 경제적 수익에 의한 결과 평가다. 따라서 그 영향력은 좀 더 직접적인 평가가 될 수 있다. 그러나 이러한 실리적 초점은, 시각예술 연구가 설명할 수 있는 것에 기본적으로 반대하는 것이라고 혼동해서는 안 된다.

둘째, 아카데미에서 시각예술 연구의 관련 지위를 평가하는 데 활용하는 제도상의 표준으로 벤치마킹 또는 절제하는 것이다. 이것은 자세한 평가 원리를 바탕으로 장점의 실행을 확인하기 위한 평가과정이다. 절차는 무엇이 높은 질적 수행을 구성하는가를 해석해서 벤치마크의 후보로 지명하는 것이다. 비록 이런 접근은 다양성을 인정하지만, 이것은 집약적인 노동이고 평가 지지를 위해 중요한 문서를 요구하며, 객관적 타당성과 비교의 부족에 의한 문제를 인식하도록 상쇄시킨다.

대학에서의 연구는 간혹 설명되지 않지만, 조건에 맞는 수행의 지시자로서 일반적인 결과를 평가하는 지위에 있는 전문가의 공동체를 보급시키는 특성 또한 지닌다. 어떤 경우에는, 적용된 기준은 확보된 경쟁력 있는 연구기금이나 그와 유사한 제도적 수단 같은 원리를 표면화한다. 그러나 대학에서 활용되는 관련 절차에 따른 명백한 유사점과 함께, 벤치마킹은 자세한 재검토 과정을 거치면서 예술계 실행의 일부가 된다. 공공 판결의 모든 형태처럼, 유효한 평가는 증거 제시와 해석 간 필적의 중심에 있다.

등가 실행과 좀 더 적은 범위로의 벤치마킹에는 두 가지 문제점이 있다. 첫째, 탈퇴한 회원을 포함하여 현존하는 제도적인 카테고리를 확장하는 것으로, 소유권은 항상 누군가의 권한을 투자하기 때문에 적은 장점을 갖는다. 유효하게 비교할 수 있는 서로 다른 분야의 실행은 유지할 수 없다고 추측되며, 그 이유는 권한을 가진 그런 학문으로부터 도출된 표준은 항상 그들의 호의를 왜곡하기 때문이다. 우리에게 소중한 것이 다른 사람에게는 그렇지 않을 수도 있다. 둘째, 등가의 소박한 개념은 쉽게 침해될 수 있다. 등가는 하나의 개념으로 모방을 즉시 승인할 수 있으며 그리고 모조품이나 패스티시는 학문적 진행의 부분이 되어서는 안 된다는 것이다.

그런 원인들은 명확하다. 즉, 아카데미에서 연구 공동체에의 조건부적인 가입은 시각예술이 탐구의 분야로서 주어지는 것으로 플랫폼을 약속하지만 필요한 발언은 아니다. 이러한 조건에서 우리는 그러한 것들을 만들 수 있는 것들에 의해 오로지 변경되도록 한 규정에 따라 무책임하게 하는 것을 제외하도록 하였다. 이것은 여론 성명보다 훨씬 좋게 보이며 그리고 연구로서 현대 예술 실행의 현저한 실례들의 윤곽은 편협한 규정을 혼동시키면서 광의적으로 어떻게 시각예술이 문화적 생산에 기여하는가의 깊이와 넓이를 제시한다.

예를 들면, 마우리지오 펠레그린(Maurizio Pellegrin)의 예술에 관한 글은 어떻게 그의 설치 작품이 동시에 역사적 고고학, 깊고 시적인 문화 연구 그리고 시대의 서정적 동요인지를 강조한다. 여기에서 언어의 요소들 같은, 상이한 물체들이 서로 같이 놓여 있을 때 간혹 새로운 통찰을 드러낼 수 있음을 배울 수 있다. 단어, 항아리와 부서진 물체가 정렬되었을 때 이것은 우리에게 우리의 지식 구조가 어떻게 조직되는지에 대해 생각하게 한다. 프란세소 보나미(Franceso Bonami)의 말을 빌리면, 이것은 마우리지오 펠레그린의 "초기의 한계를 넘어서서 지평을 넓힌"(Pellegrin, 1999, n.p. 재인용) 것의 실례가 된다. 유사하게 역사적 상황으로부터 물체들을 제거하면, 펠레그린은 질서적 세계를 구현하기 위해 우리가 만드는 지식 체계는 또 다른 생명력 있는 실행 가능한 의미들을 지닐 수 있음을 제시한다. 이런 질문을 필요로 하는 관람자에게 이지노 슈라플(Igino Schraffl)이 시사한 것처럼, 이것은 물체의 정렬을 새로운 음악을 만들 수 있는 악보로 볼 수 있을 것이다.

마우리지오 펠레그린. 〈초록 그네(The Green Swing)〉 (1994). 83×58×16inches. N. 13. 구성 요소: 천, 템페라, 사진, 나무로 된 물체. 마이애미, 마틴 Z 말구리스 소장. 작가의 허가를 받고 게재함. http://www.mauriziopellegrin.com

이탈리아 태생의 미술가 마우리지오 펠레그린은 설치 작품과 장소 특수성 작품들을 1980년대 중반부터 유럽, 아시아, 북아메리카 등에 전시하였다. 그는 베니스와 뉴욕에서 살고 있다. 다음의 글들(Pellegrin, 1999)은 그의 설치 작품에 대한 반응이다.

본질적으로 실재하는 그의 사진은 언어의 주된 가치의 하나로, 구조의 명료성으로부터 분리된다. 펠레그린의 주의 깊게 계획된 구도들의 파편화된 자연은 좌절감을 가질 만큼 파편화된 동시대의 의식으로 반향되며, 연속된 경험과 사건은 가깝게 그러나 완강하게 분리된 근접으로 공존하면서 일관된 개관을 어렵게 한다. 이런 점에서 미술가의 사적인 우주론을 해결하기 위해 많은 요소들을 결합하며 동일성을 부여함으로써 하나의 다수가 된다(Terrie Sultan, 큐레이터, 1992).

펠레그린의 작품에서 물체는 언제나 모순된 이미지를 직면하도록 전시된다. 이미지는 각 물체의 고유 의미를 개발하고 변형하도록 강조한다. 이미지는 물체들 변화의 의미를 암시하는 것이 아니며, 펠레그린은 그것이 갖는 초기의 제한들을 넘어서서 지평을 확장한다. 베니스는 그가 예술적인 명작들에 둘러쌓여 성장한 곳으로, 작가의 베니스에 대한 부단한 관심은 익숙하면서 일상적인 이미지가 된다. 그는 관람자를 지각의 교차로에 둔다. 한편에서는 역사와 미술을, 또 다른 한편에서는 사물의 개별적 역사를, 이런 사물의 조건들을 어떻게 조합하는가에 의해서 예술은 현존한다. (Francesco Bonami, 디렉터, 2003 베니스 비엔날레, 1994).

마우리지오 펠레그린의 작품은 소통의 새로운 방법들에 초점을 맞춘다. 그의 설치 작품에서 각 물체는 각각 악센트와 방언을 갖는다. 벽면에는 양식, 재료, 크기 등에서 전혀 관계없는 다른 항목—가죽벨트, 고무도장, 공, 밧줄—과 결합하여 유사한 물체들의 연작이 선택되어 엄격하게 놓이도록 한다. 펠레그린은 그의 시적인 주제들의 간단한 읽기를 방해하는 방법들을 사용한다. 눈가리개는 관람자에게 마스크로 사용된 장치이지만 마우리지오 펠레그린은 그보다는 그의 작품들이 보이지 않도록 한다. 그는 물체들의 외형을 변경시키고 '에너지를 함유하도록' 검은 천으로 발견된 물체들을 감싼다(Jonathan Turner, 큐레이터, 1994).

전형적인 베네치아풍의 안마당에 있는 황새치는 무엇을 하고 있을까? 중국식 젓가락은 어디서 왔을까? 바닥에 있는 조각상은 정말로 아프리카 토템일까? 논의할 여지가 없는 데카르트 학파의 확실성, 그것은 재료세계를 중시한 것으로 익숙한 물체와 풍경으로 만들어졌으며, 오직 의심, 방향 감각의 상실, 당혹을 뒤로하며 남겨 둔 채 갑자기 사라진다. 예술은 더 이상 위안이 되는 요소가 아니며, 풍자적인 당황스러움으로 우리를 좌절시키고 무기력하게 만든다(Diogo Mainardi, 미술평론가, 1999).

펠레그린은 미술 제작의 구체적 단계에서 역사가가 하는 것처럼 상황을 재구성하려고 노력하지 않으며, 그는 기억의 재료들로부터 그것의 형태를 시작하며 구성해 간다. 무엇인가 드러나는 것은 작품이며, 실행이 아니다. 제각기 고유한 특성을 지니며, 이것은 관람자의 것이 된다. 실제로 예술가의 구도의 요소는 막대기를 포장하면서 사인처럼 나타난다. 그것들이 사실적으로 격리되었더라도, 각각이 본래 갖고 있는 함축 있는 에너지들의 상호 긴장된 관계들로 뒤섞인다(Igino Schraffl, 언어학자, 1999).

지식과 방법

연구의 형태로서 실기 실행의 자격을 고려한 논의는 지속되고 있으며, 두 가지 주요 쟁점들에 초점을 맞춘다. 첫 번째는 제도적 구조 내에서 보이는 것처럼 무엇이 시각예술 지식을 구성하는가에 대한 토론이다. 두 번째 쟁점은 시각예술 연구의 방법들에 관련된 것이다. 이러한 두 영역은 연구의 언어 내에서 볼 때 명확해지고 뚜렷해진다. 지식의 개념은 이론과 신념 그리고 가치를 바탕으로 하며, 서로 다른 인식론적인 견해는 탐구에서 사용된 방법을 함축할 것이다. 예술에서, 예컨대 앎의 다양한 방법은 예술적 연구 방법의 다양성이 확립되면서 튼튼한 기초가 제공되는 것을 통해 어떻게 우리 자신과 우리의 세계를 이해하는가의 특성이 된다. 실기실에서 사용되는 탐구과정으로부터 연구를 위한 접근 방법의 채택은 새로운 지식과 이해를 창조하고 구성하는 것에 대한 요구를 받아들인다.

인식론의 관계를 다루면서, 선택은 어떻게 지식을 보는가에 의해 만들어진다. 예를 들면, 만약 결정이 그 지식을 정의하기 위한 표준을 채택하는 것이라면—진리를 발견하기 위한 유사한 방법으로—이것은 합리적인 세계에 편안하게 앉을 수 있는 객관적 위치가 된다. 정보가 이론과 실행의 실험을 통해 확인되는 것처럼, 지식 구조와 체계가 지속적으로 수립되고 도전된다고 가정해 보자. 예상되는 것은 반복하는 과정에서 새로운 지식은 오래된 지식을 대신하며, 그러한 것은 알고 있는 것에서부터 알려지지 않은 것을 찾는 것이다. 학문이나 분야는 연구와 저서 같은 지식과 학문적 관습의 문지기로 도움이 되며, 이러한 것들은 지식의 축적으로 무엇이 용인되는가를 모니터링함을 의미한다. 이런 의미에서 연구와 새로운 지식의 구조는 어떤 것이 적합한가 내에서 사실상 규정된 흔적을 갖지만, 이것은 이러한 과정이 창의성과 상상력 결핍을 제시하는 것을 의미하지 않는다.

그렇지만 여기서 논의하는 것은, 연구의 전통적인 방법들은 인간 이해의 충분한 범위와 관련해서 앎의 넓이와 깊이를 생각하기에는 어려움을 준다는 것이다. 많은 것들에서 이것은 시각예술의 실기실 상황 내에서 알고 있거나 만들어 내는 지식의 다른 방법의 결과이며, 물체를 이해하는 상이하면서도 상보적인 통로를 제공한다. 예술과 교육에서 많은 이론가는 이런 견해를 지지하는 논의를 제안하며, 길버트 라일(Gilbert Ryle, 1949)의 그것을 아는 것—또는 명제적 지식(사실 또는 지식)—과 어떻게 아는가—또는 수행적 앎(솜씨 또는 재주)—의 차별의 다양성을 제공한다.

예를 들면, 예술은 미적 이해의 진행과 결과의 인지적 특성을 기반으로 한다는 베넷 라이머(Bennett Reimer, 1992)의 교육적 논의에서, 그는 ~내에서 아는 것, 어떻게인지 아는 것, ~에 대해 또는 저것을 아는 것 그리고 왜인지 아는 것에 대해 정의한다. 라이머의 인식론적 논의는 단지 쟁점의 일부분이며, 예술적 앎은 규범적인 진행으로 인간이란 무엇인가에 대해 주장하는 것이 핵심이다. 헹크 슬레이저(Henk Slager, 2009)와 같은 사람들은, 예술 앎과 탐구의 예술기반 방법들 간의 창의적 관계성을 재고하면서 새로운 형태를 향할 필요가 있다고 제시한다. 그는 "오늘날 시각예술의 실행은 명료하며 진리의 이원적 모델(해석학적 방법)과 환상(시각의 창조적)에서 단선적 사고구조가 진부하다고 선언할 시점"(p. 49)이라고 제안한다.

실행기반 또는 실행선도 연구를 주장하는 것에 대한 질문은 시각예술 앎과 그런 효과의 분석 유형을 고려하기보다는 지식을 구성하고 그 자체가 의미가 되는 장소로서 미술 제작의 중요성이다. 실행의 이론을 찾는 것은 과거보다는 지금이 예술가에게 좀 더 흥미로운 제안이 된다. 미카 하눌라(Mika Hannula, 2004)는 예술적 연구의 이론화에서 목적, 방법 그리고 실행에서 늘 일치하도록 하기가 어렵다고 설명한다. 그는 의심은 언제나 탐구과정의 부분이라고 제안하였으며 그리고 과거의 가정은 지속적으로 질문되어야 함을 함축한다.

시각예술에서 지식 산출의 지위는 많은 난처한 질문들이 잔존한다. 전형적인 차이를 나타내는 특징은 지식이 예술대상에서 발견되는 것인가 또는 관람자의 마음에서 만들어지는 것인가에 대한 질문이다. 이런 논쟁은 진행되고 있으며 통찰적인 가치는 제도권 내에서 연구의 형태로 예술 실행이 처해 있는 좀 더 깊은 철학적인 기반을 추구하며 나타나게 된다. 닐 브라운(Neil Brown, 2000, 2003)은 실재론적 시각으로 연구 프로젝트의 부분으로서 예술품의 산출을 논의한다. 그는 이것들을 가치를 가진 '제도적 인공품'으로 근본적으로 객관적이며, 이론-종속적이고, 인식할 수 있으며, 직관적이고, 주의 깊으며, 발견할 수 있는 통찰에 접근하도록 한다고 설명한다. 연구의 필요성과 관련해서 볼 때, 브라운(2003)은 '실행의 징후'는 미술 제작과 연구 실행 간의 분배되는 여러 영역을 강조하며 두드러지게 한다고 말한다.

다른 지위는 예술 실행과 연구를 둘러싼 다양한 관심과 관련해서 지식을 넓게 본다. 만약 예술가의 시각으로 본다면, 지식의 창출과 그것의 활용은 역동적인 구조에서 가장 잘 볼 수 있으며, 그것은 이론과 실제를 통합한다. 스티븐 아워니이(Stephen Awoniyi, 2002)는 이것은 지식구조의 상호작용이고 재현의 다양한 형태로, 인공물은 예술과 디자인에서 이론과 실천을 통합하면서 반영된 것으로 보았다. 이것은 예술품, 관람자 및 환경 간의 상호 의존하는 관계로 대학 내의 실기기반 시각예술 연구의 개념화에서 명확하게 볼 수 있으며, 모든 이러한 형태는 해석적인 공동체에서 주요하게 논의된다. 예를 들면, 지식은 실행에서 구체화되고, 이론에서 논의되며 그리고 제도적 환경 내에서 담론처럼 구성되면서 이 모든 것은 새로운 이해에 기여한다.

이것은 연구의 어법에 실기 진행을 접목하는 것으로, 실기 박사과정의 결과물은 새로운 지식의 구성이라고 주장하는 것에 대해 제임스 엘킨스(James Elkins, 2009a)는 지지할 수 없다고 한다. 대서양 연안에서 작업하면서 실기 PhD 과정 개발을 향한 그의 비판적 시각을 보면서, 그가 논의한 것처럼 관심을 가져야 하는 비판적 어젠다 항목들에 생각이 미친다. 그러나 그는 실기탐구는 "순수하게 경제적" 이유로 관료적인 실습을 자극하여 "연구의" 진행을 통해 "새로운 지식"(p. 112)을 제공하는 수용 능력을 갖는다고 주장한다. 이것은 1990년대 시작된 논의의 정신을 거스르며, 미술과 디자인에서 실행기반 연구의 개발은 위기가 아닌 기회로 보았다.

엘킨스는 과학과의 융합 연구에 반대한 그의 경고에 동조하는 많은 지지자를 가지고 있다. 지식의 개념에서 그가 제시한 것은 합리론자의 시각으로, 대학의 지지를 알아주도록 신용할 수 있어야 한다는 것이며, 그것은 시각이 제공해야 하는 것과 차이가 있다. 그가 "만약 통상적인 연구라면, 과학적 감각이 새롭게 채택되어야 한다."고 제안했을 때, 이것은 실기 연구학위 개발을 위한 어젠다 항목이 "어떻게 지식이 미술품에 의해 구체화되거나 표현되는 진전된 지식을"(p. 114) 포함한다는 그의 제안과는 상반되는 것처럼 보인다. 다른 사람들이 인식론을 새로운 개념을 열어 주는 본질적인 것으로 본 것처럼, 엘킨스는 지식의 의미를 '확장'이라는 문제로 보았다. 지각은 인식으로부터, 감정은 생각으로부터 그리고 직관은 지성으로부터 앞서 분리된 장벽들은 눈이 무엇을 보는가에 의해 마음이 만들어지면서 어떻게 우리가 지식을 창출하는가에 관해 좀 더 알게 되면서 용해된다.

클라이브 카제억스(Clive Cazeaux, 2008)에게 있어서, 이것은 예술의 간학문적 수용 능력으로 우리의 개념적 이해에 도전하며 그리고 우리의 지각을 변화시키는 것으로 그것은 정확히 스튜디오 경험에 의해 목적을 이룰 수 있다. 그는 "새로운 시각을 수용하는 것은 놀랍게도 당신의 경험의 내용들이 바뀌고 그리고 **그런 변화는 다소 놀라운 것이다.**"라고 설명한다(p. 128, 원문에서 강조).

필자는 엘킨스(2009a)가 "충만하고 너그럽고, 정확하고 다른 학문으로부터 차용하지 않은 언어적 가치"(p. 116)라며 실기 박사학위를 둘러싼 담론을 간청한 것에 동의하는데, 그 이유는 대학 전체에 차별화된 영향력을 만드는 시각예술의 가능성은 명확하게 문제가 되기 때문이다. 어떤 것도 그렇게 할 수 없을 것이다. 그는 또한 실기 PhD 학생의 예견되는 학문적인 질은 타협할 수 없다고 정확하게 단언한다. 이제 막 태동한 분야의 새로운 프로그램의 개발은 간혹 시작부터 불균일한 결과를 생산해 내지만, 수행에서 요구한 것들은 말할 필요도 없이 대학 내의 다른 학문들과 비교된다.

실기박사를 위한 합리적인 것으로서 연구와 새로운 지식의 저변확대가 필요하다는 엘킨스의 주장에 필자가 흥미를 갖는 것은 대학 내에서 학문적 구조로 이미 명기되는 것과 같이 이런 용어들은 한계를 벗어난 것처럼 보이는 경향이다. 그것의 한계는 대학이 하는 것들과 직접적으로 관계하고 채택하면서 대학 내에서 고유한 지적이고 학문적인 실재를 추구하는 것으로, 새로운 지식을 창출하는 목적을 위해 집행되는 연구다. 이것은 특히 시각예술에서 그리고 일반적으로 예술에서 필요한 것으로, 대학의 중심적인 임무 내에서 지적이고 창의적인 공간이라고 주장할 수 있다. 이것은 필자가 "흥미로운 문헌연구가 형성된다."(Elkins, 2009a, p. 112)고 생각하는 것으로 정확히 시도되는 것이다.

지식의 본질과 연구 방법의 적용에 대한 논의를 전개하는 것은 또한 예술가-연구가에게 새로운 역할을 맡도록 요구한다. 예를 들면, 많은 예술가는 이미지가 할 수 있는 것들을 단어가 대신할 수 없기 때문에 그들 작품에 대해 말하는 것이 불필요하다고 오랫동안 믿어 왔다. 예술가가 침묵하고 있는 또 다른 이유는, 실행 분야의 외부에서 가지고 온 앎의 내용은 대부분 창의성의 실제적인 지식과 지성으로는 일반적으로 과소평가되기 때문이다. 다른 이들은 다양한 렌즈를 통해 그들의 작품을 보는 반면, 예술가에게 이것은 생활이며 존재다. 그러므로 예술적 실행에 대한 지각은 다른 사람이 말하는 예술에 의해서 그리고 예술가 자신을 신화화하는 수용 능력에 의해서 형성된다. 이것은 예술가 비평가, 미학가 및 역사가에게 그들이 무엇을 하는가를 정의하고 변호하는 일들을 쉽게 만든다.

폴 카터(Paul Carter, 2004)는 예술가가 작품은 그 자체를 말한다고 단순하게 말하는 것에 대해 이것은 유감스럽지만 놀라운 것은 아니라고 본다. 그러나 그는 "창의적 진행에 관한 낭만적 신화를 영속시킨다—그것은 합리적 탐구가 될 수 없으며—그리고 외부인에게 논쟁을 하도록 허용한다."(p. xi)라고 설명 한다. 다른 사람에게 권한을 위임하는 것은 현대 예술 실행의 본질에서는 더 이상 선택이 될 수 없는 것으로, 문화적 이론가와 실행가로 예술가의 책무를 변화시킨다. 그레타 레프섬(Greta Refsum, 2002)은 이런 조건들을 다음과 같이 서술한다.

> 예술가와 시각예술 분야는 기본적으로 예술 작품이 만들어지기 이전에 일 어나는 것들을 다루며, 이것은 그들의 특별한 영역으로 그 뒤에 나오는 것이 인문학적 학문 분야들이다. 만약 시각예술의 분야가 이론적 구조와 함께 전문 성을 확립하려면, 나의 견해로는 예술이 만들어지기 이전에 일어나는 것들에 서 이론적 산출을 성립하며, 그것은 예술품을 완성하도록 이끌어 주는 과정이 된다(p. 7).

미카 하눌라(2004)는 예술가는 예술 실행 정보를 주는 이론적 풍성함과 소 통하면서 좀 더 공공책임을 지도록 해야 한다고 주장하며 음향 지침을 제공 한다. 융통성 필요에 대해 생각하면서, 그는 예술적 연구가 부분적으로 "반 영의 방법론"(pp. 71-72)으로, 고정되기보다는 유연한 탐구의 방법으로 원리 가 실행되어야 한다고 생각한다. 그가 의미하는 것은 실기 탐구가 착수되면 서, 예술가-연구가는 "누군가에게 어떤 것에 대해 어떤 것은 말하고 싶은 욕 구"(p. 71)를 가지며, 그러므로 연구는 목적, 전제 그리고 실행의 전망으로 다 른 사람에게 읽히게 된다. 하눌라(2008)의 중요한 핵심은 예술적 탐구는 지속 적으로 시각예술이 성취할 수 있는 비판적 가능성을 열어 두어야 한다는 것 이다.

여기에서 기본적인 아이디어는 예술적 연구를 실행으로 보는 것이다. 예정된 실행에서, 각각의 상황은 무엇인가를 만드는 데 필요한 특성과 물질이 스며들며 그리고 무엇이 가치 있고 무엇이 쓸모없는지를 판단하는 그것의 내적 논리가 적용되게 된다. 실행은 규정된 방향으로, 그러나 열려 있는, 불명료한, 절차상의 궤도다. 실행은 특별하고 내용적이며 자기비판적이고, 자기반성적이며, 맥락적이다(p. 111).

미카 하눌라가 설명하는 예정된 실행은 바버라 호웨이(Barbara Howey)의 〈기억의 테크닉(Techniques of Memory)〉에서 볼 수 있다. 이 프로젝트의 일부는 뉴욕 브루클린에 소재한 펄 스트리트 갤러리에서 2007년 6월 2일부터 7월 1일까지 전시되었다. 전시된 것은 몇 점의 큰 회화 작품과 몇 점의 자카드식 직물들로 그것들은 층으로, 새겨진 것들로 그리고 내러티브 내용에서 기술참조가 반향된다. 그의 실행범위를 살펴보면 "규정된 방향이지만, 열려있으면서 불명료한 정차 상의 궤도"로 표현된다고 하눌라(2008, p. 111)는 예술적 연구의 특징으로 서술하였으며, 필자가 바버라 호웨이와 함께 진행한 인터뷰에서 발췌한 것을 여기에 제시한다.

대화에서 듣기: 바버라 호웨이와 그램 설리번

GS: 당신의 작품에서는 당신의 연구의 발자취와 세부적인 것들이 구체화된다. 창의적이고 비판적인 진행—개인적인 기억, 가족사, 미디어연구, 산업적인 테크닉과 그와 같은 것들—은 어떻게 당신의 예술 실행에 도움을 주었는가?

바버라: 나의 연구는 나의 창의적인 실행에서 나왔으며, 여기에는 이미 이론적이고 비판적인 생각들이 깊게 담겨 있다. 나는 그리셀다 폴록(Griselda Pollock)의 회화의 역사와 전통에서 여성의 연고 관계에 관한 글에 흥미

를 가졌다. 나의 그림 프로젝트는 이것을 가지고 시작되었으며, 여자를 홈스펀과 수직물 등 개인적인 것과 관련시켜 쟁점화하는 작품을 하면 어떻게 만들 수 있을까 궁금했다. 또한 나는 보는 것과의 관계에서 관람자가 비판적으로 이야기를 거는 것에 관심이 있었다. 이것은 또한 자카드 직물과 짧은 필름조각에 정보를 주었다. 이런 쟁점들은 창의적으로 그리고 나의 연구 질문의 원천으로 출발점이 되었다. 작업과 글이 진행되면서 이런 질문들은 작품에서 망에 걸리고, 구체화되고, 현실화되었다.

GS: 예술가가 하는 일 중에 일부는 있지 않은 어떤 것을 찾는 것이며 놓쳐진 것들을 발견하는 것이다. 이것은 탐구의 창의적 진행이 알지 못하는 것에서 알고 있는 것으로 움직이는 것을 함축한다. 〈기억의 테크닉〉에서 당신의 예술 실행은 어떻게 이런 도전들을 다루었는가?

바버라: 나의 작품은 시각적인 방법으로 조사하고 싶은 질문과 관련하여 나 자신의 입장에서 전개한다. 회화에서 나는 어떻게 기억이 일어나는가에 대해 생각한다. 그림의 밑칠은 '흰색으로' 하며, 그래서 이것은 눈에 보이지 않는다. 그리고 젖은 물감을 칠하고 그 속에 새겨지는 과정에 의해 이미지는 파편화되고 놀랍게도 병치된다. 이것은 알 수 없는, 예상할 수 없는 것으로의 열린 도전이며, 당신이 발견하는 것에 의해 놀라움을 갖게 된다. 나는 다른 어떤 것에서 발견되는 가능성, 또 다른 가능성처럼 이것이 보이지 않는 어떤 것들을 다루는지를 잘 모른다.

GS: 당신은 연구의 결과로서 그리고 〈기억의 테크닉〉 작품을 개발하면서 어느 쪽이든 변형하였는가?

바버라: 나는 창의적인 진행 자체는 당신을 어딘가로 데려간다고 생각하고,

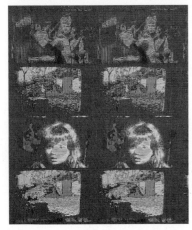
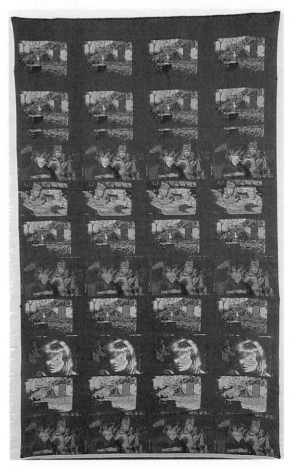

바버라 호웨이. 〈기억의 테크닉(Techniques of Memory)〉(2005). 자카드 직물, 우스티드실. 48×84 inches. 작가의 허락을 받아 게재함.

　나의 작품은 시각적으로 조사하고 싶은 질문들과 관련하여 나 자신의 입장에서 전개한다. 〈기억의 테크닉〉은 예술가로서 허더즈필드에 살고 있을 때 만든 것이다. 그 당시 큰 작품을 하고 있었으며, 어떻게 기억이 일어나는가에 대해 생각하였다. 또한 나는 직조물을 만들 수 있는 기회가 있었다. 허더즈필드는 1960년대까지 직조산업의 중심지였으며, 내가 일했던 대학교 텍스타일과에는 이런 솜씨와 전통의 흔적이 아직 남아 있다. 나의 회화작품에서 했던 것들은 밑칠로 직물의 파편들을 사용하였으며, 위에는 실과 코바늘뜨개질을 관련시켰다. 젖은 물감칠 속에 새겨지는 과정을 통해 이미지는 파편화되고 놀랍게도 병치된다. 자카드 직물은 이중 천으로 섞어 짜이며 표면과 바탕 간의 대화로서 작품이 만들어지고 반향한다

(B. Howey, 개인적 면담, 2007. 5. 12.).

　나는 단지 익숙해져 있는 것과 나 자신이 알고 있는 익숙한 것 사이의 얇은 종이만큼의 차이를 나만의 방식으로 복사하면서 호웨이의 작품 속으로 들어가기를 제안한다. 바버라의 가족은 나의 가족이 아니지만 동일한 경이로움을 수반하며 공통의 평범한 꿈을 제시한다. 미술품 자체의 불가사의는 익숙한 꿈이 누구에게나 특별하고 유일한 것처럼 또한 모든 사람에게 익숙한 경험이라는 것이다(Baldacchino, 2007, n.p.).

이것은 확인할 수 없는 과정이며 당신을 변화와 도전으로 이끌어 준다. 이 작품은 내가 전에 했던 추상작품의 불만족스러움을 벗어나게 해 주는 것으로 표현, 상실/기억 그리고 여성주의 쟁점에서 몰두하게 한다. 나는 현재 나의 작품에서 그리고 약간의 작은 크기의 작품들을 진행하면서 또 다른 질문의 시간을 보내고 있다. 이러한 것들은 필름과 사진을 기본 원리로 사용했던 이전 작품에 반하는 나의 과거로부터의 대상들을 기반으로 한다. 이것은 처음으로 내가 이것들을 보여 주는 것으로, 이에 따른 반응은 내가 앞으로 어떻게 작업하는가에 정보를 줄 것이다. 변화는 위기에서, 오해의 위험에서, 실패에서, 막다른 골목길로 이끄는 위험에서 오며 또한 예술가로서 가장 바라는 것은 변형의 가능성이다(전시 팸플릿, 뉴욕 브루클린의 펄 스트리트 갤러리, 2007).

‖ 결 론 ‖

　이 책의 첫 부분은 연구로서의 예술 실행에 대해 생각한 맥락을 재검토하는 것으로 시작하였다. 예술과 과학에서 탐구의 역사적 패턴은 연구의 창의적이고 비판적인 실행과 과거에 행해졌던 예술가적 탐구의 역할 그리고 현재에 당면하고 있는 도전을 형성하며 전통에 대한 관념을 심어 준다. 가장 중요한 주장은 예술가가 행하는 상상적이고 지적인 작업이 가능한 폭넓은 시각에서 현대 미술, 문화 그리고 교육에 중요한 기여를 할 수 있는 가능성을 지닌 연구의 형태라는 것이다. 필자는 또한 예술가가 실기실에서, 교실에서, 지역사회에서 그리고 사이버 공간에서 하는 연구는 대학에서 인문학과 사회학과 물리학에서 동료교수가 하는 것으로 일반 시민과 함께 공유한다고 강조하였다. 이것은 지식과 이해에 대한 추구로, 이런 창의적인 추구에서는 어느 누구도 아이디어들에 대한 저작권을 갖지 않는다. 어디에서 그것들을 발견하는가, 어떻게 그것들을 발견하는가 또는 그것들을 가지고 무엇을 하는가? 가치가 있는 것은 인간의 통찰이며 그리고 그것을 어떻게 활용하는가다? 그러므로 이러한 것들이 중요한 목적이라고 우리가 동의한다면, 다양한 방법으로 이것이 성취될 수 있음을 우리는 또한 동의해야 한다. 시각예술가에게 미술 제작은 우리를 변형시키는 수용 능력을 갖는 것이며, 그것에 의해서 우리 주변의 세계가 변화된다. 만약 미술 제작이 교육적 연구 환경에서 일어난다면, 우리의 끊임없는 알고 싶은 욕구에 반응하기 위해 상상적이고 지적인 욕구를 사용해야 하는 책무가 있으며, 그렇게 함으로써 그것들은 제도적 공동체에서 책임을 지는 실행의 엄격한 요구사항들을 만난다. 실제적으로 이것이 의미하는 것은 동일한 장소를 가기 위해 상이한 길들을 사용할 수 있으며, 그리고 일정한 학문적 구조에서 예술적 탐구의 형태들을 찾아낼 필요가 있으나 그것들의 노예가 될 필요는 없다는 것이다.

연구로서의 예술 실행을 위한 실례를 제시하면서, 앞 장의 목적의 일부는 신화를 일소하는 것이었다. 아마도 가장 고집스러운 공허한 오해는 예술이 우리 삶의 일부를 따듯하고 솜털 같고 기분 좋게 한다는 것일 텐데, 그것은 유쾌한 것이지만 필요한 것은 아니다. 우리의 인생행로에서 우리를 멈추게 하는 예술의 힘은 확실히 이런 신체 경험의 강렬함을 공략하지만, 그러나 이것은 단지 마음에서 일어나는 것들의 일부를 드러낼 뿐이다. 이런 파악하기 어려운 인간 경험의 복잡성은 대부분의 연구자에게 우리가 그것을 측정하는 도구를 갖고 있지 않다고 가정하면서 그것을 무시하는 원인이 된다. 그러나 이런 태도는 술 취한 사람이 등불 아래 도랑에서 무릎을 꿇고 열쇠들을 찾는 것을 보여 주는 오래된 카툰처럼 어리석다. 열쇠를 어디에서 잃어버렸느냐고 물었을 때, 그는 "어둠

속 저기 어디쯤이에요"라고 대답한다. "그런데 왜 저기서 찾지 않지요?"라는 의심하는 듯한 방관자의 질문에 그는 "왜냐하면 내가 여기에서 볼 수 있기 때문이에요."라고 대답한다. 우리는 또한 시각예술에 대한 중요한 것들을 찾기 위해 잘못된 장소를 들여다보는 것처럼 보이며, 거기서 예술은 시작되어야 한다. 예술가는 이것을 알고 있다. 미술평론가는 이것을 알고 있다. 미술교육가는 이것을 알고 있다. 그리고 다른 사람을 계몽하기 위해서는 지지와 정치적 간계와 함께 신뢰할 수 있는 증거, 설득력 있는 논의, 확고한 연구, 통찰력 있는 실행, 가치 있는 이론 그리고 힘 있는 예술이 있어야 한다. 그 결과로서 시각예술을 위한 지위 탐구는 비평적으로 인간 앎의 중요한 영역처럼 강력한 논의를 요구하며, 이 책의 제2부에서 이것을 논제로 다룬다.

---

1 질적 연구 접근 방법의 범위를 포함하는 디자인 연구의 방법들과 견해들의 개요는 Brenda Laurel (2003)을 보라.

2 의과대학은 학습 프로토콜 모의실험과 같은 사례 방법을 활용한 문제기반 학습의 선구자다. 문제는 불안전하거나 목적이 불분명함을 취하여 제기되며, 이유 있는 진단을 도출하기 위해 연구, 논의, 협의, 협력 등을 요구한다. 문제기반 학습은 "학생중심, 탐구기반, 통합적, 협동적, 반복학습"이다(2009. 3. 2. 검색, http://www.pbli.org/pbl/generic_pbl.htm). 또한 네덜란드 마스트리히트 대학교 웹사이트 문제기반 학습(2009. 3. 3. 검색, http://www.unimaas.nl/pbl.html)을 보라. 퍼듀 대학교에서 발행한 *The Interdisciplinary Journal of Problem-Based Learning*을 보라. 문제기반 학습의 일반적인 개관은 Savery(2006)를 보라. 문제기반 학습의 다양한 실례들은 교육에 적용되어 왔다. 초등학교의 미적 교수법에 적용된 문제기반 학습의 실례는, Costantino(2002)를 보라.

3 참여 행위 연구의 도입 텍스트는 Kemmis & McTaggart(1988)를, 포스트모던 견해로부터 행위 연구의 탈구축은 Brown & Jones(2001)을, 비판적 교수법의 문헌은 Apple(1999) 그리고 Giroux & McLaren(1989)을 보라.

4 반성적 실행의 진행으로 미술과 디자인에의 연구에 대한 논의는 Gray & Malins(2004)를 보라.

5 캠벨 협력은 비영리적 국제 네트워크로 교육, 범죄와 정의 그리고 사회복지 연구의 과학평론을 발행한다(2009. 3. 27. 검색, http://www.campbellcollaboration.org). 이것은 코크란 협약의 모델이 되었으며, 의학 분야의 증거기반 연구를 평론한다(2009. 3. 27. 검색, http://www.cochrane.org).

6 실행기반 증거 접근 방법을 지원하는 자료들의 제공은 세 가지 요소들을 고려한 것으로 바로 가까이에 있는 문제 외에 환자와 개업의 지원서비스를 제공해 주는 건강관리 전문직도 포함한다.(2009. 3. 27. 검색, http://www.practicebasedevidence.com).

7 교육과학의 기관은 교육에서 과학 연구의 실례들을 편집하며, 그것은 증거기반 연구의 유사 개념에 기초하며, 그리고 「아동낙오방지법」(2001) 입법과 일치하는 연방정부 교육정책을 지원한다(2009. 3. 27. 검색, http://ies.ed.gov).

8 연구의 자가민족지학적 방법과 독학의 세부적인 것들은 Bullough & Pinnegar(2001), Reed-Danahay(1997), Mitchell, Weber, O'Reilly-Scanlon(2005) 그리고 Smith & Watson(2002)을 보라. 제임스 헤이우드 롤링 주니어(James Haywood Rolling Jr.)가 편집한 *Qualitative Inquiry*(2008), 14(6)을 보라. 이것은 자기민족지학적 방법의 연계, 공연예술연구, 비판적 인종이론을 다룬다(2009. 3. 5. 검색, http://qix.sagepub.com).

9 설명을 위한 전기의 간략한 개관은 Denzin(1989)을, 생활사 연구의 실례는 Cole & Knowles(2001)를 보라. Knowles & Cole(2008)이 편집한 *Handbook of the Arts in Qualitative Research*는 광범위하게 다수의 독학과 전기를 다룬다.

10 데이비드 케리어(David Carrier, 1987)는 '평론'이란 예술에 관해 평론하는 현대적 비평가와 철학자에 의해 활용되는 미술비평의 접근 방법을 연구하는 과정이라고 정의한다. 필자는 이것이 비평가, 미학자, 역사가 그리고 문화적 비평가의 집단을 느슨하게 포함하고 있기 때문에 이런 정의에서 유용함을 발견한다. 이것은 일반적인 정의도 되면서 또한 예술가처럼 미술평론가는 그들의 개인적 견해, 경향 그리고 열정을 가지고 예술과 조우함을 깨닫게 한다. 예술가를 비교한 미술평론가의 접근 방법들의 초기 실례는 필자의 *Seeing Australia: Views of Artists and Artwriters*(1994)에 있다.

11 예술의 기능은 즐거움이나 또는 지식을 제공하는 것이라고 주장하는 Young(2001)을 보라. 실행기반 연구의 상황 내에서 시각예술에서의 지식 요구를 다룬 특별호로 *Working Papers in Art & Design*, Volume 2(2002)와 예술과 디자인 연구에서 인공물의 역할을 다룬 Volume 3(2004)(2009. 2. 13. 검색, http://sitem.herts.ac.uk/artdes_research/pages/wpades/vo12/index.html)을 보라.

12 미술비평의 영역처럼 특별하게 해석을 다루는 출처의 목록은 광범위하며 그리고 미적 관심, 사회문화적 견해 또는 정치적 경향에 따라 많은 유형학 속에서 분류된다. 역사적 지위들의 범위는 Berger(1972), Danto(1986b), Elkins(2003), Hooks(1995), Pasztory(2005), Pollock(1988, 2001),

Rancière(2004) 그리고 Rogoff(2000)를 보라. 학교기반 미술교육에서 해석과 비평의 탐구는 Barrett(2000, 2008)과 Lankford(1992)를 보라. 미술교육에서 시각 문화를 해석하는 광범위한 문헌들이 있다. Duncum & Bracy(2001), Freedman(2003) 그리고 Jagodzinski(1997a, 1997b)를 보라. 몇몇 미술교육 저널은 시각 문화를 다루는 쟁점들을 주제로 다루어 발행한다. *Studies in Art Education*, 44(3) 그리고 *Visual Arts Researcch*, 28(2)를 보라. 어떻게 시각 문화가 교수 상황에서 개념화되었는가에 대한 개관은 Dikovitskaya(2005)를 보라.

13 Hetland, Winner, Veenema, & Sheridan(2007)을 보라.

14 다양한 주제들로 구성된, 현대 예술가들의 실기 실행의 광범위한 윤곽은 지금 5번째 시즌 중에 있는 PBS 텔레비전 시리즈 〈Art: 21〉을 참고한다(2009. 3. 7. 검색, http://www.pbs.org/art21). 현대 예술가들의 실행을 다룬 학교기반 미술교육 연구의 차별화된 장르가 없지만, 이것들은 시각 문화의 분야들로 확대되면서 교실에서 택해지고 있다. Irwin & Miller(1997), Krug(2003), Nadaner(1998), Sullivan(1996, 2002a), Duncum(2006) 그리고 Gaudelius & Speirs(2002)를 보라.

15 몇몇 정부 지원 보고서, 전문가 협회 반응 그리고 협의회 논문은 정치적 변화들을 추적할 수 있으며, 법률로 제정된 구조들은 시각예술이 대학교육에서 면밀히 조사되면서 1980년대와 1990년대 지위를 갖게 되었다. 예를 들면, 영국에서는 Harris(1996)와 Frayling(1997)을 보라. 호주에서는 Rowley(1994)와 Strand(1998)를 보라.

16 영국과 호주 등의 국가에서, 대학교육에서 책임지는 연구의 정부기금은 우세한 정책과 연결되어 있으며, 전국적인 평가 수단은 기관의 학문을 가로지르며 연구 활동의 순위를 결정하기 위해 정기적으로 진행된다. 영국에서는 기관의 연구순위는 RAE(Research Assessment Exercise)로 알려져 있다. RAE는 전국적인 과제로, 발견된 것들은 다양한 정부 기관들에 의해 활용되며 대학에서는 연구기금을 감독한다(2009. 3. 7. 검색, http://www.rae.ac.uk).
호주에서의 유사한 계획은 2008년에 소개된 ERA(Excellence in Research for Australia) 계획에서 새롭게 충족되었다. 대학교육에서 연구의 정부 평가가 연구 산출의 다양성을 도모하기 위해 확장되었으며, 현재의 ERA 지표와 원리는 기본이 되는 전통적 개념으로 전환해서 평가 설명에 활용하였고, 연구에는 학문의 특정성을 적용하였다. 연구의 윤곽들은 Research Outputs, Research Income, Research Esteem 그리고 Applied Research의 표준으로 융합되었다. 여기에는 등가와 벤치마킹 전략들이 활용되었으며, 그것들은 양적인 수단으로 제휴되었다(2009. 3. 8. 검색, http://www.arc.gov.au/era).
역설적이게도, 호주 정부는 기금 연구를 구성하는 것들을 제한하도록 강화하였으며, 캐나다 정부는 예술가-연구자가 '창의적인 것과 해석적인 학문들 간의 간격을 메우는' 혁신적인 연구를 수행하도록 기금을 지속하였다. SSHRC(Social Sciences and Humanities Research Council of Canada)가 후원하면서 Research/Creation Grants in the Fine Arts는 프로젝트를 위해 3년 동안 25만 달러의 기금을 제공하였으며, 이것은 변형적·간학문적·대학교육 환경에서 예술가 기능으로 활용되도록 제공된다(2009. 3. 6. 검색, http://www.sshrc.ca/web/apply/program_descriptions/fine_arts_e.asp).

17 1999년에는 유럽에서 대학교육의 기관들이 물의를 일으키고 있는 볼로냐 과정에 참여하기로 동의하였으며, 이것은 2010년에 이행하는 것으로 예정되었다. 이것은 참여하는 대학들과 예술아카데미를 가로질러 학부와 대학원 학위에 비교되는 시스템을 창안하는 것으로 유럽의 전역에서 대학교육을 증진시키기 위해 디자인되었다. 데이터 리세이(Deiter Lesage, 2009)는 이것을 "지식경제"(p. 1)를 법령화하는 시도로 서술하였으며, 그리고 이것은 예술에서 특별한 함축을 갖는다. 리세이지가 설명한 것처럼, 여기서 관심 있는 것은 시각예술과 디자인에서 PhD 과정의 개발이며, 만약 예술가가 현대시대에 있어 아카데미 개정을 돕기 위한 핵심 역할을 한다면 창의적이고 비판적인 연구의 이런 단계에 대한 접근은 필수적이라는 논의다.

18 연구 등가의 특징으로 서술한 정부보고서의 실례로서 대학원 교육을 위한 영국위원회의 보고서(Frayling, 1997)와 창의적 예술에서의 연구(Strand, 1998)를 보라.

19 OECD는 경제 성장을 유지할 수 있도록 국가를 원조하는 임무와 함께 국제적인 기능을 책임진다(2009. 9. 28. 검색, http://www.oecd.org/document/6/0,3343,en_2649_34451_33828550_1_1_1_1,00.html).

20 『프라스카티 매뉴얼』은 연구와 개발의 표준을 위한 안내서로 OECD가 개발하였다. 이것은 연구활동 정의를 위한 구조를 포함하며, 정책을 개발하고 실행하는 데 활용된다. 『프라스카티 매뉴얼』은 연구와 개발 자료를 수집하고 활용하도록 국제적으로 인지되는 방법으로서 제공되며, 현재 제6판이다.

21 1990년대 초 영국에서 정부 정책 발의로 처음으로 개발되었으며, 혁신적이고 과학기술의 기업체 같은 창조산업의 개념은 경제의 차별화된 부분으로 호주, 뉴질랜드, 싱가포르 등과 같은 국가에서 열광적으로 채택되며, 이 국가들의 대학교육에서 실행기반 연구와 실행선도 연구 프로그램들을 보급하는 중요한 역할을 하였다.

22 실기기반 연구의 초기 논의는 Brown(2000), Candlin(2000), de Freitas(2002), Hannula(2004) 그리고 Sullivan(2004, 2006)을 보라.

23 2008년 10월, CAA는 순수예술석사학위(MFA)의 표준을 위한 지침을 공식으로 재차 단언하였다. 지침에서는 "실기미술과 디자인에서 MFA는 시각예술에서 인정하는 학위이며, 그리고 PhD 또는 EdD 등과 같은 다른 분야의 학위와 동등함을 갖는다."라고 진술한다. 이 정의에 첨부된 말미의 주석에서는 다음과 같이 진술한다. "이 시기에는 미국의 몇몇 기관들이 실기예술에서 PhD 학위를 제공하며, 그리고 **이것은 경향으로 보이지 않으며, 지속적으로 성장할 것이다**. 또는 PhD는 MFA를 대체할 것이다. 학위를 위한 표준을 개발하는 것은 적절하게 심사하거나 평가되지 않았기 때문이며, 스튜디오 예술전문가를 위한 부정형(不定形)의 고려는 CAA 회원들에게, 그들이 속해 있는 기관에 그리고 그 외의 전문예술단체들에 안내를 제공하는 것보다 시기상조이며 혼란을 초래하게 된다."(강조는 추가한 것임, 2009. 3. 7. 검색, http://www.collegeart.org/guidelines/mfa.html).

24 미국과 영국에서, 보다 적게는 유럽에서 대학교육 스튜디오 프로그램 간의 유사성과 차이점의 요약은 Elkins(2009a), 특히 제9장의 '연구와 새로운 지식을 넘어서'와 CAA *Art Journal*의 2006년 여름호에서 다룬 티모시 엠린 존스(Timothy Emlyn Jones, 2006)의 에세이 '미국에서 실기예술박사학위'를 참고한다.

25 실행기반 연구와 실행선도 연구를 위한 인용의 샘플은 비평을 위해 연대순으로 제시하였다. 최근 10년을 가로지른 개발의 개요는 Bird(2000), Candlin(2001) 그리고 Mottram(2009)을 보라. 명문집과 사례 연구들은 Balkema & Slager(2004), Miles(2005), Macleod & Holdridge(2006), Mäkelä & Routarinne(2006), Barrett & Bolt(2007), Duxbury, Grierson, & Waite(2007), Kaila(2008), Hannula(2008), Smith & Dean(2009), Elkins(2009b), *The New PhD in Studio Art*(2005), 4를 보라(2009. 3. 7. 검색, http://www.visualartists.ie/AP_printed_project .html). 그리고 Biggs & Karlsson(근간)을 보라. 전공 논문과 텍스트는 Gray & Malins(2004), Sullivan(2005), Kjørup(2006) 그리고 Svenungsson(2007)을 보라.

실행선도 연구의 이론과 실행에서 관련된 쟁점들을 헌정한 저널(e-저널들과 인쇄물)로는 *Journal of Visual Arts Practice*를 참고하며, 이것은 2001년 Intellect Books에 의해 처음 발행되었다(2009. 3. 25. 검색, http://www.intellectbooks.co.uk/journals.php?issn=14702029). 스코틀랜드, 순수미술실행연구소센터, 예술학부, 글래스고 미술학교. 이것은 예술적 연구에 대한 저술의 우수한 자원으로 화제의 논문과 프로젝트 그리고 과거 몇 년 동안 중요한 논문을 증쇄한 것들을 포함한다(2009. 3. 24. 검색, http://www.artandresearch.org.uk). *Studies in Material Thinking*, 뉴질랜드 오클랜드의 AUT 대학교에서 주최한, Faculty of Design and Creative Technologies(2009. 3. 25. 검색, http://www.aut.ac.nz/material_thinking/materialthinking2).

온라인 학술대회 발표집은 *Working Papers in Art and Design*, Volume 1(2002), 2(2002), 3(2004), 4(2006), 5(2008)(2009. 6. 16. 검색, http://sitem.herts.ac.uk/artdes_research/papers/wpades/index.html/), *Speculation and Innovation: Applying Practice Led Research in the Creative Industries*(2005)(2009. 2. 26. 검색, http://www.speculation2005.qut.edu.au/Spin_embedded.htm.)을 보라.

26 Borgdorff(2006), Jones(2009) 그리고 Macleod & Holdridge(2006)를 보라.

27 조지 스미스(George Smith, 2009)가 개발한, 시각예술에서 박사학위를 위한 기관(IDSVA)은 2006년 메인 주 입법자들에 의해 학위 프로그램의 비준을 받은 후 2007년에 첫 번째 학생들을 일단 받아들였다. 목적의 일부분에서 "오늘날의 예술가들과 교육자들은 강한 감성을 지니고 있으며 MFA를 넘어서는 훈련은 많은 예술가에게, 특히 현대적인 미디어와 문화에 둘러싸여 쟁점을 다루는 예술가에게 이익이 된다(2009. 3. 3. 검색, http://www.idsva.org).

28 PhD 프로그램은 27번 주석에 서술된 것처럼, 샌디에이고에 위치한 캘리포니아 대학교, 시각예술과의 미술사 전공과 이론과 비평 전공의 PhD를 참고하며, 여기서는 연구기반 실행과 함께 예술가를 위해 디자인된 예술 실행 중심으로 되어 있다(2009. 3. 29. 검색, http://visarts.ucsd.edu

/title/grad-phd). 미디어, 예술 그리고 텍스트에서 PhD는 '예술과 인문학에서 혁신적 · 비전통적 프로그램들'을 위한 간학문적 박사학위로 서술되어 있다. 영어과 내에 있으며, 프로그램은 많은 과와 학문들의 범위 내에 제공되며, 그리고 새로운 미디어와 테크놀로지를 강조한다(2009. 3. 29. 검색, http://www.has.vcu.edu/eng/graduate/matx.htm).

다미안 오르테가. 〈우주의 물체(Cosmic Thing)〉(2001). 딱정벌레, 1983. 강철사. 다양한 차원들. 일상적인 개조 설치. 큐레이터: 가브리엘 오로조코(Gabriel Orozoco). 베니스 비엔날레 일부로 아르세날레(Arsenale)에서 전시됨. 꿈과 갈등: 보는 사람의 독재. 2003년 6월 15일~11월 11일. 작가 및 쿠리만주토(Kurimanzutto) 갤러리 제공. 사진: 그램 설리번(Graeme Sullivan).

Chapter 04
연구로서의 예술 실행

이 장에서는 이미지를 다룬다. 앞의 작품은 멕시코 작가 다미안 오르테가 (Damián Ortega)의 〈우주의 물체(Cosmic Thing)〉(2001)다. 그의 자동차인 폭스바겐(VW) 딱정벌레를 분리한 것으로, 오르테가는 형태의 중요한 요소들을 풀어 놓으면서 내용의 중요한 요소들을 같이 쌓아 올렸다. 그의 미적 감수성은 무엇보다도 매달리는 것이 되며, 이것은 그의 뒤틀린 정치적 논평을 위한 매개물이 된다. 해체된 VW는 공중에 매달려 있으며, 추정은 즉시 드러낸다. 얼마 전까지만 해도 일상의 이동에서 그리고 도처에서 볼 수 있었던 VW 딱정벌레는 나치 능력의 최초의 엠블럼으로서 탈공업화 군사 복합체의 발자취이며, 일시적으로 멕시코에서 제조된 VW는 문화적 재용도를 암시한다. 그리고 필자에게는 예술을 하는 학생이 값싸게 구할 수 있는 기억을 떠올리게 한다.

다미안 오르테가의 설치 작품은 자동차가 어떻게 분리되고 다시 조립될 수 있는가를 구조적 분석으로 정확하게 설명하는 이론적 체계다. 작품에서 자동차에 대한 원인들은 정비사에 대한 우리의 지식에 의해 부분적으로 설명된다. 그러나 그 결과—운전의 전율—가 이해되기 위해서는 경험되어야 한다. 떠 있는 VW 딱정벌레의 시각적 충격은 우리의 반응을 구성하는 모든 종류의 기억과 사전 지식을 확립한다.

이런 간단한 조우에서 볼 수 있듯이, 시각적 경험은 여러 가지 창의적이고 비판적인 능력 등을 불러일으킨다. 공간에서 다미안 오르테가의 부분이나 전체는 어느 쪽도 날카로운 분석에 의해 신비를 잃지 않는다. 그 대신 어떤 것들이 설명으로 더해지면서 드러나고, 연결들이 만들어지며 이해의 새로운 형태들이 형성된다. 이런 종류의 시각적 진행은 우리가 예술을 창작하고 반응하며 시각예술이 실행 연구로 보일 수 있는 기초로 제공되면서 우리가 하는 무엇인가의 중심에 있다. 그러나 만약 미학적으로 기초가 되면서 이론적으로 확고한 접근이 나타나게 되면, 탐구의 방법들은 시각예술 실행의 영역 내에서 자리 잡게 된다.

다른 분야에서 지속적으로 연구 방법을 빌려오는 것은, 의미 있는 생명력 있는 질문을 불러일으키기 위한 그럴듯한 기초가 되는 그리고 중요한 문화적·교육적 아이디어를 조사하는 생명력 있는 장소로서 예술 실행의 지적 성숙을 부정하는 것이다. 양적 연구 결과가 있음직한 발생의 개연적인 것을 바탕으로 한다면, 질적 연구의 발견은 그럴듯하거나 또는 관련된 산출물에 의해 평가되며, 상상적인 통찰의 시각은 파악하기 어려운 연구의 목적으로 남게 된다. 만약 연구 가치의 측정을 새로운 지식을 창조하고 개별적이고 문화적인 변형을 이해하는 능력으로 볼 수 있다면, 표준은 가망성과 그럴듯함을 넘어서서 가능성으로 조처해야 한다.

▮▮ 지식을 넘어서 이해로 ▮▮

이론화의 진행은 탐구의 기본 과정으로, 연구에서 핵심 요소가 된다. 우리가 어떤 것을 설명하고 그것을 이해하는 것처럼, 우리는 세계가 항상 움직이는가에 대한 이론을 구성한다. 어떤 이론은 지식이 문제해결을 돕기 위해 어떻게 적용되는가를 기반으로 한다. 이런 종류의 이론화는 설명을 포함하며, 이것은 원인을 규명하고 결과를 예측하는 논리적 진행이다. 그러므로 설명은 상이한 것들을 알게 하는 데 도움을 준다.

다른 상황에서, 이론들은 경험을 기반으로 하며 이것은 좀 더 복합적인 것들을 이해하는 데 도움을 준다. 이런 종류의 이론화는 이해를 포함하며, 이것은 우리의 경험과 조우하는 것에 의해 정보를 제공하는 인간의 사고와 행위의 적응하는 과정이다. 이것은 또한 인식과정으로서, 우리가 알고 있는 것의 상호작용을 형성하며 우리의 의식으로 변형된다. 이런 실례에서, 우리의 직관과 지성은 실제 상황을 이끌어 내며, 우리의 이해를 형성하고, 우리로 하여금 각기 다르게 보고 행하도록 경험적 기반을 제공한다. 이해를 창출해 내는 수용 능력과 비판적 지식은 시각예술 실행의 중심이며 그리고 예술가는 이런 종류의 사려 깊은 연구과정에 활발하게 관여한다.

탐구의 목적이 인간행동을 설명하거나 혹은 인간행동을 이해하는 것인지에 대한 논의는 적어도 18세기까지 거슬러 간다. 초기 연구자들의 의도는 자연계의 운용을 설명하는 데 활용되는 동일한 전략을 적용하여 인간의 활동을 설명하는 것이었다. 이것은 다른 것들 간의 신념을 대조하였으며, 좀 더 훌륭한 연구 목적은 인간의 기능을 이해하는 것이었다. 즉, 선택하고 그것에 행위하는 수용 능력이다. 이것은 매우 다른 연구에서 좀 더 자연적인 접근을 요구한다. 20세기에 탐구를 위한 질적 접근의 개발이 자연적으로 실제 사회에서 일어났음에도 불구하고, 현상을 설명하는 이론들을 구성하는 필요는 연구의 주요한 목적으로 많은 것들에 의해 여전히 가정된다. 이론이 만약 어떤 현상을 설명할 수 있다면 전제는 설득력이 있으며, 우리가 어떤 것이 일어난 원인이 무엇인지와 발생할 결과를 알게 됨으로써 높은 개연성이 있게 된다. 그러므로 이론적으로 확고한 원인이 되는 설명은 우리가 예보할 수 있음을 의미하며 그리고 이것은 중대한 함의를 지니게 된다.

이런 중요한 인간의 수용 능력을 설명하는 학습이론의 영향을 생각하면, 우리는 학습의 원인이 무엇인지 알고 있으며, 그러므로 조건을 재창조하고 약간의 신뢰감과 함께 예보될 때 학습은 형성된다. 많은 연구가들은 오랫동안 이것을 시도하였다. 환원 방법을 활용한 인간의 사고와 행위의 복합적인 메커니즘을 조사하고 설명하는 것이 부적당하다고 입증하는 것이 지속되었다. 제롬 부르너(Jerome Bruner) 같은 계절제 교육 연구가는 "아동들은 어떻게 배울까?" 하는 원인적 질문을 하지 않는다. 왜냐하면 경험이 배제된 공부는 명료하게 원인에 대한 대답을 가급적 드러내기 때문이다. 오랜 경력이 지난 최근에는, 브루너(1996)는 더 좋은 연구 질문을 한다. "아동은 어떻게 의미를 만들까?" 이런 복합적인 질문은 그를 임상 환경에서 벗어나서 학습의 문화를 이해하도록 실제 세계로 들어가게 하였다.

연구의 주요 목적이 우리 자신과 우리가 살고 있는 세계를 위한 의식을 증진시키는 것으로 본다면, 이해는 탐구의 실행 가능한 결과라고 그럴듯하게 논할 수 있을 것이다. 새로운 이해 증진의 가능성은 쟁점에 관한 조사를 포함하며 그러한 것들은 개인적이면서 공공 관련성을 지닌다. 이런 종류의 연구는 상상적·체계적·총괄적이며, 모든 종류의 지식, 경험 및 추론을 포함시킨다. 탐구의 목적이 지식을 획득하기 위한 것이라면 이해는 연구의 결과로서 설명할 수 있는 중요한 것이라고 기대해도 타당하다. 만약 이것이 받아들여진다면 개인적·사회적 변형을 의미하는 이해를 위한 이러한 탐색은 가치 있는 인간의 진취적인 정신으로, 알게 하는 것은 사고하고 행위하는 것을 의미하며, 그럼으로써 어떤 것을 변화시킨다.

예술 제작과 예술 해석의 과정은 새로운 아이디어가 제시되도록 우리의 이해에 추가되며, 또한 새로운 방법으로 보게 하는 데 도움을 준다고 주장할 수 있다. 이런 창의적 통찰은 지식의 다양한 묘사적·설명적·무한적 체계가 확대되면서 우리의 이해를 변형시키는 잠재성을 가지며, 개인적이고 공동체적인 의식을 구성한다. 이해의 이러한 형태는 인간의 경험과 상호작용에 기초하며, 그리고 생산된 결과는 개인적으로 자유롭게 하고 문화적으로 계몽시킨다.

필자의 논의는 시각예술이 인간 이해에 어떻게 기여하는가를 인정하기 위해서는 예술 제작 환경에서 이론과 실재 내부에서 예술적 연구의 위치가 필요하다는 것이다. 이것은 창의적 실행의 이러한 중심적 위치에서 오며, 비판적이고 철학적인 분석, 역사적이고 문화적인 논평, 그리고 교육적 경험 같은 탐구의 다른 형태들이 나타난다. 이런 관념은 예술 경험을 따듯하고 분명하지 않으며 본질적으로 사적인 것이라고 보는 고정관념과는 큰 격차가 있다. 오히려 이것은 예술적 사고와 제작이 인식의 과정임을 지지하며, 그리고 이런 주장은 제5장에서 자세하게 다루고 있다. 더 나아가 시각예술가는 표현과 소통에서 정통할 뿐만 아니라 문화적 비평, 역사적 탐구 그리고 교육 개발에서도 결정적 역할을 한다고 단언한다. 오늘날 많은 예술가는 서명 양식의 단일한 탐구 또는 순환되는 주제에 특별한 초점을 두어 그들의 실행을 제한하기보다는 인간과 문화적 관계의 광범위한 질문을 던지며, 방법과 미디어를 사용하는 것을 택한다. 예를 들면, 앤 그레이엄(Anne Graham)은 예술가가 자신의 창의적 조사가 역사적·문화적 주제로서 실행의 국면으로 접어들 때 채택되는 쟁점의 징후를 보인다.

앤 그레이엄의 설치 작품 〈마크 트웨인의 새 옷(Mark Twain's New Clothes)〉은 그룹전에 참가한 것으로, 예술가들이 미국 저자이면서 유명 작가인 마크 트웨인을 찬양하며 1895년 그가 호주를 방문했을 때 뉴캐슬에서 일어난 특정 역사적 사건에 반응하여 작품을 제작한 것이다. 예술가들은 주제를 〈마크 트웨인의 새로운 모험: 코알로 폴리스로부터 메트로폴리스〉로 하고 전시회에 참여하였으며, 예술가-연구가들과 저자들은 불분명한 역사적 순간을 비판적 반성과 창의적 해석을 위한 구실로 만들어서 활용하였다. 이 전시회에서 예술가들에 의해 열린 아이디어들의 상상적이고 지적인 의도는 예술, 문화, 역사 그리고 연구에서 새로운 빛을 던진다. 제8장에서 이 프로젝트에 관해 자세하게 논의한다.

앤 그레이엄은 자신의 설치 작품에서 재미나게 이론적인 것과 상상적인 것을 가지고 트웨인(aka Samuel Clemens, aka Mr. Brown)과 그의 많은 정체성들을 다루었다. 그녀는 그의 옷을 벗기고 말리기 위해 그를 매단다. 그레이엄은 덧없는 장신구와 다양한 정체성을 가진 재치 있는 트웨인의 세계로 우리를 인도한다. 그녀는 소품의 앙상블을 사용하여 그의 카멜레온 같은 특성들에 관해 문제를 제기하지만, 그녀가 보여 주는 것처럼, 이런 것들은 비교적 쉽게 간과된다.

그레이엄은 옷이 물체를 덮을 수 있다는 아이디어를 사용하여 정치적 정체성에 관해 시각적 유추를 구성하지만 그렇게 함으로써 또한 진실이 드러난다. 유추는 추상적 표현의 기본 형태로 알아볼 수 있는 아이디어를 보여 주는 것에 의해 의미가 관람자에게 전달되도록 도와준다―여기서는 투명성으로―이것은 불명료한 어떤 것들을 이해하도록 사용하였으며, 트웨인의 경우는 정체성의 재발견이다. 이렇게 볼 때, 그레이엄은 트웨인의 개인적 이야기를 이미지화하기 위해 관련적 형태를 수집하여 활용하면서 새로운 이해를 가져오도록 그녀의 예술 실행을 활용하였으나, 그것들은 이전만큼 형성되지 않았다.

앤 그레이엄. 〈마크 트웨인의 새 옷(Mark Twain's New Clothes)〉
1. 〈정장: 나는 우천 시에도 말끔한 것을 좋아한다―비가 더러운 세상을 깨끗하게 하듯이〉
2. 〈모자(The Hat)〉
3. 〈사진(The Photograph)〉
4. 〈가방(The Suitcase)〉
크기는 유동적임. 작가의 허락을 받아 게재함.

전시회 작품을 위해 내가 만든 것은 투명한 흰색 정장의 신사복인데, 그가 언제나 정장 차림을 한 것처럼 보였으며 또한 그것이 황제의 새로운 옷과 같았기 때문이다. 그는 언제나 눈에 보였으며, 그리고 언제나 등장했다. 그리고 나는 옷을 걸치지 않고 장난기 있는 모습으로 바라보고 있는 그의 근사한 사진을 발견하였으며, 그리고 당신은 그를 유머감각이 있는 트웨인으로 볼 수 있을 것이며, 이것이 그가 어떤 사람이라는 것을 최대한 묘사한 것이다. 최근의 사진에서 슬픔도 볼 수 있지만, 그러나 나의 작품은 전혀 그런 것을 다룬 것이 아니다. 이것은 마크 트웨인의 수행과 마크 트웨인의 짐 꾸리기에 관한 것이다. 그는 흰색 정장에 중산모를 즐겼기 때문에 모자가 거기 있으며, 그리고 나는 중산모를 좋아한다. 당신이 옷을 벗고 관객 앞에 서 있을 때 당신이 모자를 벗으면 모자는 얼마간 적당한 장소에 놓여 있게 된다(Anne Graham, Hill, 2007 재인용).

▮∣ 연구로서 예술 실행의 구조 ∣▮

　예술에서 이론의 역할에 대해 생각해 볼 때, 앞서 논의한 마크 트웨인 전시의 전통적 반응은 미술평론가, 미술비평가, 미술사가 또는 철학자로서의 미학적·사회문화적·관념적 시각을 통해 여과된 예술비평과 미술사의 주요한 견해로, 미술사에서 앤 그레이엄과 그녀의 동료들의 작품을 해석하는 것이다. 전시는 가장 확실하게 해석과 비평의 이런 방향으로 전개되었다. 그러나 거기에는 또 다른 방법으로 흥미롭게 보게 하는 이론의 다른 층이 있다. 이것은 예술가가 자신의 예술적 조사의 일부를 진행하는 방법으로써 이론의 역할이다. 이것은 실행의 이론과 연구의 이론을 포함하며, 탐구 방법은 개별 작가의 창의적 목적, 개념적 단서, 역사적 전략 그리고 재료 진행에 따라 다양하다. 연구의 방법과 예술적 의도는 모두 강한 시각적 진술을 창출하는 최우선적인 목적 그리고 동등하게 강한 미적 경험을 제공한다.

　제3장에서 논의했듯이, 시각예술 실행의 이론화는 지위와 전망의 다양성을 포함한다. 그러나 연구로서 예술 실행을 개념화하는 실용적 방법을 제안하기 위해서는 이론과 실천 간의 관계를 고려한, 확고하면서도 옹호할 수 있는 구조의 구성을 필요로 하며, 그러한 것은 어떻게 미술이 그 잠재력을 인간 탐구의 창의적이고 비판적인 형태, 기능 그리고 산출물로 추정할 수 있는지를 알려 준다. 그러한 구조는 시각예술에서 발견되는 내용 관심의 범위를 조절하기 위해 탐구와 실행의 상이한 이론을 제공할 것으로 예상된다. 개요는 이론 구성을 위한 참조가 되며, 그것은 경험, 관찰 그리고 반성적 이해로서 연구 진행의 일부로 분석되고 해석된다. 그 결과로 연구로서 시각예술 실행 이론화를 위한 구조를 구성하는 몇 가지 훌륭한 이유들이 있으며, 이것은 관심, 쟁점 그리고 접근에서 상호 의존을 조사한다.

　• 첫째, 이론과 실행의 범위에 대한 정체성은 시각예술이 절충적이고 하이

브리드적인 학문으로 미술제작의 중심이면서 미술평론의 실행 구성을 포함한다는 개념을 형성한다.

- 둘째, 연구로서 예술 실행은 창의적이고 비판적인 진행으로 지식과 이해가 끊임없이 변하고, 방법은 유연하며, 결과는 간혹 예상할 수 없다는 것을 인정하는 것이며, 그럼에도 가능성은 우리가 알고 있는 것을 도전함으로써 우리가 알지 못하는 것을 드러내도록 열어 준다.

- 셋째, 유연한 구조는 상이한 목적, 강조 그리고 규모에 적합하도록 수용될 수 있고, 부분과 전체 간의 역동적인 관계를 유지하며, 시각예술 연구 실행을 성문화하는 경향에 반대하여 경계한다.

- 넷째, 이러한 구조는 포럼을 제공하며, 분야와 관련 영역에서 지위를 논의하는 데 도움을 주고, 시각예술 연구 실행을 안내한다.

- 다섯째, 새로운 시각예술 연구를 실행하면서, 이것은 실행이 어떻게 이론에 정보를 주고 이론이 어떻게 실행에 정보를 주는지 확인되면서 이론의 차원과 탐구의 범위 내에서 위치하며 비평된다.

- 여섯째, 학문을 가로지르는 시각적 방법의 활용, 다원적 모델연구, 후기 학문 분야의 프로젝트 그리고 컴퓨터 보조연구 테크놀로지 등과 같은 새로운 연구 전략처럼, 그것들은 시각예술에서 연구실행과 관련해서 평가할 수 있다.

- 마지막으로, 이론화의 구조는 만약 목적이 그것을 필요로 한다면 시각예술 실행이 연구 언어의 다른 형태로 즉시 해석될 수 있도록 가능성을 제공한다. 이렇게 한다면 연구 문화는 시각예술의 이론과 실행의 기반이 되면서, 그리고 결과는 학문을 교차하며 소통하게 된다.

시각적 구조: 패러다임과 실행

[그림 4-1]은 연구 전통을 확인하기 위한 이론적 구조를 보여 주는 것으로, 예술 실행은 탐구가 진행될 때 행해진다. 필자는 일반적으로 탐구에 대해 정보를 알려 주는 그리고 창의적이고 개념적인 특성인 방법론적 조건을 서술하였으

며, 이것은 특히 연구로서 예술 실행을 불러일으킨다. 이 장의 후반부에서 초점은 실행을 서술하기 위해 시각예술 앎과 시각예술 맥락 그리고 전략의 구조로 바뀐다. 그러나 이것은 중요한 것으로, 시각예술 연구의 이런 개념은 어떤 이론이나 모델 또는 방법으로 시도하거나 규정하려는 의도 없이 유추적인 방법으로 읽도록 강조되어야 한다. 그 반대로 이 장에서 논의한 지위는 연구에서 현재 이해되고 있는 이론을 위한 탐색은 탐구의 실행에서 잠재력을 해방시키기보다는 제한할 수 있다는 것이며, 그것은 적시에 그리고 충분한 기초가 되고, 목적과 디자인에서도 역시 혁신적이다. 따라서 의도는 시각적이고 언어적인 형태에서 제시되도록 제공되며, 이는 연구의 형태로서 예술의 중요한 역할에 대해 아이디어를 제시한다. 이는 시각예술 연구 실행과 관련 분야의 비판적 분석에서 비롯되며 그리고 사회과학과 인문학에서 탐구의 유사성과 차이성을 이끌어 내며, 정보는 필자가 제시하였듯이 연구 프로젝트에서 이끌어 낸다.

더욱이 소송 절차 정지 통고 역시 관련이 있다. 분석적 구조를 서술한 것에 대해서는 신중할 필요가 있으며, 이론과 실제 사이에서 관계 조사의 목적을 위해 관련된 요소들을 결합시킨다. 체계적 구조는 관심과 방법에서 실행이 정상화되도록 작용함으로써 새로운 정설에서 안내를 맡는 잠재력을 지니게 된다. 끝으로 그림에서 보여 주는 삼각형의 경계는 장벽이 아닌 연결을 나타낸다. 그림에서 가장자리는 제2장에서 논의한 스트로나크와 맥루어(Stronach & MacLure, 1997)가 설명한 포스트모더니즘과 겹치며 밀접하게 닮았다.

서술하는 데서의 어려움은 아이디어이며, 비록 개념적 경계가 관심 분야를 정의하는 데 도움을 주지만, 그것들은 침투성 있는 장벽으로서 아이디어가 앞뒤로 흐르게 한다. 이런 유연한 조건은 특히 [그림 4-1]의 시각예술 연구의 구조에서 타당하게 인지할 수 있으며, 구성요소들은 관련성 있는 적절한 집단으로 보인다. 이런 연합은 [그림 4-4]와 [그림 4-5]에서 다른 견해로 볼 수 있으며, 구조는 연구가 진행되는 동안 방법들이 엮이면서 끊임없이 전개되는 자기유사성 구조로 제시된다. 따라서 이 장에서 설명하는 구조들은 연결하고 끌어안는 탐구의 유연한 진화 체계이며, 이러한 구조들은 안정 또는 불안정 상태에서 유동적인 형태로 움직이면서 새로운 가능성이 나타난다. 더 나아가서 연구 실행의 맥락에서, 시각적이고 텍스트적인 예술 형태는 이런 파악하기 어려운 이해들을 포착하는 가장 적절한 수단이다.

　[그림 4-1]은 시각예술 탐구의 4개의 상호 연계된 분야들을 보여 준다. 연구의 주요 특징으로 분야들의 범위는 구조(Structure), 기능(Agency) 및 행위(Action)로 설정하였다. 이는 연구의 아이디어를 포함한다. 결국 연구는 지식, 경험 그리고 탐구 구조를 사용하여 문제, 쟁점 및 질문에 관해 중재하고, 해석하며, 행위하는 실행으로 인간의 수용 능력을 향상시키며, 우리가 누구인지 그리고 우리가 무엇을 하는지에 대해 새로운 통찰과 이해를 드러낸다. [그림 4-1]의 중심은 시각예술 실행으로, 여기에서 연구 문제, 쟁점 그리고 상황이 시작된다. 이것은 실재를 반영하고 연구로서 예술 실행이 실기 경험의 기본이 되며, 실행자는 그들의 지적이고 상상적인 탐색에서 경계를 교차하며 절충하여 움직인다. 비록 이것이 시각예술 연구가 책임지는 핵심이지만, 연구 실행 주변과 관련해서 볼 때 상이한 견해와 실행은 목적과 가능성에 반응하여 새로운 위치로 얽히고 엮이면서 탐구로 나타난다. 범위의 분야들은 각기 다른 연구 전통과 방법을 설명하는 경험주의자, 해석주의자 및 비평가로 분류하였으며 그리고 이러한 패러다임은 연구 방법 문헌에서 잘 증명된다.[1] 이와 같은 연구 견해는 위르겐 하버마스(Jürgen Habermas, 1971)에 의해 큰 힘을 얻었다. 그의 실용주의적 관점에서 살펴보면, 하버마스는 탐구가 사회적으로 근거한다고 논의하면서 기술적 · 상황적 · 비판적 이해를 포함한 지식 구조의 범위를 넓힐 필요가 있다고 주의를 환기시킨다. 레이먼드 모로우(Raymond Morrow, 1994)는 하버마스의 3단계 지식 도해를 부연 설명한다.

　　우리는 사회적이고 자연적인 실재(경험주의적-분석적 관점)를 통제하고, 그런 실재(해석학적-역사적 관점)를 질적으로 해석하고 이해하며 그리고 자유와 평등을 위한 인간의 잠재성을 극대화하기 위해 실재(비판적-해방적 관점)에서 우리의 개인적이고 집합적인 의식을 변형시키며 알기 위해 추구한다(p. 146).

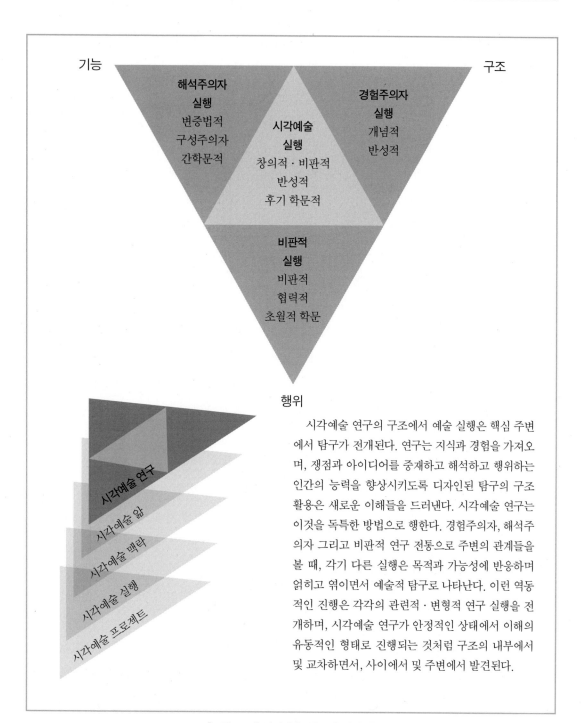

기능

해석주의자
실행
변증법적
구성주의자
간학문적

시각예술
실행
창의적 · 비판적
반성적
후기 학문적

경험주의자
실행
개념적
반성적

구조

비판적
실행
비판적
협력적
초월적 학문

행위

시각예술 연구

시각예술 앎

시각예술 맥락

시각예술 실행

시각예술 프로젝트

시각예술 연구의 구조에서 예술 실행은 핵심 주변에서 탐구가 전개된다. 연구는 지식과 경험을 가져오며, 쟁점과 아이디어를 중재하고 해석하고 행위하는 인간의 능력을 향상시키도록 디자인된 탐구의 구조 활용은 새로운 이해들을 드러낸다. 시각예술 연구는 이것을 독특한 방법으로 행한다. 경험주의자, 해석주의자 그리고 비판적 연구 전통으로 주변의 관계들을 볼 때, 각기 다른 실행은 목적과 가능성에 반응하며 얽히고 엮이면서 예술적 탐구로 나타난다. 이런 역동적인 진행은 각각의 관련적 · 변형적 연구 실행을 전개하며, 시각예술 연구가 안정적인 상태에서 이해의 유동적인 형태로 진행되는 것처럼 구조의 내부에서 및 교차하면서, 사이에서 및 주변에서 발견된다.

[그림 4-1] 시각예술 연구의 개념 틀

제2장에서 패러다임으로서 경험주의의 혼합된 유산과 사회학과 인문학에서의 연구의 제도 안에서 그것이 널리 미치는 영향을 논의했다. 모로우(1994, p. 32)를 추종하면서, 필자는 경험주의와 경험의 차이를 만드는데, 후자에서는 질적 연구의 분야가 경험 발견과 확인을 포함하지 않더라도, 오직 질적 연구로서 서술되어 잘못 활용되는 경우가 종종 있다. 감각기반 전략을 실제적인 추론으로 전개하는 질적 연구의 빠른 성장은 경험주의 방법론의 실리가 되는 유산이다. 그래서 필자는 경험주의자를 주로 자료 제시에 의한 연구에 초점을 맞춰 반영하는 데 사용하는데, 거기서 증거는 관련된 방법과 기법을 활용하여 다량의 형태를 수집하고 분석하는 사회적 실재의 경험으로부터 도출한다.[2]

또 다른 관점은 해석학적 전통들이다. 제2장에서 견해와 실행이 이중적인 조건으로—주관적이고 객관적인 실재가 적절한 예가 됨—보이는 것을 주장하는 다소의 연구 개념을 논의하였으며, 필자는 이러한 이원적 사고의 거부를 다시 진술하기를 희망한다. 필자의 해석학적 견해는 하버마스(1971)와 폴 리쾨르(Paul Ricoeur, 1981)의 해석학적[3] 전통과 에곤 구바와 이보나 링컨(Egon Guba & Yvonna Lincoln, 1998)의 구성주의자 견해에 제한받지 않는 정보를 준다. 여기에서 중심적인 역할은 살아 있는 것처럼 경험하고, 느끼고, 재구성하고, 재해석하고, 이해하는 것이다. 그 결과로서 의미는 인간의 앎이 사회적 상황에서 집행하고, 조정하고, 구성되면서 발견되기보다는 만들어진다. 이와 같은 시각은 의미가 탐구과정에서 만들어지는 것처럼 연구 실행 자체가 해석을 창조하고 구성하는 위치라고 지시한다.

리쾨르(1981)의 텍스트 해석 개념에서 가져온 아이디어는 쓰인 텍스트를 읽을 때 그 개별적인 의미를 가지게 되며, "텍스트가 의미하는 것은 저자가 의미하는 것과 더 이상 일치하지 않는다."(p. 139)는 것이다. 이것은 관련적인 관심과 견해가 복합적인 방법과 의미를 드러내는 것처럼, 시각예술에서도 예술가, 예술품 그리고 환경 간의 해석적 공간을 열어 주는 데 도움이 된다. 이러한 것들은 미술평론가와 이론가의 해석에 공유되면서 좀 더 활기를 띠게 된다. 아서 단토(Auther Danto, 1981)는 "예술에서 모든 새로운 해석은 코페르니쿠스적 대변혁이며, 각각의 해석은 새로운 작업을 구성한다."(p. 125)라고 하였다. 그러면서 그는 "당신은 그림을 선택할 수 있지만, 만약 제한된 지식이 제한된 지식을 가져온다고 하는 것에 이의가 없다면, 당신이 선택한 대로 그것을 해석할 수는 없다는 것을 생각하게 한다."(p. 131)고도 하였다. 매트 알베슨과 카즈 스콜드버그(Mat Alvesson & Kaj Sköldberg, 2000)는 [그림 4-1]과 관련해서 이해를 둘러싸고 있는 해석에서의 유연성의 가치를 다음과 같이 규정한다.

> 이해는 창의적이고 재생의 행위를 구성하는 것으로, 연구자는 기계적으로 물체를 그대로 거울에 비추는 것보다 물체의 의미를 충당한다. 연구자들은 각자 참조의 구조를 지니고 있으며, 필연적으로 이것에 따라 그들의 해석을 만들어 낸다. 이것은 또한 해석이 언제나 **비교적** 자율적이며, 결코 절대적일 수 없는 이유다(p. 68, 원문에서 강조).

[그림 4-1]에서 보이는 마지막 범위의 구성 요소는 비판적이다. 이것은 세계적 용어로 제2장에서 논의된 불신주의로부터 개념적인 방향이 제시됐다. 탐구의 비판적 형태의 넓은 목적은 사회적·문화적 변화의 제정이다. 비판적 시각의 날카로움은 통제된 특권층의 사회적 구조들을 와해하며, 인종, 성, 경제, 민족적 정체성과 같은 문화적 특성들에 의해 과소평가된 집단의 상황을 조사한다. 변증법적인 그리고 해체적인 방법을 활용한 그룹의 내러티브와 전망은 대부분 역사에서 생략되거나 또는 사회 구조 내에서 접근과 발언이 부정되면서, 드러내거나 표현된다. 변증적인 전개는 그들의 입장을 부정하는 상황에 도전하도록 개인에게 계몽과 권한을 주는 것을 목표로 하며 따라서 "변화는 실재하는 사건 속으로 개인의 통찰을 개발하고 촉진시키며(자연성과 그들 이용의 연장) 그리고 그것에 작용하며 자극한다"(Guba & Lincoln, 1998, p. 215).

시각예술 이론과 실행의 현저한 특징에서 탐구의 비판적 전통은 최근 수십 년 동안 수정주의자의 시각에 의해 중요하게 추진되었다. 특히 미술사의 여성주의 비평과 현대문화 정책에서 초래된 실행의 비판적 분석은 예술가들에 의해 다뤄지고 있는데, 특히 비평에서 다뤄진다. 이런 것들은 시각예술 연구를 위한 영역을 확장하도록 내용 지시와 방법론적 단서들을 제공하는데, [그림 4-1]에서 보여 주는 구조 내에서 시각적이며 진술된 언어들이 비판적으로 관계하며 통합되어 보인다.

▮┃ 관계적 연구로서의 예술 실행 ┃▮

시각예술 실행 주변의 경험주의자, 해석주의자 그리고 비판적 영역은 시각예술에서 탐구의 적용이 적절한 연구 패러다임으로 서술된다. [그림 4-1]에서 보여 주듯이, 고유한 연구 실행들은 중요한 관계적 특징을 서술하며, 시각예술 연구 실행들의 내부에서 및 교차하면서, 사이에서 및 주변에서 형성된다. 이 장의 후반부에서 예술적 실행의 관계적 특징은 변형적 실행으로 제시한다. 자기유사성과 편조의 구조적 진행은 연구로서 예술 실행의 역동적이면서도 휘발성적임을 설명하는 데 활용되며, 그 이유는 연구의 논제나 주제가 비판적으로 변경되는 것을 경험할 뿐 아니라 예술가-연구자도 창의적인 탐구 진행에 의해 변화되기 때문이다.

연구 내부에서 그리고 교차하는 실행의 전통

시각예술 실행의 핵심 구성요소 내부와 이론과 실제의 다양한 경향을 포함한 연구 전통 주변에 있는 포함된 요소들은 시각예술 연구에서 중요한 역할을 한다. 연구와 실행의 패러다임을 통한 산재는 다양한 이론적 오리엔테이션으로, 탐구를 지휘하는 데 활용되는 실행에서 직접적인 관계를 가지며 그리고 이런 것들은 시각예술 실행에서 활용된다. 구조에서 제시된 특징들은 두 가지 방법으로 읽을 수 있다. 첫째, 경험주의자, 해석주의자 그리고 비판적 같은 연구의 전통 내부에서 분리된 특징을 포함하는 것으로 시각예술 연구에서 채택된다. 둘째, 연구 전통을 교차하는 평행적 특징으로 연구 프로젝트들의 상이한 방법에서 채택된다. 예를 들면, 연구의 지엽적인 특징으로 읽을 때, 시각예술 실행은 반성적 접근 방법을 활용한 창의적이고 비판적인 현상으로 그것의 차별화된 연구 수용 능력에 의해 특징지어지면서 반응을 규정하고 구체화하며 간혹 후기 학문적 상황 내에 위치한다.

이와는 달리 측면에서 읽게 되면 연구 전통을 교차하는 확인된 특징들을 층으로 볼 수 있으며, 이것은 통합된 이론과 실제의 연구 실행에 반영된다. 이런 것들은 연구 전략의 세 가지 층 또는 단계에 부합된다. 한 단계에서 연구는 쟁점, 문제 및 아이디어의 이론적이고 개념적인 것으로서 연구 질문을 확인하고 개념화하며 정의한다. 이런 진행은 연구 프로젝트의 전략적 지점에서 생기며―어떤 상황에서는 초점과 의도를 결정하기 위해 초기에 이런 쟁점들이 정의되어야 한다. 다른 상황에서는 이것은 연구 진행에서 나중에 발생한다. 예를 들면, 앞에서 다룬 시각예술 실행의 실례에서 창의적이고 비판적인 것은 개념적인 진행으로 볼 수 있으며, 많은 경우에서 결과는 실재하는 지식 체계에 반대하여 비교되고, 비평되며, 이론화되면서 연구 결과 후에 일어난다.

연구의 또 다른 층은 조작적이고 방법론적인 실행으로서 어떤 연구 프로젝트에서나 일어난다. 이런 것들은 아이디어와 쟁점을 형태로 하여 번역하고 변형시키는 독특한 방법들로 조사될 수 있다. 임상 연구 전통에서 조작적 개념은 형태에서 그것을 정의하는 것으로 중재에 의해 설계되며 결과는 측정된다. 분야기반 환경에서, 조작적 진행은 탐구의 진행이 점진적으로 집중되면서 정보가 수집되고 전략이 쟁점을 좀 더 면밀히 조사하도록 개발될 때 일어난다. 시각예술 실행의 경우, 조작적이고 방법론적인 특징은 연구 프로젝트에서 창작되는 형태가 반응적인 환경 내에서 비평되는 것처럼 기본적으로 반성적이다. 반성적 실천은 본래적으로 수행적이며, 좀 더 자세한 내용은 뒤의 '변형적 연구로서의 예술 실행'에서 설명한다.

연구 전통을 교차하는 연구 실행의 마지막 층은 특정한 맥락과 환경을 묘사하는 것으로, 이는 시각예술 연구를 이끌어 내는 탐구의 다양한 전통의 일부분이다. 맥락이 연구 환경에서 요소가 될 때는, 지식은 상이한 개인적·교육적·사회적·문화적 견해로부터 새로운 해석과 이해를 적용하는 사용자의 공동체 속으로 들어가는 연구자에 의해 생성된다. 사회과학 같은 다소의 연구 전통에서는 이러한 상황은 대부분 학문적 구조의 범위 안에 위치하며, 인문학에서의 연구 맥락은 지식과 이해를 다루는 것으로 가장 잘 특징지을 수 있는데 이는 간학문적 맥락에서 탐구된다. 이와는 달리 비판적 전통에서는 전략적인 경향은 맥락-특정적인 것과 조우하며 보다 더 많이 초월적 학문 진행에서 학문적 범위를 교차하며 앞뒤로 이동한다. 다른 한편으로, 시각예술 실행은 후기 학문적 실행으로 구조에서 제시되며 그리고 이것은 좀 더 자세하게 변형적 연구로서 예술 실행에서 설명한다.

탐구의 전통 내에서 발견되는 연구과정을 규정하는 이런 전략은 방법-특정적이며, 그리고 좀 더 일반적인 다른 연구 실행들은 이런 관례들을 질러가며, 이것은 시각예술 실행이 연구로서 이론화될 때 볼 수 있고 이론, 개념, 방법, 환경 등의 복잡한 배열을 포함한다. 또한 이것은 단순히 절충하는 사례로 자리매김하는 것이 아니라, 다른 연구 전통들이 갖고 있지 않는 연구 요구에 반응하며 독특한 접근을 한다. [그림 4-1]를 다른 방법으로 참조하면서 이런 특성들을 좀 더 자세히 살펴보자.

이론 간의 실행의 차원

'시각적'([그림 4-1] 참조)의 특징은 구조 내부에 이론의 다양한 차원들이 끼워져 있으며, 그것은 실기예술 실행이 어떻게 연구 진행의 일부분으로 통합될 수 있는지 좀 더 분명하게 한다. 제2장에서 논의하였듯이, 이론의 기능은 어떤 것을 설명하는 것이다. 아이디어, 물체 또는 사건이 무슨 이유로, 어떻게 관련 있는지 또는 문제들은 서로에게 어떤 영향을 미치는지를 설명하는 설명적인 논문의 제안은 연구의 중요한 목적 중의 하나다. 그러므로 이론은 우리가 어떻게 이해하고 세계가 어떻게 움직이는지의 개요다. 그러나 이론은 다양한 형태로 행해지며, 상이한 연구 방법들의 결과다.

　설명적인 이론은, 예컨대 기본 질문인 '왜?' 또는 '무엇이?' 등에 답하는 것으로 원인적 설명을 생성하며 예견할 수 있는 중요한 힘을 갖게 한다. 이와는 달리 서술적인 이론은 분석적 기술로 관련된 요인, 구성 요소 또는 체계를 규명하면서 연구 질문인 '무엇?'에 답하는 것이다. 해석적 이론은 추론적이며 정보를 종합하도록 함으로써 연구 질문인 '왜?'에 답하도록 한다. 철학적 · 현상적 이론은 본래적인 것을 추출하는 것으로 연구 질문인 '어떻게 될까?'에 반응하며 신중한 방법을 활용한다. 이와는 달리 상황적 이론은 역사적 · 관념적 · 정치적 결말에 소용되며 '무엇이었을까?' 또는 '무엇이 아니었을까?' 같은 연구 질문을 취한다. 이론적 질문에 관계없이, 연구 방법의 범위 내부에서 어떠한 연구 프로젝트도 할 수 있다. 연구 실행으로서 시각예술은 넓은 이론적인 범위를 가지며, 또한 이론의 많은 차원들과 혼합하면서 연구 과제에 반응하는 수용 능력을 갖는다. 연구로서 예술 실행이 받아들여지기 위해서는, 미술가-이론가는 스튜디오 상황뿐만 아니라 다른 관련된 형태와 방법 면에서도 조사할 수 있는 이론적인 관계에 직접적으로 연동되어야 한다.

　[그림 4-2]는 이론 사이에서 실행의 차원으로, 이론의 경향과 상이한 연구 실행 간의 관계를 구분하며 예술 실행이 후기 학문적 환경에서 이론과 어떻게 관련이 있는지를 보여 준다. 이러한 관계는 세 가지로 나타난다. [그림 4-2(a)]의 '이론의 차원: 창의적 비평하기'는 이론적 관심이 창의적 · 비평적인 것이 포함되는 진행의 순환을 통해 조사되는 것처럼 시각예술 실행과 비판적 차원과 연결되어 있으며, 이것은 특정 쟁점과 상황에 반응하며 아이디어를 계획하는 것이 수반된다. 시각예술 실행과 해석주의자 차원 주변의 이론적 쟁점은 개별적이고 공동체 수준에서 의미를 만들고, 이해 소통을 추구하는 것에 의하여 탐구된다([그림 4-2(b)] '이론의 차원: 의미 만들기' 참조). 다른 한편으로, 시각예술 실행과 경험주의자 구획 간의 관계에서 분석될 수 있는 이론의 차원([그림 4-2(c)] '이론의 차원: 문제 발견하기' 참조)은 예술기반 환경에서 아이디어를 탐구하고 형성될 때 문제 발견하기와 관련 전략들이 포함된다. [그림 4-2]에서 서술된 진

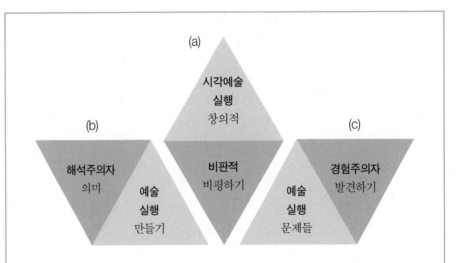

시각예술 연구의 실행 간의 이론적 관계들을 나타낸 것이다. 이론은 어떻게 세계가 움직이는지를 이해하는 데 도움을 준다. 이론은 연구의 결과이며, 우리 삶을 형성하는 아이디어·쟁점·사건을 심사숙고하여 설명하고 서술하며 해석하는 다양한 형태를 취한다. 또한 이 그림은 이론과 상이한 연구 실행 간의 관계를 밝힌다. 시각예술 실행과 비판적 구성 요소는 이론적 쟁점이 창의적·비평적인 것을 통해 조사되며 연결된다. (a)의 시각예술 실행과 해석주의자 차원은 (b)의미-만들기 진행에 따라 탐구되며, 개별적인 소통과 공동체 이해를 도모한다. 시각예술 실행과 경험주의자 전통의 (c)연구는 예술기반 환경에서 문제 발견하기와 아이디어 형성하기가 포함된다. 이 그림의 진행의 이론화는 탐구의 목적과 상황에 따라 어떻게 이론의 서로 다른 양상이 예술 실행에서 다르게 관련되는지를 나타낸다.

[그림 4-2] 실행과 이론 간의 차원들

(a) 이론의 차원: 창의적 비평하기, (b) 이론의 차원: 의미 만들기, (c) 이론의 차원: 문제 발견하기

행과 실행의 이론화에서, 실행과 이론 사이에서 차원은 지침이 된다. 그 이유는 탐구의 목적에 따라 이론의 서로 다른 양상은 예술 실행에서 다양한 방법으로 관련될 수 있기 때문이다.

탐구 주변의 실행의 영역

탐구 실행은 또한 [그림 4-1]에 포함된 방법론적 접근에서 나타난다. 이러한 것들은 탐구의 영역으로서 일반 특성은 앞의 '시각적 구조: 패러다임과 실행'에서 개략적으로 논의하였으며, 이는 시각예술 실행과 경험주의자, 해석주의자 그리고 비판적 연구 전통을 나타낸다. 그렇지만 좀 더 방법적인 적용은 탐구의 관련된 영역이 정보를 빼낼 때 볼 수 있다. [그림 4-3]은 탐구 주변 실행의 영역을 보여 주는데, 이는 연구의 방법을 나타내며 탐구의 방법에 의한 실행의 영역을 결합시킨다. 탐구의 이런 쐐기 모양들은 연구 착수의 진행에서 예술 실행의 쟁점들로 발휘된다.

예를 들면, [그림 4-3(a)] '탐구의 영역: 추론적'에서 경험주의자는 구조에 초점을 두고 합병되며, 해석주의자는 추론적 방법의 활용을 통해 기능을 강조한다. 이러한 것들은 정보에서 모범과 일관성을 확인하는 개념적이며 분석적인 기법들이다. 실기 연구 환경에서 적용할 때, 시각적 이미지와 물체는 의미를 조사하고 의미의 출처로 활용된다. 추론적인 방법과 비추론적인 방법 간에 구별은 없으며, 그 이유는 연구의 관심은 수집되고 만들어진 시각적 자료로부터 어떻게 시각적 이미지, 재현, 코드 및 의미를 만들 것인가를 결정하기 때문이다.

유사하게 [그림 4-3(b)] '탐구의 영역: 변증법적'에서 변증법적 방법을 활용하여 기능의 해석주의자 그리고 행위의 비판적 견해에 순응한다. 변증법적 방법은 연구 프로젝트의 부분으로 논의, 요구 및 행위의 타당성을 평가하기 위해 담론과 언어기반 전략을 활용한다. 연구로서 예술 실행의 상황 내부에서, 은유와 유추 같은 언어 형태는 어떤 것을 시도하고 변형시키는 동인으로 시각적으로 활용된다.

세 번째로 [그림 4-3(c)] '탐구의 영역: 해체적'은, 해체의 방법을 활용하며 행위의 비판적 연구 전통과 구조에 초점을 둔 경험주의자에 의존한다. 비평의 이러한 방법은 연구가 진행되는 동안 체계와 구조에서 강조와 생략의 분야를 조사한다. 스튜디오 맥락에서, 시각적이고 진술적인 방법은 사회적이고 문화

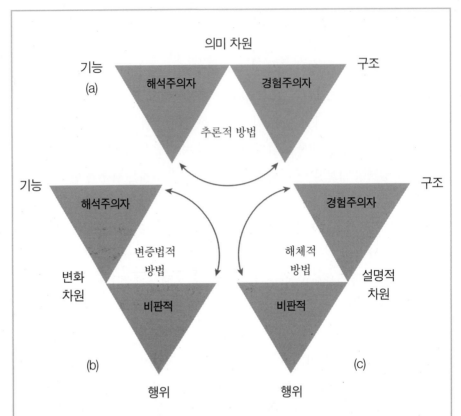

[그림 4-3] **탐구 주변 실행의 영역**

(a) 탐구의 영역: 추론적, (b) 탐구의 영역: 변증법적, (c) 탐구의 영역: 해체적

적인 쟁점들을 비평하는 데 활용되며, 의미를 구체화하고, 그것이 어떻게 되어 있는지 및 어떻게 될 것인지를 설명한다. 예를 들면, 시각적 전략은 재현적인

형태, 상징적 접근, 콜라주와 브리콜라주 방법 그리고 시각적이고 진술적인 텍스트의 범위 등과 합병한다. 해체적 방법의 활용에서 결정적인 요소는 비판적 반응을 확실하게 하도록 형태를 부여하는 창의적인 진행으로 문제와 논쟁점에 대한 구성주의적 반응은 연구 진행의 독특한 부분이 된다.

　이론과 탐구의 실행에서 이음매 없이 내부에서 그리고 교차하며, 사이에서 그리고 주변에서 움직이며 실행하는 예술가는 리나 바너지(Rina Banerjee)다. 역사적 신화 제작과 문화적 전위에 대한 의식하는 이론적인 질문에서, 바너지는 체계적인 질서의 과학과 그와 반대되는 예술을 융합하여 풍성한 이야기와 숨은 문화적 비평을 만들어 낸다. 그 결과로, 그녀의 설치 작품과 익숙한 재료들은 익숙하지 않은 환경에 놓이는 것처럼 결합되고 부인되면서 물체의 정렬과 낯선 형태는 꾸며 낸 과거로부터 개조되고 해방된다. 매사추세츠 현대 미술관(MASS MoCA)의 양키 리믹스 전시회에서 전시된 그녀의 설치 작품인 〈전염성의 공간들, 원주민의 축제일 보전(Contagious Spaces, Preserving Pinkeye)〉(2003)은 좋은 예가 된다.[4]

　이 전시회에는 9명의 예술가들이 역사적 인공물과 일상적인 수집 대상품에 주어진 의미와 함께 연합된 문화적 가정을 조사하도록 초대받았다. 예술가들은 뉴잉글랜드 골동품 보존협회(SPNEA)가 광범위하게 수집한 것에서 인공물을 사용하여 기억과 의미의 쟁점을 다루며 해석적인 작품을 제작하도록 위촉되었다. 리나 바너지의 불규칙하게 펴져 있는 설치 작품은 플라스틱 피막으로 된 수축 포장한 기념물의 견본으로 여기서의 돈키호테식과 이국적인 기억은 오염된 시각을 보여 준다. 불편함은 그것들이 전시된 것처럼 우리 주변을 둘러싼 물체가 어떻게 우리 스스로를 왜곡시키는가를 생각나게 하는 그런 상세함에 있다. 양키 리믹스 전시회의 흥미로운 점은 예술가-이론가 그리고 큐레이터-역사가가 비평적인 역사적 견해를 가지고 목적을 공유한 것이다. 또한 예술가는 최선을 다해 제작했고, 시각연구의 앙상블을 만들어 냄으로써 더 많은 질문을 야기하며, 논의, 간섭 및 통찰을 제공했다.

리나 바너지. 〈전염성의 공간, 원주민의 축제일 보전(Contagious Spaces, Preserving Pinkeye)〉(2003). 타지마할 제단의 설치와 광학적 조소 작품. 매사추세츠 현대 미술관(MASS MoCA)과 양키 리믹스전에 위촉함. 작가와 MASS MoCA의 허가를 받아 게재함.

리나 바너지의 작품은 복합적인 디아스포라 경험처럼 장소와 정체성을 재발견하는 특정한 식민지 시대의 순간을 탐구한다. 그들의 미학적 · 문화적 기원은 특히 많은 지역 문화가 가정, 이국적인 외국과 국내에서의 우리의 지각을 어떻게 지속적으로 오염시키며 영향을 미치는지를 제시한다. 식민지풍의 물체, 기념 그리고 장식 공예품의 집합체인 그녀의 체계는 얽혀 있는 진행으로 미술 제작에서 인공물과 역사를 보는 경험을 만들며, 우리의 범위에서 형을 바꾸고 그런 것들이 침입되면서 유동성 증진이 일어난다(http://www.rinabanerjee.net/index.html, 2009. 4. 12.).

▮▮ 변형적 연구로서의 예술 실행 ▮▮

시각예술 연구의 구조에서 중요한 특징은 연구에서의 관계적 접근이며 또한 변형적 연구 실행이다. 이것은 시각예술에서 지식 창출을 의미하는 것으로서 순환적이며 그리고 연구 환경에서 예술 제작의 과정과 진행을 통한 '반응하는' 새로운 경험처럼 끊임없이 변화를 겪는다. 이런 변형적 특성은 또한 예술가-연구자에게 적용되면서, 시각예술 지식으로서 연구 진행의 구체화된 부분으로 구조를 이루고, 조우되며, 비평되고, 창작되며 따라서 통찰이 드러나고 소통된다. 연구로서 예술 실행의 변형적 특징은 반성적이고 후기 학문적인 구조에서 가장 잘 볼 수 있으며, 이것들은 편조([그림 4-4] 참조)와 자기유사성([그림 4-5] 참조)으로 나타난다.

변형적 연구로서의 반성적 실행

실재하는 이론과 실행에 반대하여 상이한 방법을 활용하는 반성적 실행은 일종의 연구 활동으로 새롭게 현상들을 볼 수 있는 가능성을 제공한다. 네 가지 반성적 실행은 다음과 같다.

첫째, 시각예술 내부에서, 자기반성적 실행은 개인적 관심과 창의적 통찰에 의해 지시되는 탐구 진행으로 서술되며 이것은 학문적 지식과 연구 숙련을 통해 정보를 알려 준다. 이것은 분야의 투명한 이해를 요구하며, 실재하는 자료, 텍스트 그리고 상황을 통해 볼 수 있는 개별적인 것을 의미하며 따라서 대안적 개념과 상상적 선택을 열어 준다.

둘째, 경험주의적 이해에 대한 반응으로, 예술가-연구자는 수집된 정보를 반영하며 사용된 개념적 전략을 재검토하고 다른 접근을 고려한다. 이러한 반성적 실행은 초분석적이고 새로운 견해를 드러내며, 갤러리의 큐레이터가 수집품을 새로 조립할 때 동일한 방법으로 하여 예술품을 다양하게 읽도록 제공한다.

셋째, 연구 발견에서의 해석의 그럴듯함은 정보를 열린 시각으로 대화하는 반성적 연구자의 수용 능력에 의해 결정된다. 이것은 탐구의 진행에서 추론되는 의미들의 의의가 초기에는 연구 프로젝트 자체 내에서 그리고 결국에는 연구 공동체 사이에서 토론과 논의임을 의미한다.

넷째, 반성적 실행자는 특정 환경에서 문제가 되는 상황이 드러나는 것처럼 내용과 상황에 의문을 가져야 한다. 탐구의 주제는 문제를 확인시키며 또한 참여자가 잠재적 변화에 반응하게 됨으로써 분야가 전개된다. 이런 해방의 관심은 예술적·사회적·정치적·교육적·문화적 변화를 규정하는 일반적 원인으로 가장 직접적으로 관련되도록 기회를 제공한다.

시각예술에서 반성적 실행의 이와 같은 해석들은 매트 알베슨과 카즈 스콜드버그(Mat Alvesson & Kaj Sköldberg, 2000)가 제안한 '반성적 해석'의 개념을 이끌어 낸다.

재귀는 각기 다른 요소나 단계가 서로 상치되면서 나타난다. 이런 관계에 의해 그리고 상호작용에 의해 반성은 일어난다. 이런 접근은 추론을 기반으로 하여—적용되며—어떤 요소도 요약되지 않는다. 그것은 그것들이 모두 심각성의 정도에 따라 택해지지만, 그들 중 어느 것도 옳거나 가장 중요한 통찰을 지닌다고 제시되지 않는다(p.249).

알베슨과 스콜드버그가 논의한 상이한 반성적 실행들 간의 상호작용은 [그림 4-1]에서 제시한 반성적 구조 내부에 끼어 있다. 지시되는 탐구의 예상은 자기 반성적·반영적·대화적 그리고 질문적이며 따라서 각각 서로에게 정보를 준다. 시각예술 실행자의 실행이 중요하게 호소되면, 그들의 실행은 일반적으로 이론과 실행의 다양성에서 연구적·다층적·총괄적이게 된다.

변형적 연구로서의 후기 학문적 실행

후기 학문적 실행은 이론의 차원으로 조사되고 탐구의 영역이 채택되면서 실재하는 학문의 범위의 내부에서 그리고 그것을 넘어서서 시각예술 실행이 행해지는 것으로 서술된다. 미술 제작으로 둘러싸인 학문적 견해는 이론적 쟁점과 적절한 방법을 연구 관심과 필요에 맞게 어떻게 활용하는가 하는 것들이 연동되면서 반영된다. 그것들은 또한 중요한 탐구 실행을 의미하며 그리고 저명한 경험주의자, 해석주의자 그리고 비판적 전통을 포함한다.

아카데미 내부에서의 프로젝트를 달성함에 있어, 실기기반 연구자가 전개하는 방법은 예술 제작의 중심이며 또한 서로 다른 학문적 견해와 실행에 의해 둘러싸여 있다. [그림 4-1]에서 보여 주듯이, 학문기반 위치는 연구의 경험주의자 전통 내부에 들어가 있다. 해석주의자 패러다임 내에서 이것은 간학문적 조사로 이론과 실행은 별개로 정보를 빼낼 때 의미를 들추어낸다. 그와는 달리 비판적 시각에서 탐구는 실재하는 체계, 구조 그리고 질문과 변화가 일어나는 실행만큼 더 많이 유입되며―이런 접근은 초월적 학문으로 서술한다.

연구가 계획되고 진행될 때, 예술가는 예술을 창조하고 반응하면서 자신이 하는 것처럼 상상적이고 지적인 접근에 대한 선택을 알려 준다. 시각예술 연구를 실행할 때 통찰적 결정을 만드는 과정이 배우고 적용하는 대부분의 지식에서 지시된다는 가정은 단언할 수 없다. 사전 지식을 활용하여 만드는 필요성에도 불구하고, 지식의 현저한 설명적 체계는 내부에서 유일한 평가의 기준이 되지 않으며, 여기에서 새로운 탐구가 구성된다.

인류의 과정, 공동체 실행 그리고 문화적 기능의 다양한 이론은 확실히 풍부하며, 이러한 것들은 모두 조건과 주변을 해석하는 구조로서 기초로 제공되고 탐구의 참조가 된다. 이것은 학문적 연구이면서 창의적 탐구의 기초가 된다. 그러나 창의적 목적에서 선택을 알리는 것에는 작업을 선정하고 적합하게 하고 구성하는 방식과 보는 방식이 포함되고, 그리고 이것을 하기 위해서는 실행보다 먼저 탐구의 도구를 구성해야 한다.

현대 예술을 기초로 하여 작업을 할 때, 학문의 개념은 불확실하며, 교육적인 매개는 열려 있으며, 발명적 탐구를 위한 기회는 손에 있다. 이런 상황에서 예술가-연구자는 후기 학문적 실행에 참여하는 것으로 보인다. 여기에는 지시된 내용기반에 신뢰가 거의 없다. 이것은 질문이 요구되도록 지원하는 적합한 방법적 기반 위에 활용되며, 연구자에게 실재하는 내용의 범위를 넘어서게 한다.

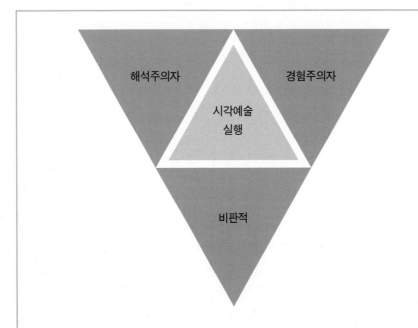

시각예술 연구 구조가 분리되고 조정될 수 있는 연결된 구조들의 연속으로 구성되어 있다([그림 4-5] 참조). 연구로서 예술 실행 이론화에서 중요한 방법은 다양한 구조에서 묘사된 관계를 시각화하는 것이다. 여기에서 제시된 가장 잘 표현된 아이디어의 은유는—시각예술 연구가 변화를 위한 강력한 발생적인 잠재성과 함께 단순하면서도 복합적인 유연한 구조이며—편조된 이미지다. 은유는 관계와 연결망, 영향과 연결을 이해하는 그 이상으로 우리가 물체를 다르게 보도록 도움을 주며 그리고 이것은 시각예술 연구자의 흥미를 자아낸다. 여기서 제안하는 것은 편조로, 그것의 접히고 펼쳐지는 형태는 새로운 공간으로 끊임없이 움직이면서 핵심 주제와 함께 벗어나거나 재접속하며, 연구로서 예술 실행의 역동적인 복합성과 단순성을 획득하며 유용한 은유로 기능한다.

[그림 4-4] 시각예술 연구: 편조된 관계

어떤 새로운 것이 창작되는 것처럼 실기 실행을 하는 동안 시각예술 연구가 전개될 때 무슨 일이 일어났는지 추적되는 이미지들의 연속을 보여 준다. 구조에서 삼각형 단위는 자체적으로 끝없이 분리되고 만들어지기 때문에 자기유사성에 기반을 둔다. 이것은 어떻게 시각예술 연구가 이론과 실행의 모든 수준에서 쟁점·행위·변화에 창의적·비판적으로 반응하는가를 반영한다. 시각예술 연구의 자기유사성 특징은 척도에서 독립적임을 의미하며, 실기에서나 공동체에서 또는 문화에서 행해지더라도 유사한 구조를 갖는다. 어디에서건 시각예술 연구가 관계없이 행해지는 것은 구조가 유사한 특성들을 갖고 있으며—이것은 모두가 동시에 단순하고, 복합적이며, 역동적이다.

[그림 4-5] 시각예술 연구: 자기유사성 구조

비록 대학 환경이 자체적인 학문적 권위를 위해 노력하고 있지만, 도전은 시각예술 연구의 후기 학문적 특징에 대해 성실하게 지속시키는 방식으로 이러한 구조에 의한 정보를 어떻게 알려 주는가다.

편조된 은유로서의 변형적 연구

시각예술 연구에서 포괄적이면서 유연한 견해와 방법이 포함된 것을 평가하기 위해 몇 가지 접근 방법이 서술되었다. 이러한 것들의 각각은 이론이나 탐구에서 특유의 강조와 관련해서 그리고 내용 개념과 학문적 연결과 관련해서 확인한다. 제시된 개념적 아이디어에서 중요하게 고려되는 부분은 다양한 구조와 그림[5]에서 서술된 관계와 구조를 시각화하는 것이다.

아이디어를 가장 잘 공략하며 지배하는 은유는 여기에서 추구된 것으로—시각예술 연구가 모두 복합적이며 단순한 실행이며—'편조'의 이미지다(Sullivan, 2002b; [그림 4-4] 참조). 이러한 개념은 몇몇 출처에서 도출되었다. 그러나 주요한 참조는 머레이 겔-만(Murray Gell-Mann, 1994, 1995, 2003)의 개념인 '플렉틱스(plectics)'에서 왔다.

> 주제 단순성과 복잡성을 위한 나의 이름은 **plectics**로, '얽힌' 또는 '편조된' 것을 의미하는 그리스어 **plektós**에서 유래했으며, 라틴어 **complexus**에서 **plexus**가 같은 어원이며, 근원적으로는 '같이 편조하다'로 이것은 영어의 complexity에서 유래했다. **plektós**는 간접적으로 라틴어의 **simplex**에서 plex와 또한 관련 있으며, 근원적으로는 '한 번 접다'로, 영어 단어 **simplicity**의 근원이다. 그러므로 **plectics**는 우리가 다루는 단순성과 복잡성을 모두 반영한다(p. 47, 원문에서 강조).

단순성과 복합성 같은 대조되는 아이디어는 19세기 프뢰벨 같은 교육자가 사용한 유용한 협력 체제에서 반복되는 유기적 학습 은유로 존재하며, 프뢰벨은 상반된 단위를 구성하는 개념에서 위대한 장점을 보았다. 유사성은 20세기 형식주의 미학에서 균형과 대립되는 아이디어의 보급이다. 또 다른 간접적인 참조는 포스트모더니즘의 제한된 이미지를 서술하기 위해 이언 스트로나크와 매기 맥루어(Ian Stronach & Maggie MacLure, 1997, pp. 27-30)가 활용한, 직물과 주름으로 결합된 옷들로 둘러싸인 '은유의 분야'와 함께 만들어지는 편조된 은유와의 연결이다. 장 드뷔페(Jean Dubuffet) 역시 그의 신비로운 텍스트인 『질식시키는 문화와 그 외의 평론들(*Asphyxiating Culture and Other Writings*)』(1988)에서 그의 예술에 관한 비평 주석서로 이미지처럼 편조된 관계의 개념을 활용하였다. 그는 예술품이란 밧줄의 섬유와 같이 내용과 형태가 동시에 얽히고, 포개지고, 연결되며, 서로가 단단히 상처를 입히는 것으로 보았다. 그러나 예술품에 대한 비판적 반응은 밧줄이 풀어지는 것처럼 예술품에서 형태와 내용이 분리되고 끊어지는 것에 비유될 수 있다. 이런 추론은 동일한 예술품도 관람자의 견해(또는 밧줄의 어떤 부분을 당신이 붙들고 있는가)에 따라 서로 다른 것일 수 있음을 의미한다. 드뷔페는 이런 실행을 책임으로 보았으며, 이것은 또한 많은 견해를 생각할 수 있는 가능성을 열어 주는 맥락-의존 근거로서 볼 수 있는 가능성을 지닌다.

시각 체계 실행의 두 가지 구조적 특징은 편조의 은유에서 연결될 수 있다. 이러한 것들은 복합적이고 역동적인 체계이며, 자기유사성 구조다. 시각예술 실행을 복합적이고 상호작용하는 체계로 보는 견해는 다양한 미디어, 언어, 상황 그리고 문화적 맥락을 통해 분포된 것으로 그럴 만한 가치가 있으며, 이는 이 책의 논의의 중심이다. 유사하게 만약 미술처럼 연구에서 커다란 질문을 하는 것이 포함된다면, 탐구에서는 반드시 구조, 현상, 관계망, 열정 및 견해를 다루며, 이론과 실제의 모든 종류는 우리의 역동적인 학문적 삶의 부분이 된다. 창의적 진행에서 신념은 솜씨와 기능의 복합적인 연합으로 인간을 이해하도록 중요한 통찰을 제공하며, 연구 절차는 엄격한 실행에서 동등하게 발명적이면서 적합하게 근거가 되는 이런 잠재적 필요를 조사하는 데 활용됨을 시사한다. 이 영역에서는 두 개의 구조들을 논의하였으며, 변형적 구조가 시각예술 연구 실행의 일부분임을 상세히 설명하고 있다. 이러한 것들이 복합적 체계와 자기유사성의 개념이다.

복합적 체계가 강한 통찰력을 행하도록 연구하는 연구자는, 실재하는 지식 구조가 새롭게 나타나는 정보를 흡수하거나 설명할 수 없다면 확립된 규범들을 다시 생각해야 한다고 제안한다. '복합적 이론'이 무엇인지 정의하기가 아직 어렵지만, 피터 코브니와 로저 하이필드(Peter Coveney & Roger Highfield, 1995)는 활발한 해석을 제공한다.

과학에서 복합성은 원자, 분자, 뉴런 또는 컴퓨터에서의 비트같이 상호작용하는 단위의 많은 기본적인 것들의 집단 행동에 관해 새로운 방법으로 생각하기 위한 표어다. 좀 더 정확하게 하자면, 우리의 정의는 **복합성은 시간 안에서 진화하는 잠재력을 부여하는 그런 단위들의 거시적인 집단의 행동에 대한 연구다.** 이러한 것들의 상호작용은 일관성을 가진 집단적 현상을 이끌며, 소위 신생적 특성은 개별 단위의 그것들보다는 높은 수준에서 유일하게 묘사될 수 있다. 이렇게 본다면 반 고흐 작품이 대범한 붓 획의 집합인 것처럼, 전체는 그것의 구성 요소의 집합보다 많다. 이것은 격노한 바다 또는 인간의 두뇌에서 뉴런의 전기화학 점화 패턴처럼 인간 사회를 위한 진실이 된다(p. 7, 원문에서 강조).

코브니와 하이필드의 열정을 공유하는 예술가들이 있다.[6] 만약 우리가 인간과 일상생활 간의 관계 변화의 탐색이라고 그들의 정의를 받아들인다면, 작은 변화가 여느 때와는 다른 방법으로 예기치 않은 결과를 가져올 수 있으며, 우리는 인간 조건 속에서 예술적 탐구의 서술을 갖는다. 그렇지만 좀 더 흥미를 자아내는 것은, 이러한 복합 패턴과 구조의 조사에 대한 인간 조건의 20세기 주제 속으로 통찰을 드러내면서 인간 디자인의 21세기를 예상하는 것이다.[7]

레이먼드 이브, 사라 호스폴과 메리 리(Raymond Eve, Sara Horsfall, & Mary Lee, 1997)가 설명한 것처럼, 복합 체계는 특유의 조직된 원리를 보여 주면서 물체 간에 형성되는 관계의 광범위한 방법을 좀 더 제시한다. 시각예술 연구자에게 특히 매력적인 것은 척도에 자유로운 관계망의 개념이며, 복합 현상으로 어떻게 큰가, 어떻게 작은가에 관계없이 몇몇 요소들은 모두 독특하면서 보편적인 특성을 지닌다. 이것은 임의의 사건과 확률 지표를 반영하는 선형적 분배와는 매우 다르며, 거의 전통적인 양적 연구의 부분이다. 복합적 이론이나 카오스 이론('무질서적'이며 예측 불가능한 것들)으로부터 급진적인 이론상의 통찰은 조사되는 현상의 모든 가능한 방법에서 우리의 개념을 과감하게 변화시킨다. 어쨌든 우리가 관계와 연결망, 영향 그리고 변화에 좀 더 이해함으로써 다르게 보도록 하는 대안적 개념에 대한 전망은 시각예술 연구자가 깊이 생각하도록 흥미를 자아낸다. 여기서 제안하는 것은 새로운 공간에서 끊임없이 움직이며 핵심 주제로 자유로워지거나 재연결되면서 접히고 펼쳐지는 형태로서 편조의 특성은 유용한 은유로 기능하며, 그것은 연구로서 예술 실행의 복잡성과 단순성을 지닌다는 것이다.

복합적 · 변형적 구조로서의 자기유사성

자기유사성([그림 4-5] 참조)은 현대 과학 연구에서 일반적으로 관련된 또 다른 특징으로, 이것은 새로운 아이디어, 구조 그리고 관계가 연구 구조에서 규정한 과제의 일부로 고려되면서 시각예술에서 개념적 호소력을 갖는다. 여기서는 자기유사성이 무엇을 의미하는지를 살펴본다. 공간의 환원주의와 유클리드의 개념은 모두 과학과 예술에서 탐구를 안내하는 확고한 역사적 유산으로 설득력 있는 체계다. 척도에서 변화는 새로운 정보를 드러낸다고 가정하고, 따라서 물체는 어떻게 작용하는지 산정하면 기본 물질까지 분해된다. 그러나 자연과 인간은 극단적으로 단순한(평이한) 디자인을 거부한다. 단순한 것에서 복합적인 것으로 진화되어 움직이도록 약속된 것이 아니며, 동시에 단순성과 복합성을 모두 포함한다. 자기유사성은 베노이트 만델브로트(Benoit Mandelbrot, 1983)가 개발한 프렉탈 기하학의 수학에서 유래된 개념이다. 프렉탈 구조는 카오스 이론과 다른 분야에서 매우 영향력이 있으며, 자연과 인간 디자인에서 발견된 반복되는 패턴으로 모두 단순하고 복합적으로 나타난다고 묘사된다. 일반적으로는 규칙적으로 보이지만, 시간이 초과하면 급격히 변하는 수용 능력을 지닌다. 제임스 글레이크(James Gleick, 1988)는 다음과 같이 설명한다.

자기유사성은 척도를 교차하며 대칭된다. 이것은 패턴 내부에 패턴 같은 회귀를 함축하며, 자기유사성은 쉽게 알아볼 수 있는 특성을 지닌다. 그것의 이미지는 문화의 도처에 있다. 두 개의 거울 사이에 서 있는 사람의 무한히 깊은 반영에서 또는 물고기가 작은 물고기를 먹고 더 작은 물고기를 먹고 더 작은 물고기를 먹는 카툰에서(p. 103).

그러므로 만약 프랑스의 샤르트르 성당, 바르셀로나의 안토니오 가우디 (Antonio Gaudi)의 사그라다 가족 또는 빌보아에 있는 프랭크 게리(Frank Gehry) 의 구겐하임 미술관을 생각해 해 보면, 이러한 건물의 척도는 좀 더 복합 구조로 건축되면서 단순한 기하학적인 형이 발견되지 않기 때문에 유력한 구조 형태를 확인하기가 매우 어렵다. 게다가 이러한 건물의 구조를 대표하는 척도는 가장 작은 형에서와 마찬가지로 가장 큰 공간에서도 발견된다. 글레이크(1988) 가 말한 것처럼, 이런 건물에는 건물 자체가 "모든 척도"를 가지고 있기 때문에 "척도가 없으며" 그것에 의해 "어느 정도 거리를 두고 건물을 보는 관찰자는 다가가면 눈과 구도가 바뀌고 구조의 새로운 요소들이 움직이면서 들어오는 어떤 세부적인 것들을 발견한다" (p. 117). 자기유사성은 척도를 교차하며 대칭이 되는데, 그 이유는 가깝게 또는 멀리 보았을 때 눈은 세부적인 것을 아주 단순한 형으로 보게 되기 때문이다. 그리고 필자에게도 이런 유사성은 마음이 만나는 미시단계와 문화가 만나는 거시단계에서 그 단순성과 복합성이 모두 존재한다.

[그림 4-5]에서 보여 주듯이 자기유사성의 개념은 쟁점을 다루고, 이론과 실제의 모든 수준을 고려하며, 쟁점을 다루는 변형적 시각예술의 수용 능력을 근사하게 포착한다.[8] 이런 특성은 시각예술 연구 실행이 척도와 관계없는 것임을 의미하며, 실기실이나 공동체에서 또는 문화 내부에서 진행될 때 유사 구조를 가짐을 제시한다. 이 구조 내부에서 기본 삼각형 단위는 좀 더 세부적인 체계가 만들어질 수 있는 하위 구조가 없기 때문에 자기유사성의 특성을 보여 준다. 그대신 미시적 수준 또는 거시적 수준에서 보건 간에, 구조는 유사한 특성과 특징을 가지며 이것은 동시에 모두 단순하면서 복합적이다.

여기서 필자가 주장하는 것은 지식, 이해, 신념 그리고 가치는 인간 앎의 양상으로 척도와 관계없다는 것이다. 제도적 구조 내부에서 일반적인 것에서 계층적 모델에 이르기까지 적합하며 그런 것들이 포함되더라도, 이러한 것들은 사회적 구성으로서 우리가 우리의 지식 체계를 어떻게 창조하는가에서 새로이 볼 수 있는 잠재성 또한 제한한다. 이러한 구조를 비평하는 것은 다른 가능성들을 창출하는 첫 번째 단계다. 이것은 알베슨과 스콜드버그(Alvesson & Sköldberg, 2000)가 '상관관계'로 부른 것으로서, 이는 장애가 되는 조건을 부연 설명한 것이다.

> 이것은 참여와 관찰에서 획득한 최초의 인상으로부터 경험적인 단편들(대화, 신체 움직임, 인공물)의 이해를 구별 짓거나, 다른 종류의 패턴을 보거나, 생각의 단계를 바꾸거나 그리고 유사하게 생각하기(은유) 등 익숙한 현상을 낯설게 보도록 하는 것을 포함한다(p. 184).

연구로서 예술 실행의 원리는 또한 비선형적이고, 비기초적이며, 새로운, 의외의 가능성을 지닌 이러한 제도적 조건에 관해 생각할 수 있는 장점을 제시한다. 그 자체로 연구를 위한 기회는 실재하는 지식 구조에 의한 정보에 근거해서 모두 볼 수 있지만, 그것의 노예가 되어서는 안 된다. 이것은 창의적 · 비평적 탐구 실행의 기본으로 절실한 쟁점에 반응하는 새로운 방법을 열어 주도록 제시하며, 실재하는 정보 구조에 대한 영향력을 보게 한다.

자기유사성의 척도에 자유로운 특징에 대해 생각하는 것은 계급적, 분류학적, 매트릭스, 분배 그리고 그와 같은 실재하는 구조적 형태의 제한을 이해하는 데 도움을 준다. 개념적 조직자로서, 이러한 구조는 환원장치로서 제공되면서 우리로 하여금 정보를 조력하여 쉽게 해석하도록 연구의 주요 특징이 된다. 큰 척도의 현상을 대표하는 대부분의 방법은 계층적 원리를 구독하는 것으로 체계의 부분은 넓은 카테고리에 속하는 색인이다. 모든 현상은 쉽게 그런 구조에 맞지 않으며, 그러므로 이것은 설명의 다른 형태를 생각해 보는 유익한 것이 된다.

변형적 연구로서 예술 실행의 실례는 예술가 리하르트 조슘(Richard Jochum)이 만든 〈디스-포지티브(Dis-positive)〉 설치 프로젝트에서 볼 수 있다. 〈디스-포지티브〉는 비엔나에 소재한 어플라이드 미술대학교의 후원으로 여러 장소의 전시 프로젝트로서 시작되었으며, 오스트리아 유네스코위원회와 비엔나 미술대학(2000)에서 처음 전시되었고, 쾰른(2000), 브리겐즈(2000) 그리고 베를린(2003)에서 전시되었다. 〈디스-포지티브〉에 대해 미술비평가, 큐레이터 및 이론가는 예술에 대한 담론에 의해 예술 실행과 예술이론 간의 관계가 어떻게 형성되는가를 탐색하는 공간을 창출하기 위해 예술 자체를 대상으로 전시한 것이라고 소개하고 있다. 앞서 서술한 변형적 연구의 요소는 죠슘이 가진 예술 글쓰기 역할이 증거이며 이러한 분열은 소통의 공공 형태로서 예술품 간의 관계가 되며, 문화적 생산에서 예술가의 역할이 변화하면서 이론은 어떻게 구성되며 누가 그렇게 하는가의 질문을 관람자에게 묻는다. 미술과 문화에 대한 현대적인 논의에서 예술이론은 예술 실행의 구조에서 그런 중요한 요소로 작용하며, 리하르트 조슘은 전시의 주제로서 그 자체를 담론으로 제시하는 것이 동일하게 중요하다고 느꼈다. 이것은 더 이상 대상이 중심에 있는 것이 아니며, 조슘이 그것에 이름을 붙인 것처럼 〈디스-포지티브〉 또는 메타 오브제다. 예술가는 예술품을 만들고 미술평론가는 그것에 지위를 부여하지만, 〈디스-포지티브〉에서 두 개가 동등하게 운용되면서 개념을 겨룬다. 예술은 산출물이며, 예술은 이론이다. 물리적 공간을 창출하는 것에 의해 이런 과정에 참여하도록 공공을 독려하면서 미술에 대해 우리를 교육하며, 〈디스-포지티브〉는 관람자에게 예술과 문화가 서로에게 정보를 주는 다양한 방법들을 보게 한다.

현대 예술에서 또 다른 중요한 개발과 변형적 연구로서 예술 실행의 특징은 후기 학문적 환경에서 각기 다른 학문들 간의 융합이다. 예술 실행은 예술미디어, 테크놀로지 그리고 창의적 공간을 교차하며 더욱더 행해진다. 예를 들면, 조소는 조형예술에 포함된 별개의 학문 영역이었다. 그러나 지금 조소는 순수 예술 전통, 공연예술 그리고 몰입할 수 있는 실행들의 교차점에 있으며, 사진, 회화, 건축 및 디지털미디어 같은 다양한 학문 영역으로부터 하이브리드 요소

들을 포함한다. 오늘날 예술가는 특정한 재료 또는 전통적으로 정의된 활성화된
분야에서 더 이상 제한받지 않는다. 오히려 예술가는 탐구의 몇몇 전통적·비전
통적 영역을 마스터할 필요가 있다. 유사하게 대학 환경의 실기실에서 예술 실

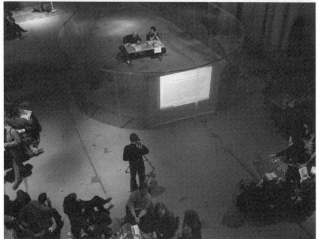

왼쪽 위: 리하르트 조슙. 〈디스-포지티
브〉. 베를린 스타츠뱅크, 2003. 4. 5. 라
우라 슐레우슨너(Laura Schleussner)
와 도로시아 젠드릭크(Dorothea Jen
dricke)가 조직한 피크닉 담론. 디스-
포지티브 구조의 로켓숍과 bgf_mitte
외부.

오른쪽 위: 브리겐즈, 매거진 4, 2000.
11. 6. 브루덴즈 시의 공공예술 매니
저인 롤랜드 조르그(Roland Jörg),
예술가를 위한 플랫폼을 만들면서 사
람으로 배경에 남아 있고 싶은 그의
욕망을 증명하기 위해 그의 셔츠를
다리미질함.

아래: 베를린 스타츠뱅크, 2003. 4. 5.
비평가 피터 푼켄(Peter Funken)
이, 그의 대학 동료들과 함께 개발,
〈디스-포지티브〉 아이디어를 실현한
에세이.

　　〈디스-포지티브〉는 예술가 리하르트 조슙이 제작한 설치로 멀티미디어 설치가 특징이며 미술비평가,
큐레이터, 이론가를 위해 공간을 창출하기 위한 예술 자체의 오브제로서 '전시하고' 예술 실행과 예술이
론 간의 관계를 탐색한다. 독립 구조로 서 있는 전시 공간은 플렉시글래스의 750×750피트로 구성되면서
미술평론가를 관람자로부터 분리하며 '공간 안의 공간'을 만들어 낸다. 공간 안에서, 그들이 선택한 환경
에서 미술평론가는 어떻게 그들이 미술평론가로서 그들이 하는 것을 통해 예술의 미래에 기여하는가에 대
한 아이디어를 표현한다. 이 전시는 그 지역과 지역의 공동체에 깊게 뿌리를 내리면서 각각 일주일 동안
지속되었고 많은 명성을 얻었다. 멀티미디어와 퍼포먼스 기반 접근, 공개 토론회, 인터넷의 영상 흐름 그
리고 다면적인 교육적 프로그램 등은 그 전시를 대체로 청중에게 접근하기 쉽게 하였다.

행을 지도할 때 예술가-연구자는 그 내부에서 그리고 그것을 넘어서기 위해 다른 학문적 협의체에 정통해야 할 것이다. 늘 그래 왔던 것처럼 현대미술에서 혁신은 어떤 것들을 새롭게 보기 위해 그것들이 어떻게 상상되는가에 대한 도전의 결과이며, 그리고 이런 창의적 의도는 리하르트 조슘 같은 예술가-연구자에 의해 또한 채택되었다.

∥ 결 론 ∥

누구나 포스트모더니즘의 비판적 조각에 의해 빈틈없이 명확히 되고 있는 사회적·문화적·세계적인 변화에서 인간의 약속에 관심을 가지고 있으며, 그리고 테크놀로지의 널리 미치는 가능성은 흥분되지만 도움을 주지 못한다. 이런 불확실성과 창의성에는 과거의 신념이 도전을 받는 딜레마들이 있다. 예를 들면, 오랫동안 순조롭게 미술과 과학에 제공됐던 환원주의 패러다임은 물질과 운동 내부에 주재하는 것을 통해 파악하기 어려운 진실들을 드러낸다. 혼돈에서 질서를 발견하는 것에 정말 관심을 가지고 있으면서, 그리고 실험실이나 스튜디오 우리 주변에서 미시 세계와 거시 세계를 볼 수 있는 과학자와 예술가는 놀랄 만한 결과와 함께 물질의 진행과정과 조직하는 패턴들을 깊게 검토한다. 그리고 이러한 조사는 성문화된 실행의 안전망 없이 간혹 학문 간의 공간에서 실행된다.

이 장에서 논의한 것은, 이해는 연구의 실행 가능한 목적이며 인간의 신념과 행위의 설명적인 이론들은 개인과 문화 변천의 변형적 이론과 함께 보충되어어야 한다는 것이다. 좀 더 주장하면 이러한 이론은 연구 상황에서 미술 제작의 결과인 생각, 아이디어 그리고 행위에서 발견되며, 이것은 실기 경험에 기반이 되면서 창작하고 비평하는 수용 능력이 형태로 주어진다. 이것은 예술 실행이 연구의 적법한 형태로 주장될 수 있으며, 탐구에서 이러한 접근은 실기 경험에 위치한다는 견해를 가정한다.

　　그러므로 예술 실행은 이론적으로 심오한 질문들을 일으키고 확고한 탐구 방법을 활용하여 그것을 탐색하는 가치 있는 것으로 보아야 한다. 더 나아가 양식과 방법의 광범한 범위는 비평적으로 기초를 세우고 개별적으로 변형적 결과를 생산하는 것에 활용될 수 있다. 이런 시각에서 예술 실행은 실행의 비판적 연합으로 이뤄졌다고 볼 수 있다. 그러한 것은 예술가, 미술품 그리고 상황에서 각각의 이해를 추구하는 역할을 하고, 내부에서 교차하며, 사이와 주변에서 진행되는 대화를 관련시킨다. 그러나 예술 실행이 연구의 형태라고 이렇게 논의하기 위해서는 시각 이미지가 지식과 이해의 원천이며 장소라는 것을 받아들여야 한다. 어떻게 이미지가 개인적·문화적 의미를 구체화하는 텍스트, 인공품 그리고 사건으로서 작용하는가를 우리가 생각한다면 이것은 그럴듯한 주장이 된다. 그리고 이미지 구조의 이러한 층 내부에서는, 과정은 조정되고, 생산과 교환의 체계는 정보 장소와 문화적 코드로서 이미지의 상태가 좀 더 복잡해지고 강렬해진다.

　　문화적 제도 내에서, 예술가–연구자는 광범위한 책무감을 갖는다. 시각예술을 소수에 의해 생산되고 해석되는 인간의 수용 능력으로 보았던 오래된 전통들은 접근하는 만큼 더 이상 관철되지 않으며, 온갖 종류의 이미지 창작과 소통의 저작권은 많은 것들에 맡겨져 있다. 그렇지만 예술가들을 그 길로 이끄는 필요성에 대한 관심을 갖게 하는 이런 시각적 유통의 실재는 널리 미치지 않는다. 이와 같은 상황에서 새로운 시각은 풍부한데, 그 이유는 오늘날의 아이디어는 학문적인 엄격함에 의해 덜 강제적이기 때문이다. 그리고 둘러싸인 이론의 보충은 과학, 예술과 인문학 그리고 새로운 테크놀로지 같은 분야와 연결되면서 지속적으로 새로운 가능성을 열어 준다. 그 결과로 시각 이미지는 단어나 숫자로 무엇을 효과적으로 말할 수 없다고 단순히 말하는 것 같은 그런 요구는 비어 있는 수사학을 받아들이는 것으로 더 이상 지지되지 않는다. 대신 이 장에서 서술한 개념과 구조를 기반으로 해서, 시각예술 연구의 새로운 시대는 실기 예술을 개인적이고 문화적인 관련을 가진 변형적 연구를 집행하는 장소로 보는 것에 의해 가능해진다고 논의할 수 있다. 더 나아가 대학에서 '훌륭한 연구'의 목적으로 또는 예술계에서 '훌륭한 예술'을 추구하기 위해 제도적 실행에서 요구하는 신뢰성을 갖기 위해서는, 어떻게 시각예술 연구가 형식화되어야 하는가에서 유연성의 정도가 있다.

---

1 질적 연구 쟁점과 실행의 폭넓은 개관은 Denzin & Lincoln(1998) 그리고 May(2002)를 보라. Alvesson & Sköldberg(2000)는 반성적 연구 실행들의 설명을 줄 수 있으므로 예술 상황에서 적합할 수 있다.

2 상이한 연구 견해들 안에서 질적 연구의 자연성에 대한 논의와 논쟁은, 예컨대 Clifford & Marcus (1986), Coffey & Atkinson(1996), Jaeger(1997), May(2002), Reichardt & Rallis(1994), Silverman(2001), Strauss & Corbin(1990)을 보라.

3 해석학의 원래 목적은 권위 있는 해석을 성취하기 위해 종교적 원천으로부터 불투명하고 모순된 텍스트를 비판적으로 조사하는 것이다. 이것은 성서의 주석 또는 텍스트(일반적으로 성서)의 해석으로 알려져 있다. 오늘날, 해석학은 개인적인 의미 만들기의 중심에 자리 잡고 있으며 그리고 제8장에서 논의한 것처럼 텍스처 증거 자료 입증을 서술하는 주석은 실행기반 연구에서 활용하며 일반적으로 박사과정 프로젝트의 일부분이다.

4 〈양키 리믹스: 뉴 잉글랜드에 고용된 예술가들〉(2003년 여름~2004년 봄) 전시회는 매사추세츠 현대 미술관(MASS-MoCA)과 뉴잉글랜드 골동품 보존협회(SPENA) 간의 합작이다. 참여한 작가들은 리나 바너지(Rina Banerjee), 앤 해밀턴(Ann Hamilton), 마틴 커셀스(Martin Kersels), 조 레오너드 (Zoe Leonard), 아네트 메시저(Annette Messager), 만프레드 피니스(Manfred Pernice), 후앙 용핑 (Huang Yong Ping), 로나 심슨(Lorna Simpson) 그리고 프레드 비올리치(Fred Violich)다.

5 실기 실행에서 시작된 시각예술 연구의 시각화, 개념화 및 디자인화를 위한 제안은 제7장 '실행의 시각화'에서 다루고 있다.

6 캐스티와 칼비스트(Casti & Karlqvist, 2003)가 편집한 *Art and Complexity*를 보라.

7 인간이란 무엇인가의 신체적 · 정서적 구조의 재개념화와 시각화는 2003년 베니스 비엔날레의 공통 주제였으며, 유전학 수정, 인간-동물 돌연변이 그리고 환경적 감시 등이 인간 리믹스전의 모든 부분이었다. 다니엘 리(Daniel Lee, 〈108개 창문들〉), 안드라스 갈릭과 발린트 하바스(András Gálik & Bálint Havas, 〈작은 바르샤바〉), 패트리시아 피치니니(Patricia Piccinini, 〈우리는 가족〉)

그리고 한나 그릴리(Hannah Greely, 〈침묵을 지키는 사람〉)의 작품을 참고한다. 피치니니의 작품
은 제7장에서 논의하며, 2007년 베니스 비엔날레의 사례는 제8장 '시각예술 프로젝트'에서 논의
한다.

8 [그림 4-5]에서 제시한 자기유사성 개념은 1904년 스웨덴 수학자 헬게 폰 코흐(Helge von Koch)가
제일 먼저 서술한 코츠 커브를 활용하여 코츠 스노우플레이크를 기반으로 한 자기유사성 구조다.
이런 종류의 자기유사성 구조는 분야를 정의하며 최초의 것보다는 적지만 진행되는 좀 더 긴 선을
요구한다. 그러므로 "무한히 긴 선은 한정된 범위를 둘러싼다"(Gleick, 1988, p. 99). 다르게 설명하
면, 형의 구조는 무한히 작아지면서 같은 형태를 유지하며 나타나며, 그것을 증명하기 위해 보다
많은 세부적인 것들이 요구된다.

Chapter 05

시각적 앎

맥신 그린(Maxine Greene)에 따르면, 예술은 사물을 변화시킬 수는 없지만 사람을 변화시킬 수는 있으며, 정작 그 사물을 변화시키는 것 또한 사람이다. 그녀는 가능성이 일어날 수 있는 곳, "고정적인 것을 거부하고 공개적인 것"을 추구하는 장소로서, 우리가 불완전함을 즐기는 장소로서의 상상력에 대해 이야기하고 있는데, 이는 "여전히 그 앞에 무엇인가 여지가 놓여 있음을 나타내고 있기 때문이라는 것이다"(2003, pp. 22-23). 상상으로부터 나오는 변화에 대한 가능성은 우리가 창조하는 사물 가운데서 우리가 만들고 경험하는 대상을 통해 혹은 타인의 경험으로부터 보고 알게 되는 실체로부터 더욱 구체화된다. 시각예술을 사용함으로써 의문점을 통해 더 많은 질문을 낳도록 이해 가능하게 변모시키는 작업은 자아실현의 미적 과정을 묘사하는 것일 뿐 아니라 그 연구 과정을 기술하는 것이기도 하다. 만일 탐구의 결과가 새로운 지식의 창조라고 믿는다면 이는 앎, 즉 우리의 이해를 새로운 방식으로 사용할 수 있는 능력이라는 점은 언제나 불완전할 수밖에 없음을 시사한다. 비록 미지의 것에 대한 이러한 지각이 상상력의 원동력이 되기도 하지만, 새로운 지식은 우리로 하여금 이

전에 알지 못했던 사물을 이해하도록 돕기 때문에 거기에는 항상 완성에 대한 여지가 남아 있기 마련이다.

시각예술의 실천이 연구의 한 형태로 표현 가능한 것은 인식과 미지의 것에 대한 바로 이러한 지각으로부터 또한 그것을 다루는 우리의 방식으로부터 비롯된다. 앞 장에서 논의한 것처럼, 이해한다는 것이 연구의 목표로서의 연구를 설명하는 것만큼 중요하기 때문인데, 왜냐하면 이해를 하는 데는 설명을 이끌어 낼 수 있는 지식이 필수적으로 기반되어야 하기 때문이다. 창조를 목표로 연구자는 상상력의 영역 속으로 들어가야 함이 필연적이며, 그럴듯하고 또 있음직한 실체뿐만 아니라 그 가능성까지도 떠맡지 않으면 안 된다. 이러한 실천은 예술가와 예술작가에게는 이미 잘 알려진 사실이다.

예를 들어, 데이비드 호크니(David Hockney, 2001)의 다소 논란의 여지가 많은 주장에 따르면, 유럽의 거장들 중 일부는 자신의 미술 작품 중 다수 아니면 일부의 초벌 그림을 그리는 데서 렌즈를 사용했을 가능성이 크다. 이에 대한 근거는, 자신이 19세기 유럽의 화가인 장 오귀스트-도미니크 앵그르(Jean-Auguste-Dominique Ingres)와 20세기 미국의 아티스트인 앤디 워홀(Andy Warhol)의 선-작품(line-work)에 대해 유사성을 인식하였을 때 비로소 생겨난 것이다. 호크니에게는 앵그르의 사람에 대한 신속한 스케치의 그 선명함과 재치 있는 구상주의적 정확성은 그로 하여금 오버헤드 프로젝트의 도움으로 만든 앤디 워홀의 대담하면서도 한편으로는 시각적으로 활발한 투사를 연상하게 했다. 호크니는 앵그르와 워홀의 선에서 묘한 유사성을 간파하였던 것이다. 그의 일련의 시각 분석 작업을 통해, 호크니는 이미지 재생을 위해 렌즈 등 다른 기기를 사용하는 일이 수많은 유럽의 거장들에게 공공연한 비밀이기는 하지만 다반사라고 확신하였으며, 그 명확한 증거는 그들의 그림 속에서 모습을 드러내고 있었다.

물론 호크니의 주장이 놀림감이 된 것은 너무도 자명한 일이었고, 특히 미술사가는 그림의 지식 기반에 대해 숨길 것이 별로 없던 터라 더욱 그러하였다. 자신의 이론이 유럽 거장의 작품의 질이나 그 중요도를 반감시키는 것은 아니라는 데이비드 호크니의 주장에 대한 한 가지 위트 넘치는 반응은, "만일 데이비드 호크니의 이론이 정확하다면 이는 마치 역사상 모든 위대한 연인은 다 비아그라(Viagra)를 사용해 온 사실이 발각된 꼴과 같은 것이다."[1]였다. 일반적인 경멸조의 반응이라면, 유럽의 거장보다 기술이 부족한 예술가는 그러한 정확성이 시각적 트릭(속임수)의 사용으로만 획득되는 것이라 제시할 만한 그 나름의 타당한 이유가 있을지도 모르겠다는 것이다. 그러나 그 논쟁에서 언급되지 않고 있는 점은 한 명의 예술가가 예상 밖의 연결점을 볼 수 있기까지는 시간이 소요되었다는 점인데, 즉 주목을 받는 데 뛰어난 수완을 발휘하는 동료 관찰자와 시각 문제를 해결하는 방법을 이해하고 있는 전문가 사이의 연결점[2]이 바로 그것이다. 미술사가가 호크니의 업적에 별로 주목하지 않은 이유는 아마도 실제적·이론적 지식이 보통은 연장 도구의 일부가 아닌 것처럼, 그들이 무엇을 찾아야 할지 알지 못했기 때문일 것이다.

비록 호크니의 논문이 미술사 권위자들의 확증을 기다리고 있기는 하지만, 물리학과 광학 분야에서 나오는 이를 지지하는 학제 간의 통섭적 증거들이 존재한다. 예를 들어, 호크니-팔코(Hockney-Falco) 이론은 데이비드 호크니와 광학 교수인 찰스 M. 팔코(Charles M. Falco)가 착수하여 함께 공동 작업한 조사의 결과다. 호크니의 예술 작품과 예술 활동에 관한 글에 기록되어 있는 시각적 증거들(1981, 1993, 2001)은 찰스 팔코의 광학에 관한 전문 지식과 예술에 대한 열정을 통해 적절하게 지원받고 있다. 그들은 함께 15세기 초창기에 해당 논문을 탐구하는 여러 편의 이미지 분석을 제작하고 또 그 결과물을 출판해 왔다. 유럽의 화가들은 시각중심적 원근법으로 스케치하고자 오목 거울이나 굴절 렌즈로 투사하는 방법을 알고 있거나 사용하고 있었고, 이 덕분에 그들은 이후 완전히 개발된 시각적으로 정확한 이미지를 완성할 수 있게 되었다. 탐구와 관련 조사들은 르네상스 이전의 유럽에서 굴절렌즈와 거울 사용의 역사적 기록을 살펴보도록 떠맡아지면서, 호크니와 팔코의 논문에 반대되는 답변을 구하는 것과 함께 그들 자신의 영세산업으로 성장시켰다.[3]

'영세산업'은 필자가 특정 예시를 폄하해서 언급한다기보다는 오히려 이미

승인된 문헌에 포함되지 않는 새로운 지식을 추구하는 학제 간의 통섭적 연구 결과를 강조하자는 것이다. 물론 이 점이 특별한 것은 아닌데, 왜냐하면 학문적 관례와 연구 방법들에서 본질적 알맹이를 가짜로부터 걸러 낼 수 있는 내재된 견제와 균형이 이미 존재하기 때문이다. 그러나 역사는 끊임없이 아이디어의 진보가 종종 가장 예상치 못한 출처로부터 비롯됨을 보여 주고 있기에, 이 책에서 흥미를 주는 호크니-팔코 논문이 제기한 광범위한 의문은 기존의 관습적 실습 능력과 연관을 가지며, 우리가 창의적 · 비판적 방식으로 지식을 어떻게 다룰 것인가를 바라보는 데 대한 기회 포착의 한 대응 방식이 된다. 호크니-팔코 논문이 통상적 연구 도구를 사용하여 확인 가능할 것이라는 기대치, 즉 역사적인 의의가 있다거나 과학적이라거나 그 어떤 표현이든 간에, 이보다는 그 가치가 제시된 아이디어 속에 세밀하게 존재한다는 사실을 인정할 필요가 있다는 점을 강조한다. 합리적 추론, 실험 작업, 상상에 기반을 둔 연구 혹은 뜻밖의 행운을 통하여 예술가든 과학자든 그 누구에 의해서 발견되든 간에, 현상을 바라보는 다소 도발적이고 창의적인 새로운 방식은 그 자체만으로도 본질적 가치가 있다.

미술 작가가 이미 알려진 사실을 더 잘 이해하고자 어떻게 지식을 창출하는가에 대한 하나의 예로는 조르지오 바사리(Giorgio Vasari)의 창작 대화집 『예술가들의 삶(Lives of the Artists)』(1993)이 있다. 자신의 전기에서, 바사리는 몇 개의 장면과 우연한 만남을 재창조하였다. 미켈란젤로 부오나로티(Michelangelo Buonarroti, Vol. 3, pp. 111-234)에 대한 그의 창작은 화가와 그의 스승, 동료 예술가 및 후원자 간에 꾸며진 모종의 사건이나 상황을 일견함으로써 대화를 창조하였다. 우리는 바사리의 창조된 대화가 풍문이나 허구적 역사로서 날조된 담론이기 때문에 거부하기보다는, 1562년 30여 명의 선별된 화가 구성원들을 포함하는 최초의 미술 아카데미 중의 하나인 아카데미아 델 디제뇨(Academia del Disengno)를 설립하였을 때, 그럴듯하게 설득력 있는 설명을 제시할 수 있는 그의 능력을 신뢰하기 때문에 그의 대화 또한 신뢰할 수 있다. 그가 내부자 지식을 소유하고 있듯이 말이다.

그 결과, 우리가 사물을 이해하는 그 방식으로 예술가의 삶 속으로 빠져들게 된 것이다. 바로 이 지점에서, 우리는 어떤 역사적 설명이 현장에 대한 간파로 충분히 풍성해질 수 있다는 사실을 공식적으로 기록할 수 있게 된다. 이러한 접근 방식은 역사학자인 사이먼 샤마(Simon Shama)가 취한 방식과 유사한데, 그는 우리가 알고 있는 역사적 사건과 자신이 창조한 시나리오나 모의 실험의 연결고리를 찾도록 하여, 독자나 관람자로 하여금 역사적 순간에 대한 적극적인 참여로 이끈다.[4] 필자가 주장하고자 하는 점은, 샤마 및 바사리의 전략상의 장점은 자신이 구축한 담론이 정립된 견해와 일치함을 확인하거나 순응하는 정도라기보다는 새로운 이해를 발생시키는 지식 창출을 가능하게 한다는 데 있으며, 그것은 우리로 하여금 새로운 빛 가운데서 사물을 볼 수 있게 하며 특히 이미 알려진 것과 비교해 볼 때 더 선명해지게 된다. 예를 들어, 연구에서 이것은 문학적 견해에서 수용된 지식을 바라보는 것과 유사하고, 거기에 과연 무엇이 존재하는가라는 질문보다는 거기에 존재하지 않는 것은 무엇인가라고 질문함으로써 다른 접근 방식을 추구하는 것이다. 다시 말하면, 지식을 정립하기 위한 새로운 가능성을 창출하는 것은 우리가 기존의 제도와 지식 구조를 이해하기 위한 비평의 기회를 부여한다. 이러한 과정은 시각적 활동이 중심에 있을 때 상상력이 풍부하고 지적인 호기심의 적용 범위를 보다 넓힐 수 있으며, 시각적 인식이 그 이해의 중심부에 있게 된다.

이 장의 목적은 예술가가 자신의 작업 대상을 창출하고자 작업할 때 어떻게 하는지에 대해 영향을 미치는 조건을 좀 더 세부적으로 탐색하고자 하는 데 있다. 이것은 제4장에서 제시한 연구의 틀 위에 기반을 두고 예술 활동이 개인적·문화적 중요성에 관한 문제들을 다루는 데 특별하게 갖추고 있는 연구 활동으로 이론화될 수 있다는 주장을 강화시킨다. 그러므로 화가가 사용하는 구조와 전략의 일부에 관해 분명히 해 둘 필요가 있으며, 이는 또한 그것들이 어떻게 흥밋거리와 방법적인 것을 만족시키고자 대응하는지, 다른 원리 및 원근법과 상호작용하고 연구를 할 때 그것을 적용시키는지에 관해 조사할 필요가 있다. 이 장의 첫 절에서는 시각적 인식 및 인지 연구에서 시각의 전환으로부터 발생하는 이해의 복잡한 단계를 검토한 다음, 이것이 보고 느끼고 인지하는 것 사이의 관계에 대한 좀 더 선명한 그림을 어떻게 제시하는지를 검토하고자 한다. 그런 다음, 시각적 인지과정은 인식과 문맥의 역할에 관해 논쟁의 범주에 놓이게 된다. 이러한 기반으로부터 시각예술에서 사고의 관행은 인지 개념이 매체 속에서의 사고, 언어 속에서의 사고 그리고 맥락 속에서의 사고로 기술되는 전통을 추적함으로써 관찰된다. 이러한 분석법은 앞 장에서 제시한 연구 목적의 시각예술 인지를 목적으로 그 틀을 세우는 데 사용된다. 이 장은 두 도시의 화가들의 초인지 사고와 실행하기의 비판적 영향력을 탐구하는 연구 프로젝트로 끝을 맺는다.

이 장에서는 창의적 및 비판적 구조를 전개하면서, 댄 세릭(Dan Serig, 2005, 2006)이 수행한 연구 프로젝트에서 개발된 시각인지의 예시가 시각적 은유의 조사에서 미술가 간의 협업을 기술한다. 이 프로젝트를 행할 때, 세릭은 박사과정의 학생이자 동시에 시각적 은유를 목적으로 가능한 구조를 개념화하는 것이 자신의 탐구 분야였던 화가였으며, 정작 자신은 이를 스튜디오 작업과 연관되어 있는 수많은 복잡한 사고과정과의 인지적 연결점을 반영시켰던 현대 미술의 중요한 라이트모티프(Leitmotif, 역자: 미술 등에 반복적으로 나타나는 중심사상)로 보았다. 은유란 문학의 전통하에 구별되는 연구 혈통을 갖춘 문학의 한 형태였지만, 거기서 제시되는 인지과학으로부터의 연구는 만일 그것이 언어 매체를 연구하는 데 한정된다면 은유의 본질을 완전히 이해하는 데는 그 나름의 한계가 있었다. 비록 시각예술가가 시각적 변형체를 오랫동안 강력하게 활용해 왔음에도 불구하고, 자신이 창조한 독특한 시각효과를 설명하고자 시도한 연구와는 별로 관계가 없었으며, 이는 은유적 사고의 힘을 이해하는 교차-원리를 어떻게 확장하는지를 설명한다.

세릭의 전략은 전시회 프로젝트를 통하여 제약을 두지 않는 방식으로 자신의 작품을 연구한 화가의 컨소시엄에 관한 사례 연구를 통하여 문제에 접근하자는 것이었다. 그가 느끼기에 자신의 작품들을 시각적 은유 요소들로 전시한 여러 명의 화가들이 뉴욕에 소재하며, 세릭과 몇 명의 예술가가 직접 경영하는 화랑에서 단체 전시회에 참여하도록 초대받았다. 그러나 자신의 주관적 판단으로 그 화가들은 전혀 새로운 방식[5]으로 시각적 은유를 확장하여 자신의 작품들을 알린 다른 참가자들을 초대하여야 했다. 이러한 전개과정과 나란히 하여, 세릭은 자신만의 규모가 작은 연작들을 완성함으로써 그 스튜디오가 가능성을 추진하고 조사하는 또 다른 연구 장소가 되었다.

좀 더 형식적인 사례들을 수집하면서, 세릭은 시각적 은유의 아이디어로서 가장 적합한 모형일 수 있는 개념적 형태에 매우 관심을 끌게 하는 단서로서 제공된 이러한 이미지와 오브제들처럼 전시회 기간에 전시되는 작품들을 면밀히 연구했다. 마침내 그는 시각적 은유가 보리스 큐라톨로 라진느(Boris Curatolo Rasines)의 조각품 〈달콤한 지점(Sweet Spot)〉 가운데서 개념을 재조직하고 혼합하는 방식의 확신과 모호함을 포착하는 양식을 발견해 내었다.

> 개념적 구조의 모형으로서의 조각품을 활용하는 것이 이 연구과정 가운데 생겨났다. 전시회에서 나의 순회 전시 중에 나는 부정적 공간이 각도에 따라 어떻게 변화해 왔는지를 특히 주목하면서 다양한 각도를 통해 그 조각품을 스케치하기 시작했다. 해당 공간은 한계를 정한 선 때문에 서로 조화를 이루어 잔존하면서도 또한 주변의 갤러리에 열린 공간을 창출하였다. 좀 더 진부한 도표와의 투쟁을 통해서, 그리고 그 조건 안에서 소프트웨어를 사용하여 층을 이룬 모델을 사용하고 나서야 비로소 나는 이러한 개념 구조를 발전시키고자 스케치북과 사진을 가지고 돌아왔다. 스케치와 사진은 특이하면서 직관적이지만 대단히 많은 정보를 함유하고 있는 자료의 느낌을 포착하였으며, 이를 반영함으로써 새로운 원근법과 통찰력을 상정할 수 있게 해 주었다(Serig, 2006, pp. 242-243).

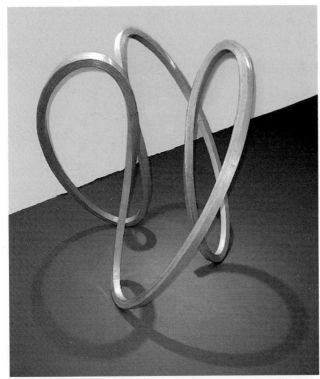

보리스 큐라톨로 라진느. 〈달콤한 지점(Sweet Spot)〉(2004). 62×50×50 inches. 인기 있는 코팅된 합판. 작가의 허가를 받아 게재함. http://www.boriscuratolo.com

그림의 바닥에 있는 그림자는 그 위에 있는 구상적 구조물의 영역에 대한 특정 형태의 참고 사항을 포착하고 있다. 화가의 실전 주변부를 가능하게 하는 경계가 설정되어 있다. 경계 내부에는 연구 중인 변수들이 존재한다. 빛이 있는 자원은 그림자를 창출하고 특별한 관점을 나타낸다. 제각기 다른 각도와 다른 수준의 확산으로부터 나오는 빛은 변수와 범위에 있어 다른 관점을 창출한다(Serig, 2005, pp. 162-163).

일필휘지(一筆揮之)의 그림으로 내 몸은 마치 이러한 한 프레임의 동작들로 자연스러우면서도 오랫동안 망각에 있던 모래상자와 정글짐으로부터 나타나는 양 반응하며, 반면에 내 마음은 형식적 요소와 원리의 편안함 속으로 후퇴하기를 갈망하고—직관

댄 세릭. 〈유려한 몸짓(Fluent Gesture)〉(2004). 10×10 판넬, 아크릴. 작가의 허가를 받아 게재함.

적이고 충동적이 된다. 내가 창조한 대로, 뇌의 투쟁은 감각적인 것으로 빠져들어 간다(Serig, 2005, p. 201).

▌▎ 시각적 인지 ▎▌

 인지과학은 오늘날 여러 다른 분야를 넘어서 우리가 사물에 대한 이해 방법의 단순성과 복잡성을 밝혀 주고 있다. 비록 데이비드 린든(David Linden, 2007)은 두뇌의 디자인을 "비효율적이고 매력적이지 못하며 불가해한" 것으로 묘사하기는 했지만, 그는 그것이 "제대로 작동하고 있음"(p. 6)을 인정하였다. 이미지를 추적하고 의미를 부여하는 두뇌 디자인의 복잡함은 그것이 작업하도록 요구받고, 점점 더 부담이 큰 작업에 대한 반응과정을 더하고 분포해 온 혁명적인 적응의 결과인 것으로 보인다.

 필자의 마음속에 고착되어 있는 이미지는 뇌란 외부 기억 저장소, 가상 정보 네트워크에 연결되어 있는 끝없는 일련의 코드, 어댑터, 허브 및 단자와 유사하고, 필자의 책상 뒤에 잔뜩 들어 있고 데스크톱 컴퓨터와 프린터 속에 엉켜 있는 선호하는 시각적 검색 엔진과 유사하다. 그것 모두는 어지럽혀져 있고 또 무질서하게 보이지만, 실제로는 필자가 요구하는 일의 처리과정에서 뛰어난 작업을 수행하며 그 결과가 지금 독자가 읽고 있는 형태로 인쇄되어 나온다.

 그러므로 그것은 뇌가 컴퓨터가 아니라, 우리가 창조해 왔고 시간의 흐름에 따라 우리가 행위하고자 느끼는 필요를 행동으로 옮기는 데 도움을 주는 '전혀 우아하지도 않고 또 불가해한' 미지의 것과 유사하다. 그 결과, 기교 넘치는 마음의 작업을 이해하고자 좌뇌·우뇌의 양쪽 체계, 구조 및 작용뿐만 아니라 우리의 사고와 행동을 형성하는 상황, 무대장치 그리고 전후 사정까지도 고려할 필요가 있다. 마치 디지털 기술이 우리가 사용하는 것이 아니라 우리가 거주하는 사실상 공간이듯—마치 나의 작업실처럼—뇌는 우리가 사용하는 대상이 아니라 우리가 창조하는 마치 마음속 깊은 곳에 새겨 두는 장소인 것이다.

 인지과학에서 연구를 주도하는 이론적 쟁점의 분석이 동적 모델[6]로서 기술되는 제안과 더불어 인지[7] 및 결합설 주창자의 이론[8]을 강조하고 있음을 보여 준다. 마음에 대한 컴퓨터화 모형을 주장하는 이들은 상징적 구조, 문제 해결 능력 그리고 우리가 적응 행동을 연마해 감에 따라 규칙이 지배하는 과정을 사용하는 독특한 인간 능력에 대한 인지를 설명한다. 컴퓨터에 의한 모의 실험의 초기 연구에 기반을 두고 뇌는 우리가 어떻게 정보를 처리하는가(소프트웨어)를 조직화하는 규칙과 작동 원리(하드웨어)를 활용하는 것으로 보인다. 이러한 구조는 일반적으로 언어학에서 나타난다. 가장 지배적인 은유로서, 계산적 모형은 몇몇 양식, 예컨대 노암 촘스키(Noam Chomsky)의 언어발달의 하드웨어 저장 이론 및 스티븐 핑커(Steven Pinker)의 언어 '본능'(1994) 이론만이 독보적으로 양식에서 더욱 강력한 것으로 드러났다. 마음이론은 구조를 암호화하고 해독하는 단순히 상징적인 것보다는 지속성이 덜한데, 왜냐하면 이는 새로운 학습 상황에서 우리가 그리는 미리 조정된 코드 보관 장소를 안정적으로 등록하는 것이 불가능하기 때문이다. 이는 우리가 사물을 보는 방식의 틀을 결정짓는 사전 지식이 항상 변하며 그것을 읽거나 해독[9]하기보다는 상황을 이해하는 데 도움을 준다. 심지어 인터넷 공간의 디지털 혁명과 네트워크의 특징조차도 마음이 소프트웨어인 반면 뇌는 하드웨어라는 일반적 유추를 지지할 수 없었다.

인지 연구에 대한 또 다른 접근법은 결합설(역자: 심적 과정은 모두 자극과 반응 사이의 생득적 또는 습득적 결합작용에 의한다는 설)이다. 이것은 마음의 구조를 학습 연결 수단으로 설명하는 수평적 중립 네트워크의 무수한 수단으로 기술한다. 이러한 범위에서 정보는 연결에 있으며 "그것은 거의 모든 지식이 단위 그 자체로서 **뚜렷하기**보다는 과제를 수행하는 계획 구성에서 **함축적임**을 의미한다"(Rumelhart, 1998, p. 210, 원문에서 강조). 룸멜하르트(Rumelhart)가 말하고자 하는 것은, 우리가 뇌로부터 그리고자 하는 이미 만들어진 상징적 의미에는 아무런 지침이 없다는 점이다. 오히려 의미는 만들어지는 것이고, 내용의 연결은 어디서든 유래할 수 있다는 점이다. 관념연합론자 모형에 기반을 두고, 중립적 구성은 정보를 접근하는 수많은 영역에서 동시에 활성화되는 상호 연결 중추 및 단위 체계로 간주된다. 일련의 절차라기보다는 평행 구조로서, 결합설은 집행 기능이나 중앙 처리장치로서 통제되는 것은 아니다. 오히려 인지과정은 이

전 학습에 의해 강화되는 연결고리를 활성화하지만, 그것은 또한 직관적이고 편의주의적인 연결고리에 대해 개방적이다.

그러나 인지 기능에 관해 통찰력의 단초를 제시하는 가능성을 제시하는 제3의 방향이 존재한다. 이것은 인지를 주위 환경과의 상호작용의 결과 지속적으로 변화하는 체계와 같은 유형의 모델로 간주하는 동력학자 이론이라 볼 수 있다. 동적 체계에서 활동은 자기조직 능력이 있는데, 이는 각 부분이 비선형적 방식으로 다수로 서로 관련되어 있거나 연결되어 있음을 의미한다. 인지 기능의 의미 내에서 간주해 볼 때 이것은 사고의 가능한 새로운 방식에 해당되는데, 왜냐하면 각각의 다른 구조들이 혼돈되고 복잡한 상태에서 출현할 수 있기 때문이다. 그런 복잡한 체계가 궁극적으로 원기 왕성한 모델링에 차용될 수 있을 것인가 하는 여부는 그 여지가 아직 남아 있다. 그러나 인지가 환경적 제약에 둘러싸여 개인적 행동의 동적 혼합으로 간주될 수 있다고 인정하는 것은 사고와 학습의 문맥 이론가의 견해를 선호하는 예술가-연구자에게 매력을 불러일으킬 것이다.

비록 시각화가 마음의 활동을 염두에 두고 있는 것이 명백하기는 하지만, 이미지가 뇌 속에서 어떻게 의미를 만들어 내는가에 대한 세밀한 메커니즘에 관해서는 결코 완전한 의견의 일치를 보지 못하였다. 또한 명백한 사실은 우리가 시각적 이미지를 만들어 내는 방식이 사적이면서 동시에 공적인 절차에 속한다는 점이다. 여기 개인 능력이 인지적 추론의 틀을 세우는 데 일조할 수도 있지만, 우리 주위에 세워져 있는 문화적 여과장치가 이러한 해석을 규정짓게 될 것이다. 이러한 두 가지 시각적 인식 개념은 우리가 거주하는 우리의 환경 주위에 그리고 우리의 뇌 속에서, 아니면 뇌를 초월하여 마음을 염두에 둔 활동이 발생한다는 점에서 제4장에서 기술한 연구 실행과 유사한 공간에서 발생할 소지가 높다. 필자는 '시각적 뇌' 및 '구체화된 맥락' 절에서 이러한 것들을 다루고 있다.

시각적 뇌

시각적 지각 및 정보처리와 뇌 기능에 대한 관계에 관한 연구는 오랫동안 인지과학자와 인간 마음의 창조적 능력에 흥미를 가지는 사람의 주제가 되어 왔다. 물론 다양한 시각적 사고과정의 사용은 예술가[10]만큼이나 과학자에 의해 문서화된 전략에 속한다. 제1장에서 살펴보았듯이, 과학과 예술이 구별 불가능했던 시대가 있었다. 15세기 플로렌스의 그림을 연구하였을 때 기하학, 제도공의 기술 그리고 환상을 구별해 내는 것이 아마도 힘들었을 것이다. 오늘날의 설명에 따르면, 원리적 해석에 기웃거리면서 매달리는 경향이 다분하다. 경험주의자는 감각적 지각을 지식의 기초로 간주하는 반면, 철학자는 그것을 경험의 장으로 간주한다.

물론 감각에 대한 신뢰도는 고전주의 시대부터 늘 의문이 제기되어 왔으며, 그 의문은 수많은 형태를 띠고 있다. 예를 들어, 철학자는 지각되는 것에 대한 논리적 오류에 더 많은 관심을 가지는 반면, 과학자는 지각이 행하는 속임수 때문에 관찰의 오류에 더 초점을 맞춘다. 그러나 지각은 마음이 없는 감각인 것은 아니다. 비록 즉물적이고 강렬하기는 하지만, 지각이 단지 감각에 의해 선별된 자료만을 제공하는 것은 아니다. 왜냐하면 개념화[11]에서 적극적인 역할을 할 수 있기 때문이다. 지각과 개념 사이의 상관관계는 오랫동안 논쟁거리가 되어 왔으며, 그것은 지식이 주도하는 출처에 대해 이전부터 제기되어 왔던 질문들과 다소 유사하다— 예술 작품(객관적) 속에 있는 것일까 아니면 관찰자(주관적)의 마음속에 있는 것일까? 그러나 이러한 질문은 기껏해야 웅변적(내지 역사적) 호소력을 지닐 뿐인데, 왜냐하면 마음의 개념과 사안의 지각이 불가분하게 연결되어 있기 때문이다. 다음에서 살펴보자.

시각적 체계의 역학이 종종 가교된 경로로 보이고, 이는 빛의 형태로 보이고, 흡수되는 대로 이미지를 추적하며, 눈 뒤쪽에 있는 망막으로 통과되어 신경 플립을 통하여 뇌에 도달한다. 이 모든 것은 눈 깜짝할 사이에 일어난다. 감각은 눈을 통하여 빛으로 외부 세계로부터 에너지 형태를 흡수하는 변환기로 작용하

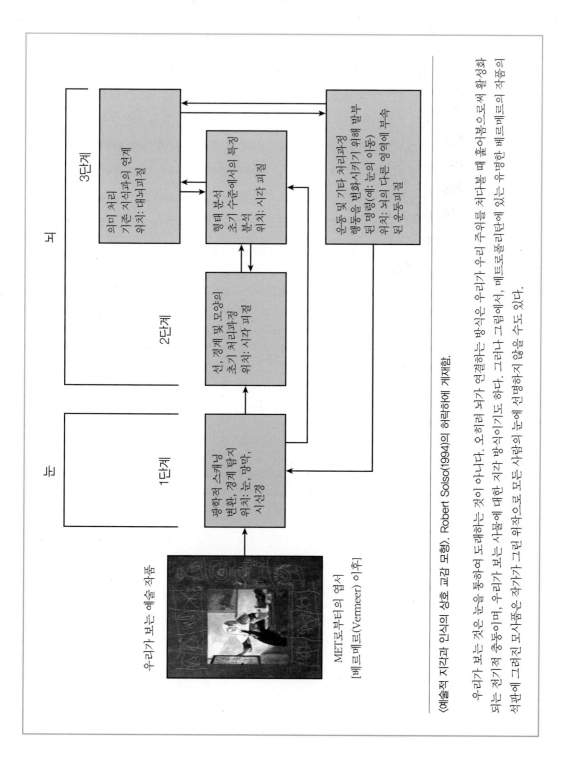

〈예술적 지각과 인식의 상호 교감 모형〉. Robert Solso(1994)의 허락하에 게재함.

우리가 보는 것은 눈을 통하여 도래하는 것이 아니다. 오히려 뇌가 결정하는 방식은 우리가 우리 주위를 처다볼 때 줄여봄으로써 활성화 되는 전기적 충동이며, 우리가 보는 사물에 대한 지각 방식이기도 하다. 그러나 그림에서, 메트로폴리탄에 있는 유명한 베르메르의 작품의 석판에 그려진 모사품은 작가가 그린 위작으로 모든 사람의 눈에 선명하지 않을 수도 있다.

며 신경의 메시지를 형성하는 자극 경로로 변환시켜 뇌에 의해 해독된다. 우리는 사실 우리의 눈으로 보는 것이 아니라, 단지 시야를 흡수하여 경로를 통해 시신경을 경유하여 뇌로 전송하고 그것들이 종국에는 통찰력이 된다. 그러므로 우리가 우리 주위의 세계에 대해 묘사하는 것을 보는 곳은 뇌 속에 이미 존재한다. 로버트 솔소(Robert Solso, 1994)는 "우리는 예술을 우리가 보는 만큼 아니면 그 이상으로 사고한다."(p. 147)라고 하였다. 솔소는 우리에게 보는 것과 이해하는 것의 과정은 최초의 개념적 절차가 세부적인 의미에서 출발한다는 의미에서 마음의 교합이고, 이에 대해 이러한 자극 활동은 신경생물학적 기능들이 우리가 사물을 보는 것에 의미를 부여하는 일반적인 것에서 세부적인 것의 처리과정을 따르는 기본적 지각 형태로 정보를 흡수한다는 점을 상기시킨다(p. 110).

신경과학의 최근 연구에서 분명한 점은, 우리가 지각하는 것과 아는 것 사이의 가정된 선형적 연계가 지나칠 정도로 너무 단순하다는 점이다. 일반 주제는 뇌 기능에 대한 우리의 이해가 최초에는 자극과 반응의 심리학 분야에 근거를 둔 지각 패러다임으로부터 출현한 반면, 우리가 실제로 보는 세계에 대한 지각 방식은 훨씬 더 비선형적이라는 점이다. 그러나 기능적 뇌 판독장치를 사용하는 뇌 이미지화에서 새로운 방식의 사용은 뇌가 행하는 일을 관찰함으로써 마음이 어떻게 작동하는가에 관해 유추될 수 있는 사실을 감질나게 수박 겉핥기 식으로 설명하고 있을 뿐이다. 한 개인으로서 뇌의 신경회로를 통하여 혈액의 흐름에 다른 변화를 추적함으로써, 뇌의 스캐닝에 따른 관찰자의 눈으로 그와 같은 작업을 경험할 수 있다. 충동이 뇌의 다양한 영역을 활성화함에 따라 사고의 형태를 지도화하는 것이 가능하다고 충분히 상정할 수 있다.[12]

뇌의 '점화'의 움직임으로부터 유추 가능한 마음은 감각의 투입에 반응하여 발생하는 몇 가지 변형감각을 제공한다. 그러므로 지각은 결코 수동적인 것이 아니며—빛의 형태가 망막에 부딪히고 난 이후 다수 발생하며, 우리는 그것을 더 나아가서 감지하게 된다. 감각 지각은 우리의 주위 환경으로부터 불완전한 정보를 흡수함으로써 시작하며, 이러한 시각적 단편과 조각이 진행해 나아가 우리가 보는 대상에 대한 가능한 의미를 추측 가능하도록 하는 처리과정을 뇌 속에서의 일련의 과정을 통해 추적한다. 프랑스 인상주의 화가들과 후기 인상파 화가들은 다소 유사한 과정을 시행하였고, 빛과 움직임의 형태로부터 조각 기법에 의해 시각적 사고와 행동의 통로를 보여 주었으며, 그리하여 상상력에 의한 훨씬 더 많은 세부 사항의 여지를 남겨 놓았다. 우리가 보는 것은 눈을 통하여 흘러 들어오는 대상이 아니라 환경으로부터 표본 추출된 것에 의해 활성화된 전기적 충격을 뇌가 어떻게 지각하는가 하는 것이다. 앤 배리(Ann Barry, 1997)는 다음과 같이 기술하였다.

> 그렇다면 우리가 보는 것은 시각 체계에 의한 외부 자극의 처리과정, 우리로 하여금 우리가 보는 대상을 의식하게 하는 형식으로 특정 신경계에 대한 즉각적인 점화, 적절한 시점에 적절한 지각 기술을 학습하는 것, 현재의 지각에 있어 감내되는 사전 학습과의 조화를 이른다. 지각은 망막 이미지뿐만 아니라 한 개인의 전 존재를 또한 활용하는 과정이다(p. 65).

우리의 뇌 속에 활성화된 대상과 환경과의 조우로부터 적응된 대상 사이의 조화는 그 초점을 천성과 교육에 관한 광범위한 논쟁으로부터 머리보다는 마음의 영역이 미리 사고할 수 있는 인간의 능력을 더 잘 설명할 수 있는 것으로 이동하였다. 예를 들어, 뇌와 예술에 관한 세미르 제키(Semir Zeki)의 텍스트에는 '사랑, 창의력과 인간의 행복에 대한 탐구(Love, Creativity and the Quest for Human Happiness)'라는 부제가 붙어 있다. 신경과학과 예술심리학에 관한 그의 수십 년간의 연구를 기반으로, 제키는 인간의 추상적 경험들은 음의 문제이며, 뇌 이미지 기술을 사용하여 조사 및 이해될 수 있다는 사실에 누구보다도 단호한 입장을 취한다. 그는 뇌의 주된 기능이 예술 문제에 관한 한 지식을 획득하는 것이며, 이는 개념 형성을 통하여 발생함을 주장하고, 몇 가지 개념들은 '천부적인 것'이며 일부는 '획득되는 것'임을 주장한다. 제키(2009)는 이러한 천성과 교육을 다음과 같이 구분하여 구축하였다.

타고난 개념은 뇌 속에 들어오는 신호를 조직화하여 그 의미를 주입하고 활
동하여 파악하게 된다. 후천적 획득 개념은 뇌에 의한 생명을 통하여 발생되
며, 뇌에 도달하는 정보의 지속적 변화와는 아주 별개로 형성된다. 즉, 그것들
은 우리가 지각하고 인식하기 쉽도록 하며, 그 결과 사물과 상황에 대한 새로
운 지식을 획득하게 한다(p. 21).

제키에게 창의성은 불만족과 모호함의 감각으로부터 나오며 그러한 것은 미
적 반응에 의해 해소되고 산출물은 이런 절실한 요구들이 충족되도록 다수의
방법들을 제공한다. 더 나아가 이러한 지식-추구 및 참고 과제에서 미적 개념
이 어떻게 지각되고 처리되는지에 관한 신경생물학적 기초가 존재하는데, 왜
냐하면 보는 것과 이해하는 것을 분리하는 것은 불가능하기 때문이다. 제키는
자신의 접근 방식을 "미학적 신경학, 즉 신경미학의 기초를 세우고, 그리하여
미적 경험의 생물학적 기초를 이해하는 것으로"(1999, p. 2) 정의하였다.

앤 배리(1977)에게, 그것은 예술적·과학적 관심을 융합시키기 위한 개념적
단서를 견지하는 신경 연결망이라기보다는 연구가 시각적 처리과정 면에서 감
정의 역할을 이해하는 데 급진적 변화를 제시하는 방식에 가깝다고 볼 수 있다.
이제 세계의 감각적 경험과 신경 연결망 사이의 비선형적 관계가 정서적 반응
으로 하여금 좀 더 합리적인 추론을 선행하는 과정이 될 수 있게 제 자리를 잡
아가게 된다. 다시 말하면, "우리는 그 대상을 깊숙이 사고하기 **이전** 상황에 감
정적으로 반응하기 시작한다."(p. 18, 원문에서 강조) 인지 기능에서 정서의 우
선적 역할은 행동한 다음 우리가 어떻게 느끼는가에 대해 생각하게 되는 기반
으로 외부 상황에 반응하여 논리적으로 생각한다는 통상적인 믿음에 도전한다.
이것은 이러한 시각화 과정의 설명으로부터 드러나기 위해서 불가분한 중대한
개념이라 볼 수 있다. 즉, 감정과 느낌이 우리의 세계를 알게 되는 데 기여하는
역할의 재평가이지, 인지 이전의 과정의 더 낮은 수준으로서가 아닌 이해의 순
환에서 주도적 요소를 의미한다고 볼 수 있다. 감각 지각의 지속적인 상호 교감
으로, 개인의 의식은 경험 이전에, 우리가 알게 되는 합리적 추론은 기억과 감

성에 의해 엄청난 영향을 받을 것이다. 이것은 이성의 출처와 장소에 가장 우선
되는 것으로 마음의 이미지로부터 나오는 일종의 절규 같은 것이다.

　　비록 신경과학 내, 시각화의 생물학적 기초를 추적하기 위한 최근의 노력들
이 우리가 이미지를 가지고 그 의미를 알게 되는 방식, 우리가 알게 되는 것들
에 대한 정신적·육체적 과정 사이에 불가분의 관계를 가지고 있다는 좀 더 그
럴듯한 설명을 배출해 내고 있기는 하지만, 여전히 우리가 알지 못하는 미지의
것에 대한 왜소한 느낌을 지울 수 없다. 향후 미래에는 시각적 인지의 신경생물
학적 결정 요인에 대한 확인이 우리가 무엇을 보는지 처리하는 방식에서 그 변
수를 좀 더 잘 설명할 수도 있다. 그러나 이 장에서 논의했듯이, 그것은 인간의
조건에서 의심의 여지가 거의 없으며, 또한 시각적 이해는 폭넓은 유익한 상황
들을 세계 안에서 우리 방식대로 창의적으로 협상하도록 영향을 미친다.

구체화된 맥락

　　개인과 문화 및 사고방식을 연구하는 일은 오랫동안 두 가지 서로 별개인 작
업으로 여겨져 왔으며, 그 각각은 서로 다른 이론과 방법론에 기반을 두고 있
다. 한편으로는 개개인에 대한 심리학적 연구는 인지적 사고 처리과정에 대한
보편적 이해를 찾아 의학적 기반을 가지고 방법론적 통제 내에서 착수되고 있
다. 다른 한편으로는 어떤 분야에 대한 연구에 관해서는 인간의 문화적·사회
적 과정에 관심을 가지고 문화가 지각에 어떤 식으로 영향을 미치는지 이해하
기 위하여 현실의 맥락에 대해 조사한다. 최근 수십 년 동안에 이러한 두 가지
다른 입장이 지각과 문화의 조화 사이에서 결합되고 있다.[13]

　　문화 내에서 혹은 이를 초월하여 여러 문화에 걸쳐 다양한 앎의 모형에 관
심을 보이는 연구자는 즉각적인 상황적 요인이 사고와 행동에 어떻게 영향을
미칠 것인가를 고려할 뿐만 아니라 보다 광범위한 사회적 전후 사정에 영향을
미치는지를 고려한다. 논쟁의 핵심은 문화적 경험이 개인으로 하여금 스스로
복잡한 사회문화적 배경 속에 살면서 사고하고 느끼는 존재로서 지각하는 데

일조하고, 이러한 문화적응과정이 가치 및 신념의 공유를 참작하게 한다고 보는 점이다. 이 과정에는 두 가지 요인이 존재한다. 첫째, 사람이 살고 있는 공동체와 개인 그리고 타인 사이의 관계를 기술하는 실재에 대한 이론이 사회적으로 구축된 본질에 관한 것이다. 둘째, 공동체와 문화가 기반을 두고 있는 지식 체계가 존재한다는 점이다. 이러한 영역의 초점은 "문화가 사회적·물리적 환경과 개인적 상호작용에 의해 발생하게 되는 공통된 지각으로부터 진화해서 나타나는 현상"(Ross, 2004, p. 8)으로 좀 더 동적인 관계로 볼 수 있다. 우리가 개별적·집단적으로 사고하고 행동하는 방식에 관한 문화적 처리과정 및 실재에 배어 있는 영향력은 오랜 기간 예술가-연구가에게 흥밋거리였고, 그 도전의 일부는 예술가-연구가 원리에 기반을 둔 견해와 실재의 한계를 넘어서서 새로운 개념의 장을 여는 이러한 연구에 어떻게 참여할 것인가 고려해 보는 일이다.

문화의 내용은 인지적 원론과 인간이 "매체와 세계, 활동, 의미, 앎, 학습 그리고 인식의 관계적 상호 의존성"(Lave & Wenger, 1991, p. 50)과 상호 관계를 맺는 본질임을 인정하는 사회적 관행의 이론 방식으로 훨씬 쉽게 결정된다. 레이브와 웽거(Lave & Wenger, 1991)가 한발 더 나아가 설명했듯이, "학습, 사고 및 앎은 사회문화적으로 구조화된 세계로부터 일어나는 내적·외적 활동에서 사람들 상호 간의 관계를 의미한다"(p. 51). 개인적이고 공동된 관련성을 지니는 인지과정에 대한 집중은 문화를 본질화하는 과거의 관점에 대해 비판적인 문화기반 연구자에게 더 흥미를 갖게 하였다. 문화적 맥락 안에서 개인과 집단 사이에 유사점과 차이점을 좀 더 세밀하게 관찰하는 것이 필요하다.

한 가지 흥미로운 발전은 개인과 개인이 행하고 사고하는 대상을 통하여 존재하는 과정으로 문화적 인지 관행을 연구하는 데 비판적으로 반응하고 좀 더 적합한 새로운 형태의 연구를 맞출 필요성이 대두되었다는 것이다. 이것은 시각적 연구 방법[14]에 새로운 방법론적 흥미를 가지는 인류학과 몇몇 사회학 분야의 시각적 견지에서 더욱 명백한 것으로 보인다. 비록 미디어의 영역에서 시각적 문서화가 오랫동안 현장 연구자에게 지지되어 오긴 했으나, 이러한 형태의 반항적 성격의 연구 방법이 수용된 것은 단지 최근의 일이다. 카메라가 사진을 찍지 않고 사람이 찍는다는 말은 방법론적 인식 속에 실재로 자리하는 데 꽤 오랜 시간이 소요되었다. 더 나아가 개인과 문화가 시각적 재현과 의사소통의 이해와 생산을 통해 현실을 이해할 수 있는 방식이 된다는 것은 더욱 쉽게 인정되지 않아 왔다. 그러므로 중요한 정보를 산출하는 방법으로 시각적 자료가 수집, 생산되는 것을 인정하기 위해서는 선택적 승인이 필요하다.[15]

신경생물학적 연구는 마음과 육체의 이중성에 대한 거부이기 때문에 감정, 행동 및 생각이 구체화되어 더 깊은 앎을 낳을 수 있음에 대해 인정하기 어렵게 한다. 만일 정보처리과정의 수단이 감정적 상태, 정신적 형상화 그리고 다양한 형태의 묘사를 통해서라면, 이것은 시각적 인지 형태로서의 상상력과 은유에 대한 새로운 중요성을 암시하는 것이다.[16] 스티븐 로즈(Stephen Rose, 2008)는 이를 다음과 같은 방식으로 설명하였다.

> 뇌는 체스 게임을 해결하도록 고안된, 주로 인지적 고안장치가 아니라, 내장기관을 담고 있는 유기체의 생존 확률을 높이고자 채택된 진화된 기관이다. 그것의 주된 역할은 뇌의 소유자로 하여금 현재의 상황을 평가할 수 있게 세포장치를 제공함으로써 환경이 만들어 내는 도전에 반응하는 것이며, 그것을 과거의 경험과 비교하고 또 적절한 **감정과 그에 따르는 행동**을 낳게 하는 것이다(p. 8, 원문에서 강조).

이러한 조건 그리고 시각적 뇌에서 묘사된 국부적 뇌 기능에 대해 좀 더 이해 가능한 지식은 체화된 인지의 가능성을 제시한다. 캐서린 헤일스(Katherine Hales, 2004)는 비록 체화된 경험이 "문화적으로 구축되기는 하지만 전적으로 다 그런 것은 아닌데, 왜냐하면 생물학적 진화의 새로운 천 년으로부터 나타난 의식적 마음과 심리학적 구조 사이의 복잡한 상호작용으로부터 출현하기 때문이다."(p. 229)라고 설명하였다. 그녀는 덧붙여 "인간 신경계의 유연성 때문에 새로운 시냅스 간의 연결이 체화된 상호작용에 반응하여 형태를 띨 수 있게 해 준다."(p. 231)고 하였다. 체화된 경험의 범위 속에서 주어진 변화의 예시들은 우리가 어떻게 후기 인간(posthuman, 역자: 인간의 유전자 구조를 변형하고 로봇이나 기술을 인체에 주입하면서 진화된 상상 속 인종, 그런 인종이 사는 미래 시대)이 되었는지에 관한 그녀의 논점의 일부가 되며, 예컨대 디지털 환경에서 볼 수 있는 것으로 우리를 대신하는 아바타(avatar)와 사이보그(cyberg)는 체화된 공간에서 거주한다. 전제하고자 하는 것은 인지과학자에 의해 다소 부정되고 있는 체화된 자아의 요소가 중심부를 차지하는 동적이고 상호 연관되며 또 상호 관계적인 세상에 우리가 살고 있다는 점이다.

　　어떤 형태든 인간의 앎에 흥미를 가지는 연구자는 이해에 방해 요소가 될지도 모르는 즉각적 상황 요소뿐만 아니라 보다 광범위한 맥락까지도 고려한다. 우리는 마음이 학습하기 때문에 복잡한 적응 체계임을 알고 있다. 그러므로 마음의 이러한 능력과 우리를 돕는 주위 환경이 정당한 조사를 학습한다는 사실을 가정하는 것은 합리적이다. 정신의 처리과정과 전후 사정에 따른 틀을 세우는 것의 관계가 의미가 만들어지는 방식에 어떻게 영향을 미치는가를 고려하는 기회를 제공하는 세 가지 종류의 연결고리가 있다. 첫째, 그것의 넓은 의미로 사고에 관해 사고하는 것은 대화가 전제되는 간학문적 담론을 통해 갖게 된다. 규율적 전통이 이론과 실제 사이의 관계를 얼마나 다양하게 상정하는지를 보는 것에 대해, 공통 관심사는 교환을 방해하는 제한적 요소로 잘 확인될 수 있다. 둘째, 가치가 부여된 사회적 목표로서의 마음을 개발함에 대한 흥미로운 요소는 제도와 지역공동체의 지지가 인지적 기능을 중재함을 상정하기 위한 구조가 된다. 셋째, 상황적 결과는 개인과 특정 상황 가운데서 조우되는 것으로 실제 환경의 실행 내에서 인지학습은 기초 지식의 기회를 제공한다. 인지적 과정과 맥락적 영향들을 연결하는 다른 종류의 관계를 논의하고자, 필자는 이것들이 시각예술의 앎에 기초하여 설명하므로 시각예술에 대한 인지적 실천을 논의하고자 한다.

▐▌ 시각예술적 앎: 이론적 틀 ▐▌

이론과 실제의 관계를 이해하는 것은 물론 사고와 행동 간의 관계를 이해하려는 노력만큼이나 수많은 시도들과 지속적인 원리들이 존재한다. 그 원리들 중 어떤 것들은 눈에 띈다. 시각예술은 사고를 포함하고, 상상력이 풍부한 사고는 알려진 것과 미지의 것을 포용함에 따라 결코 고착되어 있지 않다. 사고의 중요성은 그것이 특정 형태로 일어나고 있을 때 명백해진다. 비록 예술적 사고의 가치가 오랫동안 옹호되어 오면서 그런 사고가 발생되는 메커니즘은 상호작용하며 그를 둘러싼 인지과정으로 더 명쾌하게 이해될 수 있지만, 정신적인 이미지가 어떻게 창의적 형태로 주어지는가 하는 점은 불명료하다. 예술가는 통찰력이나 직관을 사용하여 결실을 맺는 아이디어를 창출하는 데 다재다능하며, 그 방식 면에서 처음에는 이상하기도 하고 또 새롭기도 하겠지만, 되돌아보면 전체적으로는 온전히 적절한 것처럼 보일 수 있다. 수많은 예술가들에게 상상력이 풍부한 사고는 작품을 계획할 때나 제작과정 중에 비판적 반영의 결과 혹은 타인에 의해 행해진 의미 부여를 통하여 발생한다. 이러한 중요한 타인 속에는 예술작가, 문화예술비평가 그리고 미술교사가 포함되는데, 미술 작품이 제작되고 전시될 때 그들은 단지 시각예술뿐만 아니라 개인적 관심과 공적 중요성의 기타 관련 쟁점들을 사고하고 학습할 기회를 열어 두고 있기 때문이다.

[그림 5-1]은 시각예술적 앎을 포착하는 관점과 실제를 보여 주고 있다. 이 구성에는 수많은 것들이 반영되어 있다. 역사적 관점은 명백하다. 우리가 연구를 개념화하고 행하는 방식에서, 추세는 예술 작품의 관람자가 특정 맥락을 가지고 예술 작품과 만나게 되고, 이 만남의 기초 요건으로 예술 작품 내 쟁점들과 아이디어를 탐구하고자 예술 실행을 행한다는 것이다.

만일 우리가 제4장의 [그림 4-1]의 시각예술 연구를 위한 틀을 언급한다면, 분명한 것은 이러한 탐구가 경험주의자, 해석주의자 및 비판적 패러다임과 관련이 있는 일반적 연구 분야와 일치한다는 것이다. 인지를 생물학적이고 문화

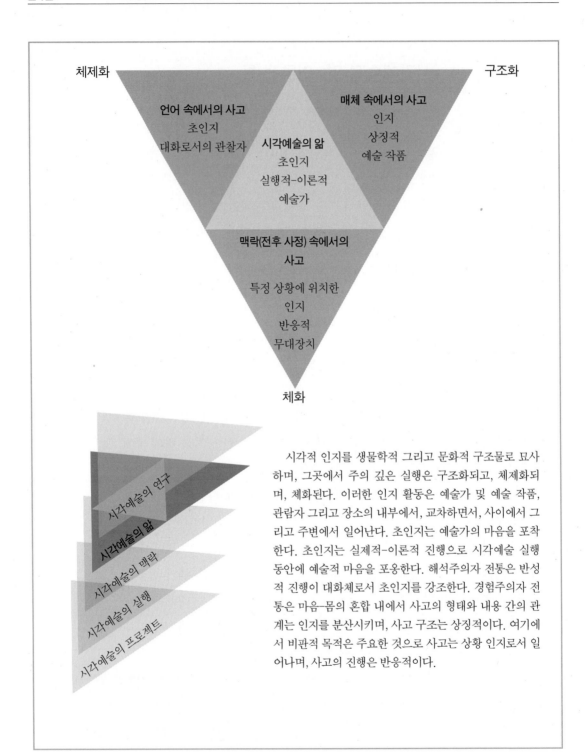

체제화   구조화

언어 속에서의 사고
초인지
대화로서의 관찰자

매체 속에서의 사고
인지
상징적
예술 작품

시각예술의 앎
초인지
실행적-이론적
예술가

**맥락(전후 사정) 속에서의
사고**

특정 상황에 위치한
인지
반응적
무대장치

체화

시각예술의 연구
시각예술의 앎
시각예술의 맥락
시각예술의 실행
시각예술의 프로젝트

시각적 인지를 생물학적 그리고 문화적 구조물로 묘사하며, 그곳에서 주의 깊은 실행은 구조화되고, 체제화되며, 체화된다. 이러한 인지 활동은 예술가 및 예술 작품, 관람자 그리고 장소의 내부에서, 교차하면서, 사이에서 그리고 주변에서 일어난다. 초인지는 예술가의 마음을 포착한다. 초인지는 실제적-이론적 진행으로 시각예술 실행 동안에 예술적 마음을 포용한다. 해석주의자 전통은 반성적 진행이 대화체로서 초인지를 강조한다. 경험주의자 전통은 마음-몸의 혼합 내에서 사고의 형태와 내용 간의 관계는 인지를 분산시키며, 사고 구조는 상징적이다. 여기에서 비판적 목적은 주요한 것으로 사고는 상황 인지로서 일어나며, 사고의 진행은 반응적이다.

[그림 5-1] 시각예술 인식의 개념틀

적인 구축 양쪽으로 보는 이 장에서 기술하는 사고 활동의 관점으로 보면, 시각예술에서 중요한 실행은 구조화되고, 틀을 갖추게 되며, 체화된 것이다. 제4장에서 기술된 모형이 연구 관점으로 받아들여지는 데서 시각예술적 앎은 동적이고 가변적인 두 가지 특성을 지니는 것이 명확하다.

결과적으로 시각예술에서 인지 구조를 구체화하는 접근 방식은 예술가-연구자의 입장에서 볼 때 다소 거리감이 있고, 분리되는 분야라기보다는 연합되며 강조될 수밖에 없다. 이러한 인지적 연합 속에는 예술가 및 예술 작품, 관람자 그리고 장소 사이, 내부 그리고 주변에 오가는 지속적인 대화를 포함하며, 그 각각은 상호 구축적인 의미에서 그 나름의 역할을 담당한다. 그러므로 앎을 이루어 내는 과정은 의미를 창출하고 비평함에 따라 본질에 대해 반복적이면서 목적성을 지니게 된다. 필자는 이것을 초인지(transcognition)라 부르는데, 왜냐하면 그것은 예술가의 마음을 포착하고 있기 때문이다. 초인지는 예술가 자신이 작품을 창작할 때의 작품의 형식과 아이디어 그리고 상황을 행하는 예술 실행과 시각적 앎을 매개하는 시각예술의 과정이다. 그러므로 초인지의 실행은 아이디어와 창작의 두 간극 속에서 실용적이며 동시에 이론적인 경향을 띠게 된다. 초인지과정은 다른 연구 관심 분야 속에 내재해 있을 때 실행의 패러다임과 연구의 전통과 좀 더 긴밀하게 연합함으로써 다소 다른 특징을 지닌다. 예를 들어, 해석주의자의 전통 안에서 앎의 과정은 앞 장에서 제시한 틀에 묘사된 것과 같이 자기표현법과 의사소통을 강조한다. 그러므로 그 강조는 메타인지에 관한 것인데, 이는 재귀적 절차가 자기표현 방식으로 적용되기 때문이다. 마찬가지로 경험주의자의 전통하에 마음의 작업을 드러내는 데 사용된 다양한 메타포는 구조화된 접근 방식을 선호해 왔으며, 마음과 육체의 혼합 범주 내의 사고의 형식과 내용 사이의 관계가 광범위한 인지의 형태로 가장 잘 드러난다. 이런 방식으로 창조되는 사고 구조는 형식과 내용에서 상징적 경향을 띤다. 시각예술적 앎이 비평적 목적을 가장 우선하는 맥락적이며 구체적인 상황 내 위치할 때 그 맥락은 상황 인지로 설명되며, 그 앎의 과정은 맥락에 즉각 반응하게 된다.

매체 속의 사고

이 관점은 근본적으로 예술적 사고를 창의적 작품 속에 형식을 부여하는 사고와 행위의 결과로 이해한다. 인지심리학에서 영-미 전통으로부터 도출된, '매체 속의 사고'는 미술교육에서 이러한 성향의 유용한 묘사이며, 이러한 입장은 루돌프 아른하임(Rudolf Arnheim, 1969, 1974)의 시각적 사고 연구, 클레어 골롬(Claire Golomb, 1974, 1992)의 발달 조사, 그리고 주디스 버튼(Judith Burton, 2001; Burton, Horowitz, & Abeles, 2000)과 낸시 스미스(Nancy Smith, 1993)의 예술 매체 연구에 잘 나타나 있다. 다른 연구자들, 예컨대 하워드 가드너(Howard Gardner, 1973, 1983)와 같은 학자들은 좀 더 체계에 가까운 접근 방식을 취하며, 인지 기능을 상징적 과정 절차의 형태로 보고, 몇몇 다른 경우에서 다른 인지 기능이 특수한 형태의 앎을 강조하도록 한다. 성인이 사용하는 창의적 절차에 관련되어 있는 이러한 아이디어의 추정은 더 나아가 일부 예술가가 매체를 통해 사고하듯이 매체가 구조적·문화적 제약을 포용할 때도 이를 강조한다.

이러한 관점으로 보면, 예술 작품은 예술적 사고의 결과이며 따라서 예술 작품은 예술 지식이 어떻게 획득되고 재현되는지에 관한 질문에 답변할 수 있는 장소라는 전제가 도출된다. 연구로서의 탐구는 현실의 객관적 세계 내에서 발견되는 명확한 진실에의 부합이라는 경험적 전통을 활용하게 된다. 사고는 관계의 의미를 파악하는 데 도움이 되는 인지의 구조적 단편이며, 이러한 것들은 경험적으로 세상에 존재하며, 그 결과 정신 현상이 행동의 경제적 범위 내에서 이해 가능하다. 목표는 단순하고, 자기소진적이며 일반화할 수 있고 또한 관찰 가능하고 확인 가능하다. 따라서 인식할 수 있는 수집된 정보에 기반을 둔 이해의 관점을 제시한다. 이러한 전통적 조사 범위 내에서 인지과정은 매체, 언어, 상황, 사건 및 기타 우리가 행하고 또 주지하고 있는 것들을 나타내고자 창조하는 표현 형식과 의사소통을 통하여 나타난다.

시각예술에서의 탐구를 이해할 때 인지과정을 연구하는 것이 시각적 사고를 이해하는 최상의 방법이라는 점이다. 이와 같이 시각예술적 앎은 인상학적 특질이 예술가 및 아동의 마음과 표현력이 풍부한 잠재 능력에 적합한 다른 매체의 시각적 특성과 연관되어 있는 인지적 기능의 한 형태다. 이런 의미에서 예술가는 매체와 특정 성향으로 사고하며, 마음의 습관은 개인이 제작과정 중에 의미를 형성하는 데 도움을 준다. 매사추세츠 프로방스타운 출신의 조각가 폴 보웬(Paul Bowen)은 매체에서의 사고의 한 예를 보여 준다. 보웬에게 자신이 사용하는 재료들은 역사의 가시적 장소에 대한 낭만적 언급과는 다른 개념적 매개체라기보다는 오히려 아이디어를 위한 장소가 되고 있다. 조각과정 중에 재료를 통해 이미지가 회복되는 방식을 묘사하는 것에서 보웬은 아이디어를 부과하려고 시도하지 않고 오히려 작업 활동으로부터 형식이 출현하게 두는 것을 더 좋아한다. 그는 다음과 같이 설명하였다. "나는 자주 벽에다 단지 평평한 목재를 고정시키고 어떤 의미에 있어서 이미 거기에 존재할지도 모르는 형태를 찾고 있다. 그것으로부터 무엇인가를 뽑아내려고"(Sullivan, 2002b, p. 4). 보웬과 같은 예술가는 그레이엄 블론델(Graham Blondel)처럼 매체 속의 사고를 다음과 같이 설명한다.

나는 현재의 세계화를 해독하고, 그 모순됨, 정치 및 인간성의 결핍 때문에 예술을 한다. 나는 끊임없이 이미지를 수집한다. 거리에 버려진 재료든, 일상의 광고와 신호 체계든 아니면 대개 아주 짧은 유통 기한을 지닌 대안적 대중매체 출판물이든 상관없이 말이다. 매체의 즉각성과 소멸의 가능성은 그 연결성이 사회의 복잡성, 심리학적 관점 및 결점을 드러낼 수 있는 충격적인 이미지를 만들어 낸다는 점에서 나에게 설득력을 지닌다(개인적 면담, 2006. 8. 17.).

그레이엄 블론델. 위: 〈거리에서[Of(f) the Street]〉(2006). 예 요! 종이 위에 그린 콜라주. 12×9inches.
아래: 〈죽은 도그마(Dead Dogma)〉. 종이에 그린 콜라주. 12×9inches. 작가의 허락을 받고 게재함.

그레이엄 블론델은 시각적·언어적 조각 소재들을 도시 거리로부터 수집하기 위하여 문화적 균열과 도시의 취약지에 들어가는 여행가-예술가이자 전위대다. 이것은 마음을 염두에 둔 예술 작업으로 사려 깊은 시각적 샘플(모형) 및 어울리지 않는 언어적 정보 소식통으로 사람을 자극하면서도 결코 공허한 모방 작품에 호소하지 않는다. 오히려 그의 그림들은 상징주의에 의존하지 않는 시각의 과정을 묘사한다. 거기에는 우리가 그리는 뇌 속으로부터 이미 만들어진 의미의 어떤 색인도 존재하지 않는다. 그 지점에서 훨씬 더 많은 사건들이 존재한다. 이것이 평행과정인데, 왜냐하면 블란델의 콜라주가 연결점에 불을 당길 때, 의미는 이전의 학습에 의해 강화된 연결고리를 이미지가 활성화함에 따라 형성되지만 또한 간섭, 직관 및 순간적 연결들을 만들어 내기 때문이다.

언어 속의 사고

예술적 사고는 또한 인지가 사회적으로 중재되는 과정에 의한 절차로 간주된다. 이러한 견해는 해석학과 기호학의 전통 안에 그 기원을 둔다.[17] 인지를 연구하기 위하여 행동주의 결과에 초점을 맞추지 않는 대신, 우리는 예술과의 조우에 의해 형성되는 예술적 담론이나 대화를 통하여 이야기나 의미를 구축하며, 언어로 근원적인 의미를 만들어 가고자 노력한다. 그러므로 초인지적 실행이 적용된다. 시각예술에서 이러한 방향은 언어에서의 사고로 가장 잘 묘사된다. 이러한 관점에서 인지 지식은 언어적 기호 작용의 기반 위에 형성되며 이해는 사회문화적 관습에 따른 대화의 과정으로 나타난다. 그러므로 예술에서의 사고 및 예술에 관한 사고는 언어에 의존적일 수밖에 없다.

　이러한 관점은 이미지가 무엇을 의미하는지에 대한 이해가 합리적 담론과 비평을 통하여 파악되는 유럽식 해석학적 전통에 기반을 두고 수립된다. 텍스트로서 이미지와 오브제를 언어와 이야기로 보는 것은 문화코드의 형식을 수반하는 것으로 대화의 방식에서 해석을 요구한다. 그러므로 언어의 의미는 발견되는 것이 아니라 사회문화적 관습에 근거를 둔 예술담론을 창출하는 예술 작품과의 조우를 통해 만들어진다.

　트레이시 모팻(Tracey Moffatt)의 예술은 자연스럽게 그 틀 속에서 이러한

트레이시 모팻. 왼쪽: 〈기도 #5(Invocations #5)〉. 오른쪽: 〈기도 #10((Invocations #10)〉(2000). 포토 실크스크린. 58×48 inches. 13개의 연작, 제60판. 작가 및 시드니 로슬린 옥슬리9 갤러리 (Roslyn Oxley9 Gallery)의 허락을 받고 게재함.

방향성을 자연스럽게 파고 들어간다. 그 음울하고 화가 특유의 연작 시리즈 〈기도(Invocations)〉의 실크스크린 판화 작품들은 기억을 잊게 하거나 음울한 시야의 대화로서 경험된다. 영화, 디지털 프린트 및 다른 시각 형태 속에 부여되는 다른 시각적 언어의 경험은 감정에 의해 영향을 받는다. 종종 시간과 공간이 희미해진 과거의 언어나 이미 형성된 인식을 회피할 만큼 강렬한 아이디어의 흐름을 만들어 내기도 한다.

> 이미지는 내가 4년 전에 꾸었던 꿈으로부터 온 것이다. 당신이 어떤 것을 꿈꾸고 4년 뒤에 그것을 벽에서 보고 있다니 신기하지 않은가? 어쨌든 그 꿈에 대한 해석, 이미지에 대한 느낌, 우리 모두가 가지는 어두운 내면의 지하세계, 우리 모두에게 잠재의식적인 것, 즉 어두컴컴함에 대한 것이다.[18]

맥락 속의 사고

이 장의 앞에서 설명했듯이, 학습과 이해의 매개체로서 맥락의 중요성은 인지에 관한 논지의 핵심이다. 맥락의 역할을 고려할 때 상황적 요소, 물리적 특징, 환경적 · 문화적 신호뿐만 아니라 인간의 관련됨을 인정하는 일은 무엇보다 중요하다. 데이비드 퍼킨스(David Perkins, 1992)는 이것을 자아, 타인 및 우리가 사용하는 인공물까지 포함하는 매개체 내에서 사고가 이루어지는 상황적 인지의 한 형태로 묘사한다. 상황적 인지란 때로는 현실이 사회적 구축 기반이며, 이해는 언어와 다른 형태의 의사소통에서 상식적 결과로 나타나는 사회문화적 인지라 불린다.[19]

예술의 실행에는 다양한 매체, 언어 및 상황에 의해 생성된 인지과정과 관련이 있으며, 문화적 맥락은 예술가가 만들어 내는 사고와 행위의 강도 그리고 영역을 포착하는 방식을 제시한다. 맥락 속의 사고를 표현한 예술 실행의 한 예를 우리는 마리아 막달레나 캄포스-폰즈(Maria Magdalena Campos-Pons)의 설치미술 〈바다에서 오는 일곱 가지 힘(The Seven Powers Coming By the Sea)〉에서 볼

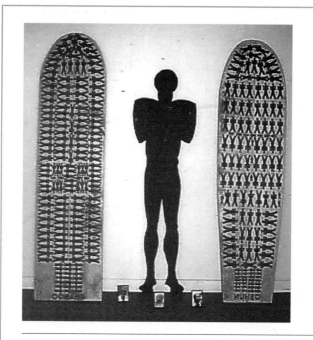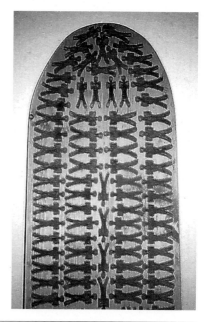

마리아 막달레나 캄포스-폰즈. 〈바다에서 오는 일곱 가지 힘(The Seven Powers Coming By the Sea)〉(부분)(1992). 목재, 흙, 금속, 사진들. 가변 차원. 작가의 허락을 받고 게재함. 사진: 그램 설리번(Graeme Sullivan).

　　쿠바 태생의 화가 마리아 막달레나 캄포스-폰즈의 예술 실행을 형성하는 체화된 인지는 그녀의 문화적 전통과 관련이 깊다. 캄포스-폰즈에게 문화 역사의 탐구는 그녀의 흑인으로서의 유산을 해석하는 방식과 관련이 있는데, "내가 접근하는 역사는 흑인들에게 반드시 해당되는 것은 아닌 목소리를 통하여 듣는 역사라는 사실"(작가와의 인터뷰, 1992)에 대한 깨달음이 포함되어 있다. 이러한 전위적인 역사를 연구할 때, 캄포스-폰즈는 신체를 과거의 자서전적 측면을 탐구하는 창으로 사용한다. 이러한 의미에서 인간의 형태는 형식적 세부 사항, 기억, 느낌 그리고 문화적으로 근거가 된 지식의 풍부한 레퍼토리를 포함하는 정보로 간주될 수 있다. 이와 달리 신체는 또한 역사를 통하여 개개인에게 가해진 육체적·상징적 파열을 기록할 수 있다.

수 있다.

　　캄포스-폰즈는 미국에서 작업하는 쿠바 출신의 설치미술가로, 그녀의 예술 실천을 형성하는 반성적 사고는 그녀의 문화적 맥락과 관련이 깊다. 그녀가 개인적 통로로 언급했던 미술제작을 통해 복잡한 논쟁거리를 탐구할 수 있다는 깨달음은 그녀에게 개인적 열정과 문화적 관심이 불가분하게 얽혀 있다는 사실을 확신시켜 주었다. 캄포스-폰즈는 아프리카계 쿠바 출신으로서 자신의 문화유산을 연구한 결과로서 시각적 비판을 사용하고 있으며, 이러한 문화적 맥락은 관람객과의 대화(소통)의 골격으로 작용한다. 캄포스-폰즈는 자신의 작업과정을 형성하는 얕은 돋을새김 조각과 같은 전통적 기술을 재생하는 수단으로 자신의 인종과 문화에 관한 역사들을 탐구하고 재주장하여 활용한다. 캄포스-폰즈와 같은 예술가는 자신이 현재의 마음상태와 체화된 과거의 사건 사이를 연결하는 역사와 경험을 묶어 내는 사회문화적 맥락 속에서 사고한다.

‖ 상호 인지적 활동으로서의 시각예술 ‖

이 장의 마지막 절은 자신의 창의적 실행이 시각예술 인식의 개념 틀([그림 5-1] 참조)과 제4장의 [그림 4-1]에서 묘사된 연구의 개념 틀에 비추어 볼 때 재고되고 비판되는 두 명의 화가들과 함께 착수한 프로젝트인 '비판적 영향력(Critical Influence)'을 묘사하고 있다.

이 예시의 목적은 아마도 작은 심장에 살과 뼈를 붙이는 것과 유사하다. 이 예시는 필자가 주장하는 이론의 차원, 탐구의 범위 그리고 시각예술 실행에서의 시각적 인지를 이해하는 개념 틀을 제시하는 데 일조한다. 그러나 그 개념 틀은 예술을 정지되어 경직되거나 예술가-연구자의 창의적이고 비판적인 사고과정을 편리한 묘사적 모듈로 격리시키지는 않는다. 오히려 인지과정이 이미지와 대상으로 바뀐다는 논쟁의 여지가 아직 남아 있는 사고와 결정적 행위를 마치 액체와 같은 유기적 방식으로 설명하여 준다. 이러한 마음과 실행의 습관은 이 장을 마감하는 '비판적 영향력'의 사례 연구의 일부이며, 수많은 시각예술 실행을 증명하여 준다.

▋▎ 사례 연구: 비판적 영향력 ▎▋

  시각적 인지에 영향을 주는 맥락과 관련 요소를 검토하기 위하여, 두 명의 화가가 호주 시드니에 있는 현대 미술을 위한 공간인 이반 도허티 갤러리(Ivan Dougherty Gallery)에서의 '비판적 영향력' 전시회를 개최하는 것으로 끝나는 12개월 동안의 연구 프로젝트에 참여하도록 초대한 한 연구에 착수하였다 (Sullivan, 1998).[20] 그 프로젝트의 목표는 예술가가 어떻게 사고하고 행동하고 또 창조하는가를 더 잘 이해하고자 현대 시각예술 실행에 대한 접근을 조사하고자 함이었다. 이 프로젝트는 이 두 화가가 2인 전시회 작업을 준비함에 따라 2인 화가의 스튜디오 활동을 기록하였다. 또한 다른 미술계의 중개인들의 역할, 즉 갤러리 관장, 비평가 그리고 큐레이터-연구자와 같은 작가들이 예술 기업에서의 활동적인 요소들로 모두 고려되었다.

  참여 화가는 제인 다이어(Jayne Dyer)와 니키 맥카시(Nikki McCarthy)였다. 이 두 화가는 모두 시드니에 거주하는 중진 화가였다. 이들은 그 전시회를 위한 미술 작품들을 창작할 뿐만 아니라 자신들의 예술 실행에 미치는 영향력을 추적하는 연구에 참여하였다. 문서나 사진 및 비디오 형태로 기록되는 스튜디오 관찰과 더불어 개별 화가와의 인터뷰를 통하여 정보를 수집하였다. 인터뷰는 갤러리 관장인 닉 워터로우(Nick Waterlow)[21]와 미술비평가 조안나 멘델스존 (Joanna Mendelssohn)[22]을 포함하여—이 두 화가는 함께 카탈로그 에세이를 썼다—전시회 과정과 연관된 사람들과 함께 행해졌다. 인터뷰는 관찰과 더불어 기록되었고, 모든 자료는 컴퓨터기반 질적 자료 분석 소프트웨어를 사용하여 분석되었다.[23]

  비판적 영향력은 큐레이터-연구자, 갤러리 관장 그리고 비평가로부터 기록물과 더불어 두 예술가의 작품이 제공되는 전시회에서 정점을 이루며, 그들 모두는 예술가들의 작품에 글을 썼다. 제인 다이어의 전시회에 대한 공헌은 〈현장(Site)〉이라는 제목의 어마어마한 작품을 제작하는 일이었는데, 이 작품은 바닥부터 천장까지 갤러리의 여러 벽을 넘어 뻗어 있었다. 〈현장〉은 과거의 여정과 장소를 추적하여 물감과 분필을 사용하여 긁고 두드리고 문지르고 층을 내어 만든 표면을 넘어 관람자를 끌어들였던 음울한 분위기를 창출하였다. 니키 맥카시는 타고난 설치미술가다. 그녀는 자신을 예술을 통하여 원주민과 호주인으로서의 연계점을 찾아낼 사명을 지닌 화가로 묘사한다. 네온, 유리, 빛, 공업 에나멜 혹은 컬러 모래를 사용하는 그녀의 예술 작품은 그녀의 원시성을 환기시키는 탐구 작업이다. 그녀의 예술 실행은 연결점에 대한 단서의 지속적 추구에 기반을 둔다. 이것에는 메시지와 의미가 내포되어 있으며 그것은 종종 지구라는 구체가 풍경 속의 한 점으로 또는 동시에 지구 전체가 될 수 있다는 시간과 공간을 가로지르는 관계를 함축한다.

비판적 영향력과 관련되어 있는 기록은 두 가지 형태로 이루어져 있다. 여섯 개의 일반 신문 크기의 시리즈는 전시회 카탈로그 역할을 하였다. 각각은 연구된 예술 실행의 작품들에 관한 제각기 다른 관점을 제시하였다. 좀 더 세부적 설명이 추가 자료로 더해져 시디롬(CD-ROM) 형태로 제작되었다. 그다음에 따른 내용들은 이 프로젝트 기간 동안 탐구된 다양한 실행에 대한 해설들이다. 처음 2개는 참여 미술가인 다이어와 맥카시의 프로파일에 관한 것이다. 그다음은 공동 조사 형태로 큐레이터의 실행을 탐구한다. 갤러리 관장인 닉 워터로우가 집필한 기고는 예술세계의 관점을 제시한다. 조안나 멘델스존의 비평적 응답 글은 예술비평가의 역할에 대한 예시를 제공한다. 그리고 마지막으로 마무리 글은 이 프로젝트로부터 생겨난 연구 논점과 이것들이 연구의 틀과 관련하여 어떤 식으로 상정될 수 있는지에 관한 점, 그리고 이 책의 마지막 절에 제시된 시각예술 인식에 관한 연구 논점을 요약하고 있다.

예술가의 활동: 제인 다이어

제인 다이어의 예술 작품들은 의미를 도식화(mapping)하는 장소의 역할을 한다. 일시적이고 가변적인 것의 참여를 추구하는 화가로서, 그녀의 예술은 작품의 재료가 나타나는 조각만큼이나 사고도 조각 나 있다. 작품의 표면에 대해 작업하는 방식은 눈을 열고 마음을 사로잡는 크기와 분리되어 암시만을 남길 뿐이다. 다이어의 작품임을 알리는 그 표현만으로는 작품의 근원을 쉽게 추적할 수 없다. 오히려 그 표현들은 장소와 사물의 일시적 만남이 타인이 그린 접선에 의해 차지하는 공간 속에 나타나며, 줄곧 그녀의 작업실의 바닥과 벽에 행해진 작업에 드러난 흔적들로 분명해진다. 시각적 형태는 다이어가 수집하는 그 이미지의 주요한 저장 공간이다. 다이어의 작품 속에 내장되어 있는 기억과 역사의 조각들은 관람자의 마음의 눈을 사로잡는다. 이미지 정보는 과거를 연상시키는 단초 역할을 하며, '이전'과 '이후'라는 미래를 연상시키게 한다. 그러나 이미지를 잡아내는 것은 현재다. 이러한 순간은 변화한다. 다른 시간과 공간의 흔적은 아침 안개가 우리가 풍경을 보지 못하게 하듯이, 단일한 진실이 있을 수 있는 가능성을 부정하게 한다. 제인은 다음과 같이 설명한다.

나는 베이징에 있는 중국 미술관의 갤러리에서 1996년에 탁본을 보았다. 종이는 직사각형이나 정사각형이었지만 이미지들은 불규칙적이었다. 이러한 탁본들은 건축학적·문화적 역사의 증거들이었고, 그 역사라는 게 출입문 혹은 그 무엇—그 단편, 나머지, 완전히 알려지지 않은 역사의 일부 그 경계 혹은 건물의 한구석—을 해체하고 있었다.

인간이 되는 것이 무엇인지 정의하는 기본 원리는 우리의 정체성을 확인하는 맥락 안에 위치한다. 제인 다이어의 예술은 이러한 장소와 정체성이 물리적인 것과 일시적인 것 사이를 포착하는 공간을 차지할지도 모른다고 제안한다. 외국어나 엑스레이상의 표시 혹은 점자의 튀어나온 부분처럼, 특정 형태는 경험을 통하여 드러내지 않으면 숨겨진 정보로만 남게 된다. 예술 작품의 의미를 만들어 내는 것은 우리가 이미 알고 있는 것과 느낌 사이에서 만들어진다. 그러므로 어떤 장소라도 통찰력에 의해 형태를 갖게 된다. 열정적인 여행가로서, 다이어는 다른 사람이 사진을 찍는 방식으로 지도를 수집한다. 이러한 저장 장소가 질서를 잡는 한편, 그들은 자신의 경계 지역 내에 살고 있는 사람의 존재를 부정하게 된다. 가스통 바슐라르(Gaston Bachelard, 1964)의 '공간의 시학(poetics of space)' 개념에 따르면, 다이어의 예술은 우리가 스스로 위치하는 장소와 방식이 공간과의 관계가 안정적이지도 또 해독될 수도 없다는 점을 받아들일 것을 요구한다. 오히려 그것은 유형적인 것과 일시적인 것 사이의 공간에서 끊임없이 변화한다.

재료의 차이

제인 다이어는 자신이 "반대적인 것, 친밀함과 무한함과 같은 반대 개념을 좋아한다."라고 말한다. 즉, 가변적이고 일시적인 것에 대해 고정적이고 영속적인 것, 외적 공간과 내적 공간 사이의 관계 같은 것이다. 그녀의 작품의 중심에는 차이점이라는 개념이 재료의 표현과 시각적 의미 모두를 설명하고 있다. 재료에서 물질성이란 작가의 손에서 나오는 것과 마음속에 내장되어 있는 것 사이를 설명해 줄 수 있다. 그것은 또한 빛이 근원이자 표면으로 양쪽 다 사용될 때 느껴진다. 본질 및 체화에서 이러한 극단성은 다이어의 작품의 표면들이 강렬함으로 가득 차 있게 한다. 검은색은 그림자가 사물의 윤곽을 잡는 방식으로 모호한 것을 생생하게 허용하는 부재에 관한 것으로서 흡수에 관해 더 많은 것을 말해 준다. 마찬가지로, 그녀의 작품에서 하얀색은 전부를 포용하고 또 아무것도 포용하지 않는 그릇으로 동시에 빈 공간으로 읽힐 수 있으며, 그 결과로 다름의 정도보다는 다름의 종류가 무엇인지를 규정짓는다. 다이어는 재료와 의미들로 층을 쌓아 올리면서 표면을 형성하는 관례적인 것들을 변경한다. 그녀는 두드리고, 긁고, 펴고, 걷어내기보다는 표면에 작업하는 것을 더 선호한다. 모호함은 그녀의 작품 스케일만큼이나 구체성이 해제되는 것이다. "나는 내 작업이 문자 그대로 해석되지 않고 느껴지고 감지되기를 의도한다. 나는 내 작품의 규모가 감상자가 육체적으로나 시각적으로 작품과 관계 맺도록 몰아가길 원한다"(J. Dyer, 개인적 면담, 1997. 8. 8.).

제인 다이어. 〈현장(Site)〉(1998). 가변 치수. 이반 도허티 갤러리의 비판적 영향력의 전시회에서 설치를 도안함. 작가의 허가를 받아 게재함.

장소 인용하기

한 작가가 자신의 예술 실행을 보다 광범위한 경험에 위치시키는 것은 다른 작가에게 예술 실행이 반성적이나 독특한 것이라는 신호가 된다. 다이어는 '다른 작가'의 경험을 반영하는 현재의 예술 실행을 거부한다. 오히려 타인의 아이디어가 자신의 예술에 영향을 주는 것에 관심이 있다. 직접적 자료들이 간접적으로 참조되며, 간접적 영향력은 좀 더 공개적으로 포용된다. 필자가 설명하자면 그녀의 작품을 논의하기 위해서는, 다이어는 자신의 작품의 아이디어와 생각의 조합에 관심이 있는 것만큼이나 타인이 말하는 것을 작품에 차용하려 한다. 그러나 이러한 의도는 단지 그 작품의 일부만을 설명할 수 있다. 마치 순간의 행위를 정지 화면으로 만드는 것처럼, 작품의 의도에 초점을 맞추는 것이 아니라 종종 주변에 발생하는 것에 초점을 맞추려 한다. 다이어는 의도적으로 작품의 '증거들'을 모호하게 만든다. 그녀가 작품의 근본적 원천에 신경을 쓰고 있는 반면, 이러한 주변의 생각은 아직 언급되지 않은 것에 집중하도록 한다. 역사가 드러나고 언어가 비틀거리며 선별하여 그녀의 작품임을 알리는 이미지가 포착될 때, 결과를 드러내는 것은 그러한 간접적 영향력 때문이다. 작품에 관한 정보가 일시적인 한편, 그 추적과정은 꽤 합리적이고 의도적이다. 제인 다이어의 예술 작품임을 알리는 비판적 자료를 쉽게 알아채기 어렵지만, 그 영향력은 보이고 또 느껴진다. 그녀는 자신이 "구체적인 정보나 증명된 자료에 관심이 없으며, 이러한 것들은 빈약한 통찰을 우리의 일시적인 것으로 규정함을" 인정한다(J. Dyer, 개인적 면담, 1997. 9. 4.).

예술가의 실행: 니키 맥카시

니키 맥카시의 예술 실행은 연결에 관한 단서를 지속적으로 찾는 것에 그 근거를 두고 있다. 이러한 규정하기 힘든 실제는 그녀가 사용하는 매체의 기술과 그녀가 불어넣는 메시지의 문화적 깊이 속에 체화되어 있다. 맥카시의 예술 작품은 조각 형태가 수많은 의미를 띠게 됨에 따라 이질적 주제와 영향력을 혼합한다. 신비로운 호(mysterious arc)는 풍경화의 하나의 점처럼 돔이나 우주일 수 있다. 네온의 윤곽이 과거와 미래 존재의 전형이 된다. 맥카시의 예술적 사고는 영적·실제적·물리적 관심을 조합하는 데 그 의도가 있다. 그리고 그 관심의 하나하나 안에서, 그녀가 그것들을 분리하려는 만큼이나 연결의 다리를 만들려는 의도적 시도가 존재한다. 이것에 기저를 이루는 것은 새로운 것과 가능성을 가르치고 드러내기 위한 예술의 교육적 힘을 믿는 믿음이다. 그녀는 다음과 같이 말하였다. "나에게 예술은 다양한 방식으로 당신에게 정서적으로 접촉하여야 한다. 그것이 당신을 다치게 하든 열 받게 하든 당신에게 절정의 행복을 가져다주든 중요하지 않으며, 당신은 이미 어느 정도의 감성을 가지게 된 것이다"(N. McCarthy, 개인적 면담, 1997. 7. 28.).

종족의 형이상학

니키 맥카시의 예술 실행은 영적 차원이 종족의 형이상학에 대한 그녀의 개념에 집중되어 있다. 이러한 개념은 태생적 신념과 설명되기 힘든 현상 사이에 차이점과 유사점을 강조한다. 토지와 문화에 고유하다는 것은 지역성의 포괄적 묘사이며, 수많은 문화적 집단들은 공통된 유대와 신념을 공유한다. 맥카시에게 예컨대 토지와의 연합은 문화를 뛰어넘어 강력한 동시성을 제공한다. 또한 그녀는 지역성이란 과거에 속하는 것으로 대부분 지각된다고 믿는다. 그러나 수많은 지역 문화의 신념 구조는 과거를 초월하는 살아 있는 전통의 일부다. 맥카시는 지역 예술 작품의 형이상학적 · 신화적 내용과 관계 있는 수많은 수수께끼들은 여전히 공개되어야 하고 또 적절하게 설명될 수 있다고 주장한다. "진실은 이미지와 관계를 기술적으로 해석하도록 하며, 그것은 고유의 정신적인 것과 형이상학적 믿음 그리고 설명할 수 없는 것의 참된 본질을 나타낸다" (N. McCarthy, 개인적 면담, 1997. 8. 18.).

맥카시가 설정하는 탐구의 일부는 지역 문화의 과거와 현재 그리고 미래의 시제를 상징화하고 그 지속성과 생존을 탐구하는 예술 작품을 창조하는 것이다. 지역성 개념과 더불어, 그녀는 비서구문화에 의해 사용되는 매체와 기술은 종종 예로부터 전해 내려오는 방식과 기술만을 포함한다고 가정한다. 그녀의 새로운 기술 사용은 좀 더 오래되고 좀 더 전통적인 매체를 배제하지는 않지만, 시간을 관통하여 지역주민에 의해 알려지고 학습되어 온 것들에 대한 좀 더 광범위한 이해의 여지만을 남겨 놓고 있다. 맥카시가 설정해 온 예술적 신념의 범위 내에서 새로운 기술의 사용은 또한 지역주민과 비지역주민을 통합하는 능력을 갖추고 있으며, 다를 수밖에 없는 좀 더 선명한 지각에 대해서도 참작한다. 다양한 시기에 걸쳐 맥카시의 예술은 깃털, 흙, 모래, 찰흙, 밀랍, 목재, 가죽, 조개 껍질, 황토, 끈, 노끈 및 기타 지역 예술 제작에 전통적으로 보이는 다른 재료들과 같은 다양한 매체 사용을 포함한다. 다른 작품에서 그녀는 유리의 융합, 네온 불빛, 고분자(중합체), 플라스마 불빛 그리고 청동 주물과 같은 과학적 · 산업적 방식과 일반적으로 연관되어 있는 매체를 사용한다. 맥카시의 목적은 그녀의 예술 및 그 연결점의 맥락을 의식, 진행 및 그것이 유지하고자 분투하는 지역성만큼 다양한 기술세계에서의 생존으로 확대하는 것이다.

직관과 오브제

니키 맥카시의 예술 작품의 힘은 많은 경우 그녀가 사용하는 오브제의 시각적 영향력에 달려 있다. 이것은 그 오브제의 기원으로부터 도출된 내용에 의해 강화된다. 그녀는 "만일 당신이 수많은 의미를 지닌 예술 작업을 진행할 때 당신이 그것에 대해 정말 진지하다면, 당신은 당신에게 정보를 제공하는 그 자원에 대해 존경심을 가지게 된다."(N. McCarthy, 개인적 면담, 1997. 7. 28.)라고 주장한다. 그녀의 예술 작품에 영향을 주는 인정된 출처에도 불구하고, 맥카시가 따르는 과정은 그 의미가 아주 느리게 드러나기 때문에 호기심을 자극할 만큼 충분히 쉽게 가늠할 수 없다. 직관, 불확실성 그리고 지적인 의미는 맥카시로서는

니키 맥카시. 〈도착(Arrival)〉(전경)(1998). 석고반죽, 자동차 그림, 빛, 모래. 〈검정색 점화(Black Lightening)〉(배경)(1998). 과학적 유리. 나일론 끈. 시드니 이반 도허티 갤러리의 비판적 영향력 전시회의 설치미술. 작가의 허가를 받고 게재함.

그녀 주위에서 그녀가 발견하는 재료와 오브제에 체화되어, 그녀가 바라보는 특정한 상징적 특질을 드러내고 있다. 맥카시는 자신의 직관적 사고과정에 엄청난 신념을 부여하는 반면, 반성적이자 비판적인 방식으로 자신의 예술적 의도를 선명하게 한다.

이것은 맥카시가 자기 자신 속에 일어나고 자신의 예술에서 발견되는 것을 시각화하는 전략적이자 영적인 대화이기도 하다. 니키 맥카시의 예술 실행은 깊은 감정적 대화가 필요하다. 그녀가 이어받은 역사와 전통에 관하여 그녀가 제기하는 의문은 새로운 가능성을 만들어 내며 그녀의 작품의 출처가 다양함을 드러낸다.

큐레이터의 실행

큐레이터의 실행은 시각예술에 관한 연구와 관련이 깊다. 새로운 지식을 얻는 과정으로서의 큐레이터의 탐구에는 분명한 예술가적 기교가 존재한다. 이는 학문적으로도 똑같이 적용된다. 큐레이터의 실행은 관람자에게 도전의식을 북돋우고 정보를 제공하기 위한 교육적 의도를 가지고 있다. 이러한 다소 고결한 목표에 포함된 다른 인간적 특성들이 큐레이터의 눈동자 안에 불을 지핀다. 신념을 맹목적인 믿음을 넘어 배려심 있는 행위로 움직이는 창의적인 강인함이 존재하는 것이다. 지식은 부분적으로는 권위에서 나오지만 언제나 예술에 대한 직접적 경험에서 나오는 직관적 가능성에 의해 변화한다는 것이 인정되고 있다. 전시에 대한 큐레이터의 노력은 예술가와 새로운 관점을 탐색한다는 공통의 목표를 갖고 공동 작업을 포함하는 형태로 나타난다. 비판적 영향력은 그러한 공동 작업의 한 예시다.

예술가의 탐구

비판적 영향력에 참여한 예술가는 제인 다이어와 니키 맥카시였다. 다이어의 최근 작품은 관람자에게 작품과 시각적이자 물리적으로 관련을 맺도록 하기 위해 표면과 장소의 일시적인 특성을 탐구한다. 그녀는 다음과 같이 말했다. "사람들이 내 작품에서 무엇인가를 얻어 갔으면 하는지에 대해 생각해 보자면, 그것은 구체적이거나 논리적인 단편적 정보 같은 것은 절대 아니다. 차라리 그것은 추론일 것이다"(J. Dyer, 개인적 면담, 1997. 9. 4.). 맥카시의 설치미술은 종족의 형이상학과 테크놀로지에 대한 탐구이며, 호주의 도시 지역 예술가가 된다는 것이 어떤 의미인지에 대한 관점을 바꿔 놓는다. 맥카시는 "정보가 생성되는 다른 근원은 항상 존재하며, 그 모든 연결들이 여기저기에서 조금씩 비롯되어 하나의 구체적인 작품을 만든다."라고 언급했다(N. McCarthy, 개인적 면담, 1997. 7. 28.). 이러한 예술가들의 작품에 대한 처음 반응은 몹시 다르다. 형태와 내용은 몹시 대조되어 있다. 그러나 그렇게 명확하지 못한 점은 출처에서는 찾기 힘들지만, 그 본질에는 분명히 드러나는 근본적인 창의적 요구다. 이러한 실재를 포착하는 시도는 난해하지만 불가능한 것은 아니다. 비판적 영향력에 대한 각 예술가의 창의적 반응을 기록함으로써, 관람자는 타자에 의해 제공된 해석과 관련된 자료를 탐구할 뿐만 아니라 예술 작품과 관계를 맺을 수 있게 된다.

아이디어의 제시

예술의 세계에서 이반 도허티 갤러리의 역할은 흥미롭다. 뉴사우스웨일즈 대학교와 연계하여 탐구와 연구의 정신을 가진 아이디어들이 탐구되도록 하였다. 이러한 정신은 비판적 영향력을 연구할 중요한 배경이 되었다. 갤러리의 관장인 닉 워터로우는 예술가의 작품에 대한 해설뿐 아니라 "시각 언어의 미묘한 의미와 해석을 뒷받침하는 아이디어의 보급"(N. Waterlow, 개인적 면담, 1997. 9. 28.)에 대해 기여하려 한 노력을 표현하였다. 닉은 다음과 같은 말을 덧붙였다.

부분적 해석이기는 하지만, 나는 나의 역할(갤러리 관장)을 크게 보면 근본적으로 연구와 관련이 있다 여긴다. 나는 크든 작든 간에 이전에 드러난 적이 없는 정보를 제시하는 전시를 만드는 작업을 더 선호한다. 그런 가능성을 언제나 열어 두고 있다는 것이 큐레이터의 영역에서 일하는 가장 큰 기쁨 중 하나다. 그의 작품이 특정한 방식으로 드러나지 않은 예술가는 언제나 존재하기 마련이다. 또한 특정한 방식으로 작품에서 드러나지 않은 아이디어 역시 언제나 존재한다(N. Waterlow, 개인적 면담, 1997. 9. 28.).

　예술 작품은 새로운 지식, 개인적인 의미 그리고 문화적 공감의 중요한 원천이다. 예술 작품만 연구되는 것이 아니라, 그것들이 생산되고 제시되는 맥락 역시 관람자가 의미를 만들어 내는 데 영향을 미친다. 예술작가는 작품에 대한 해석용 렌즈를 제공하며 그러한 것들은 예술을 이해하는 것이 어떤 것인지에 관한 새로운 통찰을 드러낸다. 조안나 멘델스존은 예술비평을 낡은 시계를 분해하는 것과 유사한 과정으로 묘사한다. 무언가를 자세히 관찰하기 위해 분해하는 과정에는 예상은 빗나가고 새로운 통찰이 모습을 드러내는 것과 같은 놀라운 결과가 언제나 존재하며, 시계를 다시 조립하면 새로운 결과가 또다시 생겨난다.

　비판적 영향력에서 조안나 멘델스존은 제인 다이어와 니키 맥카시의 예술에 반응한다. 조안나는 그들의 작품에서 공통점을 발견하는 동시에 차이점이 더 크다는 것을 강조한다. 비판적 영향력은 시각예술의 실행과 연구 사이의 관계에 대한 탐구다. 예술가의 실행이 다양한 질적 연구 방법을 사용하여 개인적 · 문화적 · 맥락적 영향력이 어떻게 훌륭하게 조화되는지 그리고 시각예술 연구 과정이 기관 안에서 어떻게 행해질 수 있는지 알 수 있게 한다.

닉 워터로우의 예술 실행[24]

　이반 도허티 갤러리는 예술 실행을 연구하는 데서 시각 언어의 의미와 해석을 뒷받침하는 아이디어의 보급을 연구의 주요 원리로 여기고 있다. 그 연구의 원리에 따라 비판적 영향력에 관하여 합의될 수 있었던 것이다. 제인 다이어와 니키 맥카시의 작품들은 모두 다른 근원을 가지고 있지만, 매력적이고 영원한 연계성을 가지고 있다. 공간, 위치 그리고 자기와 관련하여 다이어는 "……당신은 토지가 무엇인지에 관해 이런 식으로 정보를 얻는다. 사실상 어떻게 우리 자신의 위치를 찾아내는가도. 그러나 공간이 어떻게 작동할 것인지에 대한 예상 가능한 방식은 아니다. 따라서 이 공간은 다시 조각난 상태가 되어 버리지만, 특히 우리가 어떻게 우리 자신의 위치를 찾아내고 배치하는가를 보는 또 다른 방법으로서의 공간이 된다. 그에 따라 우리는 점이 되거나 메모가 된다. 그 위치의 수학 좌표의 점과 같이."라고 밝히고 있다. 작품의 신념과 확신에 관하여 맥카시는 "그것은 영적인 것(원천)에서 비롯되기에 당신은 그것을 매우 강력한 신앙적 믿음으로 받아들일 수 있으나, 당신은 이를 구체적인 종교라 말할 수는 없다. 그것은 당신을 감시하고 있으며, 당신에게 이를 행하지 않으면 무언가 좋지 않은 일이 일어나 당신을 나락으로 떨어뜨릴 것이니 이를 행해야 한다고 말하는, 보다 전능한 존재에 대한 믿음에 가깝다. 그리고 만약 충분히 많은 사람들이 이를 표현하고 그 메시지를 듣는다면, 특히 예술가가 그럴 경우 그게 예술이란 무엇인지 그 본질에 관한 것이 될지 모른다. 아마도 당신은 순수한 연결이라 받아들일 유일한 연결이 될지도 모른다."라고 말한다.

시각 언어 연구하기와 전시하기

예술 실행이 하나의 연구 방법이라는 관계에 대한 그램 설리번의 방법론적 탐구는, 그가 썼듯이 그리고 예술가가 이해하듯이, 앞서 소개한 세 개의 이반 도허티 갤러리의 전시의 예시들로부터 유래한 것이다. 〈영감에 의한 드로잉(Drawing on Inspiration)〉에서는 그들 자신의 드로잉과 함께 자신에게 영감을 불어넣은 다른 작가의 드로잉을 보여 주기 위해 다양한 범위의 예술가들을 초청하였다. 〈아시아 및 오세아니아 주의 영향(Asia and Oceania Influence)〉은 전시의 제목에 초점을 맞춘 그들 자신의 컬렉션으로부터 선정한 예술가들의 최신작을 공개했고, 〈과정 전시회(In Process)〉에서는 대학 교수와 협력하여 예술가들의 아이디어의 근간에 관해 탐구하였다. 각 프로젝트는 상당히 다양한 종류의 예술적 실행에서의 아이디어의 원천에 관하여 그리고 이질적인 경험, 분석 및 관측을, 비록 엄청나게 다양한 서식들일지라도 일관성 있는 시각적 진술로 변형시킨 광범위한 방법론에 질문을 던졌다. 전통과 새로운 기술을 포함하는 테크놀로지의 우수함에 대한 실재와 부재가 드러났듯이, 문화적 차이의 복잡함이 표출되었고, 예술 작품들의 묘사에 대한 질문뿐 아니라 그것들의 기능에 관한 것 역시 여실히 드러났다. 비판적 영향력은 니키 맥카시와 제인 다이어의 예술 실행을 설명할 뿐 아니라 그들에게 그 실행의 정확한 본질, 진정한 정수를 다양한 각도로부터 묘사하고 해석하도록 하였다. 따라서 이는 관람자에게 언제나 접근이 가능한 대상이 아닌 작품에 대한 이해의 단초를 제공한다. 그 결과, 보다 높아진 수준의 지각이 생겨날지도 모른다.

연구라는 것이 자주 어렵거나 극소수만을 대상으로 한 것이거나 혹은 상품과 수익을 추구하는 어떤 상품처럼 여겨질지 모르나, 이 사례에서는 그램 설리번의 말을 따르면, "이러한 연구들은 적절한 연구 방법을 찾아내어 예술 실행이 어떻게 행해지고 형성되는지 알아내고 이에 따라 예술 실행의 복잡한 인지 과정이 무엇인지 이해하고 연구하도록 하는 데 일조한다." 이것은 무리한 요구일 수 있으나, 그럼에도 불구하고 예술 실행의 연구는 대학 문화에서 그리고 사실상 측정의 가능성·효율성·실용성·적정성을 갈수록 더 요구하는 글로벌 문화에서 특히 중요하다. 건축학적 용어로 치자면 과거에는 '장식용 건물'의 필요성에 대한 이해가 존재했으나, 현재는 비용의 효율성이 무엇을 건축하고 무엇을 건축할 수 없는지를 결정하며, 장식용 건물은 많아졌으되 고유적이고 정당한 건물들은 많지 않다. 장식용 건물의 예처럼 예술이 쉽게 이해될 수 있고 상업적으로 성공할 수 있어야 한다는 충격적인 믿음이 존재한다.

예술적인 실행은 이러한 다소 비수용적인 풍토에서 그 자질을 재정립하도록 강요되고 있고, 비판적 영향력과 같은 프로젝트는 그러지 않았더라면 모호한 채로 남았을 이러한 아이디어에 대한 이해 가능성을 제공한다. 제인 다이어의 요지는 다음과 같다.

나는 사실상 우리가 복잡한 것들을 단순한 것들로 만든다고 생각하지만, 그 단순성은 놀라울 정도로 복잡하다…… 이것은 합리적으로 순수한 것으로, 내가 가정하는 것은 그 단어가…… 순수하다는 것이며, 이것은 거기에 존재하며, 이런 요구의 이음선은 (당신이) 탐구하거나 다루고 싶어 하는 것이다.

다이어의 작품들—어떤 면에서 그녀의 코스모스(우주)의 단편—은 일관되게 기억, 장소 및 비전을 충돌하게 한다. 그것들은 불가사의한 아이콘으로 바로 받아들여질 수 있으나 어떤 사람이 이전에는 한 번도 가 본 적이 없었던 영역으로 안내할 가능성을 지니고 있다.

니키 맥카시의 작업은 대개 당신에게 깃털과 같은 전통적 소재를 이용하거나 돔의 주물과 같은 새로운 테크놀로지를 통하여 하건 간에 그 위치에 대한 이해를 제공한다. 그녀의 말에 따르면, "나는 나의 종족의 사람들에게 그 문화를 지속시킬 도덕적 의무를 갖는다. 그러나 그것이 내가 새 테크놀로지를 간과해야 함을 의미하지는 않는다. 내가 〈종족의 형이상학(Tribal Metaphysics)〉(비판적 영향력의 작품)에서 말하고자 하는 것은 두 문화의 유대관계다. 나는 내가 원주민임을 언제나 인식하고 있으며 또한 내가 호주의 시민이라는 사실 역시 언제나 인식하고 있다. 따라서 나는 두 가지 의무와 함께 두 가지 일을 야기하고 있는 셈이다." 비판적 영향력은 두 가지의 매우 다르되, 눈으로 즉시 접할 수 있는 것 이상의 공통된 배경을 공유하는 예술적 실행이 풍성한 혼합체를 이룬다는 것을 보여 준다. 이 혼합체는 우리에게 제인 다이어와 니키 맥카시의 예술가의 삶을 이루는 배경, 동기 및 영감을 보여 주기 때문에 우리에게 그들의 시각적 언어의 창조를 더욱 깊게 이해할 수 있도록 도울 것이다.

조안나 멘델스존의 예술작가 활동[25]

필자는 니키 맥카시가 뉴사우스웨일즈 여정 장학 전시(NSW Travelling Scholarship)에 참여했을 때 그녀의 작품을 처음 접하게 되었다. 필자는 그녀가 전통적인 원주민의 형식과 이해를 보다 개인적인 시각으로 통합해서 도입한 방식을 기억한다. 어느 해인가 미술대학 졸업 전시회에 거대하고 정교한, 깃털로 뒤덮인 네트(그물망)가 있었다. 그것은 마치 공중에 떠 있는 듯하였다. 그 작품은 기술이라는 면에서 하나의 예술, 하나의 조각품으로서 매우 정교했으며, 이것은 전통적인 조각의 형태와 개념에 대해 의혹을 제기하기도 했다. 그때 당시 필자는 그녀의 작품에 관하여 글을 쓸 기회를 갖지 못했다. 비평의 자유로움에 대해 사람들이 어떻게 생각하든 간에 무엇을 누가 쓸 것인가에 관해서는 나름대로 그 제약들이 있기 마련이며, 이해관계의 충돌은 더 크게 다가온다. 필자가 맥카시의 작품을 보았을 때, 그녀의 작품은 필자가 근무하던 미술대학의 졸업 전시회나 장학금과 관련 있는 전시에 출품된 것이었다. 따라서 필자는 그녀의 정교함에 대한 평가를 글로 표현하지 못하였으나, 그것은 필자의 뇌리 한가운데에 또렷이 남아 있었다.

그리고 이제 그녀의 조각품은 다시 변화하여 더 큰 발전을 이루어 내었다. 여전히 그녀의 원주민으로서의 정체성에 대한 동일한 인식이 존재하며, 그녀는 전통적인 조각의 형태와 형식에 대한 과거의 개념을 이어 나가고 있다. 그러나 그녀의 수년에 걸친 서구 전통에 대한 연구 역시 그녀의 예술을 빚어 냈다. 니키 맥카시는 현대의 테크놀로지 속에서 일하며 과거의 문화에 경의를 표하는 새로운 세대의 지역 예술가로 볼 수 있다. 그녀의 최근 작품은 더 이상 네트와 깃털을 재료로 사용하지 않는다. 지역 문화와의 유대는 여전히 존재하지만, 전통적인 주제를 재탐구하는 것보다는 원주민이라는 본질적 성격에 대한 새로운 시각적 물음들인 것이다.

변화의 이미지

〈도착(Arrival)〉이라는 작품에서, 맥카시는 인공적인 부드러움을 지닌 오브제를 창조하여 모래 위에 배치한다. 그녀의 설명에 따르면, 이것은 많은 이들이 '지역민적인(원주민적인)'이라 정의하는 예술인 전통적 회화 기법에서 '점'의 상태일 뿐 아니라 변화와 새로운 테크놀로지에 관한 작업이다. 그녀의 다른 표현에 명시된, 공상 과학의 이미지로부터의 인용이라는 다른 참조 사항들 역시 존재한다. 건축 기술(플렉시라스 스카이라이트로 만든 석고 모형)의 도용과 수공예(모형의 뒤를 문질러 약간 고르지 않게 만드는 것)를 합침으로써, 그녀의 기술은 그녀의 작품이 가진 낯섦과 세속적인 본질을 강조한다. 그러면 〈도착〉이란 무엇인가? 원주민들의 현대 기술로의 도착인가 혹은 우리가 영화 〈인디펜던스 데이(Independence Day)〉에 나오는 외계의 침략의 원형을 보고 있는 것인가? 〈종족의 형이상학(Tribal Metaphysics)〉 역시 빛, 그림자와 유리를 이용하여 변화의 이미지, 변화의 흐름 안에 있는 세계의 불안정한 공간, 과거의 지식뿐 아니라 미래의 충격에 대한 세계의 또 다른 암시, 지속적인 변화의 흐름이 있을 것이라는 감각을 창조하는 방식으로 똑같은 질문을 던지고 있다.

한계의 탐색

변화하는 의미의 층들(layers) 역시 제인 다이어의 작품에서 중요하다. 그녀는 그녀의 거대한 널빤지, 그녀의 검은 단편들을 칠하고, 그것들이 오래되고 불완전하며 그녀의 목적에 걸맞게 될 때까지 문지르고 긁어내고 다시 작업한다. 그리고 나면 그것들에 몇 개의 새로운 겹이 더해지고 다시 변화될 것이다. 제인 다이어의 작품세계에 일정함은 존재하지 않으며, 객관적이고 영원한 진실은 존재하지 않는다. 그녀는 가스통 바슐라르의 『공간의 시학(The Poetics of Space)』(1964)에서 "기억은…… 구체적인 지속을 기록하지 않는다."를 인용한다. 오브제는 어쩌면 기억의 도움체로 사용될 때만, 또 다른 시간과 장소와 관련을 가질 때만 현실이 되는지도 모른다. 따라서 그녀는 자신의 벽을, 벽이 아닌 실제로 일어났을지도 모르는 과거의 꿈의 파편들을 구체화한다. 필자에게 특별히 만족스러운, 하이테크가 아닌 수제를 바라보고자 하는 투지인 거친 질감이 이 작품에 존재한다. 그리고 그녀는 그녀 스스로를 하나의 색—검은색—과 그 무한한 변주로 제한하였다.

함께함으로써 이 두 예술가들은 조화를 이룬다. 다이어의 작품에는 의도된 거칢이 그리고 맥카시에게는 관능적인 부드러움이 존재한다. 맥카시의 모험적인 형이상학과 대조를 이루는 다이어의 예민함을 특징짓는 실체(reality)의 본질을 묻는 질문이 존재한다. 둘 다 동시대의 여성이며, 둘 다 유사한 정규 미술교육을 받은 배경을 가진다. 그들이 공통적인 특징을 갖는다면, 선택한 소재의 한계를 탐구하고자 하는 것과 그들의 톤의 범위를 제한하고자 하는 욕구일 것이지만, 그들의 목표와 그에 따르는 그들의 작품의 겉모습은 다른 세계에서 온 것일 수 있다.

연구 실행의 재구성

비판적 영향력이라는 프로젝트의 결과는 시각예술의 생산과 전시를 둘러싸고 있는 실행의 인지적 특성을 도식화하는 것이, 심도 있는 조사의 실행을 위해 필요한 넓이와 깊이를 취하고자 경계를 허물 것을 필요로 한다는 점을 보여 준다. 비판적 영향력 프로젝트에 참가하는 두 예술가는 초인지적 예술 실행의 전형적인 예가 된다. 다이어의 작품은 작품의 중대한 원천적 생각이나 그녀의 삶의 특정 구간을 쉽게 알 수 있도록 허용하지 않는다. 그녀의 예술적 실행에 영향을 미치는 사고와 행위의 앙상블은 유동적이고 역동적이다. 제인 다이어의 경우, 그녀의 예술 실행의 초인지적 특성은 그녀가 양립 가능한 인지 능력을 통해 변화와 불확실성을 끌어안는 것과 같은 방식으로 볼 수 있다. 맥카시의 작품의 원천이 되는 영향력과 받아들여지는 역사와 문화적 전통에 대해 그녀가 제기하는 이슈들은 의문을 제기하고, 지시하며, 새로운 가능성을 제시하는 역할을 한다. 변화와 정체성의 형이상학은 시간과 공간을 뛰어넘어 공존의 차원으로 보는 그녀의 원주민적 시각에 대한 이해는 그녀의 예술적 실천의 진수에 속한다. 맥카시의 사고에는 그녀의 영적 연계 안에서 확인되고 그녀가 창조하는 외부의 물리적 형태에 위치하는 직관적 특성이 존재한다. 직관은 이러한 방식으로는 결코 예측되거나 부정될 수 없는, 지식의 마르지 않는 원천을 자극한다. 맥카시에게 초인지적 과정은 재인식의 한 과정이다.

우리는 이 시각예술 연구 프로젝트에서—이 프로젝트가 예술가를 근거로 행해진다기보다는 비예술가를 중심으로 하는 조사임을 기억할 때—무엇을 배울 수 있는가? 우선 시각예술의 실체를 '정지 프레임'으로 보기는 어려우며, 어떤 조사든 그 가변적 특성을 고려하여야 한다는 점이 인정될 수 있다. 모든 현상이 다 연속적인 방식으로 관련되어 있는 것은 아니라는 관점에 동의하고 나면, 시각예술 안에서의 연구와 시각예술에 대한 연구가 복잡한 과정임을 인정할 수 있다. 이 프로젝트에서 명료하게 기록된 측면은 큐레이터-연구자가 수행하는 사색적인 역할이다. 시각예술 안에서 연구를 진행하든 시각예술에 대한 조사를 시행하든 간에 연구자의 시각은 대단히 중요하다. 결국 해석은 언제나 개인의 렌즈를 거쳐 여과될 것이고, 이러한 방식으로 우리는 사물을 보며 이해한다. 그러나 개인의 정보가 확정될 수 있는 만큼이나 시험받을 수 있음을 확실히 하기 위해 적절한 전략을 사용할 필요가 있다. 연구자의 관점은 언어의 질문 형태에 대한 감각에서 역시 중요하다.

비판적 영향력에 활용된 연구 진행은 시각예술 탐구(제4장의 [그림 4-1] 참조)의 이론적 틀에서 서술된 요소들로부터 유도되는 것과 시각예술의 앎(이 장의 [그림 5-1] 참조)의 이론적 틀에서 확인되는 관심 분야에 초점을 두는 것으로 볼 수 있다. 일반적으로 시각예술에서 예술가와 예술 작품은 비판적 영향력의 두 가지 주된 연구 주제이며, 다이어와 맥카시 그리고 그들의 예술은 새로운 정보의 주된 원천이었다. 지식의 원천으로서, 예술가는 내면으로부터 그 관점을 제공하며, 이는 그들의 예술 실행에 대한 정보를 드러내는 것을 돕는다. 반면, 시각예술과 관련된 연구는 예술가를 프로파일(윤곽)의 주제 혹은 사례 연구로서 그 초점을 맞출 것이다. 예술 작품은 의미 부여를 위하여 조사될 가능성이 있는 언제나 중요한 원천이었다. 예술 작품은 연구의 대상이 될 뿐 아니라 그것들이 생산되고 표시되는 맥락 역시 그것들이 생산되는 의미의 종류에 영향을 미치기에 참작의 대상이 된다. 비판적 영향력에서 이는 전시까지의 기간 동안 다이어와 맥카시의 예술에 대한 지속적인 기록 작업이 되었다. 다른 이들의 관점 역시 정보 해석의 원천이자 맥락이다. 이것은 중요한 데이터베이스이며, 그 관심 분야가 연구의 해독에 영향을 미칠 수 있는 해석학적 권력에 집

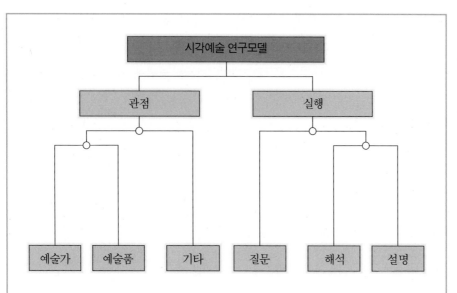

시각예술 연구모델은 비판적 영향력 프로젝트 행사 중 수집된 정보를 분석하는 데 사용되는 과정에 대한 시각적 묘사다. 이것은 NUD · IST 컴퓨터의 도움을 받은 질적 자료 분석 소프트웨어(Gahan & Hannibal, 1998)가 사용될 경우 나타나는 '수형(樹形)' 색인 구조를 반영한다. 나타나는 주제의 색인 수형도의 해체와 복원의 측면에서, 이 과정은 노드(혹은 코드)를 제거하고 그것들을 이론적으로 보다 적합한 주제에 재배치하는 것과 같다. 이 질적인 분석과정의 역동적인 본질을 이해하기 위해 유용한 방법은 수형 구조를 각 부분이 중심점으로부터 삼차원으로 회전하는 유동적인 것으로 생각하는 것이다. 이는 각 카테고리가 필요할 경우 다른 것들 옆으로 재배열하는 것이 가능하다. 따라서 다른 의문이나 상황이 발생할 경우, 구조는 새로운 관계의 탐구를 위화여 구성 요소의 인접성 혹은 순서가 변경될 수 있는 알렉산더 칼더(Alexander Calder) 모빌과 같이 움직일 수 있다.

[그림 5-1] 비판적 영향력: 시각예술 연구모델

중하는 방식을 도입한다. 또한 다른 작품과 관련해서 연구의 위치를 결정하는 해석상의 이론적 개념 틀을 수립하는 일은 비교 가능한 텍스트상의 정보를 제공한다.

　시각예술 연구 실행은 탐구의 기초 과정을 의미한다. 일반적으로 이는 제각기 다른 견해하에 해석은 도전과 변화의 대상임을 의미한다. 전문가의 연구에서 광범위한 범위의 방법에 따라 복잡한 현상에 해결의 빛을 던지기 위해 다른 견해가 확인되고 비교되며 또 통합된다. 시각예술에서 통찰은 감각의 과정과 예술을 창조하거나 비판적으로 예술에 반응하는 경험에 맞닥뜨려지고 그에 따라 행동하는 비판적 반영에서 발생한다. 따라서 시각예술 연구 실행은 의문과 아이디어가 탐색되고, 해석이 이루어지고, 해설이 추구되면서 지속적으로 정보를 경합한다. 의문점은 작업실, 현장, 갤러리 안, 인터넷상 혹은 어디든지 시각예술의 실행이 이루어지는 모든 종류의 환경에서 야기된다. 재귀적 실천으로서 이슈가 탐색되고, 개념이 도전받고, 아이디어가 명확해지면서 질의는 다양한 목적을 수행할 수 있다. 비판적 예술 실행은 명확하고 상정되는 것만을 고려하는 것이 아니라 무시되거나, 부자연스럽거나, 이론의 여지가 있는 것들 역시 연구한다.

▮▮ 결 론 ▮▮

비록 시각예술 연구의 지위가 다른 전통적 연구 방법에 가려져 있지만, 시각예술 연구는 우리를 생각하게 만드는 인간의 필수 활동으로서 다른 연구 방법과 함께 조명을 받고 있다. 단순하게 보면, 과학자는 진보가 어떻게 변화로 이어지는지 생각하며, 예술가는 변화가 어떻게 진보로 이어지는지를 생각한다. 이러한 차이를 모호하게 만드는 유용한 예시로, 찰스 다윈과 폴 고갱의 진실과 이해를 추구했던 경로를 대조한 안젤로 카란파(Angelo Caranfa, 2001)를 들 수 있다. 이 두 남태평양 제도의 여행자들은 각각의 짧은 여행에서 일종의 조화를 이루었다. 다윈은 자신의 퍼즐 조각을 맞추는 과정에서 유추와 메타포에 부분적으로 의존하여 과학적 설명에 유용한 무언가를 발견해 냈다. 고갱의 자연에 대한 황홀감은, 그러지 않았다면 "육체적인 눈으로는 보지 못했을"(p. 157) 시각적 효과를 만들어 낸 상상의 경험으로부터 그 형태와 내용을 이끌어 낸 연역적 사고에 의한 것이었다.

이러한 종류의 요구들을 추구하는 과정에서 예술가는 창의적인 통찰력이 나타나는 이슈, 아이디어 그리고 경험에 자신의 정신을 내던진다. 예술적 실행은 표준화된 원인과 결과, 투입과 산출 그리고 과정과 산물의 이분법으로 격하될 수 없다. 이러한 시각예술의 실행을 보다 잘 이해하기 위해서 우리는 우리가 하는 것이 무엇인지를 조사하는데, 이를 문서화하여 많은 관람자에게 보급함으로써 보다 많은 시간과 에너지를 투자할 필요가 있다. 우리가 스튜디오에서, 공동체에서 그리고 문화에서 체험하는 경험에는 마음과 물질이 융합되므로 이것은 중요하다. 의미 있는 예술 경험은 반복적이며, 개체, 아이디어, 행위의 창의적인 연합을 구성하는 전략적 조우로 남게 된다. 이는 혼란스럽고, 의식적이며, 마법과 같다. 그러나 이것은 신비로운 것이 아니다. 그보다는 이것은 저항하는 실천이자 시각예술을 연구와 조사의 주류를 넘어서서 그 경계에서 머무르게 하는, 시각예술에 부과된 이론적·사회적·정치적 경계를 향해 작업하도록 요구하는 것이다. 맥신 그린(Maxine Greene, 1995)의 상상의 가능성에 대한 열망은 제약과 통제에 대한 완강한 반응 속에 일어난다. 맥신은 우리에게 "그러한 경향들에 저항하는 것은 지배적인 사회의 관행이 우리를 형 혹은 틀 안에 가두고, 외부의 요구에 맞추어 우리를 규정하며, 우리가 스스로를 넘어서 가능성을 쫓아 움직이는 것을 막고 있음을 인식하게 되는 것과 같다."(p. 112)는 말을 상기시킨다.

---

1 인용문은 *The New York Times*의 폴 리버먼(Paul Lieberman)의 '고(故) 수잔 손탁'에 관한 글을 그 출처로 한다(2009. 4. 20. 검색, http://www.koopfilms.com/hockney/articles.html).

2 예술가가 기술상의 문제를 강렬하게 고민한 것에 관하여서는 호주의 예술가이자 비평가인 고(故) 엘윈 린(Elwyn Lynn)의 인용문에서 확인할 수 있다. 그는 브라이언 웨스트우드(Brian Westwood) 작의 회화로 1989년에 아치볼드 프라이즈(Archibald Prize) 상을 수상한 〈엘윈 린의 초상(Portrait of Elwyn Lynn)〉을 논평하였다. "그가 나에게 자신이 마드리드에 있는 프라도(Prado)에 가서 쌍안경으로 벨라즈케즈(Velàzquez)를 보았을 때, 그녀의 입술이 어떻게 그려졌는지를 보았다고 말했을

때, 나는 적잖이 놀랐다. 그는 나에게 이 초상화에서 어떻게 입술을 그렸는지를 보여 주었으며, 나의 입술이 다소 거만하고 심술궂었기에 그는 그림 아래서나 그림 위로 열심히 작업하여야 했다. 관찰은 너무 강렬했다. 비평가라면 이것들에 정신을 차려야 한다"(Sullivan, 1994, p. 111).

3 호크니-팔코(Hockney-Falco)의 논문 전문은 다음과 같다. "우리의 논문은 1430년의 초기에 그려진 특정 그림들에서 특정 요소가 햇빛에 의해 비추어진 사물의 이미지를 자신의 보드나 캔버스 위에 투사하기 위하여 오목 거울이나 굴절 렌즈를 사용한 예술가의 노력의 결과로 탄생되었다. 그런 다음 그 화가는 투사된 이미지의 일부를 추적하였고, 다른 부분의 광학적 시각만을 포착하기 위해 충분한 표시를 하였으며, 그 투사 부분이 자신의 예술적 시각과 어울리지 않는 부분들을 변경하거나 완전히 무시하였다. 그 결과, 이러한 그림은 '광학에 기반을 둔' 요소들과 더불어 '안구가 움직이는' 요소들을 포함하는 합성물이다. 더 나아가, 동시에 시작하여 투사된 이미지의 독특한 모습은 광학적 투사물이 보조 자료로 직접적으로 사용되지 않은 다른 작품들의 외양에 강력한 영향을 끼치기 시작했다"(2009. 4. 20. 검색, http://www.optics-art.com). 데이비드 호크니와 찰스 팔코의 진화하는 공동 작업에 대한 자세한 설명은 http://www.optics.arizona.edu//ssd/Aimee AllenMAThesis.pdf에서 에이미 앨런(Amiee Allen)의 거장 논제를 보라. 또한 http://www.believer mag.com/hockney/lookingglass/index.html에서 로렌스 웨슬러(Lawrence Weschler)의 설명을 보라.

4 그러나 사이먼 샤마의 역사 이야기는 누군가가 보는 것을 자신의 허구 이야기에 대한 창작으로 간주하는 것에 관해 비평을 끌어낸다-그 견해를 나는 공유하지 않지만. 필자에게는 우리가 알고 있는 것과 알지 못하는 것을 좀 더 잘 이해하고자 지식을 수단으로 창출하는 전략은 예술과 인간성이 극단적으로 잘 조화하는 특별한 능력이다. 샤마와 윌 허튼(Will Hutton) 간의 영국의 역사 시리즈에 대한 BBC 텔레비전 논쟁에 관해서는 http://observer.guardian.co.uk/comment/story/0,6903,738290,00.html(2009. 4. 20. 검색)을 보라.

5 펄 스트리트 갤러리(Pearl Street Gallery)의 전시회〈반향(Resonance)〉에 참가한 주요 화가들은 보리스 큐라톨로 라진느(Boris Curatolo Rasines), 휴고 오르테가 로페즈(Hugo Ortega López), 댄 세릭(Dan Serig) 그리고 제이슨 스위프트(Jason Swift)였다. 초대 참가 화가들은 존 애덤스(John Adams), 캐서린 앨버트(Catherine Albert), 스테파니 크라우스(Stephanie Krause), 셰리 메이요(Sherry Mayo) 그리고 리 미센하이머(Lee Misenheimer)였다.

6 인지 혁명의 종합적 검토에 대해서는 Gardner(1985)를, 뇌와 마음의 구조를 개념화하기 위하여 사용되는 메타포의 종합적 고찰은 Sternberg(1990)를 보라.

7 연결주의 및 평행과정에 대한 소개에 대해서는 Bechtel & Abrahamsen(1991)과 *The Architecture of Mind*에 있는 룸멜하르트(Rumelhart, 1998)가 쓴 장을 보라.

8 Thelen & Smith(1994)를 보라.

9 예를 들어, 넬슨 굿맨(Nelson Goodman, 1976)과 하워드 가드너(Howard Gardner, 1973)는 구조주

의자적 관점으로 인지적 논쟁을 하고 있는데, 인지과정이 상징적 기능의 조건임을 설명하였다. 가드너는 사고와 느낌들이 불가분하게 연계되어 이미지와 대상에서 형태가 주어진 예술 실행에서 마음에 관한 은유를 발견하였다. 그의 상징적 과정 접근은 대중적 지지를 특히 예술교육자들에게 얻었는데, 왜냐하면 그것은 인지적 틀 안에서 예술적 인지가 직관과 지성을 혼합한다는 개념을 제시했기 때문이다. 인지의 처리모델에 대한 상징적 후기 비판에서, 아서 애플랜드(Arthur Efland, 2002)는 두 가지 중요한 관심을 제기하였다. 첫째, 그는 대중적인 컴퓨터 유사성에 의문을 품어서, 상징에 관해 실행된 처리에 대한 정보 감소가 마음의 하드웨어와 그 내용의 소프트웨어 사이의 필요한 혼합이 타협하기 힘들다는 사실을 의미한다고 설명하였다. 둘째, 상징적 기능의 명백한 문맥에서 자유로운 측면이었다. 그는 개인과 환경 사이에 인위적 장애를 창출하였다고 주장하면서, 그곳은 현실세계에서의 행동이 개인과 문화의 맥락으로부터 체화된 상징적 묘사로 변모되었다고 하였다. 그러나 그것은 가드너의 상징 기능화 이론을 궁극적으로 부여한 개념의 결과는 아니었다. 오히려 그것은 부분적으로는 다중지능이론에 담겨진 생물학적 다양성과 문화적으로 가치 있는 정신적 기질을 설명할 수 있는 인간 지성에 좀 더 이해 가능한 체계적 접근을 추구한 결과였다(Gardner, 1983).

10 Austin(2003), Perkins(2000) 그리고 Wallace & Gruber(1989)를 보라.

11 지각적-개념적 논쟁을 활발하게 논의하고, 인지와 영향 사이에 도출된 편리한 차이점을 밝혔던 초기의 중요한 자료들에 대해서는 루돌프 아른하임(Rudolf Arnheim)의 『시각적 사고(*Visual Thinking*)』(1969)를 보라. 사고와 시각은 마음의 과정만큼이나 불가분하게 연결되어 있다는 아른하임의 초학문적 주장은 사고가 인지의 본질이며, 감정은 정서적이고 감정적인 상태의 분야였던 시기에 지배적 견해에 도전하는 급진적 느낌이었다. 비록 즉각적이면서 강할지는 모르나, 그는 지각은 단지 감각에 의해 도출되는 자료만을 제시하지 않으며, 그것은 또한 개념 형성에 활발한 역할을 수행한다고 주장하였다.

12 우리가 현재 뇌의 작업에 관해 알고 있는 것에 대한 명확한 비전문가적 설명에 대해서는 Frith(2007), Hoffman(1998) 그리고 Linden(2007)을 보라. 시각예술과 관련하여 뇌의 기능을 구체적으로 보는 참조 내용에 대해서는 신경과학에서 새로운 연구 결과들에 비추어 볼 때 미술사의 관점으로 이미지 개념화를 검토하고 있는 시각화에 관한 Stafford(2007)를 보라. 예술 및 미학적 지각에 대한 뇌의 기능과 관련성에 관해서는 Solso(1994, 2003)와 Zeki(1999, 2009)를 보라.

13 과학철학의 문맥의 범위 내에서 인지와 문화에 대한 토론에 관해서는 Ross(2004)를, 사회학적 관점에 대해서는 Cerulo(2002)를, 해석적이고 문학적인 전통에 관해서는 Schleifer, Con Davis & Mergler(1992)를 그리고 학점의 관점에 관해서는 Light & Butterworth(1993)를 보라.

14 Pink(2001, 2006)의 글과 Stanczak(2007)가 편집한 최근 명시선집을 보라.

15 길리안 로즈(Gillian Rose, 2007)의 *Visual Methodologies*(2nd eds.)를 보라.

16 Damasio(1999)와 Lakoff & Johnson(1980)을 보라.

17 기호학에 관해서는 Barthes(1968)를, 해석학에 관해서는 Ricoeur(1981)를 보라.

18 브루스 제임스(Bruce James)와의 인터뷰에서 발췌. 〈Arts Today〉, 2001년 1월 9일(첫 방송은 2000년 7월 31일). 호주 국립 라디오 ABC(2009. 4. 12. 검색, http://www.abc.net.au/rn/arts/atoday/stories/s229128.htm).

19 중요한 초기 참조 사항에 관해서는 Rogoff & Lave(1984), *Everyday Cognition*을 보라. 또한 Lave & Wenger(1991), *Situated Learning*을 보라.

20 이반 도허티 갤러리는 호주 시드니의 뉴사우스웨일즈 대학의 미술대학에 위치해 있다(http://www.cofa.unsw.edu.au/galleries/idg 참조).

21 닉 워터로우는 이반 도허티 갤러리 관장이자 호주 시드니 뉴사우스웨일즈 대학 미술대학에 소속된 미술 역사와 이론 학교의 수석 강사다. 그는 1979년, 1986년 시드니 비엔날레 관장이었으며, 2000년에는 클레어 국제 선발전 관장이었다. 닉은 호주와 전 세계 다른 지역의 수많은 전시회에서 큐레이터 역할을 하였으며, 현재는 1960년대 호주인들의 참가에 관한 큐레이터 프로젝트에 관한 작업을 진행 중이다. 그는 또한 미술 작가이며 *Art and Australia, Art Monthly, Art & Text* 그리고 *Studio International*에서 출판 작업을 해 오고 있다.

22 조안나 멘델스존은 작가이자 미술비평가이며, 호주 시드니 뉴사우스웨일즈 대학의 미술대학에 소속된 미술사와 이론 학교의 부교수다. 멘델스존은 20세기 호주 미술 분야에 관한 여러 책의 저자다. 그녀의 미술에 관한 글들은 수많은 미술 저널, 잡지, 전시회 카탈로그 그리고 주요 언론에 나타나 있으며, 그곳에서 그녀는 *The Bulletin, The Australian, Independent Monthly*와 기타 자료에서 미술비평가로 일해 왔다.

23 소프트웨어 프로그램 NUD · IST(Non-numerical Unstructured Data, Indexing, Searching and Theorizing, 비수치적 비구조적 자료 색인 검색 및 이론화)는 연구에서 발생한 거대한 자료 장치를 관리하기 위하여 동시에(Gahan & Hannibal, 1998) 활용되었다.

24 뉴사우스웨일즈 대학교 미술대학의 이반 도허티 갤러리에서 1998년 1월에 개최한 비판적 영향력 전시회 카탈로그, *Artworld Practice*(Sullivan, 1998 재인용)의 시디롬에서 발췌함. 닉 워터로우의 허락을 받아 게재함.

25 뉴사우스웨일즈 대학교 미술대학의 이반 도허티 갤러리에서 1998년 1월에 개최한 비판적 영향력 전시회 카탈로그, *Artworld Practice*(Sullivan, 1998 재인용)의 시디롬에서 발췌함. 조안나 멘델스존의 허락을 받아 게재함.

Chapter 06
이론가로서의 예술가

크리스토(Christo)는 C. Y. 창(C. Y. Chang, 1982)과의 인터뷰에서 그와 잔느-클로드(Jeanne-Claude)가 참여한 대규모 장소-특정적 미술 프로젝트들과 관련하여 그 과정과 결과물 중 어느 것을 더 중요하게 생각하는지에 대한 질문을 받았다. 이에 대해 그는 즉각적으로 그 과정이나 결과물에 중점을 두기보다는 "과정과 **진행**"(p. 200, 저자 강조)에 더 큰 중요성을 부여한다고 답했다. 많은 기관 및 개별 작가들 사이에 초기 기획 단계에서부터 장기간에 걸친 끊임없는 논의를 통해 그 생각을 구상하고, 최종적으로 장소-특정적 프로젝트를 실현해 내는 것은 창의적이고 교육적인 과제라고 할 수 있으며, 크리스토와 잔느-클로드는 이를 통해 많은 결과물들이 양산된다고 주장한다. 여기에 관련된 많은 사람들은 참여자건 관찰자건 상관없이 그 과정 속에서 실제로 자신의 태도가 변화하고, 시야가 넓어지며, 인식이 깨어남에 따라 결과적으로 발전으로 이어진다. 이런 방식의 기획, 검토, 조정, 관리, 분석 및 표출은 시각예술 연구의 변형적 특징이다. 이러한 태도 및 관행은 또한 고(故) 첸 젠(Chen Zhen)의 예술에도 반영되어 있다. 그는 저명한 중국 현대 미술가로서 문화의 공간을 넘나들며 자신의 미술세계에서 관련성을 표출하고, 우리는 과연 누구인가에 대한 질문을 조용히 던지는 예술가의 특징을 보여 준다. 멜리사 츄(Melissa Chiu)는 첸 젠의 미술에 대해 다음과 같이 설명했다.

> 2000년에 사망한 첸은 그의 위대한 유산을 자신의 작품들 속에 남겼지만, 그의 또 다른 유산은 '초월적 경험(transexperience)'이라는 개념이다. 그는 이 개념을 자신의 작품 활동을 통해 발전시켰으며, 보다 일반적인 디아스포라(diaspora)의 사례에 적용시킬 수 있다. 첸에 따르면, 초월적 경험이란 "자신의 고향을 떠나 평생 동안 여러 장소들을 이동하면서 습득하게 된 선명하면서도 깊이 있는 인생의 복합적 경험"이다. 매개적 특성의 이 상태는 디아스포라에 대한 많은 다른 설명들과 유사성을 가지고 있지만, 기존의 장소에서 벗어나 새로운 곳으로 이동하는, 즉 첸이 초월적 경험을 창의적 촉매제로 여긴 것과 같은 맥락에 있다. 개인적 차원에서 초월적 경험은 중국과 서양이라는 양분적 관계에 구애를 받지 않고 첸이 중국에서 받은 교육과 경험을 그의 작품 속에 담아낼 수 있도록 하는 발판이 되었다. 보다 넓은 차원에서 첸의 생각은 한층 복잡한 디아스포라의 개념을 촉발시키고, 이는 현재와 미래 그리고 그의 고국에 내재된 과거까지 포함한다(2003, p. 33).

예술가, 문화평론가 및 교사는 창의적이고 비평적인 탐구의 범위를 확장해 나가고 있다. 그리고 이 과정에서 개인적 신념과 공공의 필요에 대한 도전이 새로운 지식 창출 및 비평의 장을 모색하고자 하는 욕구를 발생시킨다. 이러한 과정은 전통적인 교육 및 훈련 구조를 경계 또는 장애물로서가 아니라 생각과 활동을 새로운 방식으로 엮고 연결할 수 있는 잠재적 통로로 인식하는 예술가에 의해 형성된다. 이러한 실천과정을 보다 상세히 이해하기 위해 이 장에서는 변화하고 있는 시각예술 탐구의 양식과 장소, 그리고 시각적 이미지의 단순성과 복잡성의 범위 내에서 문제와 생각을 담아내고 있는 다양한 장면을 살펴보고자 한다. 명백한 현상은 이론가로서의 예술가가 우리 시대의 문화정치학 내에서 비전과 목소리를 내는 중요한 자원으로 재등장했다는 점과 그들이 독특한 사고방식에 따른 접근법으로 예술을 실천해 나가고 있다는 점이다. 시각예술 범위 내의 이러한 역동적 움직임은 세 가지 주제를 담고 있다. 앞선 장들에서 사용된 전략을 유지하면서, 예술적 실행의 폭과 깊이가 이론가로서의 예술가에 초점을 맞추는 것으로부터 확장되어 경험주의자와 해석적·비평적 전통과 연관된 구성적 실천을 포용하는 모습을 보여 준다. 필자가 주장하는 시각예술의 후기 학문적(postdiscipline) 특징이란 예술가가 소위 필자가 체계 내의 제작(Making in Systems), 공동체 내의 제작(Making in Communities) 그리고 문화 내의 제작(Making in Cultures)이라고 정의한 창의적 실행을 해 나가는 과정에서 이론과 실행이 정기적으로 수용되고 재작업되어 다른 용도로 재탄생되는 것을 의미한다.

체계 내의 제작 영역의 실천이란 탐구적이고 복합적인 활동으로서, 예술가가 훈련받은 지식과 기술을 토대로 다른 탐구 영역과 교차되는 이러한 경계를 뛰어넘는 시각적 양식과 구조를 펼쳐 보인다. 공동체 내의 제작은 특징을 재해석하고 시각예술의 소통 능력을 이용하여 개별적 생각과 공공의 문제 그리고 폭넓은 여러 역사들 간에 새로운 연관성을 만들어 낸다. 문화 내의 제작 영역에서 작업을 하고 있는 예술가는 비평적 예술 실천의 직접성을 이용하고 우연한 시각적 조우를 통해 인식에 도전할 수 있는 방법들을 모색한다. 이러한 세 가지 실천 틀은 시각예술에 대해 우리가 가지고 있는 연구의 장으로서 인식을 바꾸는 데 도움을 주고 있다. 그리고 필자는 이 장에서 이를 보다 상세히 알아보고자 한다.

스튜디오 작업의 맥락에서 예술 연구의 수행이 가능한 시각적 이미지를 창조하는 예술가의 역할을 이해하기 위해서는 예술가와 자료 출처로서의 이미지가 가지고 있는 서로 다른 기능을 고려할 필요가 있다. 오늘날과 같은 시대에 예술가를 사회적 은둔자나 천재성을 지닌 문화적 개척자로 생각하는 것은 적절치 않다. 또한 예술가를 단지 그의 창의적 능력을 본받고 모방해야 할 대상으로서만 인식하는 것 역시 올바른 태도가 아니다. 현대의 예술가는 많은 실천을 도입하여 교육의 경계와 전통적 매체 및 정치적 이해관계를 없애고, 이를 심미적 경험과 문화 해설 및 교육 관련 영역의 활동을 통해 이행하고 있다. 오늘날 예술가는 예술 실행 범위 내에 창조자, 비평가, 이론가, 교사, 활동가 및 문서 보관 담당자로서의 이미지를 담아내고 있다.

현대의 많은 예술가들은 연구 언어를 흡수, 조정 및 선택하는 과정에서 쉽게 다른 분야의 영역으로 넘어간다. 예를 들면, 화가 민용순(Yong Soon Min)은 자신의 1992년 사진 설치미술 작품, '결정적 순간들(Defining Moments)'에서 강력한 역사적·문화적 비판을 표현했다. 민용순은 그 작품을 다음과 같이 묘사했다.

〈결정적 순간들〉에서 나타나는 모든 이미지와 날짜는 개인적으로 중요한 의미를 지니는 날짜들이 한국인과 한국계 미국인의 역사에서 중요한 사건들

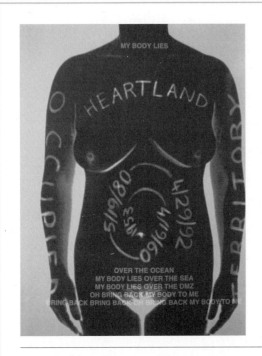

민용순. 〈결정적 순간들(Defining Moments)〉(1992). 6개의 사진 설치 작품 전시. 몸의 이미지(왼쪽) 1/6, 광주의 이미지(오른쪽) 4/6. 20×16 inches. 작가의 허락을 받아 게재함.

과 미지의 연관성을 맺고 있다는 점을 시사한다. 1953년은 내가 태어난 해이며 또한 한국전쟁이 종결된 해이기도 하다. 다음 날짜는 흔히 한국에서 4·19라고 불리는 날로서 이 당시 나는 어린 나이로 이승만 정권을 타도하기 위해 일어난 민중의 봉기를 목격했다. 5/19/80는 광주 민주화 운동 및 학살을 나타내며, 이는 한국 역사의 중요한 전환기가 되었고, 내가 한국 현대사에 점차 관심을 가지게 되었던 촉매제로서의 역할을 하였다. 마지막 날짜인 4/29는 L. A. 폭동을 나타내며 또한 나의 생일이기도 하다(Choi Caruso, 2004, p. 201 재인용).

▌▌ 제작 현장 ▐▐

　여기에서는 시각예술 실행의 세 가지 영역인 체계 내의 제작과 공동체 내의 제작 그리고 문화 내의 제작을 살펴본다([그림 6-1] 참조). 디지털 환경, 공동체 공간, 문화협력 등을 통해 생겨난 양식, 상황 및 배경은 창의적이고 비평적인 탐구를 위한 새로운 환경을 조성하고 이에 따른 대안적 연구 및 학문의 양식이 요구된다. 예술가 및 그들의 작품과의 직접적인 접촉을 포함한 현대 예술 실행 연구는 예술 작품이 어떻게 예술의 제작, 사고 및 교육을 위한 장으로서의 기능을 할 수 있는지를 보여 준다. 예술가와 그 밖의 관계자는 이러한 공간과 장소를 기존의 경계를 허무는 방식으로 접근한다. 이론과 실천 사이 그리고 설정된 분야 경계를 넘어 존재하는 지식 창출의 가능성에 대한 조사를 통해 예술가는 개인성과 공공성을 가지는 문제와 생각을 탐구해 나간다. 이러한 실행 요소를 살펴보기 위해, 필자는 예술가의 활동의 폭과 깊이를 잘 담아내고 있는 현대 예술 작품들을 예로 살펴본다.

　일반적 영역으로 지정된 체계 내의 제작 내에서 작업을 하는 예술가의 경우, 각 분야의 지식을 바탕으로 소통과 교차 그리고 양식 및 구조에 대한 새로운 개념화 작업을 요구하는 탐구 활동을 모색하고자 한다. 디지털 환경 내에서 예술

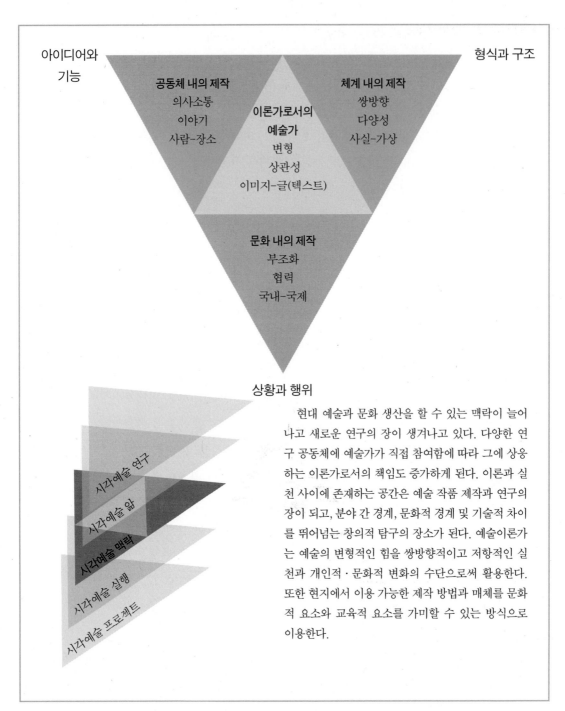

아이디어와
기능

형식과 구조

공동체 내의 제작
의사소통
이야기
사람-장소

**이론가로서의
예술가**
변형
상관성
이미지-글(텍스트)

체계 내의 제작
쌍방향
다양성
사실-가상

문화 내의 제작
부조화
협력
국내-국제

상황과 행위

시각예술 연구
시각예술 앎
시각예술 맥락
시각예술 실행
시각예술 프로젝트

현대 예술과 문화 생산을 할 수 있는 맥락이 늘어나고 새로운 연구의 장이 생겨나고 있다. 다양한 연구 공동체에 예술가가 직접 참여함에 따라 그에 상응하는 이론가로서의 책임도 증가하게 된다. 이론과 실천 사이에 존재하는 공간은 예술 작품 제작과 연구의 장이 되고, 분야 간 경계, 문화적 경계 및 기술적 차이를 뛰어넘는 창의적 탐구의 장소가 된다. 예술이론가는 예술의 변형적인 힘을 쌍방향적이고 저항적인 실천과 개인적·문화적 변화의 수단으로써 활용한다. 또한 현지에서 이용 가능한 제작 방법과 매체를 문화적 요소와 교육적 요소를 가미할 수 있는 방식으로 이용한다.

[그림 6-1] 시각예술 맥락의 개념 틀

과 과학이 서로 접속하는 경계 분야에서 작업을 하고 있는 예술가—이론가는 과거의 개념이 더 이상 기획 및 행동을 설정하는 데에서 알맞은 시스템으로서의 역할을 수행하지 못한다는 것을 깨닫고 있다. 예를 들면, 기초 및 응용 연구와 연구 및 개발 개념 간의 엄격한 구분이 창의적 탐구의 비선형적 특성을 완전히 수용하지 못한다. 마찬가지로 협력의 개념 또한 목적과 수단 혹은 설계 및 전달에서 역할을 구분하는 전문가 체계의 개념에 기초하기보다는 탐구의 시각적 가상 체계에 대한 새로운 사고방식이 요구되는 놀라운 상호 협력에 그 기반을 두고 있다.[1] 공동체 내의 제작에는 공동체에 기반을 둔 예술 실행의 장 내에서 활동을 하는 예술가의 시각예술 실행이 포함되며, 이들은 제한적 탐구 방식에서 벗어나고자 한다. 예를 들면, 지역기반 예술 실행을 이런 방식에서 생각해 볼 수 있는데, 그 이유는 서양의 예술 대상 혹은 과학적 탐구 방식의 개념으로는 원주민 예술 이해의 정수라 할 수 있는 경험과 이해가 서로 복잡하게 얽혀 있는 특성을 수용할 수 있을 것이라고 기대할 수 없기 때문이다.[2] 그렇지만 문화 내의 제작의 광범위한 영역을 포용하는 예술 실행 활동을 하고 있는 것으로 비쳐지는 현대 예술가는 국가 및 문화의 경계를 넘어 자신이 축적하고 실천한 혼성 경험들을 활용하여 첸 젠이 가지곤 했던 창의적이고 지적인 경험—초월적 경험(transexperience)— 을 창출한다. 예술이론가가 이에 대한 한 예가 될 수 있는데, 이들은 아시아와 중동에 있는 문화적 참고 자료를 통해 작품을 구상하고 통찰력 있는 이미지들을 제공하고 있다. 이 이미지들에는 문화적 디아스포라 내에서 새로운 대화의 장을 열고 기존의 낡은 이야기는 몰아내는 방식의 담론이 그려지고 있다.[3]

　그렇지만 특정한 문화적 맥락 내에서 인류의 공통 주제에 대해 이야기를 하고 있는 예술가도 있다. 예를 들면, 1990년대부터 중국이 세계경제대국으로 출현하면서 장 달리(Zhang Dali)는 이 무시무시한 진보의 행진에서 낙오된 익명의 개인에 주목했다. 달리는 급속한 근대화 이후 철거가 예정된 베이징과 상하이의 건물들을 나타내기 위해 인간 두상의 단면을 이용하여 그만의 독특한 시각적 표현을 보여 준다. 장 달리는 중국의 문화 정체성 상실에 대한 경각심을 시민들에게 일깨우기 위한 한 방법으로 자신이 〈대화(dialogues)〉와 〈파괴(demolitions)〉라고 소개한 두 가지 형식의 그래피티(graffiti, 낙서)를 사용한다. 대화는 벽에 뿌려진 페인트의 윤곽선을 나타내며, 파괴는 배경에서 전통 혹은 현대 건물을 보여주기 위해 벽면에 새겨진 사람의 옆얼굴을 나타낸다. 이렇게 텅 비어 있는 이미지는 수직으로 높이 솟아오른 고층 건물로 대체된 도시 주변의 정원 지역에서

장 달리. 〈대화(Dialogues)〉. 스프레이 페인팅 건물, 베이징. 작가의 허가를 받아 게재함. 사진: 그램 설리번.

마티유 보리세빅츠(Mathieu Borysevicz, 1999)는 장 달리의 〈대화〉를 다음과 같이 묘사하였다.

여기에 채택된 기호론은 비유적이다. 왜냐하면 그것은 즉각적으로 확인 가능할 수 있고, 그 결과 대단히 강렬한 인간의 공통분모의 이미지다. 이것은 중국의 어마어마한 인구에 의해 드리워진 그림자와 거리의 극장윤곽을 그린 배경막으로 군중의 출현은 낙담적이고 논리적으로 불가능하다. 그 이미지는 한때 정치적 이데올로기를 통해 순응이 지배했지만, 현재는 시장과 패션 트렌드의 세계적 힘의 지배를 받는 환경 속에서 발견된다. 그것의 반복을 통하여, 머리는 사회에서 개인성의 가사 상태의 색인을 만들어 낸다. 종종 같은 방향으로 직면하여 한 번에 여러 번 그려져, 머리가 마치 대중의 맹목적 무리를 조롱이라도 하듯 줄을 서 있다. 대중은 구성원을 이루는 개인들로 이루어져 있지만 그들 모두는 독창적이면서 균일하다. 마찬가지로 이미지는 자유로운 손의 산물이지, 기계적 재생의 산물이 아니다. 개개인은, 그들은 전체로 보면 동일하다. 그러나 장 달리의 개인적 이야기는 다 같은 것은 아니며, 이 모든 머리는 어느 면에서 그 이야기를 들려주고 있다(p. 10).

흔히 볼 수 있었던 불가사의한 인간적 척도를 떠올리게 한다.

체계에서의 제작

이것은 시각예술이 강력한 개인적 기능을 가지고 있으며, 보다 넓은 사회적 과정과 목적의 집합이라는 사실을 부정하지 않는다. 나는 두 가지 주요 체계인 고정된 또는 폐쇄된 체계와 역동적 혹은 개방적 체계를 소개하고자 한다. 이 두 체계 간의 차이는 개인과 환경과의 관계 설정에 있다. 즉, 고정된 체계의 경우 는 외부의 영향과 차단되어 있으나, 역동적 체계는 주변과의 소통을 통해 끊임 없이 변화한다. 고정된 체계는 다소 기계적이며, 유용한 교육적 가치를 가지고 있다. 그리고 이러한 체계는 어떤 정의를 내릴 때 이용될 수도 있다[예: 포토그램 (photogram, 인쇄 시스템)]. 또한 원인과 결과를 나타내는 규정적 구조들(예: 토기 를 만들고 가마에 굽는 과정)이나 어떻게 그리고 왜 어떤 것이 발생할 것인가에 대한 설명과 이론에 관한 예측 체계(예: 공간의 착시 현상을 보여 주기 위한 기존 원 근법의 사용)가 이에 해당된다고 볼 수 있다.

그와는 달리, 역동적 체계는 변형적 성질을 가지고 있어 체계 내의 요소와 환 경적 특성이 상호작용을 일으켜 상황을 변화시킨다. 그리고 이러한 교환과정 에서 발생되는 환경의 영향과 체계의 특성에 따른 피드백이 새롭고, 대개는 예 측 불가능한 효과를 만들어 낸다.

이러한 결과들은 단순한 부분의 총합이라는 결과물 그 이상의 의미를 지닌 다. 왜냐하면 이러한 과정으로부터 새로운 현상이 생겨나기 때문이다—대부분 의 경우, J. M. W. 터너(J. M. W. Turner)가 페인트 안료의 특성에 대한 과학적 지식을 상당히 다른 방식으로 활용했던 형태로 나타난다. 그의 과학적 지식은 페인트가 가지고 있는 미적 가치를 이해함으로써 새롭게 변모하였다.

이것은 '출현(emergence)'이라는 용어로 통용되며, 제4장에서 간단히 다루 었던 복합적 이론의 한 특징이다. 기본적으로 출현이란 각 부분들과 상관없이 어떻게 별도의 상호작용으로부터 새로운 특성이 나타나는지를 보여 주고 또한 역동적 체계의 비선형적 특성을 강조하고 있다. 나는 비선형과 관련하여 단순한 원인과 결과의 관계가 이에 배제될 수 없음을 드러낸다. 입력과 출력 사이에는 직접적인 관련성이 전혀 없기 때문이다. 이와는 달리 선형적 관계는 하나의 원인과 결과 사이에는 비율적 상관관계가 있음을 시사한다(예: 만약 수채물감에 첨가되는 물의 양을 증가시키면, 그 비율에 따라 투명성이 높아진다). 역동적 체계는 비선형적이다. 따라서 약간의 영향이나 작은 행동도 수많은 결과물을 다양한 형태로 발생시킬 수 있다. 역동적 체계와 출현은 지속적인 상호작용의 변화를 겪는 복잡하고 조정 가능한 체계의 요소들이며, 이러한 복잡하고 조정 가능한 체계는 우리의 자연계와 인간계의 모든 단계에서 발견된다. 어떤 면에서 이 복잡하고 조정 가능한 체계가 서로 엮여 있는 하나의 틀을 제공해 준다고도 볼 수 있으며, 이 틀 안에서 예술가는 자신의 주변 환경과의 변형적 조우를 통해 무질서한 도식으로부터 정형화된 양식을 창조하게 된다. 머레이 겔-만(Murray Gell-Mann, 2003)은 예술가와 미술품, 관람자 그리고 역사적 맥락 간의 상호작용을 교환과 발전의 복잡하고 조정 가능한 과정 속에서 발생하는 정신과 주변 환경과의 만남으로 인식하고 있다.

겔-만과 다른 연구자들인 피터 코브니와 로저 하이필드(Peter Coveney & Roger Highfield, 1995) 그리고 레이먼드 이브, 사라 호스폴과 메리 리(Ramond Eve, Sara Horsefall, & Mary Lee, 1997)는 역동적 체계의 중요한 특징으로 이러한 요소와 과정의 상호작용적 성질을 꼽고 있다. 이러한 복잡성이 가장 두드러진 시각예술 실행의 영역은 예술과 과학 그리고 기술이 서로 만나는 교차점에 있는 것이고, 이 지점에서 예술가는 디지털 세계를 탐구하고 있는 셈이다. 결국 인터넷은 설치예술과 같은 하나의 장으로서 누군가 그것과 소통을 할 때 비로소 '흥미(come alive)'를 갖게 된다. 토머스 발로빅(Thomas Valovic, 2000)은 사이버 공간을 디지털 체계와 인간 체계 간의 상호작용에 의해 형성되는 '반-기술적(part technology), 반-인간적(part human)' 공간으로 묘사했는데, 인간의 정신적 작용 없이는 인터넷은 "아무런 일도 할 수 없다—사실, 인간의 정신이 인터넷의 유일한 생명력의 근원이다"(p. 39).

　　이러한 상호작용의 요소가 디지털 양식의 예술가-창조자와 관람자-참여자 간의 관계를 변화시킨다. 왜냐하면 그 이미지와 그 대중을 이어 주는 직접적인 연결선이 더 이상 존재하기 않기 때문이다—사실, 한 물리적 대상으로서의 미술 작품은 더 이상 존재 가치를 갖지 않는다. 디지털로 암호화된 이미지를 만들고 발표하는 것에서 예술가의 선택의 폭이 넓어짐에 따라 관람자 또한 그 이미지를 감상하기 위한 방법, 장소 및 시간을 결정할 수 있다. 마고트 러브조이(Margot Lovejoy, 1997)는 쌍방향성을 디지털을 기반으로 한 시각예술의 주된 특성으로 설명했다. 이 시각예술은 "유연하고 비선형적인 상호작용 체계나 구조를 바탕으로 설계 및 암호화되어 감상자가 해당 작품을 통해 다른 경로들을 이동해 가면서 여러 선택을 할 수 있도록 하는 연계 능력을 갖추고 있다"(p. 165).

　　쌍방향성을 통해 독자와 관람자 그리고 청취자는 작품의 경계를 통과하여 그 작품 속으로 들어가게 된다. 이와 같은 과정은 그들로 하여금 직접적으로 한 작품의 최종 결과물을 저술하고 만드는 과정에 참여할 수 있도록 하며, 이는 컴퓨터의 등장 이전에는 상상할 수 없는 것이었다. 예술가는 완전히 통제권을 내려놓고 새로운 종류의 감상자 소통 및 경험을 통해 관람자에게 덜 수동적인 지위를 제공할 뿐만 아니라 모든 개인의 타고난 창의적 능력을 발휘할 수 있도록 한다. 쌍방향성은 중요한 새로운 수단의 제공을 통해 인식을 발생시키고, 이때 해당 작업은 개인 감상자의 내재된 기질과 정체성의 보다 심리적이고 내적인 부분과 연계되어 진행된다(Lovejoy, 1997, p. 166).

　　디지털 환경에서 탄생된 이와 같은 새로운 형식의 표현은 월터 벤자민(Walter Benjamin, 1992)이 최초로 제시한 원본을 복제하여 기계적으로 재생산하는 방식과는 전혀 다른 것이다. 오히려 이것은 다양한 환경 속에서 어떤 원하는 형태나 양식으로도 재현될 수 있는 성문화된 숫자 프로그램으로 존재하는 모의 실험이라고 할 수 있다. 또한 그 디지털 이미지는 소리와 글도 포함할 수 있어서 역동적이고 상호 관계적이며 실감 나는 방식으로 경험을 구현하고 정보를 전달하며, 새로운 해석을 제공할 수 있는 능력을 증가시킨다.[4] 이것은 전기적 자료, 제작 증거, 관련 연구 등 맥락과 관련된 세부 사항에 둘러싸여 있는 기존의 스튜디오 작업에 의해 만들어진 미술 오브제와 다소 차이가 있다. 왜냐하면 이것은 그 미술 작품을 뒷받침하는 증거이기 때문이다. 그러므로 디지털 영역에서 작업을 하고 있는 예술가-이론가는 새로운 지식과 해석의 원천으로서 제작 및 비평을 할 수 있는 시각 이미지의 능력을 살펴볼 수 있도록 보다 다양한 기회를 제공하고 있다.

디지털 환경에서 이행된 예술 실행은 인간 조건에 관한 의문보다는 인간 존재에 대한 재조명의 필요성에 관한 연구를 제시한다. 정보는 단순한 지식을 수집하기 위한 대상이 아니라 변화하는 맥락의 역학관계에 의해 의미가 정의되는 공간이다. 이것은 탐구에 대한 우리의 사고방식을 변화시키고, 연구자와 연구 대상의 관점을 고려하여 연구로서의 예술적 변형 능력을 개선한다. 사이버 공간은 개성에 관한 생각을 근본적으로 변화시키고 있다. 왜냐하면 기존의 심리적 관점을 기반으로 하고 있는 현대의 정체성 개념이 반사적이고 탈중심적인 자아의식에 의해 대체되고 있기 때문이다. 셰리 터클(Sherry Turkle, 1995)은 우리가 사용하는 컴퓨터 화면상의 많은 창들을 여러 환경 내에서 동시에 균일한 작업을 수행할 수 있는 우리의 능력에 비유한다. 그녀는 다음과 같이 말했다.

> 사용자로서 당신은 언제나 컴퓨터 화면상의 여러 창들 중 오직 하나의 창에만 집중한다. 하지만 어떤 면에서 당신은 항상 모든 창에 존재하고 있다……
> 그 컴퓨터 화면상에서 당신의 정체성은 분산되어 있는 당신의 존재의 총합이라고 할 수 있다(p. 13).

새로운 기술과 인간의 접속에 따른 사회적 영향에 대한 반응으로 예술가는 혁신적 탐구와 모험적 프로젝트를 수행하고 있다. 스티븐 윌슨(Stephen Wilson, 2002)은 생물학, 자연과학, 수학, 통신, 디지털 시스템 및 기타 신생 연구 분야의 기술들과 관련하여 과학자들과 함께 다양한 협업을 하고 있는 전 세계 250명이상의 예술가들을 상세하고 포괄적으로 설명하고 있다. 바로 디지털 혁명에 의해 촉발된 보다 새로운 기술의 개발이 예술과 과학을 서로 연결해 주고 있다. 윌슨에 따르면, 공동의 이익과 특징적 방식에 의해 예술가와 과학자가 함께 모여 자신들의 진취성을 발휘하고 각자의 임무를 유지할 수 있는 기술적 환경 내에서의 협업이 가능하다. 이러한 맥락에서, 윌슨은 연구를 인간적 교환과 사용이라는 관점에서 결과물이 반영되는 문화 활동으로 설명한다.

예술가에게 개념적 신호는 비판이론과 문화적 연구의 담화로부터 발생한다. 왜냐하면 그 담화는 사회와 시각 문화 그리고 기술에 대한 중요한 문제들을 제기하는 토론이며, 이를 조사할 때 많은 경우에 협력적 대응이 필요하기 때문이다. 과학자에게 기존의 탐구 매개변수와 방법은 새로운 기술과 함께 발생하게 될 가능성을 개념적·창의적으로 다루는 데에서 한계가 있음이 증명되고 있고, 그렇게 증명하기 위해서 과학자는 문화이론가가 제기하는 의문점을 해결해야만 한다. 윌슨은 자신의 작품 속에서 수행되고 있는 많은 연구 계획들을 조사하고 정리하여, 문제와 생각의 상이한 틀 안에서 방법과 실천을 어색하지만 효과적으로 수렴하여 표현하고 있다. 그리고 윌슨(2002)은 이러한 예술의 진취성을 중요하게 여긴다. 왜냐하면 예술이 "연구라는 독립된 영역으로서의 비판적 역할을 채워 줄 수 있고, 그 영역에서 예술가가 비판적 해석에 과학 및 기술 분야에 대한 높은 수준의 지식과 참여를 묶어 하나로 통합시키기 때문이다"(p. 35).

도전적이며 혁신적인 연구 활동에 참여하여 시각예술의 창의적인 부분에 집중하고 과학과 기술이 만나는 교차점으로부터 지적 중심점을 찾고자 할 때, 예술가는 보다 명백하게 인정된 공적 역할을 떠맡아야 한다. 이것은 체계 내의 제작이라는 일반적 기치 아래 설명될 수 있는 다른 시각예술 실천에도 동일하게 적용된다. 심지어 다다이스트(Dadaist)의 활동과 같은 급진적 역사의 등장도 소수이지만 공적 연결망 안에서 형성된 하나의 체계적이고 비판적인 관점을 기반으로 세워진 것으로 보인다. 이런 형식의 예술을 실타래처럼 여러 가닥으로 투입하는 것은 사적·공적 자아의 조건을 탐구하고 처리하며 재위치시키는 문학적이고 시각적인 공연 기술에 둘러싸여 제 위치를 찾고 있는 오늘날의 공연예술에도 등장하고 있다. 대부분 공공장소에서 볼 수 있는 내용을 축약한 공연 문구는 안정된 의미 전달을 방해하고, 작품의 언어와 공연의 역동성 또는 청중의 마음 내에서 그 의미가 재이동한다. 설치예술가는 이와 다소 유사한 역동성을 추구하여, 예술적 의도가 관람자에게 기울어지게 되고, 환경, 장소, 상황 및 사건이 쌍방향 소통을 위한 공간과 참고, 추론 및 의미의 체계가 된다. 오늘날의 시각예술가가 자신의 예술 실천을 탐구 체제와 협력 구조 내에서 보다 적극적으로 찾고자 하는 것과 마찬가지로 이미지를 주류 역사와 밀접한 관련을 맺고 있는 형식과 보다 넓은 범주의 시각 정보의 사례나 장르로 보는 미술사가와 문화이론가도 여기에 동참하고 있다. 예를 들면, 제임스 엘킨스(James Elkins, 1999)는 이미지의 역사를 포괄적 체계로 변경하여, 예술 이미지와 비예술 그림 양식이 표현뿐만 아니라 정보적 내용도 전달하는 매개체로서의 역할을 수행하여 예술가와 예술작가의 흥미를 유발시킨다고 생각한다. 그는 일종의 서로 엮여 있는 이미지의 역사를 제안하고 있는데, 이는 전통적 미술역사 분류에서 찾아볼 수 있는 형태이며, 오히려 고유한 표현적 의미의 연결과 변위 그리고 유산의 체제를 만들어 낸다.

> 예술, 과학 및 수학의 역사들의 차이점을 보존하고 '기술학' 또는 '과학기술'을 연구하기보다는 오히려 우리는 결국 이미지 간의 많은 구분은 유지될 수 없으며, 예술의 역사보다는 이미지의 역사를 저술하는 것이 더 나은 선택이라는 점을 인정해야 한다. 이미지는 예술의 역사뿐만 아니라 글쓰기, 수학, 생물학, 공학, 물리학, 화학 및 예술 역사 자체에서도 발견된다(p. 46).

이와 유사한 방식으로, 고유하고 풍부한 역사를 가지고 있는 시각예술 지식의 근원으로서 이미지를 되살리자고 주장하는 바버라 스태포드(Barbara Stafford, 1994, 1996)는 "순수예술에서부터 일반적 환상에 이르기까지 이미지화는 사고를 구성하고 전달하는 가장 풍부하고 매력적인 양식"이라는 생각을 "시각 **정보**"를 설명하는 하나의 근거로 제시하고 있다(p. 4, 원문에서 강조). 최근에 스태포드는 이미지에 대한 비평(2007)을 보다 발전시켜 시각적 만남을 우리의 생물학뿐만 아니라 문화의 깊숙한 곳에서 찾고 있다.

또한 연구, 문화적 탐구 및 역사비평의 협동 체계 내에서 예술 제작의 역할과 이미지 연구에 대한 새로운 관심이 시각예술 교육의 새로운 방법을 제시하고 있다. 비록 대학의 시각예술 교육이 실천적인 면에서 양면적 유산을 가지고 있지만, 개인적 관점의 능력과 대중적 목소리의 신념이 요구된다. 하나의 과정으로서, 가르치는 것은 제도적 체계의 지원과 그 분야의 고유한 특성을 통해 달성된다. 그러므로 어떻게 교육적 실행이 예술가와 문화이론가가 탐구 영역의 전반에 걸친 새로운 관계의 형성을 모색하면서 새롭게 등장한 혁신과 동조하는 신선한 생각을 중심으로 형성될 것인지를 예측하는 것은 어렵지 않다.[5] 비록 과거에는 시각예술을 가르친다는 것이 못마땅하고 부적절한 것으로 여겨졌지만, 예술가가 적극적으로 교육적 역할을 자신의 예술 실행의 자연스러운 한 부분으로 받아들이면서, 이것은 일부 미술사에 나타난 가장 급진적이고 획기적인 시대의 특징을 보여 준다.

오늘날 예술가의 연구 및 교수 실행을 둘러싸고 있는 양면적 풍조에도 불구하고, 예술가-이론가의 이미지를 재건할 수 있는 기회가 바로 눈앞에 다가왔다. 오늘날 현대 예술가는 원래 생명과학, 자연과학, 인문학, 미술 및 제도적 교육 분야에 속했던 많은 영역에서 작업을 하고 있으며, 이에 따라 활동 분야의 흥미로운 가능성들을 열어 놓고 있다.[6] 뉴욕의 예술가 브랜든 발렌지(Brandon Ballengée)는 그의 예술 실행을 다음과 같이 설명했다.

나의 예술 실행은 초학문적 접근에 속한다. 이런 방식의 작업은 예술적 기술과 과학적 기술을 모두 사용하며, 그 예술적 표현은 자연적 혹은 인공적 조건에서 획득된 동물과의 경험에서 비롯된다. 1차 연구에서는 생물학 연구의 과학적 방법과 기준이 엄격하게 적용된다. 겉보기에는 서로 다른 기술처럼 보이는 이러한 기술들이 상호 영향을 주고받게 되어 그 경계가 모호해진다. 과

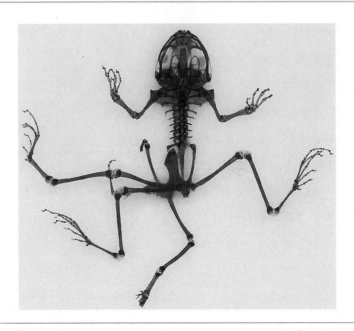

브랜든 발렌지. 〈DFB 45, 아레스(Arès)〉. (2008). 46×34 inches. 스탠리 K. 세션즈(Stanley K. Sessions) 박사와 과학 협업으로 만들어진 캘리포니아 압토스 지역의 속이 다 보이고 얼룩진 여러 개의 다리가 있는 청개구리 (Pacific tree frog) 스캔 사진. 시인 큐이델레어(KuyDelair)와 공동 작업한 말람프(MALAMP). 수채화 용지에 찍은 독특한 홍채 사진. 저자와 뉴욕의 아치볼드 아츠(Archibald Arts)의 허가를 받아 게재함.

나의 예술적 반응인, '파충류 기형 프로젝트(The Malformed Amphibian Project)' 혹은 '말람프(Malamp)'(1996~현재)는 도면, 웹-캐스트(web-cast) 시험, 사진 인쇄 및 조각 시리즈 '스틱스(Styx)' 등의 요소들을 사용한다. 기형 표본들을 화학적으로 변형시켜 사진들을 만드는데, 이 과정은 직접적인 표현을 감추기 위한 것이며…… 그다음으로 고해상 스캔사진 작업이 수행된다. 각 표본을 스캔 작업하는데, 경우에 따라 몇 시간이나 며칠이 걸리기도 한다. 그 결과 탄생한 작품은 단순한 과학적 문서 이상의 의미를 지닌다. 개구리는 그림의 중심에서 마치 물이나 공기 중에 떠 있는 것처럼 보인다. 이런 비현실적 특성은 시인 큐이델레어가 지은 제목에 의해 더욱 강화된다. 각 개구리의 이름은 개별적 기형 분석에 따라 그리스 신화에 등장하는 고대 인물의 이름을 따서 붙여진다. 실제 걸음마를 배우는 인간 아이의 크기와 비슷하게 보이도록 개구리의 크기를 조정하여, 관람자로부터 무관심이나 두려움의 감정보다는 공감을 불러일으키고자 하였다. 만약 개구리의 크기가 너무 작으면 관심을 끌지 못할 것이고, 반면에 너무 큰 경우에는 괴물처럼 보일 것이다. 각 사진은 관람자의 참여를 의도하고 동시에 짧은 수명을 가진 생명체에게 마치 성유물함(聖遺物函)이 되도록 만든다. 완성된 각 사진은 독특한 의미를 가지며, 그 개별 생물체를 떠올릴 수 있도록 절대로 편집을 하지 않는다(Ballengée, 2000, pp. 124-125).

학적 기술을 통해 나는 자연의 현상을 보다 잘 이해하게 되고, 그 결과 자연에 관한 나의 작품을 보다 잘 구현하게 될 뿐만 아니라 많은 관람자가 보다 쉽게 나의 작품을 통해 지식을 습득하게 된다(Chamberlain, 2009, p. 14 재인용).

공동체 내에서의 제작

대부분의 예술 실행이 체계 내의 제작에 의해 제한되어 있는 예술가가 예술적 표현의 양식을 바꾸게 되면, 그들의 실행은 공동체 내에서의 제작을 수반하게 되고, 다음과 같은 사실을 수용하게 된다. 즉, 현대 미술의 맥락이 확장되고 있으며, 그에 따라 예술적 실행을 위한 새로운 기회와 장소가 열리고 있다. 예술가가 보다 직접적으로 공동체를 기반으로 하여 예술을 실행하게 되면 이론가로서의 보다 많은 책임을 지게 된다. 다시 말하면, 이론과 실천 사이의 공간이 예술 활동과 연구의 장이 되고, 분야별 경계와 문화적 경계 그리고 기술적 차이점을 초월한 탐구를 가능하게 한다. 공동체기반의 예술가는 그 후 시각예술의 상호적인 소통의 능력을 독특한 방식으로 활용한다. 또한 공동체 만들기에 기반을 둔 지식은 강력한 지방색을 띤다—지역은 지방을 의미하는 것이 아니다. 과거와 현재는 역사처럼 내면에서 멀리 있지 않으며, 전통은 그룹의 정체성을 알려 주지만 개인적 기능을 강요하지 않는다. 미술 제작에서 개인적 시각과 공공의 목소리는 공동체의 맥락 내에서 대화를 형성할 뿐 아니라 그런 것에 관심 있는 사람들이 서로 조우하면서 변증법을 창출해 내며 느슨한 연합을 공유한다—그 정도는 되어야 한다.

표현과 정체성에 대한 정치학 그리고 파워플레이(power play) 사이의 밀접한 연관성의 이해가 부족하여 선의의 문화이론가가 결국 문화 관광객으로 전락해 버린 많은 교훈적 사례가 있다. 이것은 대개 분야별 관심의 권위나 이국적 매력에 가려짐으로써 초래되며, 그 결과 피상적인 것만을 보게 되고 '다른 쪽(others)'의 위치에서 볼 수 있는 능력을 방해한다.[7] 공동체의 복잡한 특징에 보다 큰 관심을 기울여 달라는 요청에 대해 취할 수 있는 한 가지 전략은 다른 분야의 특성을 도입하는 것이다. 할 포스터(Hal Foster, 1995)는 이 문제를 강조하면서 보다 넓고 포괄적인 문화적 표현을 모색하는 일부 인류학 비평가의 노력에 착안한 '예술가-선망(artist-envy)'이라는 문구를 언급했다. 이런 점에 비추어 볼 때, 포스터는 그 예술가가 순진하게 "차이를 인식하며 가능성을 열어 놓는 공식적인 성찰의 귀감이 되는 사람, 즉 글로써 이해되는 문화를 스스로 인식하고 자각하는 독자"(p. 304)로 여겨진다고 말하는 것 같다. 포스터는 '예술가를 민족지학자'로 홍보하는 현대 미술의 경향을 인류학을 희화한 것과 유사한 방식으로 설명한다. 여기서 예술가와 비평가는 '다름(otherness)'의 의미가 무엇이며 어떻게 그 의미가 오브제와 맥락 안에 위치하게 되는가를 설명한다.

이러한 특징들은 포스트모더니즘이 제기하는 우려, 즉 예술가가 작업실에서 공동체로 이동하고, 관람자가 수동적 자세에서 적극적 참여자가 되어 예술과 조우하는 방향으로 변모해 간다는 우려를 설명한다. 따라서 예술가가 탐구의 장으로서 민족학적 실천과 공동체 그리고 문화에 이끌리게 되고, 그 반대의 경우도 마찬가지임을 쉽게 이해할 수 있다. 하지만 포스터와 다른 이들의 경고처럼, 특정-장소의 경험을 가장하여 만들어진 예술은 '자신이 만든(self-fashioning)' 피상적 광경이 되고, 이는 창의적이고 잘 통제된 문화적 탐구로부터 기대할 수 있는 깊이 있는 진정성이 결여되는 문제점을 낳게 된다. 딥티 데사이(Dipti Desai, 2002)에 따르면, 예술가가 사회운동가 역할의 일환으로 민족지학적 실행 요소들을 수용하게 되면, 그 결과로서 그에 따른 시각과 입장 그리고 힘이 그 담화의 일부가 된다.

세계화와 기술적 진보에 따라 국가와 문화의 경계가 무너지고 있는 시점에서, 예술가가 전 세계의 다른 장소에서 보다 많은 작업을 해 주기를 바라는 목소리가 점점 더 커지고 있다. 민족지학자 모델로서의 예술가는 이러한 변화들을 고려해 볼 때, 최근 경향 그 이상의 의미를 지닐 수도 있다. 그러므로 우리 사회와 세계에서 힘에 대한 차등적 접근을 고려해 볼 때, 경험이란 오직 관계적으로 이해되어야 함을 명심해야 한다(p. 321).

뉴델리의 예술가 비반 순다람(Vivan Sundaram)에 관한 디팔리 드완(Deepali Dewan, 2003)의 설명에 따르면, 다수 논리적 입장에서 밝혀져 있는 것과 같이 데사이가 암시하는 경고가 반영되어 있음을 나타낸다.

　　학자-예술가처럼, 그는 포스트-식민주의 이론, 미술사, 대중문화, 역사, 모더니즘, 포스트모더니즘과 사진술 등 다양한 분야별 언어들로부터 착안을 한다. 하지만 순다람의 시각 언어는 이러한 분야로부터 차용하는 것은 물론 그것에 대한 주석을 달고, 그것에 내포된 논리를 알려 준다. [그의 작품 〈큰 인도 시장(Great Indian Bazaar)〉(1999)에서] 가족 구성원으로서 순다람의 역할은 큐레이터/기록 보관 담당자와 예술가 사이에서 그 역할이 모호해진다. 자기 반영적 몸짓으로, 해당 작품은 주 및 국가 기록 보관소를 이용하고 한정된 개인 물품들을 활용하여 보다 큰 공통의 역사를 재건하고자 하는 역사 연구의 특성에 의문을 제기하고, 예술가와 역사가의 산물이 다르다기보다는 오히려 유사하다는 점을 암시하고 있다(Dewan, 2003, p. 39).

　　세 지역공동체의 비교문화 연구에서 리타 어윈, 토니 로저스와 유-야오 완(Rita Irwin, Tony Rogers, & Yuh-Yao Wan, 1999)은 현장에서의 연구원이 가장 깊은 통찰력을 얻게 되는 것은 아님을 암시한다. 그들의 일부 주장에 따르면, 유리한 위치는 단지 특권적 중심 위치에서 바라볼 수 있는 관점만을 허용해 줄 뿐이며, 이에 따라 뒤돌아볼 수 있는 능력을 상당히 제한하는 결과를 낳는다. 이를 염두에 두고, 이 작가들은 자신들의 공동의 관점을 동시에 세 군데의 지역들에 고정한다. 즉, 호주 남부의 아드냐마탄하(Adnyamathanha) 지역, 캐나다 세첼트(Sechelt) 원주민의 북서태평양 삼림 지역, 파이완(Paiwan) 원주민의 터전인 남부 타이완의 삼림산지 지역 등이다. 원주민의 목소리를 가능한 한 많이 차용하여 작가들의 토론 속에 등장하는 문화적 발자취를 추적할 수 있도록 하였다. 여기에는 문화적 기억과 토지 사이의 밀접한 관련성, 어떻게 문화는 '행해지는가(performed)' 그리고 삶의 세계들을 넘어선 소통 가능성 등의 주제가 포함된다.

공동체와 문화적 정체성에서 성실과 신뢰의 유사한 감각은 예술 제작 실행을 통해 확대되는 것으로 카를로타 두아르테(Carlota Duarte)의 작품에서 확연하게 드러난다. 그녀는 오랫동안 소수 공동체에서 상주하고 있는 예술가로서, 누가 이미지를 찍거나 만드는 것인지에 대한 통제권을 사진작가만큼이나 그 사진의 대상에게도 부여하는 방식으로 사진을 찍는다. 두아르테의 사진 기법은 감상자를 초대하고 무엇으로 보이는지를 강요하지 않는다. 1992년 보스턴 현대 미술관(Institute of Contemporary Art)에서 열린 한 전시회에서 필자는 처음으로 두아르테의 사진 기법을 접하게 되었는데, 그녀는 '누가 당신에게 영감을 주는가?'라는 질문에 대답하기 위해 초대된 다섯 명의 매사추세츠 예술가들 중 한 명이었다. 두아르테는 1970년대 초부터 사진을 찍어 왔던 사우스 엔드 보스턴(South End Boston) 공동체 시리즈 사진들을 출품했다. 가톨릭 수녀로서 그녀는 그 공동체에 대한 출입 자격을 갖추고 있었고, 주민의 사진을 찍고 다시 돌아가서 그 사진을 공유하고 그 사진 속의 사람이 설명을 달게 함으로써, 그 공동체가 어떻게 표현될지를 통제할 수 있게 했다. 이런 경우, '누가 당신에게 영감을 주는가?'라는 질문은 확실히 인간 저항과 공동체 정체성의 존엄성에 대한 두아르테의 깊은 감정적 공감 속에 드러나 있었다.

유사한 면이 멕시코의 치아파스(Chiapas) 지역공동체를 주제로 한 그녀의 최근 작품에 드러나 있으며, 그 작품에서 그녀는 사진 기법을 이용하여 현지인이 직접 만들어 낸 문화를 전달하고 있다. 1990년대 초 두아르테는 원주민의 삶과 공동체에 대한 문서화 작업을 지역공동체가 주도적으로 할 수 있도록 돕고자 그 한 방편으로 치아파스 사진 프로젝트를 기획했다. 그녀는 다음과 같이 설명했다.

나는 원주민과 지역 문화에 대한 많은 표현들이 원주민 자신에 의해 이루어진 것이 아니라는 사실을 알게 되었다. 나는 이것은 부당하며, 사람은 자신이 직접 자신의 의견을 말해야 한다고 느꼈다. 이것이 치아파스 사진 프로젝트의 씨앗이 되었다(Pitnick, 2007, p. 54 재인용).

　　두아르테가 장소와 공동체의 진실성을 보여 주려는 노력은 또한 치아파스 공동체 내에서 그녀가 진행하고 있는 일련의 사진 연구들에서도 잘 드러나고 있다. 마야 역사의 지울 수 없는 부분인 일부 침략과 정복과 같은 공격적인 역사이긴 하지만, 두아르테는 침입과 배제에 대한 보다 미묘한 측면을 말하고자 하는 것 같다. 과거를 지우고 드러내며, 그리고 그것을 현재 속으로 밀어 넣은 흔적들이 보이는 다층적 겹쳐 입기 표현은 우리가 표면을 손으로 만져 볼 수 있는 보다 흔한 장소에서뿐만 아니라 발아래의 땅에서도 느낄 수 있다. 자갈과 오솔길은 자신들의 짓밟힌 역사의 이야기를 전달하는 한편, 그 경험과 존재감으로 더욱 빛을 발하게 된다. 그리고 이것이 그녀의 공동체에 응하는 두아르테의 사진 작품에서는 실제의 낙천주의로 나타난다.

　　두아르테의 사진적 조우들의 결합과 멕시코 전역에서 수집된 시각 기록물 속에 나타난 문화적 표현 양식에 대한 그녀의 연구 그리고 가르침에 대한 그녀의 철학 모두가 그 공동체나 문화 내에서 자신만의 고유한 장소를 만들어 내고 있는 개인을 강조하고 있다. 그녀는 단순히 그들의 삶과 공동체를 기록하는 것뿐만 아니라 자신들의 창의적 개입을 통해 보다 넓은 영역들, 예컨대 문화적 특수성, 의사 결정 및 선택, 독립, 교육 등과 같은 다양한 측면을 찾아야 하는 책임을 짊어진 지역 사진작가 세대를 촉발시키는 데 일조했다.

　　후아나 로페즈 로페즈(Juana López López)의 작품은 이미지 만들기를 통해 자신의 독특한 작품 제작 방식을 만들어 내는 대표적 사례다. 그녀는 특이한 방식으로 추상적 기법을 사용하는데, 예컨대 형상을 해부, 왜곡, 재위치 및 재구성하여 일반적 특성보다는 그 독특함을 드러내게 한다. 그녀의 조카인 베로니카(Veronica)는 실제보다 더 크게 보일 뿐만 아니라 구분된 자세에서는 다소 불안정하게 보이기도 한다. 이미지의 짜임에서 보이는 기하학적 규칙성은 베로니카의 작품 제작 정신을 드러나게 한다.

　　공동체 내의 예술 제작 실행에는 모든 인간 표현 방식에 의존하고 다양한 배경에서 일어나는 예술 양식을 포함한다. 왜냐하면 미적 관심과 교육적 호소는 포괄적이고 민주적인 경향이 있기 때문이다. 이 평등주의적 윤리를 지키면서, 시각예술 연구자가 사용한 탐구 방법과 표현 양식은 다양해지는데, 이는 그러한 탐구 방법과 표현 양식에는 '내부자(insider)'이자 '외부자(outsider)' 모두의 입장을 다 수용할 수 있기 때문이다. 이 포괄적 역할은 예술적 탐구 방식의 사용을 요구할 뿐만 아니라 서술적 구조와 구전 역사 그리고 "가족 및 공동체 기억"(Bolin, Blandy & Congdon, 2000, p. 3)을 잘 활용해야 한다. 파멜라 로우턴(Pamela Lawton, 2004)의 〈예술 이야기(Artstroies)〉는 가족 세대뿐만 아니라 공동체 세대에 걸쳐 영향을 미치고 있는 시각 역사의 좋은 예들을 보여 주고 있다. 그녀의 아프리카계 미국인 조상부터 에이브러햄 링컨(Abraham Lincoln)의 시대에 이르는 오랜 가족 역사에 근거하여, 파멜라는 그녀의 화려하고 다층적인 판화 작업을 통해 여러 세대에 걸쳐 전해 내려오는 이야기들을 재현한다. 그녀는 또한 자신의 박사학위 논문 연구에서도 마찬가지로 시각과 구두 이야기를 통합시키는 원칙을 적용하여 세대 간 연구에서 10대 청소년과 노인이 공동으로 참여하여 '예술 이야기'를 완성하였다.

교육 분야를 넘어 보다 개방적인 분야를 배경으로 한다 할지라도, 공동체 의식을 가진 예술가가 자신의 프로젝트를 실현하는 데서는 실행 계획만큼이나 내용 문제를 다루는 데 종종 어려움을 겪는다. 제도적 역사의 경험이 거의 전무하며, 예술 전공 학생을 실행 가능한 예술 실천으로서의 잠재적 공공 프로젝트에 투입하기 위한 노력도 별로 없는 상황에서 예술가를 문화적 일꾼으로 정의하는 것은 제도적 역사를 거의 가지지 않고도 예술 전공 학생을 실행 가능한 예술 실무로서 잠재적 공공 프로젝트에 쉽게 끌어들이는 역할을 한다. 지방의 역사와 공동체, 관료 그리고 협력과 갈등 해결의 요구를 다루는 작업은 보통 작업실에서 이루어지는 대학의 교육과정에는 포함되어 있지 않다. 현재 설립된 많은 단체들이 대중 예술을 홍보하고 있고, 예술가들과 대중적으로 활발히 활동하고 있는 후원자들이 지속적으로 이를 위한 동기부여와 방법을 고심하고 있다.[8]

이러한 실용적 공공 프로젝트 중 상당 부분은 이행되어 예술가의 연구 활동

왼쪽: 카를로타 두아르테(2002). 〈집의 정면, 산 크리스토발 데 라스카사스(Fachada de Casa/House Façade, San Cristóbal de Las Casas)〉. 흑백 사진. 2007년 6월 *Black & White Magazine (B & W)*, 51에 최초로 실림. 작가의 허가를 받아 게재함.

오른쪽: 카를로타 두아르테(2003). 〈보도, 산 크리스토발 데 라스카사스(Banqueta/Sidewalk, San Cristóbal de Las Casas)〉. 흑백 사진. 2007년 6월 *Black & White Magazine (B & W)*, 51에 최초로 실림. 작가의 허가를 받아 게재함.

 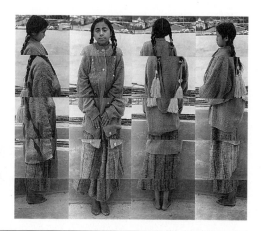

오른쪽: 후아나 로페즈 로페즈(2000). 〈나의 조카, 베로니카(Li jun ol Veruch, Mi sobrina Verónica/My niece Verónica)〉 (오른쪽). 흑백 사진. 2005년 10월 23일 *The New York Times*에 최초로 실림. 작가의 허가를 받아 복제됨.

왼쪽: 후아나 로페즈 로페즈(2000). 〈그림자(Nak'obal Sombra/Shadow)〉. 흑백 사진. 2007년 6월 *Black & White Magazine* (B & W), 51에 최초로 실림. 작가의 허가를 받아 게재함.

분야를 확장시키면서 동시에 제도적 관행과 예술계의 과정 그리고 공공 프로그램 간의 거리를 유지한 채 그 특성을 유지하고 있다. 아마도 개인적 작업 공간과 공공장소를 재구성하여 공동의 연구 공간으로 탈바꿈하게 되면 시각예술 연구자는 루시 리퍼드(Lucy Lippard, 1997)가 밝힌 도전 과제에 보다 잘 대응할 것이다.

거의 예외 없이, 이 나라(미국)의 예술학교와 대학 예술학과는 여전히 19세기의 예술의 기능(혹은 무기능) 개념을 가르치고 있다. 대부분의 예술 전공 학생은, 심지어 지적 수준이 높은 학생조차도 그 벽을 허물고자 하는 노력의 역사에 대해 거의 알고 있지 못하는 실정이다. 극소수의 프로그램만이 공동체와 다른 '공공' 단체와의 장기간의 깊이 있는 공동 작업의 기회를 제공하고 있을 뿐이다. 공공 예술 제작에 대한 실질적인 하루 혹은 일 년 단위의 과정들—그 '작품'을 완성하기 위해 예술가가 겪어야 하는 과정으로서 그 후 '대중' 관람자의 시각에 대한 이해가 거의 없이 예술 신문에서 평가되고, 또한 그 예술가의 상황과 어려움 그리고 의도에 대한 이해가 부족한 채로 일반 신문에서 게재된다—을 다룬 글은 거의 없다(p. 269).

문화 내에서의 제작

만약 체계 내에서의 제작의 특성을 나타내거나 공동체 내에서의 제작을 기반으로 하여 예술 실천을 실행하고 있는 대다수의 예술가들이 예술적 표현을 시각적 양식에서 다른 암호화된 양식으로 재구성하는 작업에 참여하게 되면, 문화적 제작에 수반되는 예술 실천을 하게 되고, 이는 곧 프레드 마이어스(Fred Myers)가 지칭한 "문화 간 공간(intercultural space)" (2002, p. 6)이라는 곳에 존재하는 표현 양식을 수용하는 것이다. 그에 따르면, 한 공동체 내에서 만들어져 다른 이들과 소통하고 연결하는 데 사용되는 예술 작품은 많은 변화와 더불어 이에 대응하고, 그 속에서 다양한 시각, 실천 방법 및 힘의 위치에 따라 의미가 지속적으로 변화한다. 따라서 의미 전달의 매개체로서, 예술 작품은 그 전달 내용이 단지 그 자체의 형식 내에만 포함되어 있거나 혹은 예술제작 과정의 배경 속에 완전히 내포되어 있는 것은 아니다. 물론 보다 많은 역학관계가 작업과정에 존재하여 다른 요소가 예술 작품의 의미에 대해 주장을 펼칠 수 있는 권리를 부여하기는 하지만, 문화적 요소를 빼고서는 그러한 과정들이 성립되지 않는다. 비록 특정 출처와 구조 내에서 특권적 해석이 발견 및 확인될 수는 있지만, 이러한 것들 또한 쉽게 제거되거나 왜곡될 소지가 있다. 이 '문화 간 공간'에서 문화적 해석이 만들어지고 의미가 소통되기는 하지만, 모든 사람이 이에 귀를 기울이지 않는다면, '말대꾸'를 할 때처럼 서로 '상반된 목적을 전달'하는 것과 다름없게 될 것이다. 이러한 상황들은 반드시 숙고되어야 하며 또한 문화적 소통의 한 방법으로 해석적 공간을 마련할 필요가 있다.[9]

우리가 살펴보았듯이, 많은 예술가들은 제작 체계나 공동체 체계에 의해 자신의 예술 실행을 조정하는 반면, 다른 이들은 자신의 예술제작 특성을 총체적 맥락이 아니라 특정 목적과 목표를 달성하기 위한 도구나 기술적 사용 방법에서 찾고 있다. 만약 우리가 포스트모더니즘을 구체화된 다층적 이론 전반에 걸쳐 느껴지는 문화적 안주의 대변혁 시기 중 하나로 인식한다면, 이것은 일을 어떻게 처리하는가에 관한 새로운 아이디어로서 충격을 주는 그런 새로운 내용은 아니다. 대부분 포스트모더니즘의 논의에서 다루고 있는 내용이 실천보다는 이론에 관한 것인데, 그중 가장 흥미로운 것은 사고의 전략과 사용된 탐구 방식이다. 왜냐하면 이러한 것들이 가장 최근의 생각으로부터 신선한 관점을 구현하기 때문이다.

모더니즘 시대를 지배했던 생각은 '보는 것이 아는 것이다.'라는 사고였다. 이러한 생각은 보통 찬란한 전통적 문화유산에 대한 직접 경험에 근거한 실증적 이해에 기초하고 있다. 고고학적 유적지, 역사적 장소, 물리적 화려함을 자랑하는 역사 박물관 등의 장소를 방문하고 관찰하는 것은 예술애호가에게는 빼놓을 수 없는 훈련과정이었다. 그리고 많은 예술 학도는 이러한 여정의 고난을 견디며, 예술의 쇠락의 경계들 속에서 지식을 얻고, 그를 통해 우울한 예술의 시대를 몸소 체험하는 듯한 느낌을 받았다. 포스트모더니즘 시대에서 우리는 조정된 시각적 세계에서 살고 있으며, 그 속에서는 현실과 가상의 구분이 모호해진다. 만약 우리가 우리의 눈에 비친 형상을 구성하는 구조를 이해하게 되면, "아는 것이 곧 보는 것이 된다."[10] 그러므로 다른 여러 가지 방식으로 세상을 알고 해석하게 된다. 비평이란 이런 다른 견해의 사회적 영향을 결정하는 것이고, 반면 창의적 작업은 우리가 알고 있는 것을 드러내고, 비판하며, 변형시킬 수 있는 능력을 가지고 있는 표현의 양식들을 만들어 내는 것이다. 이것은 문화적 제작의 특징으로, 저항 예술을 추구하는 예술가는 시각 이미지의 잠재력을 최대한 활용하여 인간 문제에 관한 비판적 견해를 드러내고자 애를 쓴다.

시각예술의 능력은 새로운 가능성을 열어 문제가 되고 있는 과거의 관행에 대한 통찰력을 보여 주고, 미래에 대한 잠재적 방향을 제시한다. 지역예술가의 정체성 구축 방법에 대한 설명에서, 프레드 마이어스(2002)는 표현이 어떻게 하나의 중요한 "사회적 실천이 되어 원주민이 보다 넓은 세계와 만나게 되는 계기가 되는지"(p. 273)를 보여 준다. '꿈꾸기: 호주 원주민의 예술(Dreamings: The Art of Aboriginal Australia)' 전시회의 일환으로 뉴욕에서 1988년에 전시된 호주 지역예술가들의 아크릴 회화 작품에 관한 초기 담론 비평에서, 마이어스(1995)는 예술 비평가와 문화이론가 및 인류학자가 상대방과의 대화가 아닌 자신과의 대화만을 어떻게 고집하고 있는지를 설명하면서, 그 결과로 해당 주제의 목소리가 묻혀 버린다고 논평하고 있다. 이에 대한 후속 평가에서, 마이어스(2002, pp. 255-276)는 그 논의들을 보다 분명하게 지역예술가의 관점에서부터 예술 작품과 공연을 사회적 실천의 양식들로 설명하는 부분에 두고 있다. 마이어스는 어떻게 예술 양식 자체가 회화든, 예술품이든, 색채 모래그림이든 혹은 공연이든 상관없이, 사회 활동의 양식인 '행사(events)'로서 가장 잘 인식될 수 있을지를 설명한다. 그러므로 그 작품들을 단순히 역사적 과거와 관련된 예로서 분류할 수 없으며, 또한 비평이론가가 주류 문화에 의한 이데올로기적 해석의 사례로서 설정하기 쉬운 대상이 될 수도 없다. 사회 활동 매개체로서 이러한 표현은 확실히 그 공동체의 예술가에 의해 만들어진 것이며, 그 고유한 방식대로 보다 넓은 대중에게 소개된다. 마이어스는 보다 폭넓은 지역문제들 차원에서 논의되고 있는 지역 문화 생산과 관련한 의문들을 제기한다.

현재와 같은 지역 문화 생산 방식의 역학관계에서 다음의 질문들이 반드시 제기되어야 한다. 즉, 지역의 (공동체 기반의) 사회 질서—의미, 가치 및 가능한 정체성—가 외부의 힘과 절차상의 관계에서 자체적으로 정의되어 있는가? 있다면 어느 정도인가? 새로운 힘과 논의상의 관계에서 그것들은 변형되었는가? 그렇다면 어떻게 변형되었는가? 그리고 보다 큰 세계로부터의 담론 가능성과 관련하여 지역적 의미를 담고 있었던 것이 현재 변증법적으로(혹은 대립적으로) 정의되어 있는가? 그렇다면 어떻게 정의되어 있는가(p. 275)?

최근 지역예술가와 연구자의 작업 활동에서 특히 두드러지는 점은 마땅히 포함되어야 되는 것으로 주장될 수 있는 입장과 목소리를 지속적으로 거부하는 관행에 도전하는 것이다.[11] 예를 들면, 문화 내의 제작의 중요성에 대한 이해와 그에 따른 생각 및 매개체에 미치는 영향은 '그것은 누구의 연구인가?'를 자문하는 지역연구자가 제기하는 지식 구축과 관련한 제1장에서의 질문과 거의 필적한다고 할 수 있다. 린다 투히와이 스미스(Linda Tuhiwai Smith, 1999)가 언급했듯이, 이 과정에는 "상당 부분 포스트식민주의 또는 반식민주의 문학의 특징을 보여 주는 '답장하기' 또는 '말대꾸' 식의 전통적 방식과 같이 '다시 연구하기' 형식이 포함되어 있다"(p. 7). 지식의 공유를 강조하기 위해, 스미스는 '연구에 도움을 주었던 사람들을 연구과정에 포함시키는 것'이 얼마나 중요한지를 인정했다. 그녀는 "과학 연구에서 항상 다루어지지 않는 중요한 두 가지 방법들은 그 연구 참여자에게 '다시 보고하기'를 수행하고 '지식을 공유'하는 것으로, 그 두 가지 방법 모두 상호주의와 피드백(feedback)의 원칙을 상정하고 있다."(p. 15)라고 첨언했다.

더 나아가 스미스는 정보를 공유하는 것과 지식을 공유하는 것은 같지 않다고 주장한다. 전자는 '팸플릿 정보(pamphlet information)'에 해당되는 것으로서 표면적 정보만을 제공한다. 반면 지식의 공유는 서양의 개념 구조와 같은 특정 방식의 틀로 만들어진 언어에 의존하는 것이라기보다 들리는 소리와 그 듣는 것을 통해 만들어 나가는 새로운 기회를 창출하는 것과 비슷하다. 널리 알려진 관용구인 '앎의 방법(ways of knowing)'에 대한 논의에서 유사한 구분을 유도해 낼 수 있는데, 이는 주로 다른 문화 혹은 분야의 관점과 관련된 특정 사고 패러다임을 구별하기 위한 기술어로 사용된다. 라디슬라우스 세말리(Ladislaus Semali)와 조 킨첼로(Joe Kincheloe, 1999)의 주장에 따르면, 지역주민 공동체 내에서 지역주민의 개념화의 특징을 가장 잘 나타내 주는 것은 '앎(knowing)'이 아니라 지식의 가치와 기능을 잘 이해하여 사물 간의 관계를 파악하는 것이다. 따라서 "앎이라는 표현보다는 관련시킨다는 표현이 더 적절하다"(p. 43). 여기서 함축하고 있는 의미는 학습에서 지식의 통달이 아니라 지식을 연관시키는 것이 중요하다는 점이다. 이것은 공동체 내에서 지식이 만들어지고 소통되는 방식을 바꾸고, 그 결과 내부자과 외부자의 관점이 문화 간 공간 내의 요소가 되어 그 자체의 의미가 생성된다. 스미스(1999)는 이러한 관점을 반성적 접근법에 근간하는 것으로 설명했다.

> 지역연구 접근법은 다른 면에서 내부자 모델을 문제시한다. 왜냐하면 지역주민의 맥락에서 내부자와 외부자가 둘 다 될 수 있는 경우가 많기 때문이다. 내부자 연구와 함께 비판적 쟁점은 지속적인 재귀가 요구된다. 일반적으로 내부 연구자는 자신의 과정과 관계 그리고 자신의 자료와 분석의 우수성과 풍부함에 대한 비판적 사고 방법을 가지고 있어야 한다. 외부자도 물론 그렇게 해야 하지만, 가장 큰 차이점은 내부 연구자들의 경우 훨씬 더 오랫동안 매일 연구과정의 결과를 수용하면서 살아가야 할 뿐만 아니라 그들의 가족과 공동체의 일원으로 똑같이 이를 감내해야 한다는 점이다(p. 137).

예술 제작의 문화적 실천을 중심으로 한 지식에 대한 수많은 이해들이 존재하고, 보고 듣고자 하는 사람을 위한 다양한 텍스트 자료가 제공되고 있다.[12]

직접적으로 지식을 만들고 얻고 공유하는 작업에 참여하는 일이 지역공동체와 표현 양식의 모든 차원에서 이루어져야 할 필요성이 있고, 이러한 실무의 교육적 가치는 모두에게 중요한 교훈을 제시한다. 연구의 패권적 영향과 마찬가지로, 시각예술 실행에 영향을 미치고자 하는 사람들은 대개 미적 전통과 소통 방식 그리고 공동체의 문화적 구조의 중요성을 인식하지 못하며 그러한 것들은 예술계의 선도자나 학계의 문지기 역할을 하는 사람의 시야 외부에 존재한다. 이론가와 실천가 중에서, 하지만 상당수가 예술에 대해 개인과 공동체 실천을 중심으로 돌아가지만 사회적·문화적 상황의 변경에 따라 반응하여 움직이고 이동하는 양식으로 인식하고 있다.[13] 예를 들면, 몰리 맥글리넨(Molly McGlennen, Ojibwe)은 어떻게 예술가 조지 롱피시(George Longfish)가 문화적 지식 상실의 교화를 역사적 해석의 결과로서 탐구하는가를 서술한다.

> 롱피시의 오랜 주장에 따르면, 지역주민은 자기 고유의 문화적 지식을 소유하고 있어야 한다. "우리가 자신의 종교적·영적인 혹은 생존에 대한 정보와 심지어 언어에 대한 정보를 많이 소유하면 할수록 우리 자신에 대한 통제로부터 더 자유로워질 수 있다…… 우리가 알 수 있는 가장 위대한 가르침은 과거로부터 우리의 영성과 전사에 대한 정보를 얻어 현 시대에 적용시켜 보면 여전히 그것의 가치를 확인할 수 있다는 점이다." 이러한 역사와 현실의 압축성은 시간에 대한 선형적 생각을 뒤엎고, 지역주민의 철학과 종교에 항시 내재해 있던 방법으로 진실과 거짓을 구분하기 위해 롱피시가 문화적 이미지와 단어를 적절하게 재배열할 수 있게 한다(2004, n.p.).

따라서 이러한 문화적 맥락 내에서 예술가-이론가가 해야 할 일은, 이미지를 만드는 사람과 의미를 만드는 사람이 어떤 식으로 자신의 일을 수행하게 되는지 그 과정을 조사하는 것이다. 확실히, 이미지기반의 연구자는 시각 정보를 만들 뿐만 아니라 해석도 하게 된다. 그러므로 중점적 고려 사항은 연구자가 직접 의미를 만드는 방식을 평가할 때 비판의 필요성을 다루어야 한다는 것이다. 이

조지 롱피시. 〈1893 사우스다코타, 겨울 정물 풍경화(Winter Still Life Landscape, South Dakota, 1893). 캔버스 아크릴화, 79×99 inches. 작가의 허락을 받아 게재함.

〈1893 사우스다코타, 겨울 정물 풍경화〉에서 추장 빅 풋(Big Foot)의 꽁꽁 얼어 버린 몸의 두 이미지들이 서로를 비추고 있는 가운데, 멀리 떨어진 곳에 군인 한 사람과 텐트 하나가 보인다. 질문과 대답의 형식으로 적혀 있는 '노인과 여자 그리고 어린이(Old men, women, and children)' '사망자 300+(Dead 300+)' '죽음의 자세(Posed Death)' 및 '설상차 운전 금지(No snowmobiling)' 등의 어구들은 그 이미지들의 뼈대를 구성하면서도 관통해 지나가는 것처럼 보인다. 확실히 그 우스꽝스러운 모습은 의도하지 않은 유머를 자아낸다. 하지만 정작 중요한 것은 그 글이 진실을 담고 있는 역사의 한 순간을 재천명함으로써 그 이미지들이 만들어 내고 있는 이야기를 관통해 쓰였다는 점이다. 구경꾼이 그 이야기에 빨려 드는 순간, 다친 무릎(Wounded Knee)의 이야기가 머리에 떠오른다. 특히 롱피시의 작품은 고정성을 거부하고 반드시 영구적 창의성이 요구되는 '구두성(orality)'을 실제 몸으로 체험하게 하여 화자와 청취자, 예술가 그리고 구경꾼이 서로 파트너가 되어 예술을 조우하게 된다. 그리고 이러한 끊임없는 대화와 끔찍한 학살의 기억을 되살리는 가운데 영혼이 치유된다[Molly McGlennen(Ojibwe), 2004].

비판적 원칙이 의미하는 것은 시각 이미지는 구분되거나 맥락적 관계를 맺고 있을 수 있는 산물 이상의 것이야 한다는 것이다. 오히려 이미지가 통찰과 이해를 드러내는 방식을 완전히 이해하기 위한 다른 일련의 이론적 변수를 필요로 한다. 작품, 창조자, 감상자 그리고 관련된 제도적 영향들 사이의 해석적 관계를 이해하는 미술사가와 문화이론가는 지식이 어떻게 구성되고 문제화되는지를 다 수용한다.[14] 더욱이 다양한 수단과 방법이 시각예술을 함축하고 있으며, 해석을 제공하는 공동체의 작업과정에 도입됨에 따라 시각 자료의 상태와 의미는 계속 변화를 겪는다. 이러한 단절성은 예술의 저술과 예술역사 탐구 그리고 큐레이터의 실천에 따른 다른 역사적 · 사회문화적 양식에서 특히 두드러진다.

　예술작가와 문화비평가가 문화 내의 제작의 전통과 실행에 어떻게 반응하는지를 살펴보는 경우, 이미지나 작품보다는 가치가 위치하고 있는 관계를 파악하여야 한다. 예술 제작, 해석 범위, 비평적 관점, 제도적 제약 및 문화적 영향의 전체적인 조화 속에서 의미가 만들어지기도 하고 의문이 제기되기도 한다. 다시 말하면, 예술가와 공동체 그리고 공동 참여자가 만들어 내는 것을 예술저술가가 계속 진행을 하여 한층 광범위한 사고로 질문을 던진다. 다른 미적 · 사회적 · 정치적 · 교육적 목적에 따라 시각예술의 역동적 특징이 해석될 수 있기 때문에 이러한 비평적 분석의 순환은 지속적으로 확장된다. 따라서 예술 이미지나 작품의 상태는 예술작가에 의한 비평적 담화에 노출되어 개인적 · 공공적 의미를 가지고 탄생한 문화적 실천으로 비쳐질 때 비로소 제대로 평가받게 된다.

　시각 이미지가 압축되어 새로운 의미들을 가지게 되는 이러한 해석상의 공간 내에서, 특정한 규범은 더 새로운 연구 성찰 방법이 오늘날의 복잡한 현실을 처리할 수 없는 규정 관행을 보여 줌으로써 상당한 방해를 받게 된다. 예를 들면, 미크 발(Mieke Bal, 1996)은 그녀의 시각 문화 조사에서 일반적으로 미술사 연구와 관련이 있는 인과관계의 개념을 배제하였다. 예술 작품은 제작 기간 동안 주변의 영향을 받게 된다. 왜냐하면 이것은 단순히 일련의 행동이나 행사의 최종 결과물이 아니라 현재의 변화하는 환경에 맞추어 지속적으로 재창조되는 것이기 때문이다. 예술에 대한 우리의 이해를 둘러싸고 있는 맥락은 결코 예술의 의미를 고갈시키지 않는다. 이 개념의 이해를 돕기 위한 유용한 방법으로 해석적 의미를 측정에 비유해 보는 것이다. 왜냐하면 과학적 연구에서 이 개념이 이해되기 때문이다. 양적 연구자는 정확성과 상관없이 모든 측정에는 통제될 수 없는 실수나 우연의 요소가 포함된다는 것을 알고 있다. 실험을 가장 잘 수행하는 방법은 큰 차이를 발생시킬 수 있는 실수와 가능성의 개입에 따른 영향의 결과 비율을 측정하는 것이다. 그러므로 확실한 과학적 측정은 존재하지 않는다. 분석적 방법과 관련하여 발과 다른 예술가들, 예컨대 이언 헤이우드와 배리 샌디웰(Ian Heywood & Barry Sandywell, 1999) 그리고 재닛 울프(Janet Wolff, 1993)에 따르면, 유사한 주변 환경이 시각 양식의 해석을 둘러싸고 있는데, 이는 항상 나머지 해석상의 공간이 있어 추가적 의미 발생의 기회들을 만들게 된다. 그렇다고 이것이 무한한 해석의 권한을 부여하는 것은 아니다. 왜냐하면 어느 연구 활동에서와 같이, 정보란 세부 사항으로 존재하고 그 추론은 해당 증거의 타당성에 있기 때문이다.

발의 맥락적 사고의 접근과 과거의 구조 내에서의 고정된 해석에 대한 그녀의 질문은 유용한 예로 뉴욕에 소재한 미국 자연사박물관의 설명 증서로서의 정치 역학분석이다. 1990년대 초 박물관의 풍성한 기호비평의 전개와 도시의 생물학적·문화적 언어 내에서 그것의 위치에 대해, 발은 인류의 소개와 자연의 "시간의 고정과 부정의"(1996, p. 16) 내러티브로 소통하는 것을 강조하였다. 이에 대한 예들로, '인간의 문명화' 과정이라 명명한 연대표를 따라 사람과 사건을 거의 연속적으로 병렬 배열하여 문화를 재배치하였다. 그중 한 예로, 이름이 알려지지 않은 비서양인들을 고대의 위대한 위인들과 나란히 분류하였다.

시작되는 기간은 일반적으로 흘러가는 시간의 항해 기간은 아니다. 일시적인 여행을 지식의 생산으로 변형시킨 기간은 진화론의 시대로 분류학과 연합하여 인간의 문화를, 즉 가장 높은 수준의 '우리의 문화들'과 가장 가까운 문화들을 상위 문화와 하위 문화로 나눈다. 쉽지는 않겠지만, 거꾸로 돌아가서 이 유럽 중심의 이야기를 원상태로 되돌리는 것은 가능할 것이다. 하지만 그 박물관은 그렇게 순서가 바뀌어 버린 이야기를 읽을 수 있는 패널을 제공하고 있지 않다(Bal, 1996, p. 30).

　이러한 해체적 실천에서 제시된 비판적 견해는 개인의 관점으로부터, 특정한 문화적 공동체 안에서 그리고 문화적 차이를 뛰어넘는 재현이라는 것이 무엇인지에 대한 폭넓은 의구심을 갖는 태도와 유사하다.[15] 때때로 그 해체적 실천은 비록 공적·역사적 상황이 변화의 모습을 보인다 할지라도 개인적이며, 실재보다 논리적으로 설명하기 힘들 수 있다. 큐레이터적 실천에서 그의 아프리카계 미국인의 정체성을 고려하면서 함자 워커(Hamza Walker, 2001)는 존재하고 있는 모순에 대해 다음과 같이 설명했다. 즉, 사회적 렌즈를 보다 넓게 확대하면 문화적 다양성의 폭을 보여 주게 되지만, 사회적 렌즈의 줌을 시간에 맞춰 앞쪽이 아닌 뒤쪽으로 당기게 되면 그 시계는 넓어지지만 그 식견은 좁아지게 된다. 벨 훅스(Bell Hooks, 1995)는 식견과 목소리를 빼앗기게 되면 비평적 담화가 더욱더 필요하게 된다고 한다. 왜냐하면 "만약 한 민족의 예술을 하고자 하는 그들의 의지와 힘을 만들고 포기할 수 있는 능력을 상실하게 한다면, 예속과 식민지의 작업이 완성되기 때문이다"(p. xv). 그 결과는 제임스 헤이우드 롤링(James Haywood Rolling, 2004)이 '노숙자'와 '무명인'이 되는 것이 어떠한 것인지를 환기시켜 준 것에서 잘 나타나 있고, 이는 다른 사람에 의해 자신의 개인적·문화적 정체성이 정의될 수 있도록 해 주는 정상화 과정에서 비롯된다. 이 프로젝트에 대해서는 제8장에서 보다 자세히 논의하고 있다. 이러한 정체성 표현의 딜레마에 대한 직접적인 언급을 오루케미 일레산미(Olukemi Ilesanmi, 2001)가 서정적이지만 불안한 레일라 알리(Laylah Ali)의 예술에 관한 해설에서 했다.

　색을 지닌 크고 납작한 머리와 갈색 피부의 몸 그리고 그들이 씩 웃거나 인상을 쓰고 있을 때 도저히 무시하기 힘든 이빨을 가지고 있는 이러한 생명체는 의식적으로 충성을 맹세하고 깨기를 반복하고, 서로를 베고 불구로 만들며, 그 상처를 치료하는데, 그들의 외부 세계에서 존재하고 있는 우리의 입장에서는 이해하기 힘든 것들이다. 이 관람자는 알리의 권력에 대한 풍자를 미국에서 경험했던 인종차별의 우화로서 보고 있다. 그녀의 생명체들이 모두 갈색의 피부를 가지고 있거나 린치(lynching)와 팀 스포츠, 특히 농구의 상징이 작품 속에서 등장하는 것은 결코 우연의 일치가 아니다. 미국에서 이성의 마비는 괴물을 만들어 내었고, 그들은 계속 우리의 인종적 상상력에 출몰하고 있다. 폭력과 배신의 장면에서 그려진 별 모양의 검은색 몸은 특히 미국 오락물을 나타내는데, 잠시 획 하고 우리의 집단적 기억을 되새겨 보면 금방 떠오를 것이다(p. 20).

정체성에 관한 정치학과 문화적 디아스포라의 관점에서 보면, 문화 내의 제작은 지리적 범위와 그 범위를 넘어 작업을 하고 있는 예술가의 혼성적(混成的) 실천 특징을 보여 준다. 국가와 대륙 간의 예술가의 물리적 이동은 전략적으로 그들이 자신의 창의적이고 지적인 비평을 수행할 수 있도록 한다. 많은 이들이 종종 전시 책임자 업무 협력을 특징으로 하는 실천을 추구해서 이론가와 실천가의 다양한 역할을 교환한다. 하지만 이러한 환경들 내에서 문화적 표현의 문제가 가장 중요 쟁점으로 남아 있게 되며, 앨리스 양(Alice Yang, 1998)에 따르면, 큐레이터의 업무에는 정체성의 양식을 분명하게 설명하여 "우세한 표현의 요구에 예속되지 않도록 하는 것"(p. 97)도 포함된다. 서양의 전시 맥락 내에서 중국의 현대 미술을 고려해 보는 문제를 논의하면서, 양은 그 일에 대해 "전통 중국 예술 역사와 현대 서양 예술비평의 양쪽 분야의 제약으로부터 우리를 해방시켜 줄 수 있는 일이며, 두 분야는 중국의 현대 미술에 대한 주장을 펼치면서 그 기획에 다른 선입견과 눈가리개를 가져오고 있는 것으로 인식하고 있다."(p. 101)고 했다. 이러한 해석적 제약의 확산에도 불구하고, 예술가의 관점으로부터 접근한 당면 문제는 이론적으로 깊고 문화적으로 풍부한 역학관계와 위치 그리고 혼성체의 특성을 충분히 수용하고 있다. 아시아-태평양 현대 미술

전에서의 세 개의 짧은 사례들은 이러한 점을 잘 설명하고 있다.

문화 내의 제작: 1999년 아시아-태평양 트라이엔니얼 현대 미술전에 참석한 예술가들

멜라 야르스마(Mella Jaarsma)는 네덜란드에서 태어났지만, 인도네시아에서 교육을 받고 1980년대 초부터 지금까지 현지에서 예술가로서 활동을 해 오고 있다. 따라서 그녀는 특정한 내부자의 지식과 외부자의 관점을 소유하고 있다. 아시아-태평양 현대 미술전에 출품된 한 예술 작품의 제목은 〈안녕, 원주민(Hi inlander)〉이었다. 그 작품은 닭, 물고기, 개구리 및 캥거루들의 피부를 처리하여 만들어진 일련의 공연 케이프(capes)다. 그 작품을 통해 야스르마는 마치 다른 이의 피부 거죽을 덮어쓴 채로 이리저리 걸어 돌아다니는 느낌은 어떤 것일까라는 단순한 질문 이상의 무언가를 말하고 있는 듯하다. 그녀는 위치나 기원에 의해 한정되거나 확인되지 않는 정체성의 불확실성을 강조하고 있다. 시각예술에서 우리가 얼마나 정체성 구축에 대해 많은 중요성을 부여하고 있는지를 떠올리게 한다. 왜냐하면 우리는 우리 자신과 우리의 공간을 찾고 있기 때문이다. 야스르마의 작품은 이러한 탐구 방식의 차이를 다룬다는 것이 얼마나 어려운지를 확연하게 상기시켜 준다.

리 웬(Lee Wen)은 싱가포르 출신의 예술가이지만, 그의 공연 작품 〈노란 남자의 여정(Journey of a Yellow Man)〉으로 최근 전 세계를 분주하게 돌아다녔다. 수년 동안 웬은 그의 전신을 노란색으로 칠하고 예술 행사들을 했는데, 보통 비디오 기록 공연의 형태로 이루어진다. 가장 분명한 의미는 노란색 페인트를 통해 중국 배경을 과장되게 표현하고 있는 방식에서 도출될 수 있으며, 이것은 다른 문화적 맥락의 관점에서 다양한 해석들을 끌어낸다. 하지만 그 여정의 부분이 또한 흥미를 자아낸다. 그가 사회적·정치적 문제에 맞서는 방식에서 거의 낯선 소박함과 정직성을 느낄 수 있다. 그의 작품은 우리에게 사물을 새로운 방식으로 인식하는 것이 얼마나 어려운지를 새삼 일깨운다. 웬은 관람자에게 다른 문화에 동화된 자아의 안전지대를 넘어선 관점을 찾는 것은 험난한 여정의 길을 가는 것과 같다는 점을 상기시킨다.

또 다른 사례는 호주로 이민을 간 중국의 예술가 아 시안(Ah Xian)인데, 그는 자신의 작품을 전 세계에 전시하고 있다. 그의 딜레마는 많은 동포 예술가들도 공유하고 있는 것으로, 자국의 문화적 가치와 입양된 국가의 가치를 조화시키는 작업이다. 시안은 〈중국, 도자기 시리즈(China, China Series)〉라는 자기 반신상을 만들었다. 시안의 역설은 그가 중국을 떠나고 난 뒤에서야 자기에 대한 열정이 생겨, 중국으로 다시 돌아가 도예 대가들과 자기 화가들에게 훈련을 받았다는 것이다. 시안에 따르면, 인간 정신의 가치를 확인하고 통제의 역학관계에 도전하기 위한 한 가지 방법은 새로운 방식으로 과거의 역사에 활기를 불어넣는 것이다. 그의 손 안에서, 자기는 하나의 수단이 되어 이를 통해 새것과 오래된 것, 동양과 서양에 대한 독특한 사고를 한다. 이 목표는 문화와 정치 그리고 지리적 위치를 초월한 예술가의 비평적 정신 속에 정확히 안착한다.

┃┃ 예술가-이론가의 재출현 ┃┃

스튜디오 안에서 일어날 수 있는 예술 실행은 연구의 담론으로 손쉽게 바뀔 수 있기에, 예술가를 복합적인 정체성을 가진 존재로 받아들이는 것이 상상조차 할 수 없는 일은 아니다. 이는 오랫동안 우세를 점해 온 실증주의자의 실천이 인간행위의 폭과 깊이에 대응할 수 없음이 드러나, 연구 추세가 설명적 패러다임의 탐색 그 이상으로 움직여 갈 때 특히 두드러진다. 이러한 연구 환경은 예술가와 시각 이미지의 변화하는 역할을 생각해 볼 수 있는, 특히 지적으로 풍요로운 공간이다. 정보를 담는 기록 혹은 특유의 상징으로서 시간 및 공간을 대표하는 오브제 혹은 아이콘으로 생각되던 이미지는, 오늘날에는 모든 종류의 참조 사항과 추론 행위를 수반하는 훨씬 충만한 텍스트다. 이런 다중 의미의 연구는 이미지를 다양한 관점하에서 분석하도록 하며, 개인적 · 역사적 · 문화적 · 정치적 콘텐츠와 문맥에 대한 통찰력을 드러낼 수 있는 탄탄한 능력을 요구한다. 따라서 제도적 · 규범적 전통과 예술 세계의 기반은 예술 경험의 윤곽을 확장하는 해석적 커뮤니티로 기능할 뿐 아니라, 예술 제작의 장소가 이론과 실천을 수용하기 위해 확장되어 나가며, 예술가가 능동적으로 그려 나가는 원천이 된다.

이러한 예술의 기반은 예술가-이론가가 양식적 서명과 같은 일차원적인 특징을 넘어 다양한 방식으로 실현될 수 있는 창의적인 탐구로 정의될 예술 실행이 될 수 있게 한다. 목표와 방법의 측면으로 볼 때, 시각 이미지가 예술에 관한 지식을 이해할 수 있도록 하는 매개체이자 연구의 결과로 정의되는 것은 불가능한 일은 아니다. 연구의 맥락에서 이는 시각 이미지가 증거로 사용될 수 있는 잠재력을 가지는 자료의 형태로 간주될 수 있음을 암시한다. 자료로서 시각 이미지는 단순히 원자재와 같은 정보다. 이는 특정 방식으로 해석될 경우에만 증거가 될 수 있다—목탄이 창의적인 용도로 사용될 때만 예술적 매체가 될 수 있는 것과 같은 방식이다. 결론적으로 예술가가 작업하는 방식은 다른 형태의 탐구의 목표를 공유하는 독특한 인간 활동이다.

　　예술을 창조하고 그에 반응할 때 예술가는 창의적이고 지적인 접근 방식으로 정보를 선택할 결정을 내린다. 예술에 관한 연구를 수행할 때, 결정을 내리는 과정은 학습하고 적용하는 지식의 실체가 존재한다는 가정하에 예상되는 것은 아니다. 물론 관련된 기술적 과정과 결과물에 대한 지식의 레퍼토리는 필수적으로 가지고 있어야 한다. 그러나 새롭게 발전된 어떤 체계가 시각예술의 지식 세계에 존재하기는 매우 힘들다. 인간의 과학에 대한 지식의 발달을 특징짓는 반복되는 혹은 누적되는 모델은 그렇게 분명하지 않다. 창조적 결과물이 참조하는 해석적 프레임으로 작용하는 문화적 경계가 존재함에도 불구하고, 새로운 것은 단지 옛것에 대한 참고 사항이 될 뿐이다. 인간의 프로세스와 공동 실천, 문화적 동인에 대한 이론은 분명 풍부하게 존재하며, 이들은 탐구에 관련된 정해진 일련의 조건과 조사가 평가되는 해석적 개념 틀로서 작용한다.

　　필요에 따라 시각예술 연구 실행의 복잡성은 여러 학문 간에 가교 역할을 하며, 그렇게 함으로써 보다 새로운 정보 기술의 제공과 같은 새로운 가능성을 열 뿐 아니라 탐구를 이슈 중심이 아닌 영역적 방법으로 보는 낡은 주장을 걸러 낼 수 있다. 아카데미 영역에서 프로젝트를 수행할 때 예술가-이론가에게, 연구의 문제점을 둘러싼 연구 방법은 필연적으로 개인적·공적인 정당성을 확보해야 한다. 예술 안에서 연구를 시행하건 예술에 관하여 연구를 시행하건 간에, 예술가-이론가는 옹호해야 하는 일련의 관행에 얽매일 수밖에 없다. 시각예술에서의 연구의 목적은 탐구조사의 다른 유사한 형태들처럼 확고히 하고 굳히기보다는 도발하고, 도전하며, 명시하는 것이다. 창의적인 목적과 수단을 위하여 정보에 근거한 선택을 내리는 것은, 적절하고 건설적인 작업 방식과 시각의 방식을 선택하는 것을 수반한다. 이를 위해서는 다수의 실행으로부터 탐구의 도구를 개발하여야 한다. 현대 미술의 기초에서 작업할 때 규율의 구상은 불확실하고, 정보가 주어지는 한도는 열려 있으나 독창적인 탐구를 위한 기회는 오히려 가까운 곳에 있다. 이러한 환경에서 예술가-이론가는 분야를 초월하고, 관계적이며, 변화하는 실천에 참여하는 것으로 보인다. 다음의 두 개의 시각예술 비평적 실행은 이러한 주장을 뒷받침한다.

▌▌ 비평적 관점과 실행 ▌▌

알려지지 않은 문화: 프레드 윌슨

'M'이라는 제목을 가진 피터 롭(Peter Robb, 1998)의 카라바조(Caravaggio) 전기의 소개문은, 매우 인간적이면서 역사적인 연구에서 보이지 않았던 것을 보이게 만드는 탐구의 과정에 대한 설명으로 시작한다. 이 소개문은 소설 또는 판타지를 창조해 내는 것이라기보다는 뒤죽박죽인 세부 사항을 증거를 가지고 정리하는 것이며, 창조적인 참조과정이며, 이치에 맞되 도발적인 추론과정이다. 다음은 그의 연구 방법론에 대한 롭의 설명이다.

> 내가 M이라 부르는 화가의 삶과 죽음에 관해 우리가 아는 것이 무엇인지 말해 주는 조각들은 감추어졌던 진실을 표면 위로 떠오르게 하였다—이 조각들은 경찰에게 한 거짓말, 법정에서의 침묵, 강제 자백, 강압적인 비난, 복수심 가득한 회고, 자기합리화의 뒷궁리, 의심의 여지가 없는 소문, 외교적인 도시적 모습들, 신정주의 강권, 간접적인 가십, 위협과 선전, 분노의 폭발이다. 이것은 공포, 무지, 악 혹은 사리에 의해 때 묻어 한마디의 진실도 말해 주지 않았다. 당신은 M의 삶과 죽음의 수수께끼에 대해 법의학적이고 냉소적인 마음을 적용해야 한다. 당신은 증거를 읽는 법을 알아야 한다. 당신은 증거가 거기 존재함을 알아야 한다—당신은 언급되지 않은 것, 없어진 파일, 취소된 입장, 암묵적인 결론, 간극, 침묵, 끄덕임과 눈짓으로 결정된 사항을 느낄 필요가 있다. M의 삶과 죽음의 빠진 정보는 눈에 보이지 않으나 알려진 증거들을 통해 하나의 이야기로 구성된다(n.p.).

　나는 프레드 윌슨(Fred Wilson)이 롭의 역사적 발굴과 "말하지 않는 것을 느끼는" 것과 관련한 세부사항을 매우 기뻐하리라 예상한다. 말하지 않는 것과 안 보이는 것에 대한 질문은 윌슨이 흥미를 갖는 것으로, 그리고 그는 탐구를 위한 그 스스로 절차를 연마하였으며, 그것은 그에게 역사적 누락, 왜곡된 이야기, 잘못 해석된 과거나 현재를 드러내게 한다. 그의 비평적 시각은 어떤 면에서 안심시키고, 환기시키면서 문화적 구조와 제도적 실행을 해명하며, 그것들은 우리의 코밑에 있는 증거들을 모으지만, 우리는 단지 그것을 보지 못할 뿐이다.

　그의 작품이 받아들여진 역사와 인지된 서술에 대해 비판적이듯이, 프레드 윌슨의 예술 실행은 이 장에서 묘사하는 문화 내에서의 제작의 영역을 개략적으로 설명하여 준다. 1980년대 후반 이래로 윌슨의 대부분의 작업 장소는 문화적 기관, 대개는 박물관/미술관 안이었으며, 그곳에서는 큐레이터적 구조가 문화적 이미지와 오브제가 대중에게 제시되는 방식의 틀을 결정한다. 윌슨은 "나는 주류 사회에서 밀려났거나 미미하여 보이지 않는 사람들과 거대한 사회가 부정하는 특정 이슈들에 가장 큰 흥미를 느낀다."(2003, p. 22)고 말하였다. 그의 방법론은 주로 해체이며, 이는 문화적 표현이 경합되고 제도적 관행의 체계가 분해되는 것이다. 그의 연구 방법은 부호화된 역사를 수반하는 형식과 의미가 강한 대조를 이루는, 인접성과 배치가 삐걱거리는 묘사를 만들어 내는 경쟁적 평론으로 구성되어 있다. 이 모든 것은 오브제, 이미지 그리고 바로 그 상황에서 시공간적이며 일시적인 사건 안에서 발생하는데, 이것이 우리의 정신에 침투하는 즉각성을 띠고 있다. 증거는 이전에는 불가능했던 새로운 인상과 통찰을 드러내는 병치된 시각적 관계로부터 출현한다. 관람자가 이 정보로 무엇을 할지 또한 이것이 어떻게 해석될지는 개인의 선택 문제다. 그러나 발현된 학습은 윌슨이 창조한 시각적 각인에 의해 관람자의 선행 지식이 흔들리고 과거의 기존 생각은 새롭게 만들어 형성되는 학습이 된다.

　윌슨의 설치예술이 갖는 영향력의 일부는 그가 선택한 형태와 그가 환기시키는 의미들로 사용한 '다시 말을 거는(talk back)'이라는 방식을 반영하는 작품의 질에서 발견할 수 있다. 오브제의 세부적 작업에서 세심한 고고학적 상정과 그것을 사용한 자들에게 민감한 민족지학적 감각으로 작업함으로써 윌슨의 해석적 미학은 이들을 한데 묶는 진술과 심도 있는 대화를 여는 데 사용된 맥락을 형성한다. 현장기반의 연구자와 함께하면서, 그의 의사 결정은 거의 자명하며, 저절로 생기는 것들은 필요한 경우 좀 더 명료하게 할 수 있는 것이지만, 증거와 많은 형태로 나타날 수 있는 추론을 기초로 한 이해는 그의 실행의 핵심이다. 그의 작업은 그의 예술이자 연구다.

〈실존 그대로의 나를 말함(Speak of Me as I Am)〉이라는 윌슨의 설치예술은 2003년 베니스 비엔날레의 미국 대표작이었으며, 수 세기 동안 존재해 온 베니스를 둘러싼 아프리카 정체성의 문화적 디아스포라의 자취를 쫓은 역사적 서사의 요소들을 표현했다. 이 미국식 가건물로 된 작품은 지역수집가와 박물관/미술관으로부터 이미지를 차용하여 기존의 이미지와 오브제들과는 날카롭게 대

프레드 윌슨. 〈무제(Untitled)〉(2003). C-프린트, 13/125. 25×31 inches. 작가의 허락을 받아 게재함.

조를 이루면서 이런 것을 결합한 여러 개의 설치로 이루어졌다. 이들 가운데, 윌슨은 아프리카계 흑인의 역사적 정체성에 관한 가장 알려지지 않은 일련의 서술을 둘러싼 형태의 조정, 변경, 수정, 일반적 재배치를 통해 그만의 해석과 비전을 창조해 내었다. 이 방식에서 여기 이미지로 재탄생한 〈무제(Untitled)〉라는 그 작품은 거기에서 열린 담론을 반영한다. 정확히 말하면 희미한 실존이 더 직접적이었고— 이것이 마치 베니스의 그리고 그 주변의 아프리카계 흑인을 나타내는 이방인적인 존재라면, 운하를 따라 그리고 일상적인 상업 내에서 베니스는 그 자체가 박물관이며 그것의 보물이 외부에 보이는 것과 조금은 흡사한 것으로— 일상의 존엄이 그 자체로서 인정되고 이해되어야 한다.

시각적 대화의 필요성: 피오나 폴리

"증거의 부재가 부재의 증거는 아니다"(Genocchio, 2001, p. 28). 이 인용구는 벤자민 제노키오(Benjamin Genocchio)의 피오나 폴리(Fiona Foley)에 대한 논문 앞부분에 언급된다. 이 신선하며 시적인 한 줄의 텍스트는 폴리의 드로잉과 회화의 파편화된 공간적 층위를 반영하며, 단어와 이미지가 모두 명백한 것 이상을 의미할 수 있음을 나타낸다. 부재란 부분적으로 그녀의 예술 작품에서 수립되는 폴리의 지역 유산이 존재하는 물리적 풍경을 언급한다. 그러나 문화적 풍경은 배드트얄라족과 갖는 폴리의 혈연적 결연에 의해 생겨난 일시적 공간이 계속적으로 증가함을 의미한다. 하지만 이는 많은 이들이 부끄러운 과거와 불확실한 현재에 대하여 침묵한 채로 남는 것을 편리하게 만드는 증거가 부재하는, 정치적 풍경에 의해 금이 간다.

지구 곳곳에서 전시하고 여행하는 예술가로서, 피오나 폴리가 자신의 예술을 통해 개시하는 대화는 자연스럽게 그녀의 지역 동료들에 의해 채택되며, 이는 깊이 있는 토론과 담론을 형성한다. 일가 친척의 역사와 서술적 전통, 문화적 정체성, 정치적 능동주의에 대해서 예술의 중요성에 대한 명백한 헌신은, 예술가가 자신의 비전과 목소리를 좋은 결과를 위해 볼 수 있고 들을 수 있는 장소에 위치시키도록 한다. 그러나 역설적인 것은, 폴리와 같은 예술가의 예술이 제시하는 논란의 진실성에 기여하는 이러한 풍요로운 정보를 제공하는 경험은 대부분 귀 먼 자들에게나 주어진다는 것이다. 딜레마는 사회 주류 내에서 공적 토론이 거의 일어나지 않는 것이며, 피오나 폴리는 이를 지역주민의 역사에 침묵한 채로 머무르는 또 다른 방식으로 묘사한다. 이 경우, 현재를 계속 무시하는 것은 과거를 마주하는 것에 실패하는 것을 의미한다. 때로는 그 장소-특정적 상설 예술 작품과 같은, 공공의 아레나에 전시될 심오하고 도전적인 예술을 창조하는 것은 과정의 일부일 뿐이며, 결과물은 공동체가 참여하지 않는 한 시들어 갈 뿐이다. 호주의 문맥과 관련하여 피오나 폴리는 이를 다음과 같이 설명한다.

> 이것이 역사적 맥락을 갖는다는 작업에 대한 분석이 존재하지 않기 때문에 이는 언급되지 않으며, 따라서 작품에는 역사가 존재하지 않는다. 호주에서 중요한 역사적 순간들은 '이미 기록되었고', 그 기록된 역사를 어떤 형태로도 비평하지 않는 작품은 나를 매우 불편하게 한다. 호주는 모든 것을 흑백문화의 양분으로만 바라보고, 모든 것은 토착민과 비토착민의 핵심으로 축소되며 내가 보기에 이는 제자리를 찾은 것이 아니다.[16]

폴리에게서 예술을 창조하고자 하는 욕구는 긴장의 유지를 필요로 한다. 그녀의 작품 제작과정은 역사에 기반을 둔 이미지와 아이디어에 대한 직간접적인 인용을 겹겹이 만듦으로써 수행된다. 공식 기록과 문헌은 그녀가 찾고자 하는 정보를 포함하지 않기 때문에, 이러한 취지에서 그녀의 연구과정의 역사적 부분은 폴리가 제한된 원천에서 걸러 내는 데 부지런할 것을 요구한다. 낡은 엽서, 수집품 그리고 일상적인 유물과 같은 기타 자원은 폴리가 자신의 비판적 응답을 빚어낼 수 있는 단서를 쥐고 있는, 보다 정확한 역사적 흔적으로 기능한다. 또 여기서 이미지는 가장 날것의 형태로 초래되어 있으나, 그것은 상기시키고, 격발하고, 제시하며, 분발하게 하는 서술의 가닥으로 또한 경험을 볼 수 있고 느낄 수 있는 방식으로 읽힐 수 있는 신호를 제공한다. 참고 사항의 층위가 거기에 존재하거나, 형식의 단순성은 그 자체 외에는 아무것도 의미하지 않을지도 모르나, 폴리의 이미지 혹은 오브제가 모든 연령에게 말을 거는 방식에는 어떤 접근성이 존재한다. 피오나 폴리가 만든 공공 예술품 안에서의 공간, 시각, 소리와의 즐거운 조우는 아이를 즐겁게 하는 한편, 너무 다양한 가능성이 있어 하나의 대화를 고르는 데 시간이 걸리는 심각한 관람자에게도 또한 보상을 안겨 줄 것이다.

단순한 형식을 복잡한 내용에 스밀 수 있도록 정보를 다듬는 것은 역사적 초점을 날카롭게 하는 것일 뿐 아니라 시각적 사고를 강화하기 위해 사용되는 미학적 결정이다. 반면 이 과정은 결정적인 혼합물 속의 형태와 내용을 편찬하는 것으로 벤자민 제노키오에 따르면, 피오나 폴리의 "징후와 서명을 하나로 묶는, 증거를 구성하는 미학"(pp. 87-90)이다. 이것의 목적은 관람자가 말로 설명하도록 유도됨에 따라 상대적으로 명료해진다. 반면 부호화된 유산을 포함하지 않는 이미지를 사용하는 자격은, 폴리가 시행하는 그녀가 구현할 수 있는 의미에 의존하는 탐구의 다른 측면을 그리고 관람자를 위해 열려 있는 가능성을 의미한다. 이 경우, 관람자가 역설, 은유, 예리한 풍자 아래에서 빠져나가기 위해 노력해야 할 시적이고 정치적인 관점이 더 많이 존재할 것이다.

〈야생의 시대의 부름 #2(Wild Times Call #2)〉라는 사진은 피오나 폴리가 공통의 조상을 공유하며 동일시가 증명되는 그룹에서 진지한 참여자로 보인다―그것은 가정한다면 민족지학적 기록은 이미 함께 속해 있는 것처럼 보이는 이국적인 모습의 사람들처럼 적절히 그것들의 색인이 된다. 이런 변함없는 세미놀족 인디언이, 남부 플로리다에 있는 그들의 성스러운 조상의 고향에서 전통 의상을 입은 채 포즈를 취하고 있는가? 아마 아닐 것이다. 사진을 만드는 것이 사진을 찍는 것에 비해 얼마나 다른가가 거짓 인상을 만들어 내는 이유일 것이다. 피오나 폴리가 그녀의 예술 실행에서 지속적으로 짚어 내듯이, 뿌리 깊게 내재되어 있는 불평등을 방해하고 오랫동안 자리 잡은 편견을 흔드는 것은 매우 뚜렷하다. 증거는 아이디어와 이미지에 포함되며, 주장은 그녀의 풍자적인 건축에서

피오나 폴리. 〈야생의 시대의 부름 #2(Wild Times Call #2)〉(2001). C 타입 사진. 33×40 inches. 10판의 연작 시리즈 중 이미지 7. 작가와 나이아가라 갤러리(호주 멜버른)의 허락을 받아 게재함.

피오나 폴리가 사용한 다양한 시각적 장치에 의해 지원을 받는 해석적 힘에 존재한다.

▮▮ 결 론 ▮▮

창조의 전통에 뿌리박은 연구로서의 예술 실행의 모태는 우리를 바꿀 능력을 갖고 있는 예술적 지식과 같은 것들을 드러내는 실현 가능한 방식으로 간주될 수 있다. 이러한 탐구에의 접근은 시각예술의 해석주의적이고 비판적인 위치와 시각예술의 연구 방법론적 사용을 새로운 방향으로 촉진하는 인간 과학으로부터 얻는 아이디어와 방법에까지 확장된다. 예를 들어, 오늘날의 많은 시각예술가들은 자신과 다른 이들에게 중요한 이슈에 대한 통찰력 있고 창의적인 응답으로 창조되기 위해 자신의 실천을 많은 본문적 형태를 이용하여 확장하고 있다. 이러한 예술 작품에 공통되는 구조 혹은 방법은 존재하지 않는다. 그러나 개인의 공적 우려에 대한 아이디어가 탐색되고 제시되는 방식에는 비판적 시급성이 존재한다. 시각적 형태는 비전, 논거 및 경험을 소통하는, 조사에 기반을 둔 그리고 표현력 있는 과정에서 창조되고 비판된다. 여기서 제시하는 주장은 이러한 시각예술 실행의 결과물이, 개인적으로 권력을 부여하고 문화적 관련을 갖는 새로운 지식을 건설하는 진정성 있는 연구 실행에만 국한된다는 것이다.

비록 주요한 시각예술의 연구 실행들이 스튜디오, 갤러리, 공동체, 길 혹은 인터넷 안에서 찾아질 수 있다지만, 이들은 적절한 제도적 장치하에서 적합한 장소를 찾아야 한다. 따라서 다루어져야 할 쟁점은 연구로서의 예술 실행이 정보의 제시 · 조우 · 분석을 통합하는, 만남을 통해 시행될 수 있는 새로운 지식을 창출하기에 충분히 왕성한 것이어야 한다는 점이다. 시각예술을 단순히 묘사적으로 제시하는 형태일 뿐 아니라 새로운 지식의 근거가 되는 이미지를 창출하고 건설하는 수단으로 상정하는 것이 가능하다. 이러한 관점에서 볼 때, 연구에서 시각 자료의 역할은 설명적 지식의 창출에 대한 기여를 넘어 분야를 초월한 변화하는 지식 창조의 야심에 가득 찬 위치로까지 나아가는 데 활용될 수 있다.

연구 실행의 경계를 뛰어넘기 위한 탐구는 비평가 없이는 물론 제 역할을 수행할 수 없으며, 예술 세계에 대한 비평 세례로부터 혹은 아카데미 규범으로부터의 포화에서 자유로울 수 없을 것이다. 예술과 대학을 어떻게 통합할 것인가 하는 딜레마는 물론 새로운 것이 아니다. 제1장에서 언급하였듯이, 시각예술 실행의 제도화는 길고도 저명한 역사를 가지고 있다. 각 시대별로 순수예술가의 형식적인 훈련은 기관 내에서 권위가 지지되어야 한다는 예술가들과 그런 도전에 개의치 않는 예술가들 사이에서 변함없이 분열을 일으켰다. 예술가의 훈련을 옹호하는 수많은 이들은 예술 세계의 시장을 기술적 훈련을 대부분 책임지는 제도와 함께 직업적 성공을 제공하는 중재인으로 보았다. 전문직에서 학술적 지위를 추구한 이들은 필연적으로 보다 확고한 규율 설정의 창조적 실행을 설정하는 도전에 대응하지 않으면 안 된다. 따라서 대학은 제도적 힘을 발휘한다. 도전 과제는 어떻게 현재의 예술 실행의 정체성과 기능을 상당 수준 유지하면서 이러한 요구들을 수용하는가다. 연구의 이러한 영역이 이견이 가장 분분한 분야다.

연구로서의 스튜디오 예술 실행을 개념화하는 유산 중 일부는 그것이 제공하는 이론과 실천 사이의 불가분한 관계를 다시 고려할 절호의 기회다. 마찬가지로 복잡한 스튜디오에서의 실무와 병행하여 우수한 예술에 대한 역사적 그리고 비판적 전통을 새로이 만드는 것은 예술가와 예술작가 사이의 동맹이, 알려지지 않은 것을 탐색하기 위한 추측에 근거한 탐구를 하는 데서 예술 작품을 조사하는 공동의 협력으로 간주되는 것을 의미한다. 예술가에게 예술 작품은 의문, 아이디어 및 이미지의 구현이며, 예술작가에게 단어는 조사의 가능성의 새로운 영역으로 나아가게 하는 환승 매체가 된다. 이 경우, 시각과 언어의 연합 체제는 필수적이고 보완적이다.

예를 들어, 예술가와 예술작가, 예술가와 과학자 사이의 분야를 초월한 새로운 동업은 디지털 기술을 이용하는 합작 프로젝트에서 시행되고 있다. 괴짜 과학자, 은둔 예술가 혹은 컴퓨터 괴짜의 캐리커처는 오늘날의 분야를 초월한 환경에서는 현실에 거의 근거를 두지 않고 있다. 비판적 이론가와 시각 문화 비평가가 예술, 과학 및 기술에 대해 적절한 의문을 던지는 동안 지식의 영역을 패러다임의 측면에서 바라보는 분석에서 더 나아갈 필요가 있다. 예술가와 과학자가 협력하는 많은 상황에서, 과학을 단순히 이성적인 시도로 혹은 예술을 표현적인 활동으로 간주하는 이야기는 거의 존재하지 않는다. 정해진 규율의 한도의 제약 너머에서 활동하는 이러한 창의적인 조사자들은 의문, 이슈와 추상에 의해 인도되며, 새로운 지식은 인간 경험을 창출하고 비판하는 기능으로 간주된다.

1 디지털 시대의 함축성과 시각 문화 및 정체성 정치학에 미치는 영향에 관한 리뷰는 Darley(2000)와 Turkle(1995)을 보라. 시각예술가가 예술과 과학의 규율을 가로지르며 작업하는 것을 참조하기 위해서는 Casti & Karlqvist(2003)와 Wilson(2002)을, 디지털의 영역에 대해서는 Lovejoy(1997)와 Stallabrass(2003)의 디지털 예술의 다양성의 세계를 보라. 디지털로 정보가 제공되는 과학 철학에 대한 깊은 논평은 Idhe & Selinger(2003)를 보라.

2 지역민의 관점에서 인식론적 · 존재론적 개념의 연구의 예시는 Denzin, Lincoln & Smith(2008), Semali & Kincheloe(1999) 그리고 Smith(1999)를 보라. 시각예술의 문맥과 관련된 예시는 Mundine (1996)과 Myers(2002)를 보라.

3 처음에 1970년대 후반에 에드워드 새드(Edward Said, 1978)의 문화적 표현의 분석과 같은 것이 비평가들의 주목을 받았으며, 동양과 서양을 나누는 비판적 예술 조사의 기회와 깊이가 풍요롭고 포괄적으로 성장했다. 시각예술과 관련된 예시는 Alice Yang(1998)을 보라. 또한 *How Latitudes Become Forms*(Vergne, Kortun & Hou, 2003)와 *Beyond the Future: The Third Asia-Pacific Triennial of Contemporary Art*(Webb, 1999)와 같은 예술 전시 카탈로그를 보라. 예를 들어, 필자는 이란계 미국인 예술가와 시인(Karim & Khorrami, 1999)의 작품을 소개해 준 일로, 데지레 나바브(Désirée Navab, 2004)에게 빚을 지고 있다. 디아스포라의 이론에 관한 보다 광범위한 리뷰는 Braziel & Mannur(2003)를 보라.

4 필자는 집중적인 예술 환경을 둘러싼 이슈와 연구를 본인에게 소개해 준 일로, 제임스 워너(James Werner, 2007)에게 빚을 지고 있다.

5 예를 들어, 행위 예술의 특성, 포스트모더니즘, 학생의 체화된 학습 경험을 장려하는 비판적 교육학을 포함하는 Charles Garoian(1999), Garoian & Gaudelius(2008)의 행위 예술의 교육학을 보라.

6 온라인 그린 박물관(Green Museum)을 보라. 이 사이트는 그것의 합리성을 "우리의 경험으로부터 환경예술을 만들며 그리고 환경예술을 제시하고 논의하면서 예술가, 공동체 집단, 비영리단체와 예술기관이 직면하는 도전들을 직접 보는 것에서부터"라고 기술한다. 박물관 그 이상으로, 우리는 greenmuseum.org를 거대한 공동의 예술을 창조하는 도구로 본다"(2009. 4. 15. 검색, http://green museum.org).

7 예를 들어, 권위, 유럽중심주의, 성적 관점 그리고 기타 관행들이 인류학과 같은 원리 비판에서 조사를 억압하기 위해 나타날 수 있는 방식은 Clifford(1988), Marcus & Fischer(1999)를 그리고 미술사에 대해서는 Harris(2001), Nochlin(1988) 그리고 Pollock(2001)을 보라.

8 공공 예술의 풍경을 변화시키는 것과 관련된 이슈의 유익한 논의는 Roslyn Deutsche(1998)와

Suzanne Lacy(1995)를 보라. 지역민 공동체 내에서 사진의 사용에 관련된 문헌과 공동체 구성원에 의해 생산된 관련된 자원은 http://chiapasphoto.org를 보라.

9 예술 세계 비평가, 인류학자, 문화이론가가 어떻게 그들끼리는 대화하고, 그러나 서로에 대해서는 대화하지 않는지 또 그렇게 함으로써 주체가 없는 목소리를 만드는지에 대해서는 Fred Myers(1995)를 보라. 이 장에서 마이어스는 1988년에 뉴욕에서 전시회 꿈꾸기: 호주 원주민의 예술〈Dreamings: The Art of Aboriginal Australia〉의 일부로서 전시된 중앙 사막 원주민 예술가의 아크릴화에 대한 담론을 검토한다. 이 사건의 사후 평가에서 마이어스는 예술 작품과 퍼포먼스를 사회적 관습의 형태로 묘사하는 데 있어, 지역민 예술가들의 관점을 통해 명확하게 토론의 자리를 잡고 있다(Myers, 2002, pp. 255-276).

10 필자는 모더니즘의 관념인 '보는 것이 아는 것이다.'와 포스트모더니즘의 개념인 '아는 것이 보는 것이다.' 사이의 차이점을 강조해 준 일로, *Visual Methodologies*의 저자 길리언 로즈(Gillian Rose, 2001)에게 빚을 지고 있다.

11 포괄성에 관한 교육적 이론, 관행 및 운동에도 불구하고, 우리는 많은 지역주민을 투명인간 취급하고 있다. *Dreamkeepers*(Arden, 1994)는 꽤나 전형적인 문화적 여행기이며, 표지에는 백황색 염료가 코를 가로질러 칠해진 남자 지역주민의 극단적 클로즈업 이미지가 실려 있다. 표지의 코멘트는 작가인 하비 아든(Harvey Arden)이, "지역주민이 그들을 위해 말할 수 있도록 한다……"를 시사한다. 그러나 하비의 이름만이 표지에 실려 있는 것은 묘한 느낌을 준다. 책의 후면에는 사진을 촬영한 사람이 마이크 오스본(Mike Osborn)임이 (오프닝 페이지에서는 세 번이나 더) 알려지고 있다. 표지의 사람이 누구인지는 전혀 알려지지 않았으며—p. 165까지—그제서야 우리는 그가 잭 로저스(Jack Rogers)임을 알게 된다.

12 2002년 뉴욕의 아시아 소사이어티 갤러리(Asia Society Gallery)에서 열린 전시회 〈태생적 원주민(The Native Born)〉(Mundine, 1996)의 큐레이터는 드존 먼다인(Djon Mundine)이 맡았으며, 서양의 지식 분류 체계에 대한 개념에 도전장을 내밀었다. 그렇게 함으로써 먼다인은 지역주민의 인식론 관계 체계를 제시했을 뿐 아니라 시각 이미지를 문화적 의미, 역사, 위치에 관한 존재론적 믿음의 중심에 두었다.

13 시각예술이 선천적으로 문화적·정치적·사회적으로 내장된 교육적 경험이라는 견해를 지지하는 이론가 혹은 전문가를 명단으로 만들자면 꽤 길 것이다. 예술을 모든 종류의 겉모습으로 공동체의 관례로 만드는 것에 중점을 둔, 통찰력 있는 논의와 탐구를 위한 전략은 Blandy & Congdon, (1987), Chalmers(2002), Congdon, Blandy, & Bolin(2001), Duncum(2002), Freedman(2003), Jagodzinski(1997a, 1997b), Krug(2003), McFee(1998), Neperud(1995), Paley(1995) 그리고 Stuhr(1994, 2003)를 보라.

14 Bal(1996), Heywood & Sandywell(1999) 그리고 Hooper-Greenhill(2000)을 보라.

15 일반적인 박물관, 특히 스미스소니언 협회(Smithsonian Institution)의 문맥 안에서 표상의 정치학에 관한 논의는 Henderson & Kaeppler(1997)를 보라.

16 별도의 언급이 없는 한, 피오나 폴리의 인용문은 2001년 2월 19일 뉴욕 주 컬럼비아 대학교 교육대학에서 그녀와 진행한 인터뷰를 출처로 한다.

Part

3

시각예술 실행 연구

Chapter 07

실행의 시각화

레브 마노비치(Lev Manovich)의 『새로운 매체의 언어(*The Language of New Media*)』(2001)의 서문은 시각적 색인(index) 형식으로 되어 있다. 마노비치는 이 문서의 주요 아이디어를 소개하기 위해 그가 탐구하고 있는 이슈와 매우 많이 어울리는 장치를 이용했다. 그는 중심 개념을 설명하고 있는 텍스트 도처에서 인용문을 선택하고, 이 인용문을 러시아 감독 지가 베르토브(Dziga Vertov)의 획기적인 1929년 영화 〈무비 카메라를 가진 남자(Man With a Movie Camera)〉의 장면을 담은 흑백사진 옆에 놓았다. 사진 이미지의 내용과 문서로 된 텍스트의 정보 간에는 밀접한 관련성이 있어 사진과 글로 된 설명은 많이 비슷했다. 스크랩된 시각물과 언어로 된 이야기는 의미를 전달하기 위해 협력하고 있었지만, 하나의 텍스트 형식이 다른 것을 단지 묘사하고 있는 상태에서 그 대응은 매끄럽고 대칭적이지는 않았다. 시각적·언어적 형식이 사용된 그 색인은 개념을 생각할 수 있게 하는 신속한 연합에 의해 의미가 해독되는 것과 같은 다른 종류의 가능성들을 제시하였다.[1]

마노비치가 사용한 장치에는 또 다른 흥미로운 요소가 존재하는데, 시각적 색인의 형식이 또한 책의 내용을 구체화한다는 것이다. 22쪽 분량의 시각적·언어적 인용들은 비선형적 내러티브를 형성한다. 아이디어들을 소개하기 위해 시각적 이미지들을 포함시킴으로써, 마노비치는 색인보다 더 많은 어떤 것을 만들어 낸다. 그는 단지 의미들만 대응시키는 것이 아니었고, 이런 접속(interface)은 많은 다른 해석적 선택의 기회들을 여는 것이었다. 시각예술 실행을 오늘날의 불확실한 시대에 매우 중요하게 만드는 것은 바로 시각적 형식이 우리의 이해에 공헌할 수 있는 방식들 속에 있는 이 가능성이다.

우리는 예술, 교육, 사업, 테크놀로지 또는 문화 교류 등의 하이브리드 시대에 살고 있다. 복잡한 맥락은 항상 현재에 존재하고 있으며, 오늘날의 중요한 도전은 경계를 따라 통과하여 주변에 있는, 실제일 수도 있고 감지된 것일 수도 있는 길들을 찾는 것이다. 세계화의 변화하는 국면 속에서 우리 사회와 문화가 다루어야만 하는 불안한 현실을 설명하기 위한 방법으로서 논리적 추론 그리고 합리적인 분석에 오랫동안 의존했던 것은 이제 그 뿌리까지 흔들리고 있다. 시각예술은 연구의 형식과 문화 생산의 형식으로서 두 가지 모두를 고려할 때, 우리가 살아가고 있는 이 불확실한 시대에 대한 우리의 이해에 아주 중요한 방식으로 기여할 수 있는 역량을 지닌다. 스튜디오에서, 박물관에서, 학교에서 또는 인터넷에서 작업을 하든 간에 시각화하기, 감지하기, 직관하기, 집중하기, 추론하기, 질문하기, 기초하기, 비교하기 그리고 해석하기 같은 특별한 방법들이 널리 행해진다. 이러한 접근들은 예술가가 작업하는 방식의 특징이 되는 능력이며 또한 그 분야의 효과적인 연구를 수행하기 위해 필요한 특성들이기도 하다. 이론적 틀, 선행 연구 분석 그리고 연구 방법과 같은 좀 더 광범위한 프로젝트의 필요조건들 속에서 연구 문제와 의문을 살피는 것은 포괄적인 접근을 요구한다. 프로젝트의 구조가 시각화되고 인식된다는 점에서 정보 연결망을 확인하는 것, 연구 문제와 의문점을 명확히 하는 일 그리고 프로젝트 설계를 개념화하는 일은 시각예술 연구의 일부다. 창의적인 분석이 이루어지고 상상력 풍부한 종합화가 이루어지기 때문에 그런 전략들은 전체와 부분에도 중점을 두는 예술적 접근법을 충분히 잘 이용한다.

예술가-연구자가 수행하는 상상력 풍부한 그리고 비판적인 탐구가 확대된 상황은 목적에 의해 구동되고, 지식을 창조하고 비판할 수 있는 새로운 기회가 열리고 있다. 전통적 학문 영역을 정의하는 구조로서 경계나 장벽뿐만 아니라 가교나 우회도로로 이해하던 이들은 새로운 방식으로 이와 같은 실행의 형태를 만들어 가고 있다. 시각예술 실행을 연구로서 개념화하는 유산의 일부로 이론과 실제 간의 뒤엉킨 관계가 재고되어야 한다. 다양한 스튜디오 실행들과 동등하게 견주면서 순수예술의 새로운 역사적이고 비판적인 전통들의 집합은 예술가와 예술작가들 간의 연합이 알지 못하는 것을 탐구하여 알도록 새롭게 하는 창의력이 풍부한 탐색을 통해 미술품 질문에 관한 협력을 공유하는 것으로 볼 수 있음을 의미한다. 비평가에게 언어가 새로운 해석적 가능성을 제공하는 전달 수단이 되는 것처럼, 예술가에게 예술 작품은 질문과 아이디어 그리고 이미지를 구체화한다. 이런 경우, 시각적인 것과 언어적인 것의 결합은 위험할 수도 있지만 동시에 서로 도움이 될 수도 있다. 큐레이터처럼 일하고 이론가로서 글을 쓰는 예술가 그리고 관점을 비판하는 것만큼이나 시각을 제시하는 데 익숙한 형식이나 상황을 만들어 내는 도전을 하고 있는 예술작가를 보는 것은 특별한 일이 아니다.[2] 앞 장에서 논의한 프레드 윌슨(Fred Wilson)의 예술 실행의 예는 적절한 사례다. 이러한 종류의 역할과 실제 활동의 교류는 개념적 연계와 학문 영역의 요구를 느슨하게 하고, 내용을 중심으로 하기보다 오히려 주제를 중심으로 교류들이 일어날 수 있는 가능성을 열어 놓는다. 제4장에서 소개한 리하르트 조훔(Richard Jochum)의 예술 프로젝트 〈디스-포지티브(Dis-positiv)〉가 이런 관점의 한 사례다.

새로운 후기 학문적 분야(postdiscipline)의 연합은 예술가, 학자, 과학자 및 기술자 간의 연결일 것이라는 것은 분명해 보인다.[3] 예를 들면, 디지털 세계의 특정 환경은 예술과 과학에서 이론과 실행의 새로운 개념이 탐구되는 특별히 풍부한 환경을 제공하고 있다. 별난 과학자, 속세를 떠난 예술가 또는 컴퓨터만 아는 괴짜의 풍자적인 묘사는 오늘날 다학문적 환경의 현실에서 거의 남아 있지 않다. 비판적 이론가와 시각 문화평론가는 예술, 문화, 과학 및 기술 간의 문제 있는 관계에 관해 적절한 의문을 제기하고 있음에도 불구하고, 여전히 전형적인 용어 속에 숨어 있는 지식의 영역을 이해하려는 분석 방식을 벗어날 필요가 있다.[4] 예술가와 과학자가 협력하는 많은 상황들 속에서, 과학을 단순히 이성적인 시도로만 보고 예술은 단순히 표현적인 활동으로 보는 논의는 거의 없다. 질문, 주제 그리고 추상화는 새로운 지식을 인간의 경험을 새롭게 창조해 내고 비평하는 기능으로 보는 학문 영역들의 경계를 벗어나 작업하도록 안내한다. 필요에 따라 이런 복잡한 활동은 영역 사이를 연결해 주어야만 하며, 그렇게 함으로써 새로운 가능성을 열 뿐만 아니라 탐구를 주제에 집중하는 것이 아닌 방법적 측면으로 보는 소리 없는 오랜 논쟁을 정리해 낸다.

이런 종류의 창의적이고 비평적인 탐구를 위한 가장 적절한 환경들의 하나는 아마도 예술가-학생이 개인적이고 전문적인 훈련에 접근할 수 있는 교육적 환경 내에 존재할 것이다. 무엇보다도 교육적 연구는 학생이 학습하는 방법을 학습할 수 있다는 정확히 파악하기 힘든 주장을 실행에 옮긴다. 그러나 학습은 불안정한 과정으로 단체 사회 내에서 개인적 목소리를 낼 수 있게 하는 결과를 만든다. 그러므로 학습자가 되는 것은 계속해서 알려지지 않은 것은 무엇인가를 밝힘으로써 알려진 것을 확인하는 방식으로 일반적으로 인정되어 온 지식을 방해한다. 누군가가 소유하고 있는 지식은 경험과 상황에 뿌리를 두고 있다. 그것은 길 위나 손톱 아래에 축적되고 또한 그것은 독립적으로 수집되곤 한다. 개인적 지식, 직관력 그리고 상상력은 가치 있는 자산이며, 그 능력은 유지되고 있으며, 탐구 사회로 진입할 수 있도록 도와줄 것이다. 그러나 개인적 지식만으로는 충분하지 않다. 전문가로 인정되는 끈질긴 과정은 지치게 만들기도 하고 자유롭게 만들기도 한다. 예술-중심 탐구에 대해 알려 주는 전제는 예술전공 학생들이 그 분야에 대한 정보를 주는 지식의 범위를 인식하는 것뿐만 아니라 내부로부터 그것을 바꾸기 위해 필요한 비판적 지식을 발달시키는 데 능숙하게 된다는 것이다.

▋▏ 시각예술 실행의 구조 ▕▋

　이 장은 이론과 실행 간의 불가분의 관계를 설명하고 스튜디오 탐구에 바탕을 둔 시각예술 연구 프로젝트를 계획하고 발전시키기 위한 구조적인 틀을 마련해 준다. 이런 접근은 제2부 '연구로서의 예술 실행의 이론화'에서 제시한 논쟁을 기반으로 하고 있다. [그림 7-1]에서 볼 수 있는 구조는 앞선 장들에서 구축한 여러 갈래로 엮인 듯한 구조를 따른다. 시각예술 탐구를 위한 구조(제4장의 [그림 4-1] 참조)는 연구 질문과 문제 그리고 목적이 발생되는 곳인 스튜디오 작업의 중심 역할을 설명한다. 이러한 활동은 시각예술가가 창의적이고 비판적인 연구를 수행하기 위해 그들의 예술 실행을 사용하는 도전에 반응하는 방법들 중 몇 가지를 설명해 준다.

　제5장([그림 5-1] 참조)에서의 구조는 시각예술의 앎과 각각의 것이 새로운 앎을 만들어 내도록 돕는 데 사용되는 자기 자신과 예술 작품, 관람자와 환경(settings) 사이, 내부 그리고 그 주변에서 진행되는 대화를 통해 예술가가 사고하는 인지적이고 창의적인 방식들 간의 역동성을 설명하고 있다. 이런 역동적이고 반성적인 의미 만들기는 제5장에서 초인지(transcognition)로 설명되었고, 이것은 예술정신의 창의적인 전후 특성을 포착하고 있다. 연구 맥락 속에서 볼 수 있듯이, 예술가가 찾고 있는 강조점의 정렬과 영역은 타인의 관점을 취한다. 그 타인은 다른 예술가, 이론가, 예술작가, 예술 작품, 관람자 또는 맥락일 수도 있다. 그리고 이런 협력은 정보를 찾거나 검토를 위한 구조를 제공한다.

　시각예술 맥락의 개념 틀(제6장의 [그림 6-1] 참조)은 예술가가 의미를 만드는 사람으로서, 문화해설자로서, 사회비평가로서, 교사로서 그리고 그 밖의 비슷한 역할자로서 가지각색의 다양한 역할을 감당하면서, 예술가가 자신들의 예술 작품 만들기를 통해 채택하고 있는 이론적 깊이와 폭을 인정하고 있다. 비록 예술가는 이미 개업자와 이론가의 이중 역할을 채택하는 창작 활동의 핵심 경험을 바탕으로 하고 있지만, 창의적인 탐구 활동이 수행되는 것처럼 관계된 영역이 탐구되는 것이다. 필자는 세 가지 부가적 창작의 구조들을 설명하려 한다. 이는 체계와 유사한 것으로, 사회적 관심과의 관련 속에서 일어나며 문화적 맥락에서 이루어지고 있는 것들이다. 이 장([그림 7-1] 참조)에서 제시하는 개념 틀은 앞선 장들에서 제시되었던 이론과 실천의 구조를 확장시키고 연구가 수행될 수 있는 시각적 방법들에 기여할 수 있는 시각예술 실행에 대해 설명해 준다. 개념 틀은 예술 실행 연구에 포함되어 있는 사고와 만들기 과정의 핵심에 존재하는 창의적이며 비판적인 사고방식의 습관과 실행의 습관을 설명해 줄 것이다.

앞선 장들에서 제시된 시각예술 실행의 개념도와 마찬가지로, 어떤 탐구는 미술창작 실행에 초점을 맞출 것이다. 필자는 예술가의 경험은 새로운 지식을 창조하는 데 핵심 요소이며, 새로운 이해의 가능성은 전시, 퍼포먼스 문서화, 출판과 같은 다양한 형태의 연구 프로젝트를 통해 훨씬 높아진다고 주장한다. 필요에 의한 탐구의 목적은 일련의 관련된 영역과 연결될 것이다. 예를 들면, 만약 경험주의자의 입장이 필요하다면 관련 미술 작품, 관련된 관점, 역사적 시각, 방식과 양식, 문제 그리고 제안된 모델과 같은 다양한 형태와 구조가 수행되어야 할 탐구적 '연습'이 될 것이다. 다른 한편으로 탐구의 본성은 아이디어, 인간의 참여 그리고 의사 결정 간의 관계를 검토하는 것을 포함한다. 그런 다음 검토된 주제와 이미지는 변증법적 '조우(encounters)'를 구성할 것이다. 여기 다른 종류의 내러티브와 창조된 재현의 형태를 통해 탐구된 한 해석주의자의 강조점은 대안적 관점을 제기해 줄 것이다. 시각예술 연구는 종종 맥락과 행위가 탐구되는 것처럼, 다른 종류의 '제정'이 이루어지는 것처럼 그리고 이미 적절하다고 여겨지는 설정을 연구의 대상으로 사용할 때처럼 비판적 입장을 취한다. 이어서 시각예술에서 연구 프로젝트를 시각화하는 데 사용될 수 있는 어떤 경험, 만남 그리고 실행에 대한 좀 더 세밀한 설명을 하고자 한다. 생각하고, 반성하고, 실행하고, 창조하는 방식을 시각화함으로써 의문과 문제를 탐구하기 위한 새로운 가능성이 드러나게 된다. 그 결과는 새로운 방식으로 이미 존재하는 지식을 적용하고 대안적인 사용을 위해 과거의 실행을 접목하고, 관점이나 상황을

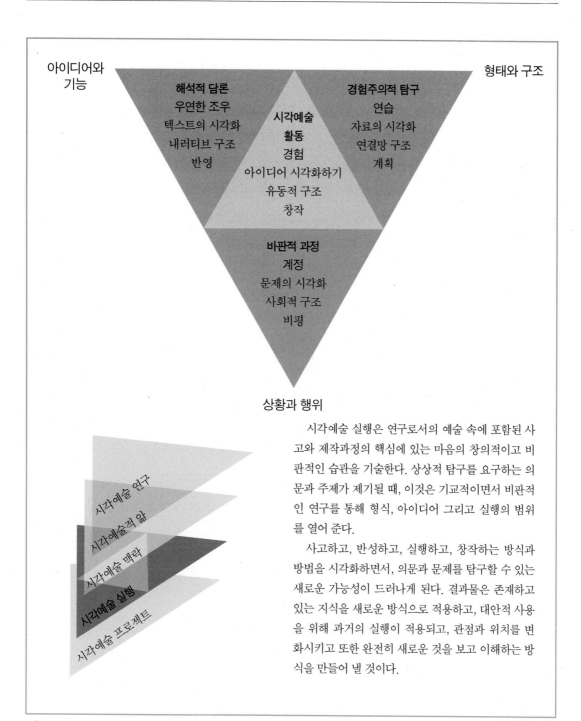

아이디어와
기능

형태와 구조

해석적 담론
우연한 조우
텍스트의 시각화
내러티브 구조
반영

시각예술
활동
경험
아이디어 시각화하기
유동적 구조
창작

경험주의적 탐구
연습
자료의 시각화
연결망 구조
계획

바판적 과정
계정
문제의 시각화
사회적 구조
비평

상황과 행위

시각예술 연구

시각예술적 앎

시각예술 맥락

시각예술 실행

시각예술 프로젝트

시각예술 실행은 연구로서의 예술 속에 포함된 사고와 제작과정의 핵심에 있는 마음의 창의적이고 비판적인 습관을 기술한다. 상상적 탐구를 요구하는 의문과 주제가 제기될 때, 이것은 기교적이면서 비판적인 연구를 통해 형식, 아이디어 그리고 실행의 범위를 열어 준다.

사고하고, 반성하고, 실행하고, 창작하는 방식과 방법을 시각화하면서, 의문과 문제를 탐구할 수 있는 새로운 가능성이 드러나게 된다. 결과물은 존재하고 있는 지식을 새로운 방식으로 적용하고, 대안적 사용을 위해 과거의 실행이 적용되고, 관점과 위치를 변화시키고 또한 완전히 새로운 것을 보고 이해하는 방식을 만들어 낼 것이다.

[그림 7-1] 시각예술 프로젝트의 개념 틀

변화시키고 또는 보고 이해하는 완전히 새로운 방식을 만들 수 있을 것이다.

아마도 연구로서 시각예술을 시도하는 입장으로부터 생겨나게 된 주요 법칙은 창조와 비평이라는 두 실행 사이의 관계일 것이다. 이 두 가지는 새로운 지각이 상상되고, 관련 정보가 만들어지고 분석되며, 대안적 아이디어가 실현되는가의 기초를 형성하는 중심축이 된다. 목적 의식적이고 창의적인 수행의 결과와 함께 일어나는 해석과 재현은 새로운 이해를 만들어 낼 수 있는 잠재력을 가진다. 왜냐하면 개인적 통찰과 각성을 통해, 예술가-이론가는 관련 연구, 텍스트 및 이론을 비판적으로 검토할 수 있는 적절한 위치를 가질 수 있기 때문이다. 창의적인 탐구 결과와 그 분야의 관련 이슈를 연관시키는 것 속에는, 그 연구과정이 처음에는 창작의 필요성에 의해 예술가를 자극하고 그다음에는 존재하는 현상을 탐구하는 것을 통해 비판적인 시각으로 이런 새로운 각성을 사용하기 때문에 거기에는 어느 정도의 '되돌아보기'가 존재한다. 이것은 단선적이고 반복적이고 확증적인 양적 연구나, 순환적이고 새롭게 출현한 그리고 발견 중심의 질적 연구와 같은 전통적 연구 방법론과는 약간 다른 것이다. 다른 한편으로, 시각예술 연구는 알려진 무언가에 새로운 시각을 부여하고 알려지지 않은 것의 가능성을 고려하는 데 사용되는 창의적이고 비판적인 실행처럼 역동적이고 반성적이며 유동적이다.

연구 프로젝트를 계획하고 운영하는 것은 체계적이고 정확해야 할 뿐만 아니라 상상력이 풍부한 접근이 요구된다. 이것은 목적과 가능성을 바탕으로 이루어진 결정을 의미하는 전략적 과정이며 원칙을 재정립하고, 경계를 넘나들며, 새로운 응용 방법을 탐색하는 것과 같이 일반적으로 인정된 실행을 창의적으로 적용하는 것이 요구되는 과정이기도 하다. 시각예술 연구자들이 언어(language)와 연구 관습의 전략을 아는 것이 중요하다는 것을 알고 있음에도 불구하고, 일상의 미적 사고와 만들기 과정을 사용하는 것의 가치와 필요성을 자각하는 것은 매우 중요하다. 시각예술가가 연구과정으로 가져오는 아주 중요한 점은, 대상을 다양한 관점으로 볼 수 있는 그리고 그들 마음대로 시각화 작업의 많은 요소들을 사용하면서 이전에 볼 수 없었던 이미지와 형태를 생각해 낼 수 있는 능력이다. 여기서는 이러한 목적을 돕는 몇 가지 기본적인 시각화 방법의 개요를 살펴본다.

시각예술 연구의 특징은 많은 다른 형식의 재현이 이루어지는 것처럼 다면 적이라는 것이다. 시각화 전략은 예술가가 보고 이미지를 통해 무언가를 알게 되는 식의 예술가가 하는 일에 그 핵심이 있다. 그리고 이런 능력은 아이디어를 형성하고 행동에 대한 정보를 알아낸다. 눈이 무엇을 보는가에 의해 마음이 만 들어지고, 그것을 형성하는 아이디어와 이미지의 복합성, 그리고 설정과 맥락 과의 지속적인 상호작용 간의 불가분의 연결고리들은 시각적 세계와의 협상이 일상적 경험의 부분임을 의미한다. 시각예술 연구자의 도전은 이런 진행을 비 판적으로 인적 교류의 중요한 장으로 구조화할 수 있도록 요구하며, 그것은 우 리가 하는 것을 우리가 어떻게 알게 되는가에 대한 우리가 생각하는 방식들을 변화시키는 수용 능력과 정보, 경험 및 이해가 창조되고 소통될 수 있는 형태들 을 갖는다.

어떤 연구 환경에서도 꼭 기억해야 하는 것은, 어떤 형태의 쟁점과 문제가 제 기되거나, 어떻게 정보가 만들어지고 수집되며 분석되건 간에 이것은 지속적 으로 변화한다는 것이다. 연구가 동결(freeze-framing)된 실재를 다룬다는 가정 은 일상의 삶의 복잡한 실재에 의해 관련되어 살아가는 대부분의 연구자들과는 연관성이 거의 없는 인위적인 것이다. 벤 프라이(Ben Fry)는 『자료의 시각화 (Visualizing Data)』(2008)라는 저서에서 "자료는 같은 것을 절대 말하지 않는 다."(p. 3)라고 하였다. 시각적 형식으로 잘 재현된 의미를 알아내는 컴퓨터를 이용한 작업과정을 이용할 때, 프라이는 "탐구적인(exploratory) 그리고 설명적 인(expository)"(p. 4) 전략을 함께 가져왔는데, 이 전략들은 발견과 실제 자료의 역동적인 특성을 포착하기 위해 노력하는 확증적 형식을 함께 조합한다. 이것 은 부분적으로 분석에서 시작되고 내러티브에서 끝나는 과정에 의해 성취된다. "적절한 시각화는 일종의 내러티브이며, 관련 없는 자세한 설명 없이 질문에 분명한 답을 제공하는 것이다."(p. 4) 시각화가 목적과 의도를 확인할 뿐만 아 니라 복잡한 결과물을 분명히 파악할 수 있는 중요한 역할을 한다는 것은 꽤 주

장되고 있다.[5]

　　자료를 이해하는 데 가장 중요한 기술들(적어도 기술적인) 중의 하나는 좋
은 질문을 하는 것이다. 적절한 질문은 자료에 대해 당신이 가지고 있는 관심
을 나누고, 그것을 다른 이들에게 전달하기 위해 노력한다. 이런 질문은 수
학-중심(math-oriented)이라기보다는 호기심-중심(curiosity-oriented)이다.
자료를 시각화하는 것은 단지 다른 종류의 의사소통이다. 성공은 당신의 청중
의 이해하는 능력, 흥미로워하는가 하는 점 그리고 당신의 통찰력에 의해 정
의될 수 있다(Fry, 2008, p. 4).

　시각화는 시각예술 연구 실행에서 매우 중요하기 때문에, 특히 다른 연구 전통
들과 통합될 때 그 폭과 깊이를 고려하는 것은 유용하다. 게다가 연구과정의 모
든 단계에서 다양한 시각적 전략과 방법은 숫자와 언어를 사용하는 전통적 · 비
형식적 연구를 사용해서는 이룰 수 없는 방식으로 새로운 이해를 보여 줄 수 있
다. [그림 7-1]에서 보여 주듯이, 연구활동의 영역을 가로질러 자르는 두 가지
광범위한 시각화 영역이 있는데, 이들은 시각화의 과정과 실행에서 다른 영역
의 강조점을 지닌다. 아이디어, 자료, 텍스트와 문제의 시각화는 스튜디오 연
구 환경에서 사용되는 연구 과정의 폭을 반영하고, 이러한 시각화는 명확히 같
은 입장을 취하는 연구 전통과 실행 주변에 위치하고 있다. 아이디어의 시각화
는 시각예술에서 핵심적인 경험이고, 자료의 시각화는 경험주의적 탐구에서
이루어지는 실천이며, 텍스트의 시각화는 해석적 조우의 특성을 지니며, 문제
의 시각화는 비판적인 연구과정들이 실행될 때 이루어진다. 이러한 실행은 시
각화를 이미지와 정보의 기초를 만드는 도구로서 정의할 뿐 아니라 그 스스로
가 연구의 구상, 실행 그리고 결과의 발표 목적이기도 하다. 이 시각화 활동이
연구 작업에 밀접하게 의지하면서 중복된다는 것은 말할 필요가 없을 것이다.
　[그림 7-1]은 또한 예술 실행 연구의 특성을 이루는 여러 가지 시각화 활동과
구조를 확인시켜 준다. 창작 작업(creating)은 핵심적인 시각화 활동인데, 이를

통해 예술가-연구자는 주제와 문제에 대한 반응을 상상하고 개념화한다. 그리고 그들은 모든 형식 속에 자료의 역동적인 특질을 보여 주는 유동적 구조로 상상하고 개념화한 것을 표현한다. 설계는 연구의 요구에 반응하면서 생산된 이미지와 대상물 주변에 나타난 연결망 구조로부터 이루어진 고유한 시각적 활동이다. 내러티브 구조를 낳는 반영과 다른 대화 방법은 해석적 관점을 탐구하는 연구 전략이다. 반면 비평은 연구가 변화를 만들기 위한 방향으로 이루어질 때 사회 구조를 탐구할 경우 사용하는 중요한 시각 활동이다. 이 시각 활동과 구조는 탐구적이기도 하며 설명적이기도 하다. 그들은 연구 접근의 전체 스펙트럼을 책임지고 상상적 · 직관적 · 묘사적 · 해석적 · 설명적 · 인과적 · 추측적 관심을 구체화하는 많은 시각적 형태들을 취할 수 있다. 다음에서는 이 시각화 실행을 좀 더 자세하게 살펴본다.

▮▮ 시각적 실행: 경험 ▮▮

분석하고 종합하는 능력은 새로운 방식으로 생각하는 능력을 요구한다. 새로운 아이디어를 다루는 것은 정보를 찾고 분석하는 과정, 생략할 곳을 확인하는 과정, 추가해야 할 선택을 계획하는 과정을 포함한다. 관련된 정보를 적절하게 정렬하는 것은 연구의 관심과 필요와 관련 있는 아이디어를 세심하게 조사하는 목적의식적 과업이다. 분석과정은 단순히 무언가를 체계적으로 부분으로 나누는 것을 의미한다. 분석을 위해 사용된 자료는 정보이며, 수많은 구조화 형태로 나타난다. 시각적 정보는 아이디어, 논쟁, 제안, 해석, 요약 그리고 결론의 증거로 해석되고, 도표, 이미지, 언어, 숫자, 물체 그리고 영화 필름과 같은 다양한 상징적 텍스트를 사용하여 의사소통된다. 연구 프로젝트를 계획하는 것은 창의적이며 학문적인 활동인데 알려진 것만으로는 일부만 설명될 수 있다. 그러나 이 책에서 주장하여 왔듯이, 시각화 작업은 자신만의 고유한 아이디어 결정 구조를 바탕으로 하고 있는 매우 중요한 작업이다.

지식과 이해를 위한 장으로서 경험을 탐구하는 시각적 활동은 시각적 아이디어와 구조를 다양한 형식 속에 개념화하는 것을 포함한다. 전통적인 연구 틀 속에서, 개념은 우리의 경험적이고 실험적인 이해를 바탕으로 정보의 범주를 표현하는 방식을 정의해 준다. 이런 의미에서 아이디어와 이미지를 개념화하는 것은 우리가 주변 세계를 이해하기 위해 사용하는 해석적 렌즈로서 기능하는 대안적 구조 속에서 사물과 상황을 인식하는 기초 방식을 포함한다. 제5장에서 설명하였듯이, 개념화 과정은 심리학의 연결주의 모형을 신봉하고 있는데, 선행 학습에 의해 형성된, 그렇지만 직관적이고 우발적인 연결에 반응하여 형성되기도 한 연결망 간의 병렬적 상호작용 과정에서 개념과 연합이 일어난다.

아이디어의 개념화와 시각화는 상황적이기 때문에 같은 개념들이 서로 다른 개인과 청중에게 다른 의미를 전달할 것이라는 점을 또한 덧붙일 필요가 있는데, 이는 시각예술적 앎의 상황에서 특히 관련된 것처럼 보인다. 따라서 개념화는 현상을 만들고 비평하는 데 중요한 역할을 하고 심적 이미지를 구성하는 과정은 독창적이며 개인주의적일 수 있다.

아이디어의 시각화

아이디어의 시각화는 창의적이고 비평적인 행동으로 개인의 상상하는 성향에 일부 의존한다. 그러나 그 과정은 또한 사회적 상황에 의해 중재된다. 하지만 예술가가 아이디어를 가지고 작업할 때 개인적 관점은 다른 무엇보다도 중요하다. 상상력이 풍부한 그리고 독창적인 시각화는 많은 다른 형식들로 나타날 수 있으며, 아이디어, 물체, 이미지 또는 사건으로 변형될 수 있다. 이러한 형식들은 각기 다른 방식의 해석적 공간을 열어 주며, 각각은 특정한 종류의 추론과 표현으로서 참고할 만한 대상을 수반한다. 그리고 의사소통을 위한 목적이 구상된다. 개별 관점이 시각적-언어적 텍스트로서 예술 작품 또는 퍼포먼스로 공개적으로 또는 제도적 설정 속에서 소개될 때, 이러한 것들은 예술계 연결망, 학문적 전통 그리고 전통적 규율과 같은 대리자에 의해 해석된다. 따라서 창의적인 아이디어는 개인적 시각화의 산물이 아닐 뿐만 아니라 그 독창성의 정도는 그 분야의 비슷한 장르에 현재 존재하고 있는 것에 의해 결정된다.

아이디어를 개념화하기 위한 어떤 과정은 유추, 은유 및 상동관계처럼 언어학 형식의 시각적 형태를 포함한다.[6] 시각적 유추는 하나를 다른 것과 비교하며 알려지지 않은 무엇인가를 이해하기 위한 방법으로 알려진 출발점을 사용한다(신경 체계는 뉴욕 지하철과 ‘같다’, 창의적 자기 표현은 ‘개화’ 과정이다). 유추의 전제는 한쪽 내에서 참인 것이 다른 쪽에서도 참이라는 것이다. 따라서 유추는 의미를 ‘번역’하는 것을 돕고, 시각적 형태로 표현될 때 가장 강력할 수 있다.

시각적 은유는 마치 다른 어떤 것과 동일한 것처럼 어떤 것과 흡사한 것을 나타내는 이미지를 만들어 내는 것을 포함한다[현대 미술의 ‘최첨단(cutting edge)’]. 은유는 이미지 또는 아이디어가 또 다른 이미지 또는 아이디어를 설명하기 위해 사용될 수 있다는 가정을 바탕으로 한다. 따라서 시각적 은유는 유사성을 보여 줌으로써 의미를 ‘변형시키는 것’을 도와준다. 시각적 은유의 묘사들을 종합하면서, 세릭(Serig, 2006)은 예술 작품을 통해 의미가 변형되는 것을 돕는 측면으로 문화적 맥락, 은유와 상징 간의 독특한 차이점 그리고 은유의 선택이 예술가에 의해 구현되고 관람자에 의해 수용되는 방법을 확인하였다. 이런 특질에의 각성이 없다면, ‘ƒ’모양의 구멍을 문신한 누드모델의 상징적인 등을 보이고 있는 만 레이(Man Ray)의 〈앵그르의 바이올린(Violin d’Ingres)〉(1924)과 같은 이미지는 역설적인 매력을 잃어버린다.

다른 한편 시각적 상동관계는 구조적 유사성을 확인하고, 보통은 자연 세계 속에서, 문화 속에서 또는 인간의 마음속에서 찾은 형식 간의 상응관계를 살피는 것을 포함한다. 보고, 느끼고, 알아가는 데 개인적 차이의 개념을 주장하는 하워드 가드너(Howard Gardner, 1983)의 다중지능(Multiple Intelligences)이론을 고려해 보라. 가드너의 다중지능이론은 구조적 동일이라는 용어로 설명된다. 따라서 시각적 상동관계는 그것을 다른 이미지로 제시함으로써 의미들을 ‘바꾸어 표현한다.’

시각적 개념화 도구로서 유추와 은유 그리고 상동관계의 사용은 예술가로

하여금 표현되는 의미의 타당성에 대한 의문을 제기하게 해 준다. 예를 들면, 시각적 은유는 이해를 높이기 위한 방법으로 정보를 바꾸어 전달하는 데 도움을 주는가? 시각적 유추의 경우, 두 가지 개체 사이의 합의된 관계가 존재한다는 기대가 있다. 그렇다면 시각적 은유는 유사성을 밝히고 두 이미지 간의 정보를 전달하는 것은 더 개념적인 구조를 구축할 수 있는 데 유용한 교량 역할을 할 수 있는가? 시각적 상동관계의 타당성을 평가하는 것은 다른 형태들 간에 구조적 · 개념적 동시성이 있는지 묻는 것과 비슷하다. 유사한 구조적 원리를 가진 여러 종류와 장르로부터 이끌어 내는 시각화에서 등가(等價)가 개념적으로 타당하고 생성적인가를 확인할 수 있는가?

유동적 구조의 창조

앞선 장들부터 계속 다루어 온 주제는 연구 결과가 근사치의 결론이라는 것에 대한 깨달음이다. 이런 결론은 자료는 "절대 같은 상태로 존재하지 않는다." (Fry, 2008, p. 3)라는 개념을 바탕으로 대답만큼이나 많은 질문들을 제공한다. 예술 실행을 연구로 개념화하기 위한 다양한 중점 영역을 확인하는 이 책의 여러 장에서 제시하고 있는 개념 틀은 특별한 구조적 특성들을 보여 준다. 나는 이런 구조적 특성을 얽혀 있으며 자기 자신과 닮아 있는 것으로 설명한다. 그 목적은 연구를 고정되고 융통성 없는 과정들, 즉 단지 미리 정해진 방법만 따르는 것으로 보는 경향에 반대하기 위한 것이다. 이런 방식은 예술실행연구로 특징짓는 방식과 다르다. 시각예술 연구의 과정은 포용적이며 역동적이다. 다른 모든 형태의 연구들처럼, 이 연구의 결과는 목적에 의해 움직이는 과정으로부터 온 것이며 결과는 추정적 자각이다. 따라서 구조는 유동적이며, 지그문트 바우만(Zygmunt Bauman, 2007)이 구조는 '단단히 굳은' 단계에서 현대의 '유연한' 단계로의 이동이라고 설명한 대로 우리가 살고 있는 불확실성의 시대와 관련되어 있다. 이는 다음과 같다.

사회적 형식들(개인의 선택과 일상의 반복과 허용된 행동 패턴들을 규제하는 기관들을 제한하는 구조들)은 더 이상(그리고 기대되지 않는다) 그들의 형태를 오랫동안 유지할 수 없는 상태다. 왜냐하면 구조들은 해체되고 그것이 만들어지는 데 걸리는 시간보다 더 빠르게 해체되며 또한 일단 그것들은 그들 자신을 위해 설정한 형태이기 때문이다(p. 1).

예술실행연구의 시각적 결과물의 이런 유동적 측면은 셰리 메이요(Sherry Mayo)가 문화적 산물로 생성된 아이디어와 개념이 어떻게 해석 공동체 시장 안으로 들어갈 수 있는지 설명하기 위해 만들어 낸 '문화적 막(cultural membrane)'으로 잘 재현된다. 유동적 매개과정은 마치 개념적 연관이 일시적이며 균열이 일어나는 것처럼 현재의 의미도 만들어졌음을 뜻한다.

▌▌ 경험주의자의 탐구: 연습 ▐▐

시각예술 탐구는 '다시-찾기(re-searching)' 활동으로 묘사될 수 있다. 그것은 브랜트 윌슨(Brent Wilson, 1997)이 무엇을 알고 있는가 의문을 가짐으로써 그리고 **"무엇인가**, 무엇을 가지고 **할 수 있는가** 그리고 무엇을 **해야만 하는가"** (p. 1, 원문에서 강조)와 관련 있는 새로운 개념들을 제공함으로써 부분적으로 형성되는 새로운 지식들을 찾는 것이다. 경험적 연구 전통 속에서 탐구를 실행할 때 사용하는 이런 종류의 시각화 활동은 자료의 출처와 자료의 유형을 시각화하고 새로운 지식을 만들고 제시하기 위한 조직적이고 운행적인 체계로 기능하는 연결망 구조를 설계하는 것을 포함한다.

자료의 시각화

기술적 · 해석적 · 설명적 전략으로 서로 다른 시간에 사용되기 때문에, 자료

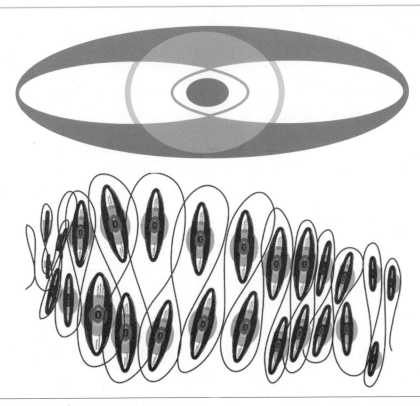

셰리 메이요. 〈예술품의 유전자 모형(Genome Model of the Art Object)〉(위). 〈문화적 매트릭스, 문화적 환경 내에서의 예술품(Cultural Matrix, Art Objects in the Cultural Milieu)〉(아래). (2004). 작가의 허락을 받아 게재함. http://www.smayo.net

문화적 생산은 진공 상태에서 일어나지 않는다. 이 모형은 예술가가 맥락적 자료 또는 '문화적 DNA'를 가지고 암호화한 것 같은 예술품을 보여 준다. 이것은 예술가가 예술 작품을 만드는 데 바탕이 된 영향권을 설명한다. 이 모형은 기본적인 단세포적 모형을 묘사하는데, 이것은 예술 작품이 시간을 통과하여 공간을 여행할 때 예술 작품에 일어나는 것을 이해할 수 있게 한다. 모든 문화적 대상물은 몸속의 원형질 막의 '푸딩 속 건포도' 이론과 비슷한 문화적 기반 안에서 구체화된다. 인체조직의 막은 지방에 침투한 단백질 부속물로 가득 찬 지방의 이중의 층들이 있는 모자이크 구조다. 문화적 대상물은 우리의 대기 속에 존재하기 위한 장소를 찾고 그들을 둘러싸고 있는 영향권에 의해 여과된다. 단백질처럼, 문화적 산물은 한 시대와 공간의 아이디어를 또 다른 문화적 환경 안으로 이동시킨다(Mayo, 2004, pp. 6-15).

메이요(Mayo)의 *Emergent Object at the Human-Computer Interface(HCI): A Case Study of Artists' Cybernetic Relationships and Inplications for Critical Consciousness*(2004)에서 이미지 발췌.

를 시각화하는 것은 연구 맥락 내에서 만들어진 자료에 내재된 특징을 포착하고자 노력한다. 어떤 앙상블 또는 실재 내의 개념과 구조를 이해하기 위해 구성 요소와 관계 그리고 가능한 우연한 연결을 명확히 할 수 있는 것은 유용하다. 이것은 분석적 과정이며, 구조를 부분적으로 그리고 전체적으로 살피는 것을 포함한다. 세 가지 시각적 접근은 지도 그리기, 색인화하기 그리고 모델링을 말한다.

지도 그리기는 잠재된 연결 구조와 체계를 드러내기 위한 목적으로 현존하는 개념적 틀에서 이론과 아이디어를 찾는 과정이다. 이것은 핵심 개념과 아이디어를 어떤 영역이나 유형 내에 있는지 찾는 것이며, 지도 그리기 절차의 예시는 파일 카드 시스템(file card systems), 개념 지도, 인용 로그, 아이디어 계보 그리고 그 비슷한 것들을 포함한다.[7] 특정 연구에 대한 정보를 주면서 주제에 영향을 미칠 수 있는 이론적 틀을 명확히 하려는 연구자는 묘사적 지도 그리기를 사용한다. 이것은 연구 공동체가 학문적 과정을 구성하는 주변의 개념적 구조를 확립하는 방법이다. 예를 들면, 로리 슈나이더 애덤스(Laurie Schneider Adams, 1996)의 예술 방법론의 서론은 예술사학자들이 사용한 접근을 지도화하였다.[8] 시각예술 연구를 위해, 만약 연구 목적이 새로운 방법으로 그것들에 질문을 할 수 있다면 이러한 승인된 패러다임에 관한 앎은 필요한 것이다.

시각적 지도 그리기의 좀 더 복잡한 형태는 찰스 미나르(Charles Minard)가 나폴레옹의 불운한 모스크바 캠페인을 확인할 때 수행했던 것이다. 미나르는 인과적 설명을 확인하기 위한 야심만만한 작업에 착수했고, 그의 고전적 예시는 군사 42만 2,000명과 함께 시작했던 나폴레옹의 1812년 불운했던 러시아 침공을 묘사할 뿐만 아니라 왜 단지 1만 명만이 되돌아왔는가를 설명한다. 군인들의 움직인 흔적들이 굵은 선을 사용하여 추적될 때, 거의 아무도 되돌아오지 못했음을 쉽게 볼 수 있으며, 그 이유는 떨어지는 선들이 기온도표까지 내려가는 것에 의해 설명되는 것으로 강추위에 의한 그때의 주요한 손실을 보여준다. 러시아 군대가 나폴레옹을 물리친 것이 아니었다. 러시아의 날씨가 물리친 것이다.

색인화하기(indexing)는 또 다른 전략으로 특정 위계적 기준을 가진 유형, 분류, 계통으로 대상을 수집·분석할 때 도움이 되는 유용한 시각화 도구다. 더 나은 시각적 명확성은 정보의 개념적 단계들 간의 구분을 하는 데 적용될 수가 있다. 시각적 색인과정의 예시는 레나타 테슈(Renata Tesch, 1990)의 질적 자료 분석 방법의 메타분석이 가능하다. 그녀는 질적 탐구를 위한 서로 다른 접근들의 목적을 설명하기 위한 색인화된 계통–구조를 제공하고 집대성하여 다른 종류의 접근들을 수집·분석하였다.

모델링(modeling)은 자료를 시각화하는 도구로 좀 더 과정 중심적이다. 구조 내 특징들 사이의 관계에 대한 정보를 구할 수 있는 방법이다. 따라서 모델링은 다면적 재구성적 과정이고 복잡한 현상을 구성요소로 분해하는 능력과 그들의 관계들을 시각화하는 능력을 요구한다. 제5장에서 비판적 영향 프로젝트의 결론적 논의는 연구과정의 역동적 특질을 파악하는 모델을 개발하는 좋은 예라고 할 수 있다. 잠재적 철학 구조와 가치 체계가 어떻게 미술교육의 방식들을 형성하는지 확인하기 위해 교육과정 모델을 수년간 분석해 온 아서 애플랜드(Arthur Efland, 1995)의 교육과정 이론은 텍스트적 예시다. 학문적 전통들과 교육과정 개념을 연결하는 그의 매트릭스 모형은 왜 미술이 다르게 가르쳐져야 하는지 설명하는 데 도움이 되는 관계의 텍스트적 지도로 볼 수 있을 것이다. 다른 한편, 승인된 활동으로 이미 정립된 모델들은 조사하여 부족한 부분을 발견하고 새로운 체제를 제안할 수 있다. 이것은 제임스 엘킨스(James Elkins, 2003)가 시도한 접근으로 그는 시각 문화 영역의 검토와 그가 '시각적 연구(visual studies)'라고 정의한 이미지 분석을 위한 보다 광범위한 바탕을 요구한다. 엘킨스는 전반적인 개념 모델을 인식하기 위한 목적으로 시각 문화의 내용 지도에 더 많은 구성요소들을 더했을 뿐만 아니라 다른 차원의 탐구들을 더했다. 애플랜드와 엘킨스가 사용한 전략들은 텍스트적·개념적 분석을 통해 이룬 종합일 뿐만 아니라 이미 시각적 형식의 표현을 사용한 탐구로부터 혜택을 본 전략으로 볼 수 있다.

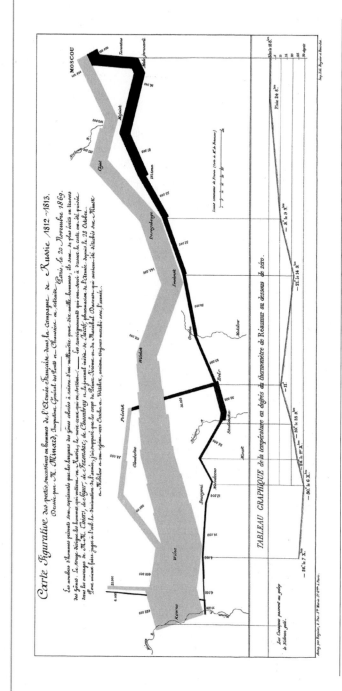

참스 미나드, 〈나폴레옹의 모스크바 행군: 1812년 전쟁(Napoleon's March of Moscow: The War of 1812)〉. 에드워드 R. 터프트(Edward R. Tufte), 양적 정보의 시각적 표시, 1983; 이름다운 증거, 2006 (pp. 122-139), 영어 번역 포함. 그래픽 인쇄를 허가받음. http://www.edwardtufte.com

　1812년 6월 러시아 침공이 나이예멘 강(Niemen River)에서 가까운 폴란드-러시아 국경 왼편에서 시작될 때 두꺼운 띠로 군대의 사이즈를 보여 준다(42만 2,000명). 띠의 폭은 지도의 각 장소에서 군대의 크기를 나타낸다. 9월, 군대는 버려지고 황량해진 10만 명만이 모스크바에 도착했다. 모스크바로부터 나폴레옹 군의 퇴각 경로는 아래쪽의 검은 띠로 그려져 있는데, 도표 아래쪽에 기온과 날짜가 연결되어 있다. 당시는 엄청나게 추운 겨울이었고 군사들이 많은 군사들이 러시아를 떠난 행군에서 얼어 죽었다. 그래프가 보여 주듯이, 베레지나 강(Berezina River)을 건너는 것은 참사였다. 군대는 폴란드로 겨우 1만 명만이 살아남아 돌아왔다. 또한 선황대의 후방의 측면을 보호했으며 그 또한 최후에 아직 하는 보조군대의 움직임 역시 보여 준다. 미나드의 그래프는 다변수적 자료를 가진 공부하고도 느리 정연한 이야기를 해 준며, 시간별로 내용되는 한 가지 숫자로 보여 주는 것보다 훨씬 더 많은 것을 설명한다. 네 가지 변수들이 표시되어 있다. 군대의 사이즈, 2차원적 표면에의 그 위치, 군대의 이동 경로 그리고 모스크바에서 퇴각하는 동안의 다양한 날짜별 기온이다. "이것은 지금까지의 최고의 통계적 그래프다" (Tufte, 1983, p. 40).

네트워크 구조를 설계하기

　다른 아이디어 시각화를 위한 전략은 설계하고 검토하는 것이다. 전통적 관점에서 설계과정은 일반적으로 문제해결 전략으로 보인다. 이것은 필요가 확인되고, 제약이 고려되고, 개념과 아이디어가 제안되고, 원형(prototype)이 설계되고 검사되고 그리고 수정이 이루어지는 일련의 단계들을 통해 이루어진다. 그러나 이런 단순한 과정은 브렌다 로렐(Brenda Laurel, 2003)에 따르면, '연구로서 설계(design as research)'라는 분명한 분야가 출현할 정도로 수많은 다른 이론, 실행, 경험, 방법 그리고 기술이 필요한 설계 작업의 복잡성을 심각하게 왜곡시킨다. 로렐의 책 서문에는, 피터 루넨펠드(Peter Lunenfeld)가 "연구 설계는 이론과 실행이 얽힌 공간을 창조하는 것이다."(Laurel, 2003, p. 10)라는 주장을 한다. 이것은 연구 설계 문화를 만들어 내는 것을 도운 비판적, 학제간 활동뿐만 아니라 민속지학과 참여 관찰과 같은 현장 중심 연구 방법의 적용에서 분명히 나타난다.

　다른 한편, 설계나 모의 실험은 보다 광범위한 일련의 목표 내에서 연구가 어떻게 끝이 나고 연구 방법 도구가 어떻게 통합되는지 개념적으로 이해하는 데 도움이 될 수 있다. 필자는 연구과정과 산물을 모두 설계로 나타낸다. 시각적 예술 내에서 이루어지는 대부분의 탐구들은 프로젝트 같아서 전반적인 질문과 주제에 의해 이루어지며, 일련의 상호 의존적인 실행으로 구성된다. 예를 들면, 만약 시간과 공간적 변수가 포함되고 시각적 가능성을 탐구하기 위해 적합한 컴퓨터 프로그램에 활용할 수만 있다면, 모의 실험은 다른 선택을 개선하는 데 도움이 될 수 있다. 연구 계획서의 구조와 차례를 조직하기 위해 유용한 전략이 시각적 개요를 만들어 내는 반면, 좀 더 복잡히 얽힌 프로젝트는 매사추세츠 테크놀로지 미디어 연구소(Massachusetts Institute of Technology Media Lab)의 벤 프라이(Ben Fry), 케이시 리스(Casey Reas)와 동료들이 개발한 컴퓨터 그래픽 모의 실험으로 더 잘 이해될 수 있다.

　설계하기를 아이디어의 시각화를 위한 전략으로 생각하는 많은 명백한 방법들이 있다. 이것은 설계 연습이 무엇인지에 관한 본질이다. 건축가 프랭크 게리 (Frank Gehry)가 형태, 공간, 운동 및 사이트 등의 아이디어를 시각화하는 설계 개발의 초기 단계에서 사용한 일련의 모델들이 한 예가 될 수 있다. 2002년 뉴욕의 구겐하임 박물관(Guggenheim Museum)에서, 게리는 맨하탄의 동편 약간 아래쪽에 건설될 구겐하임을 제안하기 위한 계획들을 보여 주었다. 이 모델들의 많은 것들이 스케치 같은 것이었는데, 구겨진 종이가 지붕 구조들의 곡선과 주름진 지붕 비슷한 형태를 제공하고, 접은 카드나 거칠게 자른 벽돌은 면적이나 공간 영역을 구분해 주었다.

　이러한 과정은 계측을 위한 표준 규격의 '볼륨감 있는 모델(massing model)'을 가지고 시작된다. 초기 '개념적' 모델은 게리의 시각적 특징을 파악하기 위해 사용된 빨리 그려 낸 낙서 같은 스케치 그리고 단순한 종이나 판지 모양이나 형태를 포함한다. '연구(study)' 모델은 좀 더 높은 수준으로 개선된 설계를 따른다. 이들은 현존하는 주변 상황을 가지고 구조를 제안하는 시각적 대화처럼 결과적으로 좀 더 폭넓은 관심들을 고려한 '현장(site)' 모델을 형성하도록 수정된다. 전시된 노트는 "건물의 특정 이미지/메타포는 즉각적 맥락으로부터 유도되어야 한다—그래서 안개 또는 구름으로부터 나온 고층건물을 만들자."라는 코멘트를 기록한다. 순서의 마지막을 향하면서 새로운 개념 모델, 볼륨감 있는 모델 그리고 연구 모델이 개발되고 이것은 예비 마스터 모델로 인도한다. 전시 카탈로그의 도입부는 아이디어를 시각화하는 게리의 접근법을 다음과 같이 표현하였다.

　　이 전시는 유동적 스케치와 단순한 건축용 벽돌을 가지고 시작한 독창적인 설계과정을 보여 준다. 초기 해결법을 지닌 내용은 거의 없이, 게리는 주어진 건축 계획에 잠재되어 있는 무수한 설계의 가능성을 탐색하는 입체 스케치로 모형을 사용하는 진화적이고 협업적인 과정으로 건축 작업에 접근한다. 최근 수년 동안 그의 신념에 의해, 설계와 제조업 응용 프로그램을 위해 사용된 컴퓨터 테크놀로지는 그가 오랫동안 소중하게 여겨 온 제스처적인 특성의—야심찬 새로운 규모로—실현을 가능하게 해 왔다(Solomon R. Guggenheim Museum, 2001).

시각적 예술 연구에 착수하는 것은 또한 다른 이들이 이미 해 온 것을 발견하는 데 달려 있고, 이것은 학문의 기본적인 필수요건이다. 인문과 사회과학의 연구 전통에서 검토(reviewing)는 연구과정의 일부다. 연구 실행의 주요 요소로서 검토는 종종 지금까지 무엇이 이루어져 왔는지 추적하는 방법으로 여겨져 왔다.

다른 이들이 설득력 있게 주장해 왔듯이, 검토는 학문 활동에서 정말 중요한 해석적 기능을 가지고 있다.[9] 정보가 어떻게 제시되고, 학문 분야에서 지식의 위치를 어떻게 얻게 되는지 탐구하는 것은 일련의 비판적이고 전략적인 방법의 사용을 요구한다. 관련된 문헌에서 발견되는 관점, 이론, 정의 그리고 논의는 연구를 비평하기 위한 기본 출발점을 제공한다. 예를 들면, 연구 도구로서 정의는 아이디어와 개념이 사용된 경계 영역과 맥락을 확인할 수 있도록 돕는다. 정의를 평가하면서 그 정의의 타당성과 일치성뿐만 아니라 내재되어 있는 가정이 정밀한 조사를 견뎌 낼 수 있는지 살필 것이다. 결국 정의는 알아채지 못하게 좀 더 포괄적인 관점이 가지는 손실에 특권을 줄 것이다. 비판적이고 반성적인 검토는 기초를 형성하는 것만큼이나 그것들을 흔들어야만 하고, 경계를 만드는 것만큼이나 경계를 흐리게 만들어야 한다.

연구의 연습으로, 그것은 특정 연구 프로젝트의 목적에서 도출된 새롭게 이론화된 렌즈에 따라 이미 만들어진 지식을 재배치하는 해석적 능력을 요구하기 때문에 시각적 문헌 검토를 실행하는 것은 연결망 구조를 설계하는 좋은 예가 된다. 이런 의미에서 시각예술 문헌 검토를 실행하는 과업은 도전적인 주제의 미술전시회를 준비할 때 필요한 큐레이터의 노력과 유사하다. 보통 말하듯, 전시회는 특정 맥락 안에 자리한 예술품을 선정하는 것을 포함하는 것뿐만 아니라, 그것은 그 분야에 새로운 통찰력을 가져오는 독창적인 해석을 제공한다. 시각 연구 방법을 가르치는 강좌에서 필자의 역할은 학생에게 최근 문헌들을 시각적 구성에 정기적으로 다시 재구성해 볼 것을 요구하는 것이다. 시각적 구성은 연필, 디지털 그래픽으로 가장 잘 묘사될 것이며, 철사, 판지 또는 천으로 재현될 수도 있을 것이다. 요점은 목적이 있는 해석적 입장은 독창적인 연구를 수행하기 위해 필수적이며, 이는 타인이 지금까지 이룩한 것을 보여 주는 작업일 뿐만 아니라 정보가 타인이 아직 하지 않은 것을 바탕으로 한 통찰력을 위해 어떻게 사용되는지 보여 주는 작업이라는 것이다.

연구 프로젝트를 구성요소들의 집합 그리고 하나의 표 또는 모의 실험 모형 내에서의 관계들로 축소시키는 데서의 제한점은 매우 유용한 초점 조정장치로서 기능하는 이론적 그리고 실행 계획적 매력을 가질 수 있다. 좋은 예로는 그라지엘라 톤포니(Graziella Tonfoni, 1994)가 쓴 『시각예술로서의 글쓰기(*Writing as a Visual Art*)』가 있다. 그는 시각적 상징들이 텍스트와 시각 대상물을 분석하는 데 사용되는 그래픽 장치로서 그리고 창의적이고 구성적인 과정으로 시각적 글쓰기를 위한 구조로서 "상상하는 텍스트 기계"(p. 141)로서의 시각적 상징들을 고안하였다.

▌▎ 해석적 담론: 조우 ▎▌

시각예술 연구가 아이디어나 그 주체와 관련된 의미와 주제의 차원을 탐구하기 위해 담론적 방법을 사용할 때, 해석주의 연구 패러다임과 연계된 언어기반 전략의 대부분은 놀이가 된다. 이것은 제4장에서 상세히 다루었다. 예술 및 인문학과 인간과학과 같은 분야는 지식 세계를 구성하는 다양한 의미 만들기 접근을 사용한다. 이런 방대하고도 변화무쌍한 지형을 이해하는 것은 의미는 발견되는 것이기보다 오히려 만들어지는 것임을 인정하도록 요구한다. 따라서 아이디어나 관점은 개인적·사회적으로 구성되지만, 그것들은 계속적으로 수정되고, 옛것과 새것 사이에 존재하는 긴장감을 유지한다. 이런 방법으로, 동료들과 학문적 관심은 조정자이자 영감을 주는 뮤즈로서 도움을 제공한다. 학문적 공동체에서 인정되고 있는 지식이더라도 실재하는 경계 저편으로 움직이기 위한 가능성이 항상 존재하며, 정말로 필요하다. 따라서 한 분야에서 발생하고 있는 것을 해석하는 능력은 새로운 방식으로 생각하는 능력을 요구한다. 지그문트 바우만(Zygmunt Bauman, 2007)의 설명에 따르면, "개인의 관심을 가장 잘 만족시킨다고 알려진 미덕은 규칙에의 순응이(어느 정도는 간격이 거의 없거나 멀고 종종 쌍방 간 정반대인) 아닌 융통성이다"(p. 4).

모든 연구 실행은 다른 연구를 돕게 될 재현들을 만들기 위해 정보를 만나고 비평하는 단계를 포함한다. 대안적 관점은 가장 예리하게 느껴지는 해석 공동체 내에 있기 때문에, 건설적 대화를 통해 통찰력 있는 방식으로 정보에 반응한다는 것은 개인적 관점이 대중적 담론 속으로 들어가는 것이 필요함을 의미한다. 이런 논의를 만드는 데서, 분석에서 확인되는 부분들의 종합 또는 통합에 의해 가설이 검토되는 해체의 단계가 뒤따르게 된다. 여기 누군가가 원리를 조직하는 새로운 세트를 사용하여 연결과 관계를 만들고 있는 새롭게 설계된 개념적 환경 위에 새로운 표지판을 세운다. 그러나 거기에는 수집된 증거들이 해석이 이루어질 수 있도록 지원해야 하기 때문에 논쟁 속에 내재한 유연성과 함께하는 논리와 추론이 있어야 한다. 시각화된 텍스트와 서사 구조에 대한 숙고는 이런 아이디어를 가진 만남을 이해하는 것을 돕는 두 가지 활동이다.

텍스트의 시각화

텍스트를 시각화할 때, 개별 관점과 각각의 구조는 생각이 소통되는 반성적 공간으로 기능하는 더 폭넓은 해석 공동체로부터의 반응들과 함께 섞이게 된다. 이런 해석의 중심에는 서로 다른 주체가 현재의 새로운 통찰을 돕는 변증법과 논의를 만들어 내는 방식이 있다. 예를 들면, 실존하고 있는 범주 구조를 다른 개념적 신호에 따라 대안적 체계 속으로 환원하고 재해석하는 것은 연구에서는 매우 보편적인 귀납적 분석 방법이다. 이런 종류의 재구성은 정보를 종합하는 것을 도울 수 있음에도 불구하고, 아마도 가장 가치 있는 것은 대상을 다르게 볼 수 있는 방법으로서 그것이 가지고 있는 매력일 것이다. 따라서 주어진 정보를 비판적으로 다루는 과정을 제안하고 있는 텍스트의 시각화는 '반응하기(talk back)'의 능력을 요구하며, 또한 이것은 많은 텍스트 형식들을 취할 수 있다.

언어 도구를 사용하지만 시각 이미지를 이용하는 예는 피터 플래전스(Peter Plagens, 1986)가 제시한 상호작용적 표현으로 예술적인 조우에서 협상과정이 일어나며 나타난다. 그의 예에서, 플래전스는 루카스 사마라스(Lucas Samaras)의 사진 작품을 인터뷰하였다.[10] 그것은 미술비평가로서 플래전스가 작품에게 질문들을 하는 것으로 시작하고, 짧은 발췌문은 쌍방향의 대화를 기록한 것이다.

플래전스: 인터뷰하는 것이 실례가 되겠는가?

사마라스의 사진: 뭐 꼭 그렇지는 않다. 내가 직접적으로 말하는 기회를 갖는 것은 자주 있는 일은 아니다. 내가 말해야만 하는 것은 보통은 딜러나 미술비평가 같은 중개자를 통해 전달되었다.

플래전스: 그것은 이상하다. 사진이 말해야 할 것은 모든 사람에게 분명해야만 한다. 왜냐하면 그것은 모든 사람이 보는 바로 그 표면 위에 있기 때문이다.

사마라스의 사진: 글쎄, 약간의 문제가 바로 거기 있다. 나는 '사진'이 아니다. 나는 예술 작품이다.

플래전스: 다른 점이 무엇인가?

사마라스의 사진: 그 분명한 것을 장황하게 말하는 것의 위험에도 불구하고, 사진은 때때로 예술 작품이 될 수 있다. 그러나 사진은 정확하게 말하자면 사진원판(negative)으로부터 직접적으로 현상된 단일-표면(single-surface)의 항상 일원적 이미지다. 나는 일반적으로 사진일 수 있지만, 당신이 볼 수 있듯이 나는 물리적으로 상당히 조작되어 왔다—당신은 심지어 나를 콜라주라고 부를지도 모른다. 심지어 나의 형제자매들은 조각, 아상블라주(assemblages), 파스텔 그리고 회화다.

플래전스: 당신이 사마라스 가족에게서 당신의 형제자매를 지칭하는 것이라
는 생각이 든다.

사마라스의 사진: 그렇다. 우리는 모두 각기 매우 다르지만, 우리는 우리 아버
지의 관점을 공통적으로 가진다.

플래전스: 그 관점이란 게 무엇인가?

사마라스의 사진: 그것에 대해선 그에게 물어야 할 것이다. 나는 단지 나에 대
해서만 말할 수 있다(p. 255).

내러티브 구조에의 반영

다른 형태의 문자적 시각화(textual visualization)는 내러티브 구조를 반영하는
것을 포함한다. 종래의 정의는 내러티브를 사실일 수도 있고 허구일 수도 있는
사건, 행동 또는 아이디어의 연속으로 묘사한다. 내러티브는 우리가 관계될 수
있는 하나의 형식과 내용을 통해 특정한 인간의 복잡함을 그려 내기 때문에 대
부분의 문화가 스토리텔링을 위한 경향이 있다. 때문에 내러티브에는 무언가
철저히 개인적인 것이 있다. 내러티브 구조에는, 어떤 면에서 의미를 규정하는
미리 조성된 종합적 · 상징적 구조를 가진, 즉 규칙에 의해 지배되는 명제 언어
보다 좀 더 창의적이고 해석적인 여지를 제공하는 유연함 또한 있다.

하지만 위대한 내러티브나 논쟁도 의심스러울 수 있듯이, 내러티브 내용 또
한 고유의 이데올로기적 신조에 의해 압력을 받을 수 있다. 따라서 어떻게 의미
가 만들어지는가 하는 데서 내러티브 전략, 참고 분야 그리고 정보를 주는 상황
을 형성하는 해석적 틀은 주요 요인으로 이해될 필요가 있다. 예를 들면, 동시
대 예술가들에 대한 린다 와인트라웁(Linda Weintraub)의 에세이는 그들의 활
동, 열정 그리고 기호에 대한 내러티브 이상의 많은 것들을 제시한다. 그녀의
개념적 입장은 예술 실행이 계속적으로 팽창하여 모든 종류의 사회문화적 환
경, 상황 그리고 서비스를 수용하며, 그것이 어떤 단순한 내러티브로 제시해
낸다는 믿음을 바탕으로 한다. 이와 같이 사회에서 관람자의 역할과 예술의 기

능에 대한 의문은 좀 더 의식적으로 예술적 시도에 대한 예술가가 관점의 일부가 되어야 한다. 와인트라웁의 해석적 관점은 "자유로운 에너지 변환은 물리적 상태에서처럼 예술 안에서 재생된다. 그리고 예술가는 변화를 위해 시작과 적응을 독창적으로 할 능력이 있기 때문에, 예술 형태는 우리 주위의 모든 것을 변형시킨다."(p. 8)라는 그녀의 말에서 파악될 수 있다.

와인트라웁은 그녀의 설명을 구조화하기 위해 정형화된 언어 형태를 사용함에도 불구하고, 현상을 구성하고 비판하기 위해 해석적 방법으로 시각적 내러티브를 고려하는 것 또한 가능하였다. 일반적으로 언어-그림 조합의 유용성은 어떻게 그것들이 설명과 소통을 지원하는지 그 결과에 달려 있다. 하지만 내러티브의 주요 구성요소로 시각 이미지를 사용하는 것은 개념적·구조적·순차적 결정이 대부분 그림에서 이루어지고 이것이 의미 만들기의 범위를 그려 줄 기회를 제공하고 해석 가능성을 열어 준다는 것을 의미한다. 목적이 묘사적 설명과 사실적 이야기 너머로 이동한 자료를 구성하는 것인 연구적 내러티브의 맥락 내에서 고려될 때, 시각 이미지를 포함시키는 것은 또한 내러티브를 규정하는 해석적 이해에도 공헌을 해야만 한다.

시각적 형태들이 단순히 묘사를 위한 도구로 사용되지 않는다면, 시각적 내러티브의 구조는 처음부터 사건, 주제 그리고 논쟁에서 통합될 것이다. 마이클 엠(Michael Emme, 2001)이 그의 '시각적 비평(visual criticism)' 전략을 가지고 사용했던 접근에서, 해석적 형태가 개념적 내용을 가져오는 별개의 시각적 유사체(visual analog)로 존재했던 것은 명백하다. 엠에게는 비평이 곧 창조다. 비판적 사회학의 측면에서 보면, 엠은 미술비평이 정치적 행동주의의 형태로 보일 수 있으며, 현대 문화의 시각적 이미지에 내재되어 있는 영향은 시각적 과정으로서 제시되기 위해 이런 비판적 관점들을 요구한다고 주장한다.

연구보고에 활용되는 수단은 각기 상이한 내러티브를 사용하며, 종종 이것은 개인적인 책임을 공공의 영역으로 가져오면서 풍부한 연결을 만들고 새로운 방법을 드러낸다. 시각예술을 연구하는 연구자는 경험을 재현하는 다양한 텍스트에 접근하고, 이것은 대화를 위한 새로운 기회를 여는 것을 도와준다. 심지어, 시각예술 실행을 해석적 형태 또는 재현적 형태뿐만 아니라 무언가를 다른 연구 전통에서 사용할 수 없는 방식으로 이해할 수 있도록 하는 도구로서 보는 것이 가능하다. 그렇게 하는 것은 개인적 흥미(preferences)와 실행의 역사를 드러내기 위해서, 내용과 과정의 연결, 협력적 잠재성, 지역사회의 연결을 확인하기 위해서 스튜디오 예술 경험(studio art experience)을 이론화하는 것을 요구한다.

이것들은 휴고 오르테가 로페즈(Hugo Ortega López, 2008)가 미술교육 연구의 이론과 실행 그리고 그의 박사학위 논문의 중심이었던 스튜디오 경험으로부터 발생한 암시와 의문과의 해석적 조우에서 그가 참작한 것들의 일부분이다. 로페즈에게는 지식의 한계와 스튜디오 작업이 수행하는 역할을 어떻게 넘어설 수 있는가를 탐구하는 것이 연구 문제의 핵심이었다.

> 지식의 전달은 그것의 재현 매체에 의해 제한되거나 촉진될 수 있다. 시간을 통해, 지식 분배 채널은 지식의 수용 가능한 유형과 지식의 유용함을 결정하는 특별한 위계를 가진 양식을 만들어 낸다. 연구의 위계적 체계는 탐구의 적절한 경로와 방식들을 결정한다. 이러한 체계는 어떤 것을 존재하는 언어로 전환하는 것과 탐구를 이미 존재하고 있는 라벨(labels)과 형식(formats)으로 수정하는 것을 요구한다. 문화, 정치, 경제 그리고 테크놀로지의 통제 속에서 기록, 전달 그리고 분배의 가능성으로부터 출현한 의사전달 형식들의 계층화는 인식자(the knower)의 담론과 설명 능력을 강조하였다. 따라서 학문적 의사소통에서 인정받는 형식은 논쟁의 직선적 구성과 이해를 통해 탐구에서의 행위들과 역학관계들을 이끌어 준다. 그러나 매우 시각적으로 이루어지는 탐구에서 지식을 생성할 수 있는 가능성은 무엇일까(pp. 4-5, 원문에서 강조)?

로페즈는 박사학위를 위한 자신의 연구와 스튜디오 작업 활동 간의 관련성을 엔진과 기어라는 면으로 설명하였다. 이론적 고찰이라는 일반적인 방법을 사용하여 문서에서 발견된 의미는 전통적 내용 구조를 정의하는 이미 존재하는 관계에 의해 제약받게 된다. 로페즈에게 거기에는 이런 체계들을 다른 방식으로 볼 수 있는 장점이 존재한다. 엔진의 예는 '근접(proximity)'과 '가로질러 맥락화하기(cross-contextualization)'다. 이론적 대상으로서 텍스트 원천은 새로운 정보의 조합을 만들어 냄으로써 그들의 근접성이 변화되고, 이에 따라 그 자신도 변경될 수 있다. 제럴드 브룬즈(Gerald Bruns, 1999)의 철학적 아이디어를 참고하면 정보는 폭넓게 구성되며, 일반화된 개념이고 그리고 새로운 통찰이 존재할 수 있는 특별하고, 부수적이며 구체적인 텍스트적 순간에 있는 개념을 좀 더 향하는 것이라는 생각에 덜 중점을 둔다. 어느 정도 비슷하게, 로페즈도 로저

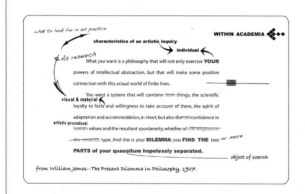

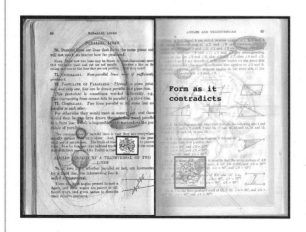

휴고 오르테가 로페즈. 〈근접성과 가로질러 맥락화하기 텍스트의 파괴: 윌리엄 제임스(Proximity and Cross-Contextualization Textural Disruptions: William James)〉(위). 〈제안 Ⅲ: 모순으로서 형태(Propositions Ⅲ: Form as It Contradicts)〉(아래). 작가의 허락을 받아 게재함. http://www.artebunker.blogspot.com

도전은 전문 예술가의 본질적 지식 구조와 언어가 어떻게 학문적 기준들에 맞는 가능성이 있으며 타당한 진술의 연구로 인정받을 수 있는가 하는 것이다. 예술가의 목소리와 시각 그리고 예술가의 작업 실행이 예술 관련 실행들을 다루는 표준화된 구두/문자 언어 활동에 의해 변화하는 것, 심지어는 '변이(mutated)'되는 것이 가능할 것인가? 만약 이것이 바로 그 경우라면, 예술가-연구자가 기회와 전략을 만들어 내고 다름과 차이를 탐구하는 연구의 형식을 이용하는 것은 인정될 필요가 있다.

샌크(Roger Schank, 1999)의 복합적 이론(complexity theory)과 발생(emergence)에 대한 작업으로부터 온 아이디어들에서 가로질러 맥락화하기를 접목하였다. 가로질러 맥락화하기는 약간 무계획적인 방식으로 내용의 '덩어리들(chunks)'을 적절히 타당화하고 동화시키는 것을 포함하는 개념이다. 이것은 그 내용의 덩어리를 원래의 것에 대안적 해석을 제안하는 새로운 구성 형태로 변형시킨다. 이러한 시각적 형태는 탐구로부터 출현한 내러티브 구조의 일부가 된다.

예술 실행은 로페즈가 "행함의 시각적 모형(visual model of doing)" (2008,

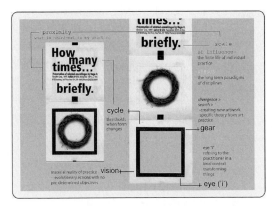

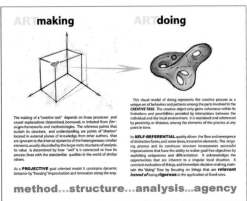

휴고 오르테가 로페즈 〈자전거, 기어, 눈, 비전: 예술과 연구 실행의 과정(Cycle, Gear, Eye, Vision: A Sequence of Art and Research Practice)〉(위). 〈지리학: 행함의 시각적 모형(Geometry: Visual Model of Doing)〉(아래). 작가의 허락을 받아 게재함. http://www.artebunker.blogspot.com

　　나의 작업은…… 순환하는 실행을 수행하는 기어들로 비유될 수 있어서, 내 개인의 눈은 제도적 환경의 것들을 수정하기 위해 기능한다. 그리고 이것은 통찰과 이해만큼이나 기회와 즉흥적인 어떤 것을 이끌어낸다(Hugo Ortega López, Baxter, López, Serig, & Sullivan, 2008, p. 7 재인용).

p. 25)으로 묘사하였던 것 내에서는 지식의 한계를 넘어설 수 있는 유연한 기회를 제공한다. 만약 누군가가 견고한 구조에 맞서려고 한다면, 거기에는 새로운 형태의 출현이 발생할 수 있는 붕괴의 순간이 존재할 것이다. 이것은 "단일한 국지적 상황에 내재하고 있는 기회들을 인정하는 것이다(López, 2008, p. 25).

▮▮ 비판적 과정: 규정 ▮▮

제5장은 우리에게 예술은 무언가를 변화시킬 수는 없지만, 무언가를 변화시킬 수 있는 사람을 변화시킬 수 있다고 말했던 맥신 그린(Maxine Greene)을 소개하며 시작되었다. 비판적이고 창의적인 탐구 그리고 인간의 주체 의지(human agency)의 형식으로서 시각예술이 가지고 있는 활동가적 역할은 다소 역사를 점검하는 열망을 가진다는 것이다. 또한 그것은 예술가에 의해 사회문화적·지정학적 문제를 다루는 데 계속적으로 사용되어 왔다는 것에 있다. 오늘날과 같이 이미지가 범람하는 세계 그리고 시각 문화가 생산되고 제공되는 것에서의 테크놀로지의 다양한 속성은 만약 최종 효과조차 간과하기 더욱 힘들다면, 저항하기 힘든 형식과 내용을 제공한다. 그러나 학문적 가능성과 예술세계의 연관성 간의 결합이 기대될 수 있는 제도적 환경에서 디지털 세대에 의해 네트워크를 통해 기회가 열리게 될 것이라는 것은 아주 분명하다. 고등교육기관의 많은 연구 실행에 적용되고 있는 비판적 관점과, 이 책에서 다루고 있는 시각예술 연구가 이런 연구 실행에서 주도적인 역할을 할 수 있다고 하는 논쟁은, 이러한 논쟁이 좀 더 공적인 공간을 요구할 수 있는 권리가 있음을 제안한다. 여기서는 비판적 과정을 수행하기 위한 생각이 문제를 시각화하고 사회적 공간에 대한 비판을 하는 것과 같은 전략을 통해 탐구될 수 있다.

문제를 시각화하기

문제를 시각화하는 아이디어를 소개할 수 있는 가장 적절한 방법은 예시를 보여 주는 것이다. 루치오 포치(Lucio Pozzi)는 실기 교사로서 놀라운 경력을 지닌 예술가다. 포치의 실기 작업의 비평전략에 관한 연구에서는 로리 켄트(Lori Kent, 2001, 2003)가 어떻게 자신이 학생들에게 그들의 작품의 진행과정에 대해 논의를 시작할 수 있도록 하는 수단으로 일련의 다이어그램들을 사용하는지를 설명하고 있다.[11] 구조적인 서명인 스케치를 사용하여 포치는 역사적인 이슈를 언급한 내용을 그릴 수 있으며, 가능성을 알아보기 위한 메타포를 사용하고, 예상과 같은 선개념(preconception)을 없애며, 만족적 무사안일을 뒤집고, 도전적 의사 결정을 시도하고, 부조화 속에서 창의적 안정을 찾는다. 이 다이어그램들은 시각적 생각으로, 그 재현적 힘은 그것이 학생이 미술 작업에서 맞닥뜨릴 창의적인 문제발견과 관계될 때 의미를 가지게 된다. 루치오 포치의 다이어그램의 교육적 목적은 학생이 조금 더 분명하게 생각하는 것을 돕고, 그들 자신의 창의적 작업을 위한 지속적 원천이 될 학생의 직감과 아이디어를 신뢰하는 데 있다.

지적이며 상상력이 풍부한 작업으로서, 문제의 시각화는 생각과 아이디어를 창작되거나 구성된 무언가가 어떤 다른 것을 설명하는 상징들을 사용하여 표현하는 것을 포함한다. 포함된 요소는 추론과 의미화다. 우리는 무엇인가에 형식을 부여함으로써 표현하며, 우리는 그것이 의미를 전달할 수 있다는 것을 추론한다. 의미를 새로운 형식으로 만드는 좀 더 전통적인 언어 속에서 보면, 그 새로운 형식들은 단어 또는 숫자 그리고 논리(logic)와 추리(reasoning)와 같은 표현 도구의 사용을 통하거나 의미론 또는 통사론을 통해 우리는 아주 단순하거나 아주 복잡한 의미를 소통할 수 있다. 반면 시각예술가 또는 실기 교사가 사용하는 시각적 재현 형식은 구조를 허구의 시각적 소통의 영역으로 편성시킨다. 이는 표현(representation)만큼이나 재현(re-presentation)에 강조를 둠으로써 의미 만들기의 능력을 확장시킨다. 그럼으로써 필자는 시각적 정보에 반응하는

것이 인공물과 그것이 의미하는 것—루치오 포치와 같은 실기 교사가 자신의
학생이 자기 고유의 방식으로 시각적 소통을 시도할 수 있기를 원하는—사이의
해석적 공감을 열어 주기 위한 책무라는 것을 말하고자 한다.

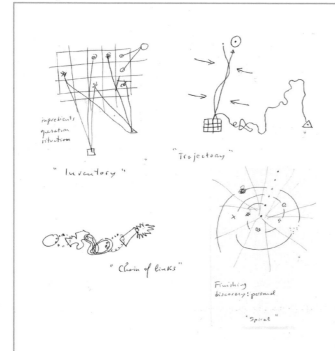

루치오 포치. 〈실기 작업의 비평 전략들: 시각적 설명(Studio Strategies: Visual Explanations)〉. 작가의 허가를 받아 게재함.

때때로 빈 공간에 즉흥적 낙서로 나타나는 다이어그램은 20세기와 21세기의 문화예술적 실행에 대한 가장 중요한 아이디어를 시각적으로 소통한다. 이것은 대학생에게는 교육적 도구 그리고 성인 예술가와의 대화에서는 설명 도구로 사용된다. 이 다이어그램은 예술가 되기, 예술가가 만들 수 있는 선택에 대한 기본적인 시각적 상징들이다(Kent, 2003, p. 5).

　루치오 포치의 다이어그램의 교육적 목적은 학생이 좀 더 명확한 생각을 할 수 있도록 돕고, 그들의 고유한 창작을 실행하기 위한 지속적인 원천이 되어 줄 수 있는 직관과 아이디어를 신뢰하기 위한 것이다.

사회 구조 비판하기

　시각적 비판과정의 다른 특성은 예술 작품 자체가 단순히 의미를 전달하는
이미지 또는 대상물이 아니라 그것이 문화적 형태라는 더 큰 체계의 일부분이
며, 그것이 사회정치적 과정에서 적극적 역할을 할 수 있다는 아이디어에 있다.

W. J. 토머스 미첼(W. J. Thomas Mitchell, 1994)은 시각적 표현을 "다차원적이고 이질적인 영역이며, 콜라주나 조각들로 오랜 시간에 걸쳐 만들어진 퀼트 같은"(p. 419) 것이라고 설명한다. 이는 표현을 '어떤 것'이라기보다 '과정'으로서 설명하는 것이다. 이것은 [그림 7-1]에 묘사되어 있는데, 만약 비판적 과정 특징이 시각예술 실행의 다른 영역, 즉 해석주의적 논의와 경험주의적 탐구와 같은 관계 속에서 이해된다면 활용을 위해 가능한 시각화의 깊이와 폭을 고려할 만하다. 유사하게 비판적 과정의 요소로 관람자와 예술 작품은 시각적 주체와 행동의 보다 넓은 세트의 일부이며, 이것은 개인적 각성, 사회 변화 그리고 문화적 논쟁에 공헌하기 위한 잠재적 힘을 보탤 수 있다.

시각예술 실행에서의 가장 중요한 연구 실행은 아마도 비평일 것이다. 필자는 이미 실기 활동에서의 비평이 루치오 포치의 비판적 교수 활동의 구성 요소임을 논하였다. 하지만 대승적 연구는 비판적 관점을 포함하기 위한 좀 더 포괄적인 전략을 요구한다. 예를 들어, 정보가 어떻게 제시되고, 그것이 어떻게 어떤 분야에서 지식의 지위를 획득하는지를 탐구하는 것은 일련의 비판적이고 전략적인 방식을 사용할 것을 요구한다. 아이디어와 이미지의 형태로 그 분야에서 제시되는 관점과 이론 그리고 논의는 연구를 위한 기본적인 시작점을 제공한다. 논의(arguments)는 연구자가 어떻게 지식을 획득하고 구성하는지를 반영한다. 연구를 실행한 결과로, 연구자는 왜 어떤 것이 그런지에 대해 이유를 제공한다. 이러한 이유는 사용된 연구 방법으로부터 조합된 증거를 바탕으로 한다. 명백하게 서로 다른 연구 방법은 다른 형식의 증거를 만들어 낼 것이고, 추론은 각기 다른 기준을 바탕으로 이루어질 것이다.

하지만 크리스 하트(Chris Hart, 1998)는 기초 단계에는 논의의 주요한 두 가지 구성 요소들이 있다고 주장한다. 그것은 주장(claim)과 증거(evidence)다. 누군가 주장을 하고 증거를 제시한다면, 연역적 입장을 취하는 것이다. 반대로 증거를 수집하여 주장을 세워 나간다면 귀납적 과정이다. 증거가 다양하며 복잡한 시각예술에서, 논의를 평가할 수 있는 다양한 방식들이 존재한다. 철학적 접근은 가정(추론)과 부합하게 결론이 이루어졌는지 여부를 평가하기 위해 형식적 논리 체계와 추론의 관습을 배치하게 될 것이다. 논의를 평가하기 위한 다른 다양한 전략들도 적용이 가능하다. 하트에 따르면, 대조(distinctions)는 논의에서 만들어지는 추론, 주장 그리고 추측 속에서 발견될 수 있다. 다음 예를 살펴보자.

추측: 그 주장이 가정을 바탕으로 만들어진 것인가?

("왼손잡이는 예술적이다.")

주장: 이 무언가의 존재 또는 원인에 대한 주장을 하고 있는가?

("나는 왼손잡이기 때문에 나는 예술적이다.")

추론: 결론이 어떤 관찰 또는 지식 주장을 바탕으로 하는가?

("나는 많은 예술적인 사람들이 왼손잡이인 걸 본 적이 있다.")

논쟁의 분석은 오류를 드러낼 것이다. 오류는 비판을 통해 드러날 때까지는 의도되지 않은 그리고 종종 알려지지 않은 속임수를 일으킨다. 아이디어, 개념, 정의, 해석 그리고 이론적 관점 간의 유사점과 차이점을 확인하는 것은 연구에서 사용되는 가장 일반적인 분석 방법 중 하나다. 기본적으로 요구되는 것은 관점이 비교되고 대조될 수 있는 공통점 또는 겹친 부분을 찾는 것이다. 본질적으로 공통적인 관심 그리고 서로 다른 관점을 찾는 것이다.

연구과정으로서, 비판적 관점을 취하는 것은 어떤 주제에 대한 일련의 의미들을 구성하게 한다. 그 주제는 보통은 다양한 출처에서 얻어진 아이디어나 정보들을 분석함으로써 얻어진 개념이나 이슈의 조합이다. 비판력을 기르는 훈련으로써 이 의미 만들기의 과정이 만들어 내는 것은 지식의 연구에서 격차와 불화를 드러내고, 이 격차가 후속 연구의 주제가 될 수 있도록 하는 것이다.

2003년 베니스 비엔날레에서 전시된 수많은 작품들의 뚜렷한 주제는 20세기 시각예술에서의 예술적 관심을 이끌었던 '인간의 조건'에 대한 흔한 비평과는 약간 다른 것이었다. 인간이 된다는 것의 실존적 깊이를 캐기보다, 오히려 오늘날 어떤 예술가들은 21세기를 위한 '인간 디자인(the human design)'의 진수를 탐구하고 있다. 패트리샤 피치니니(Patricia Piccinini)의 예술 작품, 〈어린아이들이 있는 가족(The Young Family)〉(2002-2003)은 이런 관점의 사례가 될 수 있다. 그려진 대응물들이 인간 형태의 시각적·구조적으로 분명한 유사성을 보이고 있지만, 어떤 불안한 미래처럼 그 유전적 불이행들은 신기한 매력을 배반하고 있다.

피치니니가 제기하고 있는 문제들은 지역사회와 문화적 차이들 속에서 느껴지는 불안감과 관련된 점점 소외된 가족 간의 연결망 내에 존재하는, 가족 구성원 간의 관계를 둘러싼 많은 이슈들로부터 나오는 힘을 그리고 있다. 유전적으로 조작된 식품과 인간 유전자로 미봉한 것에 대한 호의를 바탕으로 한 좋고 건

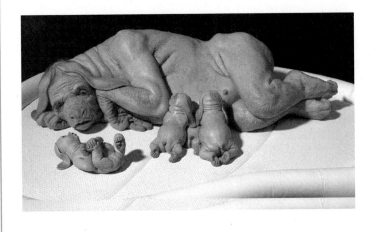

패트리샤 피치니니. 〈어린아이들이 있는 가족(The Young Family)〉(2002). 실리콘, 폴리우레탄, 가죽, 사람의 머리카락, 가변적 차원. 작가와 로슬린 옥슬리9 갤러리의 허가를 받아 게재함.

이 조형물은 특이함에도 불구하고, 몇몇 최근 미술 작품들과 비슷하게, 이들은 아주 징그럽지도, 성적 매력이 있어 보이지도 또한 악몽 같은 창작물이지도 않다. 대신 이 작품은 아주 양면적이다—이 작품은 사랑과 놀이에 충동적인 일상의 존재처럼 표현되었다. 그렇지만 또한 특이한 무생물로, 이방인에게 마지못해 삶을 인정하게 하거나 생기를 불어넣기도 하는 특이한 무생물, 좀 더 변형된 자기 자신 또는 다른 돌연변이 생명체의 측면을 보인다. 정상적인 것은 돌연변이와 그 반대가 될 수 있다. 피치니니의 예술은 우리 시대의 가장 어려운 윤리적 이슈의 어떤 면에 새롭고 개인적인 관점을 가져온다. 무엇이 정상인가? 누가 생명을 통제하는가? 동물과 우리와의 관계의 본성은 무엇인가? 어떤 생명이 다른 것들보다 더 가치 있을까? 무엇이 가족을 구성하는가—그것은 종을 가로지르거나 또는 연구실에서 만들어질 수 있는가(Michael, 2003, p. 506)?

강한 삶에 대한 약속은 실제로는 불길한 측면을 만들어 낼 수도 있다. 기이한 돌연변이의 가능성과 성장과 변화의 패턴에 기대하지 않았던 놀라움이 피치니니에게 호기심을 불러일으켰겠지만, 그것들은 우리를 불안하게 만든다. 그녀가 편집한 증거로부터 만들어 낸 시각적 해석은 인문과학 분야의 연구자가 계속적으로 수집한 지식들로부터 온 것이다. 과학 탐구에 정통한 영리한 연구자로서 피치니니는 린다 마이클(Linda Michael)이 "우리를 방해하면서 또한 유혹하기도 하는"(2003, p. 506)이라고 설명했던 새로운 가능성에 대한 탐구에 의해 존재하게 된 정보를 해석하는 새로운 방식들을 창조해 낼 수 있었다. 그녀는 다음과 같이 설명한다.

> 피치니니의 작업은 이러한 이슈들에 물러나 있지 않기 때문에 관람자의 관심을 사로잡는다. 오히려 그녀의 작업은 우리로 하여금 우리의 의문을 인정하고 새로운 방향성에 대해 생각해 볼 수 있도록 하는 자립적 우주로 이끌면서 우리를 불편하게 만들기도 하고, 매혹시키기도 한다. 피치니니의 세계에서 사회적 가치와 사회적 관계는 그녀가 상상하는 미래를 보완해 나간다. 그래서 예를 들면 다른 종과 인간의 혼종에 대한 우리의 공포와 두려움은 어린 새끼에게 젖을 물리는 너무나 참을성 있고 사랑스러운 이 변종 어머니의 이미지에 의해 상당히 순화되고 관심 밖으로 물러난다(p. 506).

▮▮ 결 론 ▮▮

로버트 모건(Robert Morgan, 1998)은 시장에 의해 움직이는 예술 실행과 이론을 바탕으로 한 예술 작품을 겨냥하여 수년 전 현대 미술계에 대한 독한 비평을 했다. '주객이 전도된 현상(the tail wagging the dog)'에 대한 그의 비판은 최근 수십 년 동안 이루어진 많은 예술계 실행을 형성하고 있는 외적 요인에 의문을 제기한다. 모건에게 있어서, 잃어버린 것은 예술가의 방식으로 문화에 도전하는 예술 실행, 그 내부적 욕망에 대한 분명하고도 지속적인 증거다. 최근 경제의 혼란과 미술 시장의 부분적인 붕괴는 문화적 산물의 역할과 실천에의 비판적의문을 유지할 필요가 있다는 것의 증거가 된다. 예술가에 대한 모건의 정의는변화와 저항 모두를 구체화할 수 있는 개인적으로 관련된, 그리고 문화적으로도중요한 방식으로 예술을 사용하여 반드시 해야 하는 것을 상기시키는 선견지명이다.

예술가가 된다는 것은—사람의 성공이 어떻게 측정되든지 간에 상관없이—항상 지능, 열정, 압박, 빈틈없음 그리고 재치의 문제였다. 이것은 저항의입장을 암시하는 것이지 부정을 벗어난다는 것이 아니다. 예술의 힘은 인정받는 문화적 규범의 보편적 관점 내에서 존재한다. 예술가는 이런 규범에 이끌리기도 하고 혐오하기도 하는 이 모든 면에서 자기 자신을 정의 내린다. 여기서의 중대한 이슈는 무엇이 인간 해방의 필요성을 지탱하는가를 찾는 데 있다. 왜냐하면 예술가는 아이디어의 추구보다 더 이 필요성과의 관계 속에서움직이기 때문이다(p. 8).

예술가의 강박적 생각이 개인적·문화적 필요성이라고 하는 모건의 관점을공개적으로 지지하고 있음에도 불구하고, 필자는 이것을 아이디어를 추구하는것과 반대된다고 보지 않는다. 필자는 또한 예술이론 그리고 예술 작품 만들기이론들이 상호 배타적이라는 관점에 동의하지 않는다. 모건의 글에서 필자가취한 것은 심오한 인간 경험이 일어나는 장에서의 예술가의 중심 역할에 대한그의 열정이다. 더 나아가 모건이 미술비평가의 주요 역할로 보았던 것은 바로이런 경험의 참여다. 다시 말하면, 필자는 이데올로기라기보다는 자율성을 필요로 하는 것 그리고 경험에 근거를 두기 위한 시각적 증거에 상당히 의존하고있다. 그러나 모건이 단절된 것으로 보았던 이 복잡한 예술 세계의 연결이 아마도 믿기 힘들게도, 필자는 학문 분야에서의 견고함으로 볼 수 있다는 희망으로가득하다.

　　이 장에서 시도했던 것은 예술 실행이 제도적 장에서의 연구로 장려될 수 있다는 필자의 논의에 바탕을 두고 있다. 더 나아가 예술계와 학문 분야라는 두 개의 장에서 시각예술의 개인적·문화적 중요성이 충분하게 인식될 수 있는 가능성을 가질 수 있다는 비판적 시각을 볼 수 있다. 요지의 결과로 스튜디오 경험의 역할이 주장하는 것들에 의해 그 결과로 탐구가 수행될 수 있으며, 모든 것이 미술 경험의 중심이며 그리고 모든 것이 관련된 이론을 통해 가능하며 실행은 가까이에서 아이디어, 쟁점 그리고 관심 있는 것들에 발휘된다. 그리고 시각예술 연구자에게 열려 있는 선택의 범위는 목적의식이 있고 창의적인 연구에서 탐구되고 적용될 수 있는 형태와 구조, 아이디어와 주체 그리고 상황과 행위를 통해 고려될 수 있다.

　　시각예술가는 이미 인간의 지식에 새로운 통찰들을 더할 때 중요하고, 신뢰할 만하며, 가능한 심각하고 지속된 연구를 하기 위해 벌써 잘 무장되어 있어서 창의적이고 비판적인 연구 도구로서 시각화의 중요성에 대한 관심을 끌 수 있다. 대학이라는 구조 속에서 시각예술 실행의 통합에 따라 도전적 연구를 채택하고 또 그렇게 함으로써, 아마도 예술가-연구자는 예술 맥락 속에서 인간의 중요성과 관련된 이슈를 만들어 내고 비평할 권리를 요구할 수 있게 될 것이다. 아마도 이것은 또한 "예술가가 자기 고유의 언어로 문화를 재정의할 수 있는 힘을 가졌다."(1998, p. xxii)는 모건의 주장과도 부합하는 방식일 것이다.

---

1 켄과 실비아 마란츠(Ken & Sylvia Marantz, 1992)의 글이 생각난다. 그들은 수년 동안 아동의 그림책을 글, 그림, 디자인 그리고 생성들 간의 그 탁월하고도 완벽한 연결이 풍부하고 재생 가능한 미적 경험을 제공하는 의미 만들기의 강력한 장이 되는 예술 작품으로서 장려해 왔다.

2 많은 예술가들과 미술비평가들은 연필과 펜을 모두 사용해 왔고, 그 역할들을 바꾸어 왔다. 기능적인 실천가 그리고 전문가로서 르네상스 인간 또는 19세기 문화적 예술애호가를 보던 모더니즘 이미지는 근래에는 필수적인 실행은 덜, 그리고 새로운 가능성과 현실성을 탐구하는 것은 더 강조하

는 협동적 행동 그리고 간학문적 프로젝트들로 대체되고 있다.

3 스티븐 윌슨(Stephen Wilson, 2002)의 뛰어난 요약은 학문 영역의 경계들에 의해 제약되지 않는 예술적·시사적 관심 프로젝트에서 협력하는 예술가, 디자이너, 기술자 그리고 과학자의 사례들의 개념적으로 풍부한 정보가 된다.

4 개념적·학문적 경계의 지형을 비껴 움직이거나 너머로 이동하는 것에의 강조는 이리트 로고프(Irit Rogoff, 2000)의 동시대 예술 실행들과 공간, 움직임, 위치의 개념 그리고 다름에 관한 텍스트에 스며들어 있다. 도나 하라웨이(Donna Haraway, 1991)의 과학, 자연 그리고 테크놀로지의 젠더와 원리굴곡분석을 참고하라.

5 벤 프라이(Ben Fry)가 제시한 시각화 방법들은 '프로세싱(Processing)'이라고 불리는 시각화 소프트웨어를 바탕으로 한다. 이 소프트웨어는 처음 매사추세츠 테크놀로지 미디어 실험 기관(Massachusetts Institute of Technology Media Laboratory)에서 동료들과의 협동 작업으로 개발되었다. 목적은 자료 작업 방식의 신기원을 여는 강력한 표현 방식들을 창조해 내기 위해 시각화의 능력을 가지고 컴퓨터 프로그래밍 환경의 검색 능력을 적용하기 위한 것이었다. 이 소프트웨어의 개발은 자유로운 접근들이 공유된 기술적 전문 지식과 획기적인 적용 간의 올바른 균형을 조장하는 데 도움을 주는 열린 정보 환경에서 수행되었다. Casey Reas & Ben Fry(2007)를 보라. 또한 http://processing.org(2009. 4. 4. 검색)를 보라.

6 많은 언어기반 분석 전략에 대한 정통한 설명과 유추, 메타포, 상동과 같은 개념들의 논의는 Chris Hart(1998), *Doing a Literature Review*를 보라.

7 학술적 글쓰기에서 분석적 과정으로서 지도 그리기의 사용에 대한 훌륭한 개관은 Chris Hart(1998), *Doing a Literature Review*의 제6장 '맵핑과 분석 아이디어'를 보라.

8 로리 슈나이더 애덤스(Laurie Schneider Adams, 1996)와 같은 미술비평가가 제시한 미술사적 방법론에의 조사 접근(survey approach)을 설명하는 데 유용한, 필자가 발견한 전략은 *The New Yorker* 잡지의 선택된 표지들과 텍스트에 제시된 다양한 방법들을 정렬시키는 것이다. 이것은 형식주의, 도상학, 기호학, 심리분석, 자서전, 후기 구조주의와 그 비슷한 것들의 표지예술의 예를 찾는 데 어렵지 않다.

9 평론의 다양한 종류의 역할 논의를 위해 특히 동료 평론을 사용한 것들은 *Studies in Art Education*, *43*(1)의 2001년 가을호와 *Review of Educational Research*(1998), *68*(4)를 보라.

10 피터 플래전스(Peter Plagens)는 1989년부터 *Newsweek*의 미술비평가였다. 그의 미술비평 글쓰기의 대화-인터뷰의 예가 1983년 3월 24일자 *Aperture*(pp. 150-153)에 처음 실렸다. 그 글은 후에 그의 비평집, *Moonlight Blue*(pp. 255-262)에 출판되었다.

11 루치오 포치의 도식적 분석(diagrammatic analysis)은 파울 클레(Paul Klee)의 *Pedagogical Sketchbook*(1953)에 반영된 교수 정신을 바탕으로 만들어졌으며, 바우하우스에서 만든 시리즈의 일부로 1925년 처음 출판되었다. 서문에서 시빌 모홀리-나기(Sibyl Moholy-Nagy)는 새로운 방법들을 이해하기 위해서 클레의 익숙한 것을 이상하게 만드는 능력을 다음과 같이 강조했다.

그의 형태들은 형태와 순환적 변화의 관찰에 의해 영감을 받은 자연에서 온 것이다. 그러나 그들의 외연은 단지 그 우주와의 관련성으로부터 의미를 받아들이는 내부의 실제를 상징하는 한 중요하다. 외연적 특징의 위치와 기능에 대한 사람들 간의 일반적 동의가 존재한다. 눈, 다리, 지붕, 요트, 별. 파울 클레의 그림들은 그것들이 신호로 사용된다. 표면에서 떠나 **영적** 실재가 되는 것을 지칭하는, 마치 마술사가 완전히 익숙한 대상들, 카드, 손수건, 동전, 토끼 같은 것을 가지고 기적적인 것들을 실행하는 것처럼, 파울 클레는 알려지지 않은 것을 구체화하기 위해 익숙하지 않은 관계들 속에서 익숙한 대상을 사용한다(p. 7, 원문에서 강조).

Chapter 08

시각예술 프로젝트

  2008년 12월 24일 영국의 위대한 인물인 해럴드 핀터(Harold Pinter)가 타계하였다. 그의 죽음을 둘러싼 일부 논평은 그가 2005년 노벨 문학상을 받았을 때 그의 수락 연설을 발췌하기도 하였다. 필자는 그가 1958년 말했던 것을 반복하는 그의 개회사에 아주 흥미를 갖게 되었는데, 그것은 바로 "실재와 실재하지 않는 것 그리고 진실과 거짓 사이에는 거의 차이가 없다. 문제는 진실이나 거짓이냐가 아니라, 진실과 거짓 둘 모두가 될 수 있다는 것이다."인데, 핀터의 연설은 2005년부터 대부분 공연예술에 대한 생각들이었다. 그 연설들이 예술가의 강박적 탐구를 다루고 있지만, 또한 이 책에서 제기하고 있는 예술가-연구자의 진행 중인 과업에 대한 설명을 하고 있기 때문에 전체를 인용하고자 한다.

  드라마 속 진실은 영원히 찾기 힘들다. 당신은 절대로 그것을 완벽하게 찾아낼 수 없지만 그에 대한 탐구는 강박적이다. 그 탐구는 분명히 노력을 가동하게 하는 것이다. 그 탐구는 당신의 일이다. 종종 당신이 그렇게 해 왔다는 것은 깨닫지 못한 상태에서, 진실과 충돌하면서 또는 진실에 들어맞는 것처럼 보이는 이미지 또는 형태를 언뜻 보면서, 자주 당신은 어둠 속의 진실을 우연히 발견하게 된다. 그러나 실재하는 진실은 연극(dramatic art) 속에서 발견되는 하나의 진실과 같이 존재하지는 않는다. 실재로는 많은 진실들이 존재한다. 서로에게 도전하고, 서로로부터 뒷걸음치기도 하는 이런 진실들은 서로를 반영하기도 하며, 서로를 무시하기도, 서로를 괴롭히기도 하며, 서로를 보지 못한다. 때때로 당신은 당신 손에 순간의 진실을 가지고 있다고 느끼지만, 곧 그것은 당신의 손가락 사이로 빠져나가 사라져 버린다.[1]

핀터는 그 자신이 작가로서 자기의 역할과 시민으로서의 책임 사이의 간격을 보면서 진실에 대한 자신의 연설문에서 딜레마를 제기하였다. 한편 그는 '예술을 통한 실재의 탐구들'을 멈추지 않았지만, 시민으로서 그는 '무엇이 진실이냐? 무엇이 거짓이냐?'를 물었다. 아무리 잠정적일지라도, 우리 모두가 존중해야만 하는 공공의 진실이 존재한다는 생각은 핀터가 자기 자신과 타인에게 설명할 수 있는 정치적·사회문화적 진리라는 것이다. 문화적 생산과 시각예술 연구는 그것들이 공공의 영역에서 이루어지며 또한 어느 것이든 더 넓은 사회적·제도적 환경 속에서 이루어지기 때문에 그렇다. 핀터가 묘사하였듯이, 창의적이고 비판적인 도전을 통합한 예술실행연구는 이런 찾기 힘든 진실들을 드러내도록 도울 수 있다. 하지만 이런 진실들은 쉬운 슬로건 또는 지나치게 단순한 전략으로 축소되는 것을 거부할 것이다. 어떤 진실도 편하지 않다. 그러나 그 '알기 힘든' 그리고 '강박적인' 탐구는 모든 종류의 열성적인 예술가들의 손에서 최상으로 보일 수 있다. 그들은 세간의 이목을 끄는 전문가 또는 뜻을 품은 미술전공 학생이며 전문가다. 그들은 대화를 시작하기 위해 필요한 끈질긴 탐구를 유지하고 그것에 의존할 수 있다.

이 책을 거의 마무리하면서, 필자는 진실의 환상 그리고 허구(fiction)의 암시적 필요성에 대한 핀터의 생각을 의식하고 있다. 또한 필자가 희망했던 논쟁을 다른 이들에게 제시하기 위해 앞의 장들에서 사용하였던 많은 단어와 이미지가 설득력을 찾을 수 있을 것인지 생각한다. 그렇지만 필자는 필자 자신이 그 마지막 단어를 가지지 않았음을 안다는 것을 의식하고 있다(또한 이에 용기를 얻는다). 이것이 바로 대화의 시작이고, 이 책의 표지에 있는 이미지와 같이 아이디어의 유연한 경로는 어디로든 이끌 수 있다. 이는 이 책의 아이디어들이 다른 이들에 의해 다른 형태로 주어지고 또 시도되기 때문이다. 따라서 시각예술에서 스튜디오 연구의 결과처럼 이 책의 내용 지식도 중요하지만, 각각의 고유한 방식으로 개인이 깨닫고, 재창조하는 이해를 위해 이 책이 고취하는 의식 그리고 그것이 열어 주고 있는 기회가 중요한 것이다. 아이디어를 개인의 고유한 창작의 실재로 변형시키는 기회를 활용할 수 있도록 독자와 관람자 그리고 학생에게 책임을 돌리는 것은 매우 중요하며, 또한 개개인과 사회 그리고 문화에서 시각미술의 가치를 유지시키는 것이다.

 미술교사로서 필자의 일은 다른 이들이 미술에 대해 흥미를 가지게 하는 것이다. 그러나 그렇게 하는 데서 필자의 책임은 필자의 고유한 다중성을 만드는 것이다—새로운 이해를 형성하기 위해, 시각예술가이자 연구자가 지식을 창조하고 비판하는 것은 교사가 단지 그들을 이끌 수 있을 때를 의미한다. 유사하게 예술작가로서 필자는 예술 경험이 일어나는 곳을 확신할 수 없다. 예술에 대해 생각하는, 예술을 만드는, 예술을 보는, 예술을 떠올리는 또는 타인에 대한 반응을 평가하는 어떤 공간이든지, 예술은 우리에게 강력한 영향을 준다. 그래서 필자는 무언가를 창조하고 그것이 다른 것에 비해 자신의 고유한 방식을 찾도록 하는 것을 더 선호한다. 그렇지만 예술 작품의 생명이 비록 짧고 또는 그 조우가 잠시 동안 이루어지긴 하지만, 그 결과와 예술의 경험이 이루어지는 장소를 결코 실제로 알 수 없다.[2] 이 점을 마음에 두고, 연구자로서 필자는 '당신의 손으로 진실의 순간을' 붙잡으려 하고, 그것을 실행하기 위해 필요한 모든 도구와 방법을 사용하는 해럴드 핀터의 더듬거리는 탐구(stumbling search)를 역시 추구하고 있다. 그러나 그 결과가 부분적이고 대략적임에도 불구하고, 그 결과가 또한 다른 방식으로 드러날 수 있고 확인할 수 있다는 것을 알고 있다. 불완전한 결과는 그 탐구를 앞으로 나아가게 한다. 유사하게 이 책의 저자로서 필자의 일은 확신 있는 방식으로 논의를 제기하고, 다른 이들이 그들의 흥미와 필요에 따라 전용할 수 있도록 논의가 그 고유한 유연한 방식으로 부유할 수 있게 하는 것이다. 이런 가변성을 획득할 수 있도록 돕기 위해, 다른 이들의 관점과 의견이 필자의 것을 지우는 작업을 시작하는 것과 같은 다양한 프로젝트들을 이 장에서 소개할 것이다.

이 장에서는 연구에 새로운 가능성을 보여 주는 데 공헌할 예술 실행 내의 독특한 구성요소들인 창작(constructs), 전시(exhibition) 및 퍼포먼스(performance)에 대한 논의를 시작할 것이다. 공공 전시의 개념은 문화적 산물의 전시와 그에 대한 논쟁을 위한 장으로서뿐만 아니라 급진적인 토론과 변화를 위한 시각적 장소로서, 그리고 상호작용적이고 수행이 이루어지는 이벤트를 위한 몰입 공간으로서도 유명한 역사를 지닌다. 제도적인 연구 맥락 속에서, 전시는 종종 전통적인 연구 언어로는 찾아낼 수 없는 것을 묘사적·해석적·설명적 작업을 가지고 수행할 수 있도록 돕기 위해 다양한 미디어를 활용하는 다의적 형식으로 이루어진다. 스튜디오 예술 탐구 프로젝트가 만들어 낼 수 있을 것으로 기대되는 논제와 해석은 전시라는 대중적 포럼과 또한 관계가 있다. 전시에 대한 논의 그리고 논제-해석은 두 번째 내용 영역에서 다룬다.

이 장의 중요한 부분은 다양한 종류의 전시에서 바탕으로 하고 있는 보편적 주제를 나누는 다양한 시각예술 연구 프로젝트에 대한 보고다. 이 전시들은 또한 이 선택된 탐구의 사례들이 어떻게 이 책에서 다루고 있는 아이디어와 계획에 연결될 수 있는지 설명한다. 여기서 다루는 프로젝트들은 다양한 이유들로 선택되었다. 첫째, 그것들은 예술 실행의 세 가지 수준에서 이슈와 관심을 제기하고 있다—베니스 비엔날레(the Venice Biennale), 뉴욕의 비영리 갤러리(a not-for-profit gallery) 그리고 미술교육 박사학위 연구다. 둘째, 이 프로젝트들에 나타나는 자기유사성(self-similarity) 측면이 있다. 자기유사성은 연구 관심의 공통점과 차이점을 강조하는 프로젝트들과 시각예술 연구를 대표하는 접근들에서 동시다발적으로 일어난다. 셋째, 이 프로젝트들은 예술과 탐구의 주제 중심적 특성을 전형으로 삼고 있으며, 탐구로서 예술 실행과 함께 일어나는 내용과 맥락의 다양성을 반영한다. 이 장에서는 예술 실행이 연구로서 왜 그리고 어떻게 이론화되는가에 대한 숙고와 함께 결론을 내린다. 그리고 이 책에서 제기한 논쟁들에 대한 최종 진술을 정리할 것이다. 자신을 위한 의미를 새롭게 재창조해야 한다는 독자의 책임에 대해 앞서 표현했듯이, 결론은 여전히 일어날 수 있는 대화를 향해 있는 시작으로 이루어질 것이다.

▍▍ 전시와 퍼포먼스 ▍▍

아마도 시각예술로 가장 분명하게 파악되는 실행은 '전시하기'일 것이다. 주요 박물관, 상업적 갤러리, 교육기관, 지역사회 공간 또는 인터넷이든 간에, 전시는 시각예술과의 대중적 만남을 제공한다. 문화 활동으로서, 전시는 예술 작품의 생산과 진열 그리고 수집과 예술에 대한 학문적 탐구와 관계가 있다. 이 과정은 예술가, 큐레이터, 미술평론가, 학자, 교육자, 기관 그리고 사회의 연결을 가져온다. 이런 수많은 실행 속에서 대중과 연결을 만드는 시각예술 탐구의 공간으로서 전시를 사용하는 것은 점점 더 중요해지고 있다. 다른 한편으로 예술적 탐구 그리고 지역사회의 이벤트 상황에서 고려할 때, 퍼포먼스(performances)는 동시대 시각예술 실행으로 전환되고 다양한 문서 형식과 내용을 취하게 된다. 예술 이벤트, 생산, 설치, 기록 그리고 문화적 논쟁 속에서 신체를 탐구하는 것은 실행 그 자체, 주체, 정보 그리고 정치적 측면을 포함하는 비판적 관점을 익히게 된다.

박물관의 전시와 다른 공공 전시를 둘러싼 문화적 실천은 방대하다. 박물관은 르네상스 동안 인문주의적 프로젝트의 일부가 되었기 때문에 예술가, 전시, 큐레이터 그리고 제도적 정치학의 역할들이 극적으로 변화했으며, 오늘날 연구와 발전을 위한 심사숙고할 수 있는 기회를 제공한다. 캣자 린드비스트(Katja Lindqvist, 2003)는 박물관의 출현을 '기업(enterprise)'으로 특징지으며, 이런 것들이 기회를 둘러싸고 있는 방침을 돕는 것으로 세 가지 주제들을 제시한다. 린드비스트는 예술가를 박물관 활동을 형성하는 선동자로서의 전문적 개입을 추적하고 큐레이터와 수집가의 변화된 역할 그리고 문화적 인식을 만드는 사람으로서 최근의 '학문적 프리랜서 큐레이터'의 출현을 쫓는다.

예술가가 사회적 지위 내에서 평가받을 때부터 박물관이라는 공간은 아이디어와 이데올로기의 공간이 되었을 뿐만 아니라, 후원자와 특권의 중요성이 문화의 혼합에 공헌하게 되었다. 그러나 문화 재생산 공간으로서 박물관의 더욱 명백한 마케팅 활동과 박물관 소장품을 대중에게 공개하는 것은 교육적 목적에 있기에 그 양면성을 만들어 내었다. 이는 큐레이터 역할의 변화에 비춰 이해될 수 있다. 린드비스트(2003)는 큐레이터를 근본적으로는 "소장품의 전문적 관리자"(p. 37)이지만 후에는 그 내용물에 대한 전문가이자 연구자일 뿐만 아니라 일반 대중이 박물관을 통해 예술 작품과 문화를 마주하게 될 때 교훈을 전달하는 사람이 되었다고 설명하였다. 20세기 후반 수십 년 동안 큐레이터의 역할은 한편에서는 좀 더 광범위한 문화의 민주주의 필요에서, 다른 한편에서는 공공의 책무성이 증가하면서 좀 더 협력적인 기획을 하게 되었다. 이는 박물관이 혁신, 상업주의, 공연, 교육 그리고 지역 문화 공동체가 되는 아주 쉽지 않은 협력을 구축했다.

전시 활동이 논의되고 토론될 수 있는 많은 문화 그리고 사회정치적 무대가 있음에도 불구하고, 여기서 필자가 관심을 가지고 있는 목적은 전시를 시각예술 탐구를 위한 장으로 고려해야 한다는 것이다. 일반적으로 이는 많은 관심 있는 사람들이 다양한 방식으로 모일 수 있고, 다양한 목적을 위해 특정 주제와 이슈를 탐구할 수 있는 전시 공간에 중점을 두는 것을 의미한다. 다음으로 대학교에는 제도적으로 설치한 갤러리가 있는데 이곳은 어떤 면에서는 다른 기능을 제공하고 있으며, 상상력이 풍부한 탐구나 연구에 중요한 기회가 존재하고 있다. 또한 혁신과 협력의 정신을 가지고 운영하는 것은 실재와 가상의 환경에서 만들어진 실험적 갤러리라는 네트워크인데, 이에 대해서는 문화와 지역공동체의 다리를 놓는 느슨한 그리고 공동체적인 관점을 사용할 수 있다. 따라서 이러한 박물관, 갤러리 그리고 가상의 환경에서 시각예술 연구의 주체, 상황 그리고 연구의 장을 변경할 수 있는 기회가 존재한다.

개인적인 연구 프로젝트뿐만 아니라 예술적 탐구에 대한 논쟁을 시작하기 위한 장으로서 전시의 잠재력을 보여 주는 좋은 예는 헹크 슬레이저(Henk Slager)가 관장한 〈이름 없는 과학(Nameless Science)〉[3]이라는 프로젝트다. 이 프로젝트는 뉴욕 갤러리 에이펙스아트(ApexArt)에서 2008년 12월 10일부터 2009년 1월 31일까지 열린 전시로, 쿠퍼 연합회(the Cooper Union institution)가 후원한, 온종일 계속되는 심포지엄이 함께 진행되는 9명의 박사학위 시각예술 연구 프로젝트였다. 박사과정 연구가 전시되고 소개되는 상황에서, 큐레이터인 헹크 슬레이저는 예술 연구를 "이름 없는 학문"으로서 그리고 "이미 존재하는 과학적 패러다임 또는 표현 모델에 의해 연역적으로 결정되지 않는 연구 방식으로 새로운 연결, 유연한 창조, 다양하고 새로운 재귀적 지대(reflexive zones)를 만들어 내려고 하는 '이름 없는 과학', 즉 아직 정의되지 않은 학문"(2009, p. 6)으로서 설명하였다. 예술가이면서 연구자인 이들에게, 도전은 고등 수준의 연구자가 예술적 충동과 진취성을 가지고 역동적 긴장상태로 돌아와야 하는, 그리고 이런 이슈들이 차후에는 대중적 형식, 즉 전시, 심포지엄, 기타 학술적 상황으로 논의되어야 하는 요구를 훌륭하게 균형 맞추어야 한다. 따라서 전시과정은 학문기관과 예술계의 기대를 만족시킬 수 있는 잠재력을 확실하게 지니는 연구와 논쟁의 독특한 장으로서 기능해야 한다. 얀 스베능손(Jan Svenungsson, 2009)이 설명한 것처럼, 예술적으로 통합하고 만족하는 그런 연구 요구는 중요하다.

이런 탐구의 결과는 좋은 예술 작품이 그러하듯 감상자이자 유발자(trigger)가 더욱더 지식 탐구를 할 수 있도록 활성화하면서 동시에 반드시 얻은 어떤 종류의 지식을 소개해야만 한다. 이것이 만약 일어나지 않는다면, 연구과정은 예술의 목적을 제공하지 않을 것이고, 그렇다면 이는 예술가에게는 타격이 될 것이다. 이것은 예술적인 연구자에게 부여되는 아주 힘든 요구이지만 나는 만약 이 모순을 인정하며, 이런 연구를 가능한 가장 높은 열정을 가지고 만난다면, 이 분야는 성공할 수 있을 것이라 믿는다(p. 5).

시각예술 연구가 탐구를 위한 이런 새롭게 출현한 장(sites)을 잘 이용할 수 있는 잠재성을 지닌 활동일 수 있다는 가능성은 아마도 동시대 예술의 퍼포먼스 영역에서 잘 보여 줄 것이다. 정보 기술의 광범위한 영향력, 상호작용성(interactivity), 정체성의 정치(identity politics), 문화 보급(cultural diffusion) 그리고 교육기회는 예술 실행의 이론적으로 단단한 부분에 공헌할 수 있는 분야들이다. 탐구되는 이슈와 오늘날 몰입적 환경은 수십 년 전 획기적이고 개념적으로 최신이었던 퍼포먼스 아트 장르와는 약간 다르다.[4] 그러나 최근 로버트 미첼과 필립 터틀(Robert Mitchell & Phillip Thurtle, 2004)이 설명했듯이, 퓨전(fusion)은 좀 더 이해가 쉬운데, 몸(the body)이라는 용어는 수술로 기본 원형을 왜곡함 없이는 부분으로 나누고 분리될 수 없는 실체로 기본적 글자 그대로의 의미와 은유적인 의미 모두로 종종 이해된다. 이는 우리가 인간의 연결망과 다른 연결된 구조들 속에서 통합된 관계의 체계 속에 존재한다는 아이디어를 이해할 수 있게 한다.

우리가 어떻게 이런 환경 속에서 우리의 반사적 경험을 관리하고 학습하는가는 상당히 큰 가능성을 예술가와 교사에게 제공하는데, 의미가 실행과 행동을 통해 일어나는 것처럼 보일 수 있기 때문이다. 그리고 그런 학습의 공간은 직접적이면서 서로 관여된 대면인 예술가-대상(artist-objects), 관람자-청중(viewer-audience) 그리고 시간-공간(time-space) 간의 차이를 혼란스럽게 만든다. 아멜리아 존스와 앤드류 스티븐슨(Amelia Jones & Andrew Stephenson, 1999)이 퍼포먼스 아트 경험에 대해 지지하며 한 일은 권위의 미명하에 안전을 유지하고 있는 몇몇 비평가와 역사가로부터 해석의 역할을 놓고 맞붙어 싸운 것이다. 그리고 그들은 "의미 생산의 과정을 공개"(p. 2)하고자 했다. 존스와 스티븐슨은 티븐트의 부제를 '텍스트의 퍼포먼스(performing the text)'라 하였고 이는 또한 실행적 해석(perfomative interpretation)이라는 형식으로서 텍스트를 '역으로 읽는(reading back)' 적극적 방식에 관심을 일으켰다. 이는 앞 장에서 휴고 오르테가 로페즈가 사용했던 스튜디오 중심의 이론화 작업으로 설명되었는데, 바로 그래픽 연출을 텍스트로 돌리는 형식이고, 이는 새로운 관점을 구하려는 큐레이터 작업에 매우 유용하다는 것이 증명되었다.

권위 밖으로 이동하는 과정은 또한 찰스 개로이언(Charles Garoian, 1999)이 주창한 '퍼포먼스 아트 교수법(performance art pedagogy)'의 핵심으로, 그는 학교에서 만나게 되는 대부분의 상관관계 지식(perspective knowledge)과 학생이 개인적 구성이 가능해지면서 직접적인 경험 지식이 있을 때 일어나는 이해 간의 균형을 추구한다. 퍼포먼스 예술가로서 그의 경험과 교사의 강의와 행동의 본질적인 퍼포먼스적 측면들을 바탕으로, 개로이언은 그의 학생들을 개별적 주체로 강화시키기 위한 많은 창의적이고 비판적 언어들의 사용을 탐구하였다.

열린 포럼으로서 퍼포먼스 아트 교수법은 사회적으로 또 역사적으로 구성된 아이디어, 이미지, 전설 그리고 유토피아가 경쟁을 할 수 있는 그리고 학생의 실재에 대한 경험과 그 실재를 변형시키고자 하는 열망과 관계된 새로운 것들이 구성될 수 있는 미적 차원의 한계 공간(liminal space)을 제시한다(p. 10).

유사한 방법으로 찰스 개로이언과 이본느 가우델리우스(Charles Garoian & Yvonne Gaudelius, 2008)는 정체성의 정치학과 시각 문화 간의 연결을 퍼포먼스와 전시를 통한 새로운 비평을 여는 장으로 파악하였다. 이는 예술가를 기관 내 교사와 큐레이터로서 보는 어떤 면에서 새로운 역할을 요구하는데, 이것은 시각예술이 실행적 연구(performative research)라는 중요한 이슈를 제기하는 것이다. 반성적 조우로서 퍼포먼스의 중요성은 예술가, 예술 작품, 관람자 그리고 공연 환경의 상호 의존성에 의해 시각예술 실행을 어떻게 탐구를 위한 장으로 볼 수 있는지 재정의할 수 있는 기회들이 될 수 있다는 데 있다.

연구 프로젝트로서의 전시

여기에서는 전시 전략을 활용한 시각예술 연구 접근을 간단히 서술한다. 연구를 계획하고 실행하는 것은 문제적 쟁점들을 연구 가능한 질문으로 정의할 수 있는 능력과 마찬가지로 그 분야와 그것 내의 어떤 장소에 관한 비판적 이해가 요구된다. 시각예술 내에서 이런 종류의 탐구는 전시 프로젝트라는 형식 안에서 이해될 수 있고, 이는 예술적 · 학예적(curatorial) · 문화적 그리고 관련된 해석적 연구 활동을 활용한다.

다음에 제시할 도표는 컨퍼런스 이벤트, 연구 발표, 대화를 나누는 세션, 워크숍 그리고 총회 토론들을 포함한 연구 실행의 일부로서 예술 전시와 관련된 텍스트들을 포함하고 있다. 전시-컨퍼런스 구조 주변에 연구 프로젝트를 설계하는 것은 시각예술 연구자에게 어떤 이슈의 세부 사항을 철저하게 탐구하는 연구 중심 프로그램을 개발하는 기회를 준다. 계획된 주제를 가진 전시를 준비

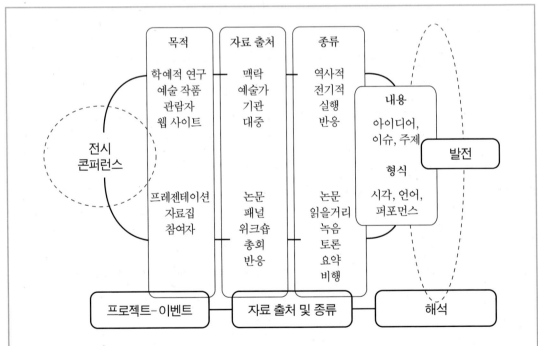

연구로서 예술 실행을 위한 장으로서, 전시는 많은 탐구 목적들에 맞게 설계될 수 있는 가능성을 가진다. 박물관, 갤러리 그리고 지역사회 공간과 인터넷상의 전시 공간은 시각예술 연구를 위한 주제, 상황 그리고 연구의 장을 변경할 수 있는 가능성들을 여는 주제와 이슈를 탐구하기 위해 다양한 기반들을 함께 가져올 수 있다.

하는 것은 많은 형식들을 취할 수 있는 예술적 응답을 함께 가져올 수 있으며, 이미지와 전시물은 별개의 원천으로 탐구될 수 있다. 물론 연구자는 그 전시에 예술가로서 그리고 큐레이터로서 동시에 참여할 수 있다. 이런 종류의 다중적 역할들은 많은 예술가-이론가가 오늘날 시도하고 있는 다양한 실행들과 매우 많이 일치한다. 충분한 계획과 함께, 만약 전시가 인터넷을 통해 좀 더 넓은 지역의 청중에게 일어날 수 있는 이득에 대해서 고려하는 것도 가능할 것이다. 이런 시도는 갤러리 관람자로부터 수집될 수 있는 반응들에 더 많은 반응들을 만들어 내기 위해 전시를 사용할 가능성을 증가시킨다.

예술가를 콘퍼런스 프로그램에 참여시키는 전시를 가짐으로써 예술가의 조언을 접할 수 있어 주제에 대한 더 깊은 탐구를 할 수 있는 가능성을 더해 준다. 퍼포먼스 이벤트로서, 관련된 콘퍼런스는 많은 문서 형식들로 존재하는 기록된 정보들을 만들어 내고, 이것은 참여자에게 폭넓은 경험을 줄 뿐만 아니라 시각예술 연구자에게는 광범위하고 신뢰할 만한 데이터베이스를 구축할 수 있게 돕는다. 요약하면 가능성은 예술적 경험에 중심이 되는 구성 요소를 사용한 연구를 계획하고 수행하는 전시 연구 프로젝트와 함께 존재하며, 이것은 신뢰할 만한 연구 방법으로 순조롭게 만들어질 수 있다. 그런 연구는 특정 연구 이슈를 탐구하는 별개의 이벤트가 될 수 있거나, 좀 더 큰 연구 프로젝트 내 계열 연구(nested study)로 보일 수도 있다.[5]

학위 논문과 해석

예술실행연구를 탐구하고 소개하는 또 다른 대중적 만남은 논문(thesis) 또는 해석(exegesis)의 구조 속에 있다. 이론이 주도하는 사업에서 우위를 차지한다기보다, 실천 철학자들(philosophers of practice)이 최근 수십 년간 이론과 실제 간의 결합을 활성화하기 위해 실험적인 덤불 속으로 암암리에 움직여 왔고, 이것은 연구의 기록과 전달이라는 이슈를 불러일으켰다. 시각예술 연구가 스튜디오 경험을 중심으로 한다는 것을 고려하면, 연구 상황에서 볼 수 있는 작품

제작의 다양한 방식이 논쟁을 초래할 수 있다는 것은 이해할 만하다. 어디에 시각예술 지식이 있는지에 대한 주장은 이러한 관심의 중심에 있다. 이것은 어떻게 예술 실행 연구가 박사학위 논문의 논쟁처럼 개념화할 수 있는지 그리고 이런 이론화가—예술 작품이 만들어지는 영역에서, 관련 있는 해석처럼 전후 맥락이 관계된 형식 속에서 또는 케이티 맥리오드(Katy Macleod, 2000)가 제시한 것처럼 이 둘의 어떤 결합 속에서—어디에 위치해 있는지에 대한 의문으로 바뀐다.[6] 연구를 위한 필수 구성 요소로서 해석의 형식적 지명은 많은 이들의 노여움과 지지를 불러일으켰다. 몇몇에는 설명적 해석은 그것이 학술적 연구와 시각예술 실행 간의 차이를 유지하며 또한 예술 제작(art making)이 그 고유한 권한 내에서 연구가 될 수 있음을 인정하는 데 실패하는 것이기 때문에 불필요한 것으로 여겨진다. 다른 이들에게는 연구를 맥락화하는 해석의 포함이 필요한 것으로 여겨진다. 왜냐하면 해석이 시각예술 이론화가 많은 시각적 · 언어적 형식들로 표현될 수 있는 다양한 실행이기 때문이다. 낸시 드 프레이타스(Nancy de Freitas, 2002)는 이런 '적극적 기록' 형식이 이론적 위치와 연구 방향을 비판하고 확인하고 변경할 수 있도록 도와주지만, "실천 중심의 연구 프로젝트에서 적극적 기록이 연구 그 자체로서 이해되어서는 안 되지만, 그 아이디어를 통해 방법은 개발될 수 있다."(p. 4)라고 주장한다.

자유롭게 해석되긴 하지만, 스튜디오 아트 전공 고급학위(석사-박사급)를 수여하는 기관들 간에 연구를 개념화하는 학위 논문의 구성요소가 필수적인지에 대해 일반적으로 논쟁이 존재한다. 대개 시각예술의 이론화에 대한 근본적 가정은 이것이 많은 형식들을 취할 수 있는 다양한 활동이고, 깊이 있는 학위 논문이라면 부득이 다양한 방식으로 명료하게 표현될 필요가 있을 것이라는 것이다. 해석(exegesis)이 연구의 예비 목적들을 충족하기 위해, 연구과정 실행을 기록하거나 결과를 나타내기 위해, 단순히 기록 형식일 필요는 없다. 모든 것이 가능하다. 적용되기 위한 추가적 한계들은 기존의 연구 기대들을 따르기 위해 필요한 것으로 간주되었던 제도적 실행들일 것이다. 결국 이런 종류의 예술적 탐구는 학술적인 예술 세계에서 이루어지는 것이다. 하지만 이 책에서 논의하였듯이, 제도적 규제는 단지 그 규제의 장점을 사용하지 않고 또 그러면서 그 안에서 장을 주장할 수 있기 위해 연구 문화의 지식을 요구할 때 방해가 될 것이다. 더 나아가 예술가-이론가의 역할이 시각예술 연구자를 가장 잘 묘사할 수 있을 것처럼 보인다면, 심각한 탐구를 위한 도전을 계속하는 작업은 기대되는 창의적이고 비판적인 결과를 성취하기 위해 엄청난 공부와 기록을 요구할 것이다.

시각예술의 해석 또는 다양한 학위 논문을 준비하기 위한 전략들 그리고 형식적 기대들은 시각예술과 디자인 전공에서 박사학위 과정의 일부로 이런 연구 실행들을 실험해 보는 대학기관 프로그램들에서 찾을 수 있다. 제3장에서 필자는 시각예술과 디자인 분야에서 실행 중심 연구와 연결되는 이런 분야를 개발하는 것을 논하였다. 이 프로그램들은 유망한 방향성을 제시하는 많은 프로젝트들을 만들어 내기 시작하고 있다.[7] 다른 한편, MFA의 단계에서 연구 구조의 개발 범위는 그렇게 야심적이지 않다. 그러나 예술 분야의 석사학위(Master of Fine Arts: MFA)와 학사학위(Bachelar of Fine Arts: BFA) 자격요건에 대한 심사는 최근 수십 년간, 특히 미국에서 이 분야의 변화가 거의 이루어지지 않았음을 보여 준다. 가장 주목할 만한 발전은 시각예술 프로그램의 일부로 뉴미디어(new media)의 예술적ㆍ기술적 도전을 적극적으로 통합하려는 기관에서 이루어지고 있다. 동시대 예술가가 시도하고 있는 획기적이고 우연적인 실행들 그리고 이 책에서 제기되고 있는 이슈들이 고등교육기관에서 작업하고 있는 시각예술가가 맞닥뜨리고 있는 탐구라는 도전을 더욱 분명하게 만들고 있다.

▮▮ 시각예술 연구 프로젝트 ▮▮

이 책에서 탐구하는 가지각색의 학위 아이디어와 쟁점을 통합하는 시각예술 연구프로젝트의 세 가지 종류의 실례들은 마지막 부분에서 제시된다. 간접적인 참조는 이 장에서 논의된 전시의 개념과 논문-설명으로 하며, 그 이유는 이것들은 시각예술연구프로젝트의 중추를 형성하기 때문이다. 또한 조각들의 방식을 느낄 수 있는 그룹 전시에 있어 어떤 것들은 학예적 주제를—이런 사례로서, 이 책은—책임감과 함께 독자-관객을 가장 관련 있는 그런 경향들과 연결시키고 대화를 창조하도록 조직된 개별적인 조각들처럼 제시된다.

세 개의 예시들 중 두 개는 필자가 『예술실행연구』(2000) 제1판의 출판에 이어 예술적 연구에 대한 계속적인 탐구와 병행하여 진행했던 프로젝트들이고, 다른 하나는 박사 논문과정에서 스튜디오 또는 전시 요소들을 적극적으로 포함한 필자가 지도했던 박사학위 연구 예시다. 세 가지 예시들은 2007년 베니스 비엔날레 프로젝트(the 2007 Venice Biennale Project), 펄 스트리트 갤러리 프로젝트(the Pearl Street Gallery Projects) 그리고 미술교육 박사학위 논문 프로젝트(Art Education Dissertation Projects)다. 오직 박사 논문의 예시들이 예술실행연구의 맥락에서 분명하게 발달된 것일 수 있지만, 모든 예시가 앞선 장들에서 탐구한 예술실행연구의 요소들을 어떤 방식으로든 구체화하고 있다. 좀 더 설명하자면, 시각예술 연구(*visual arts research*, [그림 4-1] 참조), 앎(knowing, [그림 5-1] 참조), 맥락(contexts, [그림 6-1] 참조) 그리고 실행(practices, [그림 7-1] 참조)의 일련의 모형이 융통성 있고 유동적으로 제시되었으며 지속적 갱신을 위해 열려 있지만, 동시대 예술을 연구의 관점을 통해 볼 때 그 가변성과 다양성을 어떻게 이런 이론적 개관이 수용할 수 있을 것인가? 이 세 가지 프로젝트들을 대표하는 예시들의 검토는 그들이 예술 실행 연구의 '모델'을 정립하기 위해 어떤 가정과 경향을 무너뜨려야 할 것인지 보여 줄 것이다. 대신 그 형식적 틀은 제7장에서 소개한 셰리 메이요의 '문화적 막(cultural membrane)'과 '영향이 미치는 세력관들(spheres of influences)'에 대한 시각적 설명의 특징들을 수용할 것이다.

2007년 베니스 비엔날레 프로젝트

2007년 여름 필자는 베니스 비엔날레를 방문하는 데 몇 주를 보냈다.[8] 비엔날레는 국제 예술 전시박람회로 1987년 베니스에서 처음 열렸고, 자르디니와 아르세날레 지역과 도시 곳곳의 다양한 박물관들과 베네치아 성들에 있는 다양한 전시관들에서 열리는 국제적 전시일 뿐만 아니라 동시대 미술을 개관하는 것을 특징으로 한다. 예술감독 로버트 스토르(Robert Storr)[9]는 제52회 베니스 비엔날레를 소개하는 그의 2007년 글에서 쿠바 출신 미국 작가 펠릭스 곤잘레즈-토레스(Felix Gonzalez-Torres)라는 전시자의 작품을 '이 전시 전체를 주도하는 정신'을 표현하고 있다고 설명하였다. 스토르(2007)는 그 작품을 다음과 같이 묘사하였다.

절제된 표현이 이 후기 펠릭스 곤잘레즈-토레스의 작품들의 특징이었다…… 서정성과 정의, 맥락에 따른 적절성, 방법의 경제성, 지적인 용기, 부드러움으로 포장된 강인함, 개인적 실재와 대중적 참여 사이에서 어렵게 얻은 평형 상태 그리고 마지막으로 일반 관람자를 참여시키고자 하는 열망—만약 어떤 사람이 평균적인 것을 하나도 가지고 있지 않은 것처럼, 그러나 오히려 그 사람을 특별하게 만드는 모든 것이 마치 다른 사람과 그나 그녀의 차이점인 것처럼—이런 특성이 그의 작품에 대한 정보를 준다(n.p.).

스토르가 말한 것은 동시대 예술이 시각적 표현의 질, 의미 만들기의 방법, 사고 능력, 개인적이고 공공적 관심 그리고 타인과 의사소통을 할 필요성을 포함한 복잡한 형식과 내용을 다루고 있다는 것이다. 스토르(2007)는 이런 특징들이 동시대 예술의 특성이라고 좀 더 설명한다.

이 전시의 한계들을 넘어 먼 곳까지 확장될 수 있는, 그러나 어디서 그것들이 발견되든 간에 그와 같은 질을 확실하게 측정할 일련의 편성들을 간략하게 설명하라. 경향을 명명하거나 스타일상의 계열이나 위계를 세우는 대신, 이 전시는 동시대 미술을 평가하는 데 유용하지만 잠정적인 매트릭스 같은 것을 제안하고 있다. 그리고 역사적으로 선례를 가지고 그 내용을 나란히 줄 세우기 위해 뒤로 물러서는 대신, 그것은 현재의 복수적인 것들과 결합된 예술이 우리의 위치를 찾고 유지하는 데 중요하다는 것을 제안한다(n.p.).

스토르는 공통적 경향을 파악하고, 역사적인 스타일, 집단, 위계 또는 주의(isms)에 따라 예술과 예술가를 범주화했던 과거의 예술을 정의하는 방식들에 의문을 제기한다. 또한 예술을 오래된 것과 새것, 물체와 아이디어, 형식과 맥락 또는 내부자와 외부자의 장르로 구분하던 경향이 예술가가 무엇을 하는가를 고려하는 방법처럼 오늘날 유용성을 제한해 왔다. 그러나 스토르가 주장했듯이, 어떻게 동시대 예술 실행이 개인적이면서 공적인 관련성을 가지는 현재의 이슈들을 있게 한 인간과 문화의 현상으로 개념화될 수 있는지 확인할 필요가 있다. 스토르의 개념적 구조는 동시대 예술이 어떻게 개인적이면서 문화적인 실행으로서 비판적 역할을 맡을 수 있는지 이론화하는 것을 돕고, 예술 실행이 연구 형태가 될 수 있다는 것을 논의하는 이 책에서 제기한 도전을 반성적으로 생각해 볼 수 있게 한다.

예를 들면, 예술 실행을 연구로 설명하는 유동적인 이론화 작업은 스튜디오 예술 실행이라는 중요한 장에서 출현했다. 이 이론적 틀은 예술가-연구자에게 그리고 다른 사람에게 예술 활동을 연구 담론 속으로 위치시키는 열린 개념적 구조를 제안한다. 2007년 베니스 비엔날레의 주요 전시를 설치하는 데 로버트 스토르가 사용한 개념적 전략과 어떤 유사점이 그려질 수도 있다. 그가 제안하였던 '조직화(set of coordinates)'는 차원, 범주 또는 규모와 같이 우리에게 그가 선택한 작가들에 의해 열리게 될 해석의 가능성을 알리기 위한 개념적 암시로서 기능한다. 예를 들면, 펠릭스 곤잘레즈-토레스의 작품에 대한 그의 설명은 '맥락적 적절성(contextual aptness)' 그리고 '도구의 경제성(economy of means)'과 같은 용어를 포함한다. 그리고 이러한 것들은 예술가가 2번의 작품을 통해 의미를 소통하는 다른 방법인 것처럼 보인다. 전자는 전시된 것의 완전한 충격을 감상하기 위해 주변 맥락을 이해하는 것을 요구한다. 반면 후자는 예술 작품의 의미가 형식 그 자체 내에 대부분 들어 있다는 입장을 취한다. 이는 중요한 차이인데, 왜냐하면 예술이 의미하는 것과 그것이 어떻게 표현되고 소통되는가는 작품이 인간의 발달, 사회의 소유물 그리고 문화적 정체성 속에서 기능하는 역할을 우리가 이해하는 데 영향을 주기 때문이다. 비슷하게 스토르의 예술가의 개인적 실재와 공공의 참여자로서 필수적인 균형에 대한 언급은 우리가 예술의 교육적 결과를 이해하는 데 도움을 준다. 왜냐하면 창의적이고 비판적인 행동이 청중을 끌어들이며 학습 기회가 열리기 때문이다. 여기 '지적인 용기(intellectual courage)'와 '유함으로 포장된 강함(toughness wrapped in gentleness)'은 우리가 무엇인가를 다른 식으로 보도록 격려하는 예술가에 의해 창조된 인지적 불협화(cognitive dissonance)에 대해 넌지시 암시하는데, 이것은 때때로 미정의될 수 있다.

로버트 스토르가 제안한 것은 예술가, 비평가, 역사가, 교육가, 문화이론가 그리고 대중에게 이야기하는 구조다. 그의 개념적 조직화는 이 책에서 묘사하는 실행과 관련되어 배치될 때, 조화와 대비의 확실한 영역이 확인될 수 있다. 스토르의 중심 가정은 작품 활동이 개인적 과정임과 동시에 공공적 활동일 수 있다는 것이다. 이는 중요한 개인적·문화적 가치를 가지는 새로운 지식을 창조하고 비평하는 원초적 근원이 되기 때문이다. 이 주장은 예술실행연구를 지지하는 옹호자들이 만든 주장과 함께 반향을 일으키고 있다.

다음에 설명하는 2007년 베니스 비엔날레에 참석했던 예술가들은 스토르가 준비한 비엔날레 전시에 포함되지 않았던 사람들이다. 하지만 펠릭스 곤잘레즈-토레스의 작품처럼, 그들은 스토르가 그의 카탈로그 글에서 설명했던 비엔날레 전반을 주도한 '정신'을 표현하였다. 이 간단한 논평에 포함된 예술가들은 비엔날레 역사의 특징적인 부분이었던 만국 전시회(national exhibition)에 참여하기 위해 그들의 국가들이 선택한 예술가들이었다. 소개된 예술가들은 다니엘 베이커(Daniel Baker), 들렌느 르 바스(Delaine Le Bas), 헤더와 이반 모리슨(Heather & Ivan Morison) 그리고 알카바로브 라샤드 보유카콰(Alkabarov Rashad Boyukaqa)다. 므르장 바지크(Mrdjan Bajić)는 비엔날레에서 세르비아를 대표한 예술가였는데, 비엔날레 프로젝트에 참여하였다. 그의 작품은 스튜디오 작업 경험이 개인적·사회적·문화적 행동을 이야기할 수 있는 모든 종류의 아이디어와 이미지를 포함하는 방식과 관련하여 제3장에서 어느 정도 자세하게 논의하였다.

아마도 이 책에서 탐구한 연구 주제들로 가득했던 2007년 베니스 비엔날레에서 열린 전시는 실낙원(Paradise Lost)이었다. 이 전시는 베니스의 칸나레지오 지역에 있는 16세기 베네치아풍의 성이었던 팔라조 피자니 산타 마리나(Palzzo Pisani Santa Marina)에서 주최되었다. 실낙원은 베니스 비엔날레에 포함되었던 첫 번째 로마(집시) 전시회로, 이 전시회에 참여했던 공통의 문화유산을 나누고 화합하고 있는 8개의 유럽 국가에서 온 예술가들의 작품이 전시되었다.[10] 이 그룹 전시회가 비엔날레 전시, 만국 전시관 그리고 주제 전시들이 위치한 자르디니와 아르세날레라는 중심 장소에서 떨어진 장소에서 열렸다는 것은 중요하다. 집시예술가들이 나누었던 것은 그들이 공통점처럼 차이점에 의해 특징지어지는, 그러나 한 나라의 주에 거주하는 것의 당연한 편안함을 가지지 못하는 초국가적 소수 개체군에 속해 있다는 것이었다. 공통적인 것은 자기 정체성과 문화적 존재에 대한 열정적 믿음이었고, 다른 점은 유럽을 가로질러 흩어져 버린 집시 사회의 다아스포라적 중단이었다. 집시의 정체성에 대한 반응을 만들면서, 실낙원에 속한 예술가들은 지역과 근원에 대한 담론을 다루었고, 그들은 어떻게 국가를 정의할 것인가라는 개념을 구성하기 위해 인종과 이데올로기에 대한 의문을 제기했다. 로버트 스토르는 그 전시가 비엔날레에 가져온 것에 대한 감각을 제공하였는데, 문화적 가정(cultural assumptions)에 대한 그 도전은 실낙원에 의해 만들어진 것이다.

세계에는 점점 많은 수의 국가들이 자발적 혹은 강제적 이민으로 인해 더 이상 예전의 집시처럼 서로의 문화 공간들 속에 살 수 없다…… 인도로부터, 중앙아프리카로부터, 유럽 변방으로부터 온 그들은 올 수 있지만 그들은 오랜 세월 거기에 살고 있었고, 그들 존재에 대한 인정으로서 그것이 왜 그들을 비엔날레에서 표현해야 하는 것이 중요한지 이유가 된다.[11]

실낙원에 참여한 15명의 예술가들은 분명 그들의 집시로서의 정체성을 인정하고 그들을 아웃사이더 혹은 민속학자[12]같은 익명의 범주 내에 함께 묶이는 경향에 저항하고 있다. 집시 문화 이론가와 연구자의 병행 출현은 넓은 문화적 · 교육적 주제를 지지하는 기반(infrastructures)을 가지고 역사, 유산 및 정체성이제자리를 잡도록 돕고 있다. 그리고 이것은 집시예술의 바탕이 되고 있다. 그들 자신을 위해 집시가 된다는 것은 무엇인가에 대해 도전적 해석을 시도하는 실낙원 전시 내 예술가들의 작업 속에는 분명한 자신감이 있다. 실낙원의 큐레이터인 티미아 정하우스(Timea Junghaus)는 "이 예술가들은 집시 전통과 그 구성 요소들을 동시대 문화로서 재창조하면서, 확신과 지적인 태도로 존재하고 있는 편견에 대해 수용과 변형, 부정과 해체, 반대와 분석, 도전과 다시 쓰기를 하고 있다."(2007, p. 21)고 말하였다.

대중에게 표현되고 있는 집시 경험을 만들고 있는 큐레이터, 예술가 그리고 문화 주체는 이것이 현존하고 있는 사회적 · 정치적 준거 틀을 통해 걸러지지 않는다는 것을 의식하고 있다. 다니엘 베이커(Diniel Baker)는 집시예술가들을 위한 독립적 '공간'을 확인하고 주장할 필요성을 보았다.

> 나의 현재 작업은 집시에게 할당된 작은 지역으로 창을 열어 집시에 의해 점유된 가상공간—그들에게 둘러싸여 있음에도 불구하고 밖에 있는, 그들이 수백 년 동안 살고 있는 사회로부터 빠져나왔음에도 불구하고 연결된 공간—을 탐구하는 것이다. 여기서의 그 가상적인 공간은 대중적 상상 안에 있는 신화와 오해의 상징적 공간뿐만 아니라, 법에 따르면 집시를 위한 지리적으로 부재한 혹은 소멸한 공간 모두를 의미한다.[13]

이것은 인습적인 문화적 편견의 얼어붙은 틀에 저항하는 어지러운, 이제 시작하는 단계다. 고트프리드 와그너(Gottfried Wagner, 2007)가 호미 바바(Homi Bhabha)의 용어로 '세 번째 공간(third space)'이라고 설명했던 공간으로, 이 공간은 집시 문화를 위해 "추억, 공간, 정체성 사이를 항해하려는 초국가적 시도"(p. 36)를 표현하고 있다. 베이커와 와그너가 묘사하고 있는 공간은 이 책에서 열어 놓은 대안적 '연구 공간(research space)'과 유사하다. 이성(합리)주의 실천이라는 모더니스트의 업적은 인간의 본성을 형성하는 물리적 결정 요인에 대한 우리의 이해를 대단히 확장시켜 주었음에도 불구하고, 인간 상태의 보다 복잡한 구성 요인은 포착되지 않은 채 남아 있으며 그것들을 탐구할 새로운 방법론이 요구된다. 더 나아가 이 책에서 논의하였듯이 바로 예술가가 이것을 실천할 잘 준비된 사람이다.

따라서 의문은 계속되며, 여기서 소개한 두 명의 집시예술가인 다니엘 베이커와 들렌느 드 바스의 작품에 아주 분명하게 드러나 있다. 의문의 다른 초점은 헤더와 이반 모리슨의 작품에서 찾을 수 있다. 그들이 베니스 비엔날레에서 만들어낸 작품인, 〈플레저 아일랜드(Pleasure Island)〉 역시 비엔날레 경계선상의 베니스 변방에 있는 갤러리 공간에 있었다. 그러나 이런 주변부로의 전위는 매우 적절한 것이었다. 왜냐하면 모리슨이 만든 구조는 매우 유기적 형태로 그 형태를 그것이 위치해 있는 주변으로부터 가져온 것같이 보이기 때문이다. 번창하기 위해 서서히 발전하는 체계를 위한 상태를 만들어 내는 데 도움을 주는 자발적인 무리를 찾는 살짝 부유하고 있는 듯한 유기적 형태의 이미지는 〈플레저 아일랜드〉를 떠올리게 한다. 실재하고 있는 경계가 에너지를 보유할 수 없기 때문에 이것은 회복된 그리고 재생된 파라다이스이고, 다른 공간이 발견되고 차지되고 확장된다.

특정 정치적 의문 제기의 관점은 알카바로브 라샤드 보유카콰의 작품에서 찾아볼 수 있다. 그는 2007년 베니스 비엔날레의 아제르바이잔 전시에 참여했다. 수많은 다른 유럽 국가들처럼 이것은 아제르바이잔의 첫 번째 공식적인 베니스 비엔날레에 참여하는 것이었다. 그렇지만 비토리오 우르바니(Vittorio Urbani)가 "주변부의 자유(the freedom of the periphery)"[14]라고 명명했던 베니스 주변 외진 전시에서 뚜렷한 창조적 에너지는 찾을 수 없었다. 아제르바이잔 카탈로그에 실려 있던 우르바니는 부큐레이터(deputy curator)로서, 동시대 예술계의 주변에 있는 국가들 간의 협력을 구축하려는 비영리 조직인 누오바 아이코나(Nuova Icona)[15]를 책임지고 있는 베니스에 기반을 둔 인물이었다.

우르바니에게 있어서, 주변부의 공간을 차지하는 예술가와 국가는 중심부에 위치한 예술가나 국가에 종종 거부되는 어느 정도의 독립성과 자유를 가지고 있다. 그러나 거기에는 항상 계속 진행 중인 승인과 인식의 문제가 존재한다. 공식적 지원이나 공적 자금의 부족에도 불구하고, 우르바니는 많은 예술적 협력이 일어나도록 하였다. 우르바니는 우리에게 도전하고 우리를 변화시키는 동시대 예술의 역량을 재발견하는 창조적 공간을 열면서, 이런 협력을 교환의 형식으로 보았다. 이런 철학은 보유카콰의 설치 작품에 반영되어 나타난다. 보유카콰는 우아한 순박함으로 다른 방식으로 볼 때 어떻게 하나의 정보가 완전히 새로운 결과를 만들어 낼 수 있는지—마치 다른 방법을 가지고 분석할 때 연구 자료가 상충되는 해석들을 드러내는 것처럼—를 보여 준다.

실낙원 전시에 참여했던 예술가들의 예술 실행과 로버트 스토르의 학예적 기준 근거 사이의 개념적 연결뿐만 아니라 이 책에서 제기하는 논쟁과 관련된 다른 연결들을 확인할 수 있다. 관계 분석을 위해 사용된 전통적인 체계와 구조는 예술가의 실행 사이의, 그리고 우리가 연구자와 교사로서 하고 있는 것을 설명해 주는 이론과 실행 간의 유사점과 차이점을 주목하게 해 준다. 사회과학과 교육 분야의 학문적 전통을 형성하는 변수를 아는 것은 중요하다. 왜냐하면 거기에는 공통의 의미를 지닌 하나의 언어 속에서 논의가 가능한 필요가 존재하기 때문이다. 하지만 차이는 무엇이 아닌가의 관점으로 볼 때 강화될 수 있다. 따라서 연구에의 접근을 제한하는 경계선들은 많은 다른 보기(seeing)와 앎(knowing)의 방법과의 연결 그리고 다리로서 보는 것이 필요하다. 이런 관점에 미치는 영향의 격자(grids of influence)는 전후로의 움직임을 허용하여 새로운 가능성의 지형이 도표화되고, 초학문적 과정들이 시도되는 보다 유기적인 체계에 의해 상쇄되는 것을 필요로 한다.

아마도 관계와 영향이 빈틈없이 꽉 짜이기보다는 유동적인, 정지된 것이라기보다는 흐르는 감각을 야기한 것은 베니스의 독특한 세팅일 것이다. 베니스의 물리적인 배치는 서로 맞물린 두 개의 섬들로 묘사되는데, 이는 굴곡진 대운

다니엘 베이커. 위: 〈철자를 바꾼 거울(Anagrammatic Looking Glass)〉(2007) 아크릴 수지 위 혼합 재료, 47×35 1/2 inches. 아래: 〈바르도 거울(Vardo Looking Glass)〉 (2005). 아크릴 수지 위 혼합 재료, 지름 36 inches. 작가 소장, 런던. 사진: 다이엘 베이커. 작가의 허락을 받아 게재함.

이 두 개의 작품은 환하게 빛나는 거울 표면을 만들기 위해 색칠하고 에칭하고 도금한 것이다. 주제는 경계의 공간 또는 사이 공간—집시들이 물리적으로 상징적으로 계속 거주하고 있던 공간—에 있어서, 이미지는 유리 뒤에 있지만 거울로 된 배경 앞쪽에 나타난다. 도금된 반영의 다소 불투명한 특성은 거의 진짜 같은 닮음과 진짜로 인식하는 것을 회피하게 함으로써 관람자에게 작품의 배경에 마음이 끌리도록 한다(Daniel Baker, 2009. 7. 8. 검색, http://www.romapavilion.org/ artists/daniel_baker.htm 재인용).

그러나 여기 보이는 작품은 그의[다니엘 베이커의] 경계들에의 집중으로부터 집시들이 정말 차지하고 있던 장들처럼, 주변적이며 진보와 평등을 위한 그들 고유의 정식 시도를 약화시키는 좀 더 구속적인 법률들로부터 계속적인 위협을 받고 있는, 그들 안에 있는 상상의 공간에 대해 훨씬 덜 엄격한 탐구로 이동하고 있다. 우리가 이 공간에서 로맨스와 일탈이라는 모순된 신화의 모든 부분을 찾을 수 있기 때문에, 결국 가능성은 그것을 초월하는 것으로 제안된다(Acton, 2007, p. 31).

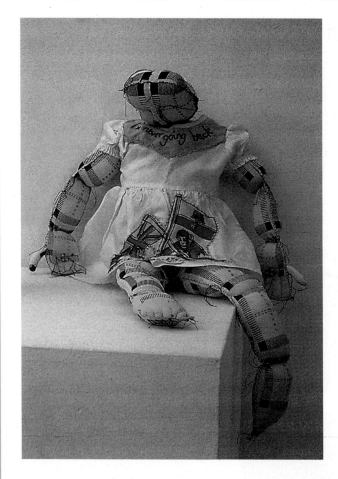

들렌느 르 바스. 〈십자가에 매달림 (Crucified)〉(2005). 혼합 재료. 높이 20 inches. 사진: 들렌느 르 바스. 작가의 허락을 받아 게재함.

루마니아인으로서 나의 관점은 언제나 아웃사이더의 관점이었고, 이런 '타인'의 위치는 나의 작품의 재료와 메시지에 반영되어 있다. 우리는 혼합된 가치와 왜곡된 메시지의 문화 속에 살고 있다. 나의 작품들은 중고품 매매나 중고품 가게의 무시되거나 이질적인 물건을 가지고 만들어졌다. 재료를 마구 써서 만드는 브리콜라주(bricollage). 일상의 재료를 사용하여 그것이 귀중한 모든 형태들을 조합하여 그것들이 가치가 있으면서 재생되도록 한다 (Delaine Le Bas, 2009. 7. 8. 검색, http://www.romap avilion.org/news/quotes.htm 재인용). 들렌느의 작품은 모두 모든 로마/집시/여행자의 자신감 있는 정신(assertive spirit)을 어렵게 얻어 낸 성숙한 자기주체성

이 결합된, 내가 예전에 본 듯한 아동미술로 구현한다. 나는 그의 설교에서 한 집시전도사가 "나는 개종하기 전, 내가 생각한 영광스러운 삶은 살았다—나는 많은 돈을 벌었고, 내 주변의 좋은 것들, 좋은 컵과 찻잔 그리고 작품을 좋아했다—사실 난 주변의 좋은 것들을 여전히 좋아한다—신은 당신으로부터 이것들을 빼앗아 가지 않을 것이다."라고 말하는 것을 한 번 들은 적이 있다. 들렌느의 창작물, 부드러운 형상과 이미지는 그런 좋은 것의 정신을 구현한다. 그것들은 조그만 조각상도 아니고, 크라운 더비(Crown Derby) 영국산 자기도 아니지만, 그것은 자신의 방식으로 모순과 사랑 둘 모두 환경을 만들기 위한 집시의 결정에 대한 해설이다. 그리고 그것은 또한 그 환경에 대해 이민족에 대한 편협함과 무시로부터 온 위협들에 대한 경고이기도 하다(Acton, 2007, p. 31).

헤더와 이반 모리슨, 〈플레저 아일랜드 (Pleasure Island)〉(2007), 목재, 유리, 베니스, 엑스-비레리아(Ex-Birreria). 52번째 국제 미술 전람회에 웨일즈 대표 작가들, 베니스 비엔날레. 작가들의 허락을 받아 게재함. http://www.mori son.info

아름다운 베네치아풍 정원의 캐노피 아래, 모리슨 부부는 뒤쪽의 밝음에 미치기 위해 덮혀 있는 어둠으로부터 나온 것처럼 보이는 유기체 같은 구조물인 플레저 아일랜드를 만들었다. 그 조형물은 늦은 2006년 숲에 쓰러져 있는 미국 서부산 커다란 소나무, 북미 서해안산의 큰 전나무, 북미 서부산 솔송나무 목재로 만들어졌고, 그것은 또한 베네치아풍 색유리의 혼합된 판들을 포함하고 있다. 그 구조물은 종양 또는 성장하는 것, 즉 아름답지만 아직은 혐오감을 주기도 하는 플라스틱 크리스탈 형태를 띠고 있다. 그것은 또한 벅민스터 폴러(Buckminster Fuller)가 1940년대에 디자인했던, 그리고 1970년대 대피소로 보급되었던 지오데식(geodesic) 형식을 상기시킨다. 그래서 그 작품은 고착됨을 거부하는, 추하면서도 아름다운, 유기물이면서 인간이 만든, 유토피아적이면서도 반이상향적인, 위험하면서도 안전한 공간이기에 관람자와 복잡한 관계를 가지게 된다(Hannah Firth, 2009. 7. 8. 검색, http://www.walesveni cebien nale.org/exhibition.asp 재인용).

헤더와 이반 모리슨은 그들이 맞닥뜨리는 사람, 장소와 사건에 대한 반응인 진행형 내러티브를 창조한다. 따라서 사실과 허구의 구성 요소가 드러나 존재하는 상황, 형태 그리고 체계를 새로운 실물과 똑같은 존재들과 섞어 버린다―그들의 것은 일상의 한계 속에서 포함시킬 수 없는 작품이다.

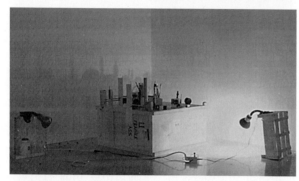

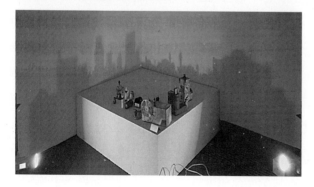

알카바로브 라샤드 보유카캬. 〈하나의 시점으로 두 도시를 보기(Looking at Two Cities From One Point of View)〉(2005). 혼합 재료 설치, 조명. 가변성. 알베르토 산드레티(Alberto Sandretti) 소장품. 작가의 허락을 받아 게재함.

아제르바이잔의 동시대 예술은 동양과 서양 두 문명에 의해 형성되었다. 그것은 라샤드 알카바로브의 설치 작품 안에 상징적으로 표현되어 있다. 단상 위에 놓인 물병들과 상자들은 조명의 방향에 따라 두 개의 다른 그림자를 드리우고 있다. 이슬람 돔을 가진 동양적 도시 또는 서양 도시의 마천루. 우리의 차이들에도 불구하고, 우리는 우리가 여전히 같은 근원을 가진 빛을 가지고 있다고 기억해야만 한다. 우리는 이런 다문화적 환경의 필수 부분이 된다는 것을 즐긴다. 또는 그것을 다르게 놓는다…… 2개의 관점에서 한 도시를 보기…… 그들은 조명 환경의 방향, 관점에 따라 변화한다. 후자는 항상 관람자에 의지해야만 한다(Akhundzada & Shikhlinskaya, 2007, pp. 3, 12).

두 방향의 램프들은 선택적으로 켜졌다 꺼진다. 이에 따라 어떤 때는 동양적 스카이라인이, 때로는 서양식 스카이라인이 벽에 그림자로 나타난다.

하(Grand Canal)에 의해 동시에 받쳐지고 있다. 베니스의 쌍둥이 섬의 이미지는 생존이 서로서로를 지탱하는 것에 의해 가장 잘 성취될 수 있음을 보여 준다. 비슷하게, 베니스가 작동할 수 있도록 하는 물길(watery lines)은 통제되기보다는 존중되어야만 한다. 물길의 주기적인 변화는 규칙 또는 제도의 리듬에 따라 많은 차이들을 가지는 시간과 공간에 순응한다. 2007년 베니스 비엔날레에 참여한 전문가들의 작품들은 성장과 발전을 지탱하는 것은 바로 소통, 창의성과 비판적 반성의 변화무쌍한 흐름이라는 것을 보여 준다. 이것은 정확히 다른 예술가-연구자가 실행을 통해 열린 창의적이고 비판적인 공간을 둘러싸거나 차지하면서 관심을 기울이고 있었던 것이다. 펄 스트리트 갤러리 프로젝트의 몇 가지 예들은 그 사례를 이해하는 데 도움을 준다.

펄 스트리트 갤러리 프로젝트

펄 스트리트 프로젝트는 이목을 끌고 있는 뉴욕 브루클린의 DUMBO(맨해튼 고가 아래, Down Under the Manhattan Bridge Overpass) 예술 지역에 위치한 펄 스트리트 갤러리에서 열린 일련의 전시회들이다. 그 갤러리는 원래 보리스 큐라톨로 라진느(Boris Curatolo Rasines)가 그의 조각 작업장으로 만들어서 신인 예술가를 위한 실험적 장소로 제공했던 비영리 장소였다. 시작 단계에서, 펄 스트리트 갤러리의 정체성의 일부는 대학원의 예술 연구들에 참여하던 예술가-동료들과의 협동 프로젝트로 시작하였는데, 이들의 공통 관심사는 스튜디오 작업과 연구의 수행이었다.[16] 2006년부터 2008년까지, 갤러리 프로그램은 갤러리 공간을 동시대 예술 실행 맥락 속에서 스튜디오 중심 연구를 위한 장으로서 갤러리 공간을 좀 더 의식적으로 탐구하기 위하여, 컬럼비아 대학교의 교육대학을 통해 유진 마이어스 자선 잔여금 신탁(Eugene Myers Charitable Remainders Unitrust)으로부터 지원금을 받아 확장되었다.

다양한 프로젝트들이 실행되었고, 다음에서 네 가지를 정리할 것이다. 또 다른 펄 스트리트 프로젝트, 바버라 호웨이(Barbara Howey)의 〈기억의 기술들

(Techniques of Memory)〉은 제3장에서 논의되었고, 그레이엄 블론델(Graham Blondel)의 전시 프로젝트 〈거리(밖)에서[Of(f) the Street]〉의 사례는 제5장에서 다루었다. 이 전시 프로젝트들에서 다루어진 이슈와 아이디어를 이해시키기 위해 그들 중 하나인 〈마크 트웨인의 새로운 모험들(New Adventures of Mark Twain)〉에 대한 간단한 설명을 여기서 제공할 것이다.[17] 이어서 두 명의 참여 예술가들인 팸 시놋(Pam Sinnott)과 미란다 로리(Miranda Lawry)의 작품을 다룰 것이고, 또 다른 참여예술가 앤 그레이엄(Anne Graham)도 제4장에서 논의 되었다.

믿을 수 없는 것들 〈마크 트웨인의 새로운 모험들: 석탄도시에서 대도시〉

자주 인용되는 마크 트웨인의 말은 "오스트레일리아 역사는 항상 그림처럼 고풍스럽다. 사실 이것은 호기심을 갖게 하면서도 낯선 것으로, 그것 자체는 그 나라가 제공할 수 있는 최고의 신기함으로…… 역사로 읽히기보다는 가장 아름 다운 거짓말 같다."(1899, pp. 169-170)이다. 트웨인은 오스트레일리아 역사를 구성하는 "거짓말들"을 모든 "곰팡이 핀 오래된 음식 같은 것이 아닌 모든 신 선한 것들"(pp. 169-170)이라고 말하고 있다. 이것은 "놀라움과 모험, 그리고 모순, 그리고 믿을 수 없는 것들로 가득 찬"(pp. 169-170) 역사다. 이것은 〈마크 트웨인의 새로운 모험들(New Adventures of Mark Twain)〉에서 예술가들이 이야 기한 전설들에서 찾은 놀라움에 대한 특히 적절한 묘사다.

전시 카탈로그 글에서, 피터 힐(Peter Hill, 2007)은 예술 작품이 시간과 공간 에 '운(rhyme)을 맞추는' 방법을 강조하고 동시대 예술을 형성하는 영향의 변 화하고 있는 운에 주의를 돌리도록 한다. 그 내용이 종종 놀라움에도 불구하고, 새로운 방식의 필연적 도래는 이루어지지 않았다. 과거 많은 호주 예술가들에 게, 운을 맞추는 것은 일반적으로 들을 수 있는 것이었으며, 그것은 다른 육지 에서 처음 일어났던 사건들의 반복처럼 보인다. 그 효과는 예술이 어딘가 다른 곳에서 중심이 된다는 것을 믿는 이들에 의해 힘들게 느껴질 수 있다. 그리고 부분적으로 예술은 아주 멀리서 온 문화전문가를 수용하기 위한 지역의 열망을

이 펄 스트리트 프로젝트 〈마크 트웨인의 새로운 모험들: 석탄도시에서 대도시(New Adventures of Mark Twain: Coalopolis to Metropolis)〉(2007)는 9명의 호주 예술가들의 창의적 반응에의 영감에 대한 호주 강연 여행을 하는 동안 치통 치료를 받은 후, 1895년 뉴캐슬에 있는 치과의사에게 감사를 전하는 마크 트웨인의 편지 원본의 발견을 활용함.

팸 시놋. 〈허클베리 핀 카우보이(Huck FinnCowboy)〉 (2007). 35 1/2×21 1/2inches. 흑백 디지털 프린트. 작가의 허락을 받아 게재함.

미란다 로리. 〈유람 2: "시내와 호수의 넓은 전망" (Excursion 2: "With Spacious Views of Stream and Lake")〉 33 1/2×47inches. 기록보관소의 디지털 프린트. 작가의 허락을 받아 게재함.

**NERADIA
NTITWASACH
ARMINGEXCURSIO**

이 프로젝트에서 나의 강력한 요인들은 어린 시절 읽었던 『톰 소여와 허클베리 핀』과 그들이 호주 아동들에게 주었던 영향이었다(Pam Sinnott, 2007).

나는 그의 호주 여행에서 얻은 아이디어와 그가 대부분의 그의 시간을 기차에서 보냈다는 것과 기차 창밖의 풍경과 마을과 도시들에 대한 그의 관찰들에 매료되었다(Miranda Lawry, 2007).

스튜디오 작업을 통해 예술 작품을 만들어 역사적 순간을 탐구하는 예술가-연구자는 어떻게 새로운 지식을 창조하는가? 첫째, 알려진 것의 뒤쪽을 보는 근본적 출발점이 되는 분명한 창의적 충동이 있다. 지식의 기원이 안정적이든 불안정하든 간에 상관없이 우세한 태도, 가정 그리고 확신 너머로 이동할 필요가 있다. 둘째, 개연성 있는 추정 또는 논리적이고 이치에 맞는 결과에 기대어 지식을 구성하는 전통적인 체계들은 새로운 가능성에의 도전에 거의 응하지 않는다는 것을 기꺼이 인정하는 것이다. 이것은 그 작가가 우리를 데려가는 곳이다—우리가 한 번도 가 보지 못하고 한 번도 보지 못한 것을 볼 수 있는 곳이다.

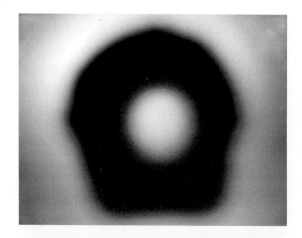

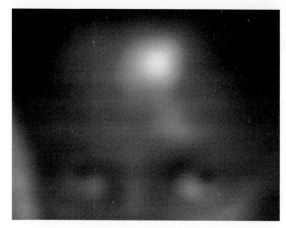

펄 스트리트 프로젝트, 존 지오다노(John Giordano). 〈시차: 세계화에 대한 시각 메모 (Jet Lag: Visual Notes on Globalization)〉 (2007). 개발도상국의 노동자의 이미지를 가진 의류 카탈로그와 웹 사이트를 포함한 흔한 온라인 자료들로 특색 있게 조작된 디지털 사진.

존 지오다노. 〈야구 모자(Baseball Cap)〉(위). 〈레소토 왕국 노동자(Lesotho Worker)〉(아래). (2007). 울트라크롬 디지털 현상. 작가의 허락을 받아 게재함.

〈시차: 세계화에 대한 시각 메모〉에 포함된 사진들은 세계화의 영향을 탐구한다. 전시회의 많은 작품들이 개발도상국가에서 만든 옷을 그린다—세계화 과정의 표시로서. 나는 세계화의 아주 중요한 운전자 중 하나라고 볼 수 있는 우리의 소비 욕망에 관심을 가지고 있다. 하지만 나는 왜 우리는 우리가 욕망하는 것들을 만드는 사람, 그리고 그들의 생산을 돕는 정치, 그리고 경제적 정책들 모두로부터 분리되었는지 이해하기 위해 노력하지 않을 수 없다. 이 초상들은 중국, 레소토 왕국 그리고 파키스탄 같은 나라들의 노동자를 묘사한다. 이들과 이들이 만드는 상품들과 우리의 관계는 무엇인가? 왜 우리는 옷과 같은 대상을 흐릿하게 여기며, 동시에 그들과 그들을 가능하게 한 정책들을 인정할 수 없는 것처럼 보이는가(John Giordano, 2007)?

존 지오다노는 보기에 아주 부드러운 이미지들을 만든다. 하지만 그것은 알아보기 힘들다. 경계선이 녹아내린 것 같은 불안은 시차와 세계화를 암시하고 있다. 시차는 새로운 주변 환경에 대한 우리의 감각을 없애기도 하고 위험을 경고하기도 한다. 아마도 세계는 그 자신이 시차의 고통을 겪는 중이다. 두려움은 우리를 다음 질문을 묻도록 강제되는 이미지 공간 속으로 끌고 들어간다. "저건 뭐지? 그들은 누구지?"

펄 스트리트 프로젝트, 브랜트 윌슨. 〈저널과 여행들(Journals and Journeys)〉(2007). 브랜트 윌슨이 만든 예술가의 책 시리즈와 지난 30년간에 걸친 미술교육의 시각적 역사를 기록하는 그의 그림일기(illustrated journals) 중 취사선택.

브랜트 윌슨. 〈이집트 저널편 카이로(Page From Egypt Journal; Cairo)〉. 종이에 잉크와 아크릴. 5x5 1/8inches. 작가의 허락을 받아 게재함. http://www.brentartworks.com

브랜트 윌슨. 〈레로나 에비게일 윌슨의 인생 스케치와 경험들을 바탕으로 한 12권의 대형책의 표지와 제목 페이지(Cover and Title Page for 12 Folios Based on Lerona Abigail Wilson's Life Sketch and Experiences(1932)〉(2006). 레이저 인쇄와 손으로 만든 종이 위에 아크릴. 각 책의 사이즈 21×30 3/4inches. 작가의 허락을 받아 게재함.

그의 일기 중 급하게 스케치한 이미지를 포착하여, 이 단편적 이야기들은 브랜트 윌슨이 과거로 돌아갈 수 있는 근원이 되었다. 그들은 매일의 사건들에 대한 기록들을 가진 페이지들상의 공간을 나눠 가진다. 텍스트는 역사의 각주 같은 것을 기록한다. 이미지들은 그의 예술가-책을 위한 아이디어들로 후에 실행에 옮겨질 개인적인 기록들을 보여 준다. 시각적 대화가 그의 예술가-책의 일련의 공간 안에서 시작될 때, 우리는 보고 듣게 된다.

브랜트 윌슨의 일기들과 그의 예술가-책을 보고 읽고 있으면, 우리는 실천하는 예술가-연구자를 언뜻 보게 된다. 미술교육자로서 그의 좀 더 대중적인 글쓰기는 우리에게 타인이 보는 것처럼 그들의 세계를 들여다보게 한다. 그의 예술은 어떻게 그가 그것을 보는지 그리고 왜 우리가 그것에 대해 생각할 필요가 있는지 담아내고 있다.

펄 스트리트 프로젝트. 〈예견과 예감(Predictions and premonitions)〉(2007), 노던 일리노이 대학교 미술대학교에서 판화가 커뮤니티에 소개됨. 구성원들은 교수, 학생 그리고 졸업생으로, 공동 유대를 나누고 개인적으로 판화 표현에 헌신하고 있다.

마이클 반스. 〈옆모습 II(Profile II)〉(2005). 석판화. 콜라주 기법을 이용한 판화. 작가의 허락을 받아 게재함. http://www.michaelbarnes.us

매튜 드로고. 〈멸종되어 가는 품종(A Dying Breed)〉(2007). 에칭. 작가의 허락을 받아 게재함.

판화의 역사를 통틀어, 항상 그래픽 이미지의 강한 존재와 내러티브, 사실 그대로와 암시적인 것 모두의 풍부한 전통이 항상 있었다. 주제인 예견과 예감은 수많은 방식으로 해석이 가능할 것이다─미래와 과거 정치 세계의 풍자적 내러티브는 현재에 적용할 수 있고, 통화 조작은 타락한 진실을 제시할 것이며, 추상적으로 대략적 형상을 그린 그림은 과학적 모델과 구조를 언급하는 것이며, 또는 자기성찰적이며 개인적인 관점은 꿈 같은 정경 또는 대안적 우주를 암시할 것이다(Michael Barnes, 2007).

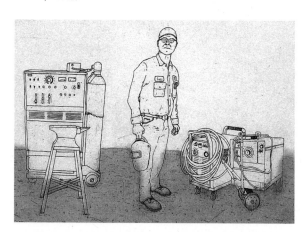

〈예견과 예감〉은 작가가 과거 약점, 현재의 허구 그리고 미래의 환각 상태 사이를 오가는 대로 기대와 불안 사이에서 변형되는 시각 불이행들이다. 판화는 예술가를 신탁과 징조로 수행하게 하는 이상적인 매체다. 일리노이 예술가들이 탐구하는 영역은 방해의 미학으로 큰 즐거움을 준다.

설명한다. 하지만 이것은 힐이 이 전시회의 작품을 누가 만든 것이냐에 대해 쓴 '새로운 유형의 창의적 학문'의 입장이 아니다. 이 예술가들이 펼친 아이디어의 상상적·지적 강도는 다른 것들 중에서 예술, 문화, 역사 그리고 연구에서 새로운 방식을 볼 수 있는 기회를 제공한다. 그들의 창의적이고 비판적인 탐구를 뒷받침하고 있는 주제와 이슈는 많은 형식들을 취하며, 많은 통찰력을 제공한다. 이전에 알지 못하던 것과 마주보기에 의해 알려진 것을 방해하는 것은 바로 예술가-연구자의 창의적이고 비판적인 실행이 〈마크 트웨인의 새로운 모험들〉과 같은 전시에서 무엇을 성취할 수 있는가 하는 것이다. 왜냐하면 과거는 같은 것을 절대로 이야기하지 않기 때문이다.

미술교육 박사학위 논문 프로젝트

이 장에서 다루는 마지막 프로젝트는 연구의 형식으로서 예술 실행의 다양한 측면을 사용하는 박사학위 연구의 단지 일부분에 해당한다. 박사학위 연구들을 착수해야 하는 단계의 많은 미술교육 전공 학생들은 자신의 경험으로부터 진실이라고 알고 있는 것, 즉 예술적 배움과 앎이 우리가 누구인지 그리고 우리의 세계가 어떻게 기능하는지에 관한 가장 깊은 통찰력을 제공한다는 것의 적절한 설명을 찾는 데 몰두한다. 따라서 미술교육 대학원은 느끼고 있는 열망을 명확히 하고 확인하는 수단이 되지만, 동시에 그들을 둘러싼 탐구 집단 내에서 발견한 새로운 통찰력과 이해를 가지고 이전 지식을 정리하여 새로운 가능성을 여는 방법이 될 수도 있다. 그리고 이것은 모든 형식과 그 비슷한 형식들 내에서 다양한 이론, 실천, 담화 및 연구의 '언어들'에 대한 지식을 요구한다. 이는 이해될 필요가 있는 이 언어들의 메커니즘이 아니라 바로 철학과 연구 방법인 것이다. 대학원생은 이런 성향 속에서 생각하고 행동할 수 있는 것이 필요하다.

아동기부터 성인기까지의 다양한 연령의 시각예술가들은 자신의 존재에 대해 알려 주는 자연성과 창의적 활동을 개발한다. 그리고 이런 능력은 지식이 협상되고 새로운 이해가 형성되는 것처럼 정보를 주고 여과된 학습이 이루어지게 한다. 예술발달의 가장 중요한 측면은 일이 이루어지도록 하는 능력을 유지하는 것인데, 이것은 예술가가 가장 잘하는 것이기 때문이다. 만들고 또 반추해 보는 경험은 우리가 세계를 어떻게 보고 이해하는가의 중심에 있으며, 스튜디오는 상상력이 풍부한 마음이 취하는 것에 거의 제약이 없으므로 모든 종류의 탐구를 위한 장소가 된다. 이런 이유로 컬럼비아 대학교 미술교육 석사 및 박사 과정 프로그램은 스튜디오와 이론 수업을 통합하였다. 미술교육에서 공부와 연구는 이론과 손으로 이루어지는 실행이 합쳐져 수행되어야 한다는 것이 자연스러운 기대다. 이것은 오랜 역사를 통해 사범대 대학원과정의 특색이 되어 왔으며, 1990년대 초반 주디스 버튼(Judith Burton) 교수가 프로그램 구조를 '재편'한 이래로 좀 더 완벽하게 자리를 잡았다. 그녀는 연구에 대해 "세계와 그 세계가 어떻게 그리고 왜 그 고유의 질서에 이르게 되었는지에 대한 놀라움과 호기심에 의해 자주 시작되는" "아이디어 만들기 여행(journey of idea making)" (2007, p. 6)이란 표현으로 이야기한다. 경탄과 호기심은 문제-찾기 연구 실행들로 강당, 세미나실, 작업실 또는 온라인에서 만나게 될 때 부각되는 모든 종류의 상황, 환경 그리고 사건에서 일어나게 된다.

> 대개 문제들은 역사, 장소, 기억 그리고 개인적 맥락에의 감각을 탐구로 가져오는 개인적 환경 또는 익숙한 주변들에 존재하며, 외부인들이 가져올 수 없는 내적 지식 그리고 인식 같은 것에 특권을 주게 된다. 어떤 학생들에게 연구 문제는 결핍, 편견 그리고 그릇된 것으로 보이는 아이디어, 철학 또는 이론들에서 비롯된다. 다른 학생들에게 연구 문제는 아동, 청소년 그리고 성인들을 포함한 문화관계들의 네트워크가 있는 예술 실행 상황에 위치한다. 연구 문제들은 이전 연구가 이르지 못한 틈 속에서 유래된다(2007. 9. 6.).

다음에 요약된 박사학위 논문 프로젝트들은 예술가-연구자들이 시도한 여행과 같은 느낌을 준다. 이 장에서 설명되고 이 책 전반을 통해 논의된 맥락들에

리사 호츠트릿(Lisa Hochtritt, 별칭 June Cleavage). 〈준과 친구들(June and Friends)〉. 2000년 4월 22일 뉴욕 타임즈 스퀘어 브로드웨이와 42번가 코너에서 잘 모르는 행인들과 작업 중인 준 클리베이지로서 리사의 퍼포먼스. 사진: 로리 A. 켄트(Lori A. Kent). 작가의 허락을 받아 게재함.

예술가-연구자로서 리사 호츠트릿 작품(2004)의 내러티브는 두 가지 중요한 면을 다룬다. 다중예술적 맥락(multiarts contexts) 그리고 획기적인 예술 프로그램과 같은 전통적이지 않은 환경들 속에서 젊은이들과 해 온 협동 작업 경험 그리고 그녀의 또 다른 자아인, 황당하기까지 한 준 클리베이지로 함께해 온 예술 실행인, 온라인상의 두 번째 인생 세계. 그녀의 연구에 대한 대화 속에서, 호츠트릿은 거의 알려지지 않은 과거의 인생을 가지고 있는, 하지만 새로운 상황들을 볼 수 있는 가능성이 존재하고 있는 대상인 복고풍의 모든 것에 대해 그녀가 애정을 가지고 있음을 이야기한다. 과거의 아이콘을 샅샅이 조사하여 새로운 실재들을 발굴해 내기 위한 그녀의 열정은 바로 그녀의 퍼포먼스 이벤트에 존재하는 당당한 인물인 준 클리베이지를 통해서 거의 분명하게 드러난다.

과거 역사 지식이 현재를 자극하는 반향으로 사용되는 역설과 패러디의 전통에서, 준으로서의 리사는 우리에게 매일의 일상 그리고 오랫동안 잊고 있었던 것을 계속해서 새롭게 다시 보는 것의 필요성을 상기시킨다. 준이 대중과 교육적 대화를 시작하기 위해 뉴욕 타임즈 스퀘어 광장에서 퍼포먼스 아트 프로젝트를 실행할 때 이것은 분명해진다. 준은 그녀가 "코너에서 일하고 있는"(Hochtritt, 2007) 동안 확실히 많은 대화들을 열었다. 이 시간 전후로, 연구자로서 리사는 청소년 정체성을 구성하는 데 사용된 힙합, 그래피티 그리고 의사소통을 위한 다른 청소년 중심이 되는 수단을 탐구하는 젊은 무리와 그녀의 박사학위 논문 작업을 시작하였다. 비판적 깨달음의 순간은 예술가로서 준의 복고적 관점이, 잘 사용된 그리고 대부분의 전통적인 교육자에게는 아마도 재사용되기보다는 버려야 할 것으로 여겨지는 과거의 역사를 전달하고 있는 젊은 개인을 이해하는 방법으로 여겨질 때 일어날 수 있다. 그러나 생활 방식 주변의 이런 상투적인 정체성과 유행 내에서 이것은 존경과 자기 이해의 안정을 제공하였으며, 리사는 도심 속에서 살고 있는 젊은이들에게서 배움을 위한 풍부한 가능성을 발견하였다. 잘 실행된 예술 진행의 렌즈를 통해 볼 때, 호츠트릿은 재시각화하는 것들의 잠재성을 우리에게 상기시킨다.

〈파울라 니초 쿠메즈 견습생 크리시 스테이키디스(Kryssi Staikidis as Apprentice to Paula Nicho Cú-mez)〉. 이미지는 같은 캔버스에 작업하고 있는 두 명의 작가를 보여 주며, 협동적인 진행은 형식적인 스튜디오 교실환경에 영감을 주며–장소(Sites)는 특히 동료지도와 학습에 있어 협동적인 접근을 안내한다. 사진: 델리아 니초 쿠메즈(Delia. Nicho Cú-mez). 크리시 스테이키디스와 파울라 니초 쿠메즈의 허가를 받아 게재함.

크리시 스테이키디스가 남아메리카 토착사회에서 가진 경험이 삶의 중심이 되고 따라서 삶의 질을 높여 주는 예술적 배움을 위한 진정한 바탕으로서 스튜디오 경험을 사용하는 것이 그녀 연구의 핵심임은 분명하다. 스테이키디스에게 있어서, 스튜디오 미술지도는 양식의 새로운 것에 대한 의심쩍은 개념들을 구체화하는 문제를 지닌다. 아마도 스튜디오는 문화적 실행의 비평적으로 중요한 위치에서 그 역할이행의 어떤 방향성을 상실해 왔다. 스스로 과테말라 촌락 공동체에서 매우 존경받는 두 명의 마야 예술가인 페드로 라파엘 곤잘레즈 차바제이와 파울라 니초 쿠메즈의 견습생이 된 그녀의 결정은 아주 주의 깊게 이루어진 것이며 관계된 모든 이에게 축복이 되는 것이었다. 그것은 그녀로 하여금 특이한 내부자의 관점으로 책임 있는 배움의 공간을 만들어 내도록 했다—그녀는 현장연구자(fieldworker)의 기술에 포함되지 않은 그녀만의 소통 기술들을 사용하였는데—그것은 그녀의 회화였다.

그녀의 크고 반추상적인 회화 스타일은 촌락 환경에 거의 적절하지 않았음에도 불구하고, 그녀의 회화 기술은 그녀의 멘토 예술가와 그 지역사회에서 매우 높게 인정받고 있는 '이상화된 사실주의(idealized realism)'를 배울 수 있을 만큼 이미 준비되어 있었다. 스테이키디스의 역할은 상호 학습을 바탕으로 한 협동적 관계를 만드는 것이었다. 이것은 그녀로 하여금 정보를 습득하고 그녀의 주위 사람들에게 의미 있는 방식들로 돌아갈 수 있도록 하였다. 이는 신념이 개방성, 문화적 감수성, 독창성과 만날 때 예술가가 주도하는 연구가 할 수 있는 독자적인 공헌을 보여 주는 아주 강력한 예가 될 수 있다.

고유한 예술적 삶의 전통으로부터 만들어진 구조를 가르치는 것은 개인적 · 문화적 내러티브, 협동, 절충된 교육과정, 개인적 · 문화적 신화를 바탕으로 한 내러티브 구술 그리고 학생을 위한 교수-학습 경험을 탈중심화하는 수정된 멘토/초보자의 교수 체계를 통합시키는 것이다(Staikidis, 2006, pp. 134-135).

위: 로리 돈 레반(Lori Don Levan), 〈보디스케이프 자화상 연작(Self Portrait Bodyscape Series)〉(1994), 젤라틴 실버 프린트, 작가의 허락을 받아 게재함.
아래: 〈앵그르를 따른 자화상(Self Portrait After Ingres)〉(1997-1998), 컬러 사진, 작가의 허락을 받아 게재함.

로리 돈 레반의 연구(2004)에서 제기되고 있는 주제는 그녀의 박사학위 논문의 서문에 강력하게 명시되어 있다. "비만은 사람들이(최소한 미국과 많은 서구화된 문화들이) 드러내 놓고 조롱당할 수 있고 적대적으로 차별당할 수 있는 유일한 인간 상태다."(p. 1) 레반의 연구에는 많은 중요한 특징들이 내재해 있다. 첫째, 그녀가 연구로 저항적 대화를 만들어 내도록 도운 1990년대 초반부터 작성해 온 '비선형적(nonlinear)' 일기(『한 비만여성의 일기(*A Fat Lady Speaks Journal*)』)를 통해 그려진 병행적 내러티브(parallel narrative)가 있다는 것이다. 둘째, 시각 이미지의 비판적 역할이다— '비만 자세(fat attitude)'에 정말 엄청난 효과를 주는 이미지다. 이미지들은 비평을 위한 중요한 데이터일 뿐만 아니라 창작을 위한 형식이기도 하다. 특히 레반 자신에게는, "나 자신과 나 개인의 쟁점들로 시작함으로써, 나는 나 자신을 결국 나의 연구에 포함시키도록 선정한 문제들에 대한 내부 정보원으로서 나 자신을 그 위치에 둔다"(p. 6). 셋째, 중요한 특징은 대중적 논쟁으로 쟁점들을 가져오기 위해 전시-콘퍼런스(exhibition-conference)를 사용했다는 것이다. 그 전시는 큰 몸집의 사람들과 함께 일했던 국가적 지명도가 있는 예술가들과 함께하고 있었고, 중요하게는 레반과 사진 수업을 듣고 있었던 그리고 스스로의 사진 이미지들을 만들어 내고 그들의 자아 정체성과 대화에 참여하였던, 사례 연구의 참여자들의 작품들을 포함하고 있었다.

위: 제임스 헤이우드 롤링 주니어(James Haywood Rolling Jr.). 〈거울 속의 나, 1985년경(Me in Mirror, Circa 1985)〉. 연필화, 8 1/2×11 inches.
아래: 〈착한 어린 나(Good Little Me)〉. 컬러 사진. 제임스 헤이우드 롤링 주니어의 허락을 받아 게재함.

나는 우리 각자가 연구자의 역할에 대해 질문하고 있었던 그곳에서 롤링과 나누었던 대화를 분명하게 기억한다. 예술실행연구에 대한 포스트모던 비평과 아이디어는 롤링에게 아프리카계 미국인 남자의 정체성 표현에 대한 그의 비평 속에 자신의 그림을 포함시키는 것을 허락하였다. 결정적인 순간은 그가 이 내러티브에서 그의 부분을 고려해야만 했을 때 일어났다. 결국 아프리카계 미국인 남성으로서 롤링은 평범하게 되는 것이 종종 그를 포함하지 않는 어떤 배경에 대항하는 것이 되어 버리는 삶을 살아 왔다. 그의 연구(2003)는 역사적 비평과 함께 시적 반응들, 내러티브 연주, 강력한 이미지 그리고 포함하는 자서전적 내용들, 즉 실재 아니면 익명의 어떤 것을 위해 인간에게 필요한 것에 더해지는 모든 것을 뒤섞어 버렸다.

나는 나 자신을 이해하기 위한 시도를 해 오고 있다. 혼돈과 불완전성을 벗어나 좀 더 확실함을 향해. 요즘 꽤 오랫동안 나는 이 이해의 작업에 있다. 나의 박사학위 논문은 예술가, 작가 그리고 교사 속에 친구와 동료를 명명하기 위해 불확실함과 분명한 정의를 보완해 보려는 나의 시도에 대한 이야기다. 나는 불분명한 소년이었다. 아들로서의 불분명함, 건축학도로서의 불분명함, 작가로서의 불분명함, 교사로서의 불분명함, 흑인으로서의 불분명함. 보충하자면 나는 많은 분야의 탐구에서 리더들 사이의 이름인 확실함의 수여를 구해 왔다. 여전히, 확실함은 나의 몸과 마음에 큰 상처의 원인이 되어 왔다는 것을 잊기 쉽지 않다(Rolling, 2004. pp. 46-48).

타마 이프랫(Tamar Efrat). 프로젝트의 장면들. 〈기억에의 질문: 비디오를 통해 작가의 기억들의 화면을 구성하기 (A Question of Memory: Constructing an Artist's Screen Memories Through Video)〉. 장면들: 밤, 미미, 새, 기차. (2008). 작가의 허가를 받아 게재함.

  타마 이프랫의 박사학위 논문(2008)을 위한 독특한 특징이 있다. 비디오에서 작자의 기억들의 화면 구성을 통해 기억에 질문을 제기하면서, 그녀는 제기한 연구 문제들에의 반응들로부터 데이터를 수집하지 않았다—그녀는 데이터를 만들어 내었다. 연구의 원천으로서 기억의 휘발성은 이 찾기 힘든 인간의 능력을 탐구하기 위한 방법에 대해 생각할 수 있는 새로운 방식을 요구하였다. 이프랫에게 질문은, 개인과 문화적 구성체로서 기억에 대한 우리의 이해를 높이는 새로운 통찰력을 만들어 내는 방식으로 그녀의 주관성(subjectivity)을 탐구하는 방법이었다. 이플랫은 "기억은 항상 사물, 사건, 행동 또는 사람에 대한 기억이며 때로는 한 번에 이상의 많은 것들을 기억하는 것"이라고 하였다. "기억은 내적이며, 분열적이며, 비선형적이며, 순간적이고, 때때로 형언할 수 없는 본성을 지닌다. 그것은 휘발성 그리고 가변성으로 표시되고 또 많은 경우 신뢰할 수 없다"(p. 1).

  이프랫의 심리치료의 배경은 그녀가 임상 관점에서 기억에 대한 연구를 이해하는 내용 지식과 방법론적 전문 지식을 가지고 있다는 것을 의미한다. 그러나 이프랫은 또한 영화감독이다. 그리고 그녀의 아동기 기억을 탐구하는 가장 도전적인 방식들을 제안하는데, 그것은 바로 영화를 통한 것이다. 영화의 시간기반 구조(time-based structure)와 내러티브의 관심 때문에 영화는 기억을 연구하는 이상적 매체였다. 그녀의 연구는 그녀가 영화 만들기를 통해 기억의 측면들을 탐구해야만 하는 지점으로 그녀를 몰고 갔다. 약 1년이 넘는 기간 동안 이프랫은 10편의 짧은 비디오를 만들었는데 각각은 1분 정도 길이었다. 그것들은 1년 뒤 다시 찾는 사건에 대한 짧은 비디오 영상으로 시작되었고, 기억의 진행적·역동적 특성을 강조하는 에필로그를 포함하였다. 또한 비디오 영상들은 박사학위 논문에서 제시되는 비디오와 장면들의 순서와는 다른 방식으로 재구성되는 것이 허용되는 블로그에 올려졌다. 따라서 전통적인 박사학위 논문 틀에서는 가능한 것보다 더 많은 변수들을 수용할 수 있는 시간기반 매체의 역량을 높여 주었다.

따르면, 예술 실행은 인간 결합의 강력한 수단일 뿐 아니라 인간 이해를 변형시킬 수 있는 능력을 가진 중요한 연구 형태로서 우리의 기대를 제공할 수 있어야 한다는 신호이며, 그것의 놀라움과 호기심의 진가를 인정하는 것은 그리 어렵지 않다.

▮▮ 단단한 결말과 유연한 시작 ▮▮

필자는 이 책을 예술가에 의해 이루어지는 상상력 풍부하고 지적인 작업이 하나의 연구 방법이 될 수 있다는 주장을 하기 위해 시작하였다. 또한 예술가가 스튜디오에서, 교실에서, 지역사회에서 그리고 사이버 공간에서 하고 있는 이러한 연구들이, 우리의 동료들이 인문학과 사회과학 그리고 자연과학에서 하고 있는 것과 함께 공통점을 가지고 있다는 점을 주장한다. 이것은 지식과 이해의 탐구이고, 이것은 아이디어들에 대해 아무도 저작권을 가지지 않은 창의적 실행이다—그것들을 어디서 찾을지, 어떻게 찾을지 또는 그것들로 무엇을 할지. 가치 있는 것은 인간의 통찰과 우리가 그것을 어떻게 사용할 것인가다. 따라서 필자는 우리가 이것이 중요한 목적이라는 데 동의할 수 있는 한편, 또한 그것이 다른 방식들로 성취될 수 있다는 것에 동의할 필요가 있다는 것을 주장한다.

시각예술가에게 이것은 예술 작품을 만드는 것을 의미한다. 예술 작품은 우리를 변형시킬 능력을 가지며, 그렇게 함으로써 우리 주변의 세계를 바꿀 수 있기 때문이다. 그리고 당신이 만약 교육 환경에서 예술 작품을 만들고 있다면, 거기에는 교육기관 사회에서 이루어지고 있는 실행에 요구되는 엄격함을 만족시킬 수 있는 방식으로 알고 행해야 하는 우리의 끊임없는 필요에 반응하기 위해 당신의 풍부한 상상력과 지성을 운용할 수 있어야 한다는 책임이 존재한다. 상식적으로, 이것은 같은 장소에 가기 위해 시도해 볼 수 있는 다양한 경로가 있을 수 있다는 것과 어떤 학문적 틀 안에서 예술적 탐구의 형식들의 위치가 무엇인지 알 필요가 있지만 그것의 노예가 될 필요는 없다는 것을 의미한다. 마지막 도표로 제시되고 있는 [그림 8-1] '시각예술 프로젝트의 개념 틀'은 지그문트 바우만(Zygmunt Bauman, 2007)이 설명한 것으로 "**인간에 의해** 만들어지는 것이 **무엇이든 간에** 인간에 의해 다시 만들어질 수 있다…… 우리는 실재를 리메이크하는 데 어떤 제약도 인정하지 않는다"(p. 56, 원문에서 강조). 이 장에서 논의된 아이디어들과 시각예술 연구 프로젝트에서 주목받은 예술가들은 이 책을 통해 정리된 형식적 틀을 발전시키는 데 사용된 개념적 구조와 함께 [그림 8-1]에 대략 정렬되었다. 볼 수 있듯이, 많은 것들이 어떤 분명한 방식에 맞지 않는다. 어떻게 이것이 솜씨 있고 의미 있는 유동적 구조여야만 하는지는 분명하다.

미래를 향하여

만약 이 책의 목적이 예술 실행이 연구라는 유동적 논쟁을 공들여 시작하는 것이라면, 각 장들은 어떻게 이것을 이룰 수 있는가에 대한 몇 가지 아이디어 위를 떠다니고 있다. 그렇게 함으로써 어떤 신화와 가정은 가라앉고 다른 이론들은 떠 있고 새로운 논쟁들은 묻힌다. 결과는 필자가 각 장을 표시해 두기 위해 플레이스홀더(placeholders)로 사용했던 일련의 주장들이고, 이것들을 다음에 요약한다.

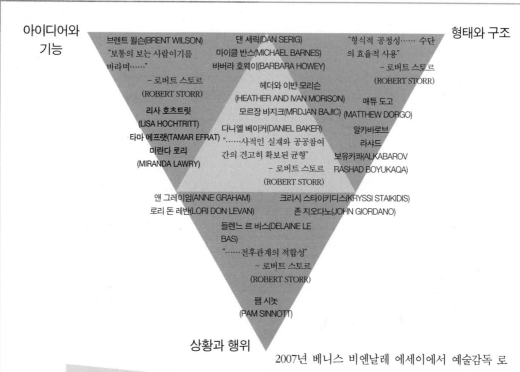

아이디어와 기능 / 형태와 구조

브렌트 윌슨(BRENT WILSON)
"보통의 보는 사람이기를 바라며……"
— 로버트 스토르
(ROBERT STORR)

댄 세릭(DAN SERIG)
마이클 반스(MICHAEL BARNES)
바버라 호웨이(BARBARA HOWEY)

"형식적 공정성…… 수단의 효율적 사용"
— 로버트 스토르
(ROBERT STORR)

리사 호츠트릿
(LISA HOCHTRITT)
타마 에프랫(TAMAR EFRAT)
미란다 로리
(MIRANDA LAWRY)

헤더와 이반 모리슨
(HEATHER AND IVAN MORISON)
모르잔 바지크(MRDJAN BAJIC)
다니엘 베이커(DANIEL BAKER)
"……사적인 실재와 공공참여 간의 견고히 확보된 균형"
— 로버트 스토르
(ROBERT STORR)

매튜 도고
(MATTHEW DORGO)
알카바로브 라샤드
보유카콰(ALKABAROV RASHAD BOYUKAQA)

앤 그레이엄(ANNE GRAHAM)
로리 돈 레반(LORI DON LEVAN)

크리시 스타이키디스(KRYSSI STAIKIDIS)
존 지오다노(JOHN GIORDANO)

들렌느 르 바스(DELAINE LE BAS)
"……전후관계의 적합성"
— 로버트 스토르
(ROBERT STORR)

팸 시놋
(PAM SINNOTT)

상황과 행위

시각예술 연구
시각예술 앎
시각예술 맥락
시각예술 실행
시각예술 프로젝트

2007년 베니스 비엔날레 에세이에서 예술감독 로버트 스토르는 동시대 예술이 타인들과의 소통을 어떻게 시도하는가를 설명하기 위해 '편성표(set of coordination)'를 사용하였다. 그의 해석 활동이 이 장에서 소개되었던 예술가–이론가와 이 책에서 설명되었던 연구 구조 틀로 정리되었을 때, 일치하고 대조되는 영역이 확인되었다. 여기의 편성은 지그문트 바우만(2007)이 묘사했던 '불확실성의 시대'에 반응하는 예술가–연구자의 창의적인 역량을 제한하는 것이 아니라, 그것이 열고 있는 가능성을 보여 준다. 바우만이 설명하듯이 "인간에 의해 만들어지는 것이 **무엇이든** 간에 그것은 **인간에 의해** 다시 만들어질 수 있다…… 우리는 실재의 리메이킹에 그 어떤 제약도 받아들이지 않는다. 우리는 우리의 일에 대한 어떤 제약들이 완전히 미리 정해지고 고정될 수 있어서 투지나 의지에 의해 그것들은 깨지지 않을 것이라는 가능성을 거부한다"(p. 56, 원문에서 강조).

[그림 8-1] 시각예술 프로젝트의 개념 틀

파트 1: 연구로서의 예술 실행을 위한 맥락들   이 책의 역사적 · 문화적 · 개념적 · 교육적 기초를 세운다. 여러 논쟁들은 시각예술이 역사적으로 풍부하고 개념적으로 탄탄한 탐구의 영역임을 보여 준다.

- 첫째, 최근 수 세기의 예술 창작과 비평은 변화하는 일련의 상호 연관된 상황들 속에서 일어났음을 보여 준다. 이런 상황들은 시각예술의 문화적 · 교육적 잠재력이 인식될 수 있는 것인지 아닌지 고려되어야만 한다.
- 둘째, 시각예술의 기관화가 동시대 예술 실행과 아카데미 문화 간의 원초적 연결을 유지하는 것이 아니라면, 대학과 지역사회에서의 시각예술의 영향력이 증가할 수 있는 가능성은 매우 떨어지게 될 것이라는 논쟁이다.
- 셋째, 시각예술이 실재적이며 중요한 세계를 이해할 수 있는 방법을 제공한다는 실행 가능한 논쟁을 제시하기 위해 과학에서 사용되는 탐구 방법에 대해 많이 아는 것이 필요한데, 이는 공통점과 차이점이 쉽게 설명될 수 있다는 것이다.
- 넷째, 예술 작품은 개인적 탐구의 형태이고 문화적 비평을 위한 대상이며 문화적 실행의 수단이다. 예술 실행은 이론적으로 탄탄하며, 아이디어를 기반으로 하고, 목적 지향적이며, 전략적이다. 그리고 이것은 형태와 방법을 활용해 제작되며 탐구의 전통적인 체계와는 다르게 연결되어 있다.
- 마지막으로 인간의 통찰력의 강력한 문화 그리고 교육적 기관으로서 시각예술의 영향력이 더 개발될 수 있으려면 시각예술의 근거가 되는, 그리고 이론과 실천의 좀 더 넓은 체계에 적용할 수 있는 관점으로 논의하는 것이 필요하다.

파트 2: 연구로서의 예술 실행의 이론화   시각예술 실행이 이론상으로 믿을 만하고, 방법적으로 탄탄하며, 중요한 창의적이고 비판적인 결과물을 생성해 낼 수 있는 탐구 형식인 것처럼 보이게 할 수 있는 기초를 세우는 것이다. 여러 논쟁들이 이루어졌다.

- 첫째, 이론화는 인간의 탐구의 모든 단계에서 이루어질 수 있는, 그리고 창의적 활동과 비판적 반성을 포함한 이해를 위한 접근이다.
- 둘째, 예술 실행의 이론화는 상상력 풍부한 지적 능력이 인간의 이해를 변화시킬 수 있는 능력을 지닌 지식을 창조해 내고 구성하는 역할을 하는 반향적 형식의 연구다.
- 셋째, 예술 실행 연구는 아는 것과 모르는 것 사이의 공간에서 창조되는 새로운 관점들을 여는 것이다. 전통적 연구는 모르는 것을 탐구하기 위해 알려진 것 위에서 이루어졌다. 예술 연구는 우리가 아는 것에 도전하기 위해 우리가 모르는 것으로부터 새로운 가능성을 창조해 낸다.
- 넷째, 시각예술 실행은 인간의 인지과정이 이미지의 생산과 해석의 틀을 잡으려는 데 사용되는 다양한 매체, 언어 그리고 맥락을 통하여 방해받고 있다는 것을 이해하는 형식이다.
- 다섯째, 시각 이미지는 문화적 활동의 일부이며, 개별과정이며, 우리가 생생한 경험을 통해 살고 있는 공간과 장소 속에 위치하고 있는 정보 체계다.
- 마지막으로 동시대 예술가들은 학문적 경계, 매체 사용의 관례 그리고 정치적 관심을 제거하는 많은 실천 양식들을 채택한다. 그러나 그들은 여전히 창작가, 비평가, 이론가, 교사, 실천가 그리고 기록 보관자로서 문화적 담론 영역 내에서 힘들게 역할을 하고 있다.

파트 3: 시각예술 실행 연구   이것의 목적은 시각예술 연구 프로젝트를 개념화하고 계획하는 것을 돕기 위한 전략을 제공하는 것이다. 그 도전은 지칭을 나타내며 충분히 유용한 반면에 규정한 방법들에 저항하는 경향이 있다. 파트 3은 다음의 논쟁들을 제기한다.

- 첫째, 학문 구조, 연구 패러다임 그리고 연구 방법에 대한 현재의 기술은 인간이 이슈, 아이디어, 이론 그리고 정보를 활용하는 모든 범위의 방식을

충분히 수용하지 않는다.

- 둘째, 예술 실행은 창의적 · 비판적 탐구의 생성적 후기 학문 분야의(post-discipline)의 과정이며, 예술가는 학문의 경계, 매체 사용의 관례 그리고 정치적 관심을 제거하는 많은 실천 양식들을 채택한다.

- 셋째, 예술 실행의 형식적 틀은 다양한 목적, 강조 그리고 범주에 따라 채택될 수 있으나, 시각예술 연구 실행을 성문화하려는 경향을 막는 부분과 전체 사이의 역동적 · 유동적 관계를 유지한다.

- 넷째, 학문 영역 간, 다중적 탐구, 후기 학문 분야의 프로젝트 그리고 컴퓨터 지원 연구 기술들을 넘나드는 시각적 방법의 사용과 같은 새로운 연구 전략이 등장함에 따라 그 전략은 시각예술 내 연구 실행과의 관련 속에서 비평될 수 있다.

- 다섯째, 개인적 · 대중적 연관을 가진 이슈와 아이디어에 대한 유익하고 상상력 풍부한 탐구를 수행하는 것은 본질적으로 교육적 과정이다.

- 마지막으로 시각예술 연구는 이론적으로 탄탄한, 아이디어 중심의, 과정상으로 풍부한, 목적이 있는 그리고 전략적인 실행으로 구성되어 있다. 그리고 전통적 탐구 체계와 연관되지만 또한 동떨어져 있는 것으로 그 독특함을 최고로 보는 적응적 방법들(adaptive methods)과 창의적 형식을 이용한다.

▮▮ 불확실한 결론 ▮▮

이 책의 처음부터 끝까지 계속 진행 중이었던 난제는 모순, 갈등 그리고 반대가 유용한 마음의 상태라는 것을 인정하는 것이다. 특히 예술 작품을 만들거나 연구를 계획하건 간에 거기에는 차이를 조화시키고, 어려움을 합리적으로 개선하는 것이 필요하다. 그러나 예술과 연구를 함께함으로써 가장 통찰력 있는 결과가 드러나고 가장 중요한 의문이 제기되는 것은 종종 단순하고 복잡한, 정확하고 불확실한 경험으로부터다. 따라서 이론이 잘 정돈되고, 실천이 규정되어 있고, 모든 결과가 예상 가능한 또는 의미가 측정 가능한 것을 생각할 필요는 없다. 사실 이것은 좀 더 실재(reality)에 가까운 반대의 것이다. 새로운 이해의 이 어수선하게 보이는 저항은 지성인의 직관력과 상상력에 의존하고 있으며, 이것은 예술실행연구에서 사용되는 의식적 과정과 유동적 구조 같은 것이다.

1 http://www.independent.co.uk/news/uk/home-news/the-nobel-prize-speech—the-truth-is-elusive-but-the-search-is-compulsive-1211415.html(2008. 12. 27. 검색)을 보라.

2 1990년대 초부터, 필자는 특별한 장소에 제한적으로 계획되고, 구성된 거리 작업들을 해 왔다. 이 작업은 거리에서 발견된 재료들로 만들어지고 물건과 장소들에 대한 반응으로 시작된다. 그리고 나서 그것은 무언가 새로운 것으로 다시 만들어진다. 그러나 이것은 오래된 것으로부터 나온 것이다. 그리고 이러한 다시 만들기는 다른 과정들로 인계되면서 알지 못하던 방식으로 계속 펼쳐진다. 발견된 대상의 회수와 부활은 오랜 전통을 지니고 있고, 이런 재료들로부터 만들어진 작품들을 다시 거리로 돌려보내는 것은 유쾌하게 모호한 변화과정을 유지하는 것이다. 필자는 이 대부분의 거리 작업에 어떤 일이 일어날지 확신할 수 없다. 하지만 이것은 필자가 연구자 또는 교사로서 했던 일의 결과와 다르지 않을 것이다. 그리고 필자는 그것을 좋아한다(http://www.streetworksart.com 을 보라).

3 〈이름 없는 과학(Nameless Science)〉 프로젝트는 *MaHKUzine: Journal of Artistic Research*(No.7)의 2009년 여름호에 실렸던 것이다. 참여예술가들에는 모든 토저스러드[Morten Torgersrud, 베르겐 국립 예술 아카데미(Bergen National Academy of the Arts)], 매츠 레이더스탬[Matts Leiderstam, 말뫼 예술대학(Malmö School of Art)], 잔 카일라[Jan Kaila, 핀란드 순수미술 아카데미(Finnish Academy of Fine Art)], 로넘 맥크리[Ronam McCrea, 얼스터 대학교(University of Ulster)], 리카르도 바스바움(Ricardo Basbaum, Universidade do Estado do Rio de Janeiro), 이렌느 코펠만[Irenne Kopelman, 위트레흐트 예술과 디자인 대학원(Utrecht Graduate School of Art and Design)] 그리고 사라 피어스[Sarah Pierce, 런던 골드스미스 대학(Goldsmiths College, London)]가 있었다(2009. 5. 15. 검색, http://www.mahku.nl/research/mahkuzine7.html).

4 필자는 1980년대 초 오하이오 주립대학교에서 칼로리 스크니만(Carolee Schneemann)의 설치 작품을 본 것을 기억한다. 그녀가 탐구한 개념은 필자가 특별히 강력하다고 생각했던 것이었고, 그것은 예술적 통찰력이 특별한 교육적 문제를 분명히 하는 데 도움을 주는 필자의 사례 목록 수집에

414 Chapter 08 시각예술 프로젝트

더해졌다. 작품 중 하나에서 스크니만은 우산을 여성성(펴졌을 때)과 남성성(닫혔을 때) 모두가 될 수 있는 양성 형태로 언급하였다. 필자는 그때 '예술 우산(arts umbrella)'이라는 용어를 대중적 교육 슬로건으로 어디나 사용하는 것에 대해 생각하지 않을 수 없었다. 필자는 오래지 않아 한 사설에서 외부 세계에서의 예술 경험과 실제 연관이 전혀 없는 새로운 교육과정을 만들어 내려고 노력하는 어리석음과 창작은커녕 생식(무언가 생산할) 기회가 거의 없는 양성의 우산 이미지를 사용하는 어리석음을 비판하였다.

5 전시-중심 연구 프로젝트(exhibition-based research project)의 좋은 사례는 송보림의 박사학위 논문, 『문화 정체성 개념의 변화: 고등교육에서 디지털 예술 실행을 통한 비판적 탐구(*Changing Conceptions of Cultural Identities: Critical Inquiry Through Digital Art Practices Within Higher Education*)』(2008)다. 학회와 전시를 동반하도록 디자인된 웹사이트는 영어와 한국어로 소개되었으며, 동시대 예술가들에 의해 창작된 컴퓨터로 만들어진 작품들에 표현되고 있는 "전통문화와 현대 한국인의 삶 간의 관계의 탐구로서 그 프로젝트의 맥락을 설명한다. 전시와 병행하여 이루어진 이 이틀 간의 학회는 뉴욕과 서울에서 열렸는데, 이 학회는 예술가가 문화와 전통을 테크놀로지기반 예술 작품 실행에 어떻게 통합시키고 있는지 그리고 어떻게 한국의 문화 정체성이 예술 실행을 통해 나타나는지 밝혀 줄 것이다. 강연, 세미나 그리고 브레이크아웃 세션(breakout sessions)을 통해 이 학회는 또한 어떻게 한국 미술교육이 대학 수준에서의 교수-학습에서 이런 주제들을 포함할 수 있을지 검토할 것이다"(2009. 4. 30. 검색, http://www.tc.columbia.edu/ceoi/virtualcon versations/index.html). 다층 환경의 수용 능력이 통찰력 있고 상상력이 풍부한 반응들로 반영되는 특유의 독특한 기여는 한국 현대 예술가인 장영혜의 중공업(Heavy Industries) 참여였다. 그 작가들은 이벤트를 위해 웹아트(Web-art)를 만들었는데, 작품 제목은 〈So, So, Soulful〉이었고, 〈문화 정체성, 공허와 외로움(Cultural Identity, Nothingness and Loneliness)〉은 아바타에 의해 학회에서 발표되었다(2009. 7. 8. 검색, http://www.yhchang.com/COLUMBIA_START.html을 보라).

6 박사학위 논문의 장점과 한계점 또는 시각예술의 해석에 대한 논의는 실행기반 연구에 대한 논문에 계속 다루어지던 주제였다. 예를 들면, Candlin(2000), Douglas, Scopa, & Gray(2000), Macleod(2000), Macleod and Holdridge(2006) 그리고 Webb(2000)을 보라.

7 Barrett & Bolt(2007), Duxbury, Grierson, & Waite(2007), Elkins(2009b), Knowles & Cole(2008) 그리고 Mäkelä & Routarinne(2006)를 보라.

8 여기서 탐구되고 있는 아이디어는 2008년 10월 31일 2년에 한 번씩 열리는 제5회 국제 실행으로의 연구 학회(Biennial International Research into Practice conference), 하트퍼드셔 대학교의 실행으로의 연구 센터(Center for Reserch into Practice)에서 주최한 런던 왕립예술학회에서 『방법론적 딜레마 그리고 해석의 가능성(*Methodological Dilemmas and the Possibilities of Interpretation*)』이라는 논문에서 먼저 소개되었다. 발표의 학회지 논문 버전은 http://sitem.herts.ac.uk/artdes_research/papers/wpades/v015/gsabs.html(2009. 7. 14. 검색)에서 찾을 수 있다.

9 로버트 스토르는 1897년 베니스 비엔날레가 시작된 이후 예술 감독으로 초대된 최초의 미국인이다. 비엔날레는 국제적인 예술 전시회로 로버트 스토르의 전시 책임하에 5개 대륙, 76개의 국가들, 98명의 예술가들이 참여하여 동시대 예술을 살펴보는 특징을 가진다. 자르디니와 아르세날레의 지역들 그리고 베니스 전역의 다양한 전시장들에서 프레젠테이션이 있었다. 52번째 비엔날레가 열렸던 6개월 동안 베니스 주변 지역에는 부가적인 38개의 '2차적' 전시와 예술 이벤트가 열렸다.

10 '로마(Roma)'는 집시를 나타내기 위한 합의된 용어다. 그러나 티미아 정하우스(Timea Junghaus)가 언급한 대로, 로마는 정치적으로 바른 용어일 수 있지만 그것은 모든 집시 집단을 설명해 주지는 않는다. 그녀는 "나는 정치적으로 올바른 용어를 사용하는 것이 훨씬 덜 중요하다고 생각하며 편견과 부정적 고정관념의 '집시' 용어를 새롭게 하고, 그 용어의 긍정적인 맥락에서 사용함으로써 명예를 회복하는 것이 중요하다고 본다."(2007, p. 23)라고 하였다.

11 http://www.romapavilion.org/news/quotes.htm(2009. 7. 17. 검색)

12 실낙원에 참여한 15명의 예술가들은 다음과 같다. Daniel Baker, Tibor Balogh, Mihaela Cimpeanu, Gabi Jiménez, András Kallai, Damian Le Bas, Delaine Le Bas, Kiba Lumberg, Omara, Marian Petre, Nihad Nino Pusija, Jenö André Raatzsch, Dusan Ristic, István Szentandrássy, Norbert Szirmai/János Révésv.

13 http://www.romapavilion.org/artists/daniel_baker.htm(2009. 4. 30. 검색)

14 베니스의 지우데카에서 비토리오 우르바니(Vittorio Urbani)를 인터뷰함(2007. 7. 10.)

15 Nuova Icona—associazione culturale per le arti는 비토리오 우르바니가 1993년 베니스에서 많은 다른 개인들과 함께 세운 비영리 문화연합이다. 그들은 동시대 예술을 장려하는 데 공통 관심을 가졌다. 비토리오 우르바니의 예술 감독 아래 200개 이상의 전시와 프로젝트가 이루어졌다. Nuova Icona는 베니스에서 자신들의 2개의 전시 공간들을 가졌는데, 지우데카 섬의 16세기 집에서 주최한 갤러리와 도르소두로 지역의 작은 교회인 Oratorio di San Ludivico다. Nuova Icona는 베니스 비엔날레에서 아일랜드의 국가적 공식 참여를 조직했고(1995, 2005), 터키(2001, 2003, 2005), 스코틀랜드(2003), 웨일즈(2003, 2005, 2007), 미국(2003), 인도(2005), 아제르바이잔(2007) 그리고 레바논(2007)과 협력하였다. 동시대 예술의 실험적 태도들과 함께, Nuova Icona는 자신들을 조직적 구성 요소, 대중과 예술가 사이의 활동층으로 보고, 새로운 프로젝트들이 계획되고 실현될 수 있는 곳으로 보았다(2009. 4. 30. 검색, http://www.nuovaicona.org/home.html).

16 초기 사례는 댄 세릭(Dan Serig)의 전시 프로젝트인 Resonances다. 이것은 제5장에 상세하게 설명되어 있다.

17 펄 스트리트 갤러리 프로젝트인 〈마크 트웨인의 새로운 모험들: 석탄도시에서 대도시로〉는 스미스

와 딘(Smith & Dean, 2009)의 작품집에서 출판한 '공간 만들기: 실행기반 연구의 목적과 장소'라는 장에서 언급한 실행기반 연구에서 새로운 지식을 만들어 내는 것에 대한 한 예로 볼 수 있다. 그 장의 인용들이 여기 각색되었다.

Abrams, M. H. (1971). *The mirror and the lamp: Romantic theory and the critical tradition*. New York: Oxford University Press.

Acton, T. (2007). Second site. In T. Junghaus & K. Szekely (Eds.), *Paradise lost* (pp. 30–31). Munich, Germany: Prestel Publishing.

Adams, L. S. (1996). *The methodologies of art: An introduction*. Boulder, CO: Westview Press.

Akhundzada, L., & Shikhlinskaya, S. (Eds.). (2007). *Omni mea: The pavilion of Azerbaijan*. Baku, Azerbaijan: The Ministry of Culture and Tourism of the Republic of Azerbaijan.

Alvesson, M., Sköldberg, K. (2000). *Reflexive methodology: New vistas for qualitative research*. London: Sage.

Amundson, R., Serlin, R. C., & Lehrer, R. (1992). On the threats that do *not* face educational research. *Educational Researcher, 21*(9), 19–23.

Anderson, M. L., Auping, M., Cassel, V., Davis, H. M., Farver, A. J., Miller–Keller, A., et al. (2000). *2000 Whitney Biennial Exhibition*. New York: Harry N. Abrams.

Apple, M. (1990). *Ideology and curriculum* (2nd ed.). London: Routledge.

Apple, M. W. (1993). *Official knowledge: Democratic education in a conservative age*. New York: Routledge.

Apple, M. W. (1996). *Cultural politics and education*. New York: Teachers College Press.

Apple, M. W. (1999). *Power, meaning, and identity: Essays in critical educational studies*. New York: Peter Lang.

Archibald, J. (Q'um Q'um Xiiem). (2008). An indigenous storywork methodology. In J. G. Knowles & A. L. Cole (Eds.), *Handbook of the arts in qualitative research: Perspectives, methodologies, examples, and issues* (pp. 371–384). Thousand Oaks, CA: Sage.

Arden, H. (1994). *Dreamkeepers: A spirit-journey into aboriginal Australia*. New York: HaperCollins.

Arnheim, R. (1969). *Visual thinking*. Berkeley: University of California Press.

Arnheim, R. (1974). *Art and visual perception: A psychology of the creative eye* (Rev. ed.). Berkeley: University of California Press.

Arts and Humanities Research Board. (2003). *The arts and humanities: Understanding the research landscape*. Bristol, UK: Arts & Humanities Research Council.

Austin, J. H. (2003). *Chase, chance, and creativity: The lucky art of novelty*. Cambridge, MA: MIT Press.

Awoniyi, S. (2002). *Premises for a question about memory* (Working Papers in Art & Design, Volume 2). Retrieved July 15, 2009, from http://sitem.herts.ac.uk/artdes _research/papers/wpades/v012/awoniyi.html

Bachelard, G. (1964). *The poetics of space*. New York: The Orion Press.

Bal, M. (1996). *Double exposure: The subject of cultural analysis*. New York: Routledge.

Baldacchino, J. (2007). *Barbara Howey's art of the familial. Techniques of memory*. New York: The President and Trustees of Teachers College, Columbia University and the Center for Arts Education Research.

Baldacchino, J. (2009a). *Education beyond education: Self and the imaginary in Maxine Greene's philosophy*. New York: Peter Lang.

Baldacchino, J. (2009b). Opening the picture: On the political responsibility of arts-based research: A review essay. *International Journal of Education & the Arts, 10*(3), 2–15.

Balkema, A. W., & Slager, H. (Eds.). (2004). *Artistic research* (Lier en Boog, Series of Philosophy of Art and Art Theory, Vol. 18). Amsterdam: Dutch Society of Aesthetics.

Ballengée, B. (2008). An impetus for biological research in the arts: A practitioner's statement. In *Artful Ecologies 2: Art, Nature & Environment Conference Papers* (pp. 121-130). University College, Falmouth, UK.

Banks, J. A. (Ed.). (1996). *Multicultural education: Transformative knowledge & action.* New York: Teachers College Press.

Banks, M. (2001). *Visual methods in social research.* London: Sage.

Banks, M. (2008). *Using visual data in qualitative research.* Thousand Oaks, CA: Sage.

Barber, B. R. (1996). *Jihad vs. McWorld: How globalism and tribalism are reshaping the world.* New York: Ballantine Books.

Barker, C. (2006). *The changing nature of practice in a "networked society." Speculation and innovation: Applying practice led research in the creative industries.* Retrieved February 28, 2009, from http://www.speculation2005.qut.edu. au/Spin_embedded.HTM

Barnes, M. (2007). Predictions & premonitions; printmakers from Northern Illinois University [Brochure]. In G. Sullivan & B. Curatolo (Eds.), *Pearl Street Projects: Predictions & premonitions; printmakers from Northern Illinois University, November 10—December 9, 2007.* New York: The President and Trustees of Teachers College, Columbia University and the Center for Arts Education Research.

Barone, T. (2008). How arts-based research can change minds. In M. Cahnmann-Taylor & R. Siegesmund (Eds.), *Arts-based research in education: Foundations for practice* (pp. 28-49). New York: Routledge.

Barone, T., & Eisner, E. W. (1997). Arts-based educational research. In R. M. Jaeger (Ed.), *Complementary methods for research in education* (2nd ed., pp. 73-116). Washington, DC: American Educational Research Association.

Barrett, E., & Bolt, B. (Eds.). (2007). *Practice as research: Approaches to creative arts inquiry.* London: I. B. Tauris.

Barrett, T. (2000). *Criticizing art: Understanding the contemporary* (2nd ed.). Mountain View, CA: Mayfield.

Barrett, T. (2008). *Why is that art? Aesthetics and criticism of contemporary art.* New York: Oxford University Press.

Barry, A. M. S. (1997). *Visual intelligence: Perception, image, and manipulation in visual communication.* Albany: State University of New York Press.

Barthes, R. (1968). *Elements of semiology* (A. Lavers & C. Smith, Trans.). New York: Hill and Wang. (Original work published 1964)

Bauman, Z. (2007). *Liquid times: Living in an age of uncertainty.* Cambridge, UK: Polity

Press.

Baxter, K., López, H. O., Serig, D., & Sullivan, G. (2008). The necessity of studio art as a site and source for dissertation research. *International Journal of Art & Design Education, 27*(1), 4-18.

Bechtel, W., & Abrahamsen, A. (1991). *Connectionism and the mind: An introduction to parallel processing in networks.* Cambridge, MA: Blackwell.

Beittel, K. R. (1973). *Alternatives for art education research: Inquiry into the making of art.* Dubuque, IA: Brown.

Benjamin, W. (1992). The work of art in the age of mechanical reproduction. In F. Frascina & J. Harris (Eds.), *Art in modern culture: An anthology of critical texts* (pp. 297-307). London: Phaidon. (Original work published 1936)

Berger, J. (1972). *Ways of seeing.* London: British Broadcasting Corp.

Bhabha, H. (2004). *The location of culture.* London: Routledge.

Biggs, M., & Karlsson, H. (Eds.). (forthcoming). *The Routledge companion to research in the arts.* New York: Routledge.

Binstock, J. P. (1996). A painted picture is a vehicle. You can sit it in your driveway and take it apart or you can get in it and go somewhere. In J. Days Serwer (Ed.), *American kaleidoscope: Themes and perspectives in recent art* (pp. 140-147). Washington, DC: Smithsonian American Art Museum.

Bird, E. (2000). *Research in art and design: The first decade* (Working Papers in Art & Design, Volume 1). Retrieved July 15, 2009, from http://sitem.herts.ac.uk/artdes _research/papers/wpades/v011/bird1.html

Blandy, D., & Congdon, K. G. (Eds.). (1987). *Art in a democracy.* New York: Teachers College Press.

Bloom, A. D. (1987). *The closing of the American mind.* New York: Simon & Schuster.

Bolin, P. E., Blandy, D., & Congdon, K. G. (Eds.). (2000). *Remembering others: Making invisible histories of art education visible.* Reston, VA: National Art Education Association.

Borgdorff, H. (2006). *The debate on research in the arts. Sensuous knowledge: Focus on artistic research and development, 2.* Bergen, Norway: Kunsthøgskolen Bergen National Academy of the Arts.

Borysevicz, M. (1999). Zhang Dali's conversation with Beijing. In M. Maggio (Ed.), *Zhang Dali* (pp. 9-13). Beijing, China: CourtYard Gallery.

Bourriaud, N. (2002). *Relational aesthetics.* (S. Pleasance & F. Woods, Trans.). Dijon, France: Les presses du réel. (Original work published 1998)

Bowen, H. C. (1875, December 30). The moral nature the source of belief. *The Independent*, p. 10.

Braziel, J. E., & Mannur, A. (Eds.). (2003). *Theorizing diaspora.* Malden, MA: Blackwell.

Bresler, L. (Ed.). (2007). *International handbook of research in arts education, part 1 & part 2.* Dordrecht, The Netherlands: Springer.

Brockman, J. (Ed.). (1995). *The third culture: Beyond the scientific revolution.* New York: Touchstone.

Brosterman, N. (1997). *Inventing kindergarten.* New York: Harry N. Abrams.

Brown, N. C. M. (2000). *The representation of practice* (Working Papers in Art & Design, Volume 1). Retrieved July 14, 2009, from http://sitem.herts.ac.uk/artdes_research/papers/wpades/v011/brown1.html

Brown, N. C. M. (2003). Art as a practice of research [InSEA Member Presentations: Papers and Workshops CD-ROM]. New York: The Center for International Art Education Inc., Teachers College, Columbia University.

Brown, N. C. M. (2006). *Paradox and imputation in the explanation of practical innovation in design. Speculation and innovation: Applying practice led research in the creative industries.* Retrieved February 28, 2009, from http://www.speculation2005.qut.edu.au/Spin_embedded.HTM

Brown, T., & Jones, L. (2001). *Action research and postmodernism: Congruence and critique.* Buckingham, UK: Open University Press.

Bruner, J. (1996). *The culture of education.* Cambridge, MA: Harvard University Press.

Bruns, G. L. (1999). *Tragic thoughts at the end of philosophy: Language, literature, and ethical theory.* Evanston, IL: Northwestern University Press.

Bullough, R. V., Jr., & Pinnegar, S. (2001). Guidelines for quality in autobiographical forms of self-study research. *Educational Researcher, 30*(3), 13-21.

Burgin, V. (2009). Thoughts on "research" degrees in visual arts departments. In J. Elkins (Ed.), *Artists with PhDs: On the new doctoral degree in studio art* (pp. 71-79). Washington, DC: New Academia Publishing.

Burns, L. (2004). Lingering, linking and layering. In A. L. Cole, L. Neilsen, J. G. Knowles, & T. C. Luciani (Eds.), *Provoked by art: Theorizing arts-informed research* (pp. 214-220). Halifax, Nova Scotia: Backalong Books.

Burton, J. M. (2001). The configuration of meaning: Learner-centered art education revisited. *Studies in Art Education, 41*(4), 330–345.

Burton, J. M. (2007). *Art education dissertation monographs* (Vol. 2). New York: The President and Trustees of Teachers College, Columbia University.

Burton, J. M., Horowitz, R., & Abeles, H. (2000). Learning in and through the arts: The question of transfer. *Studies in Art Education, 41*(3), 228–257.

Cahnmann, M. (2003). The craft, practice, and possibility of poetry in educational research. *Educational Researcher, 32*(3), 29–36.

Cahnmann-Taylor, M., & Siegesmund, R. (Eds.). (2008). *Arts-based research in education: Foundations for practice.* New York: Routledge.

Candlin, F. (2000). Practice-based doctorates and questions of academic legitimacy. *Journal of Art and Design Education, 19*(1), 96–101.

Candlin, F. (2001). A dual inheritance: The politics of educational reform and PhDs in art and design. *Journal of Art and Design Education, 20*(3), 302–310.

Caranfa, A. (2001). Art and science: The aesthetic education of the emotions and reason. *Journal of Art and Design Education, 20*(2), 151–160.

Carrier, D. (1987). *Artwriting.* Amherst: University of Massachusetts Press.

Carter, P. (2004). *Material thinking: The theory and practice of creative research.* Melbourne, Vic., Australia: Melbourne University Press.

Casti, J., & Karlqvist, A. (Eds.). (2003). *Art and complexity.* Amsterdam: Elsevier.

Cazeaux, C. (2008). Inherently interdisciplinary: Four perspectives on practice-based research. *Visual Arts Practice, 7*(2), 107–132.

Cerulo, K. A. (Ed.). (2002). *Culture in mind: Towards a sociology of culture and cognition.* New York: Routledge.

Chadwick, W., & de Courtivron, I. (Eds.). (1993). *Significant others: Creativity and intimate partnership.* London: Thames and Hudson.

Chalmers, G. F. (2002). Celebrating pluralism six years later: Visual transculture/s, education, and critical multiculturalism. *Studies in Art Education, 43*(4), 293–306.

Chamberlain, T. (2009). Beyond classic field biology. *Antennae, 10,* 10–18.

Chang, C. Y. (1982). Christo. Excerpted from "dialogue" an unpublished interview. In E. Johnson, (Ed.), *American artists on art from 1940 to 1980* (pp. 196–200). New York: Harper & Row.

Chiu, M. (2003). Chen Zhen. *ART AsiaPacific, 37,* 33.

Choi Caruso, H. Y. (2004). *Art as a political act: Expression of cultural identity, self-identity and gender in the work of two Korean/Korean American women artists.* Unpublished doctoral dissertation, Teachers College, Columbia University, New York.

Christo & Jeanne-Claude. (2000). *Most common errors.* Paris: Editions Jannick.

Cizek, G. J. (1995). Crunchy granola and the hegemony of the narrative. *Educational Researcher, 24*(2), 26-28.

Clifford, J. (1988). *The predicament of culture: Twentieth-century ethnography, literature, and art.* Cambridge, MA: Harvard University Press.

Clifford, J., & Marcus, G. E. (Eds.). (1986). *Writing culture: The poetics and politics of ethnography.* Berkeley: University of California Press.

Coffey, A., & Atkinson, P. (1996). *Making sense of qualitative data: Complementary research strategies.* Thousand Oaks, CA: Sage.

Cohen, L., Manion, L., & Morrison, K. (2000). *Research methods in education* (5th ed.). London: RoutledgeFalmer.

Cole, A. L. (2004). Provoked by art. In A. L. Cole, L. Neilsen, J. G. Knowles, & T. C. Luciani (Eds.), *Provoked by art: Theorizing arts-informed research* (pp. 11-17). Halifax, Nova Scotia: Backalong Books.

Cole, A. L., & Knowles, J. G. (Eds.). (2001). *Lives in context: The art of life history research.* Walnut Creek, CA: Alta Mira Press.

Cole, A. L., Neilsen, L., Knowles, J. G. & Luciani, T. (2004). *Provoked by art: Theorizing arts-informed research.* Halifax, Nova Scotia: Backalong Books.

Congdon, K. G., Blandy, D., & Bolin, E. P. (Eds.). (2001). *Histories of community-based art education.* Reston, VA: National Art Education Association.

Connor, S. (1997). Postmodernism. In M. Payne (Ed.), *A dictionary of cultural and critical theory* (pp. 428-432). Malden, MA: Blackwell.

Costantino, T. E. (2002). Problem-based learning: A concrete approach to teaching aesthetics. *Studies in Art Education, 43*(3), 219-231.

Coveney, P., & Highfield, R. (1995). *Frontiers of complexity: The search for order in a chaotic world.* New York: Fawcett Columbine.

Creswell, J. W. (2003). *Research design: Qualitative, quantitative, and mixed method approaches* (2nd ed.). Thousand Oaks, CA: Sage.

Creswell, J. W. (2007). *Qualitative inquiry and research design: Choosing among five approaches* (2nd ed.). Thousand Oaks, CA: Sage.

Creswell, J. W. (2009). *Research design: Qualitative, quantitative, and mixed method approaches* (3rd ed.). Thousand Oaks, CA: Sage.

Crossley, N. (1996). *Intersubjectivity: The fabric of social becoming.* London: Sage.

Damasio, A. R. (1999). *The feeling of what happens: Body and emotion in the making of consciousness.* New York: Harcourt.

Danto, A. C. (1981). *The transfiguration of the commonplace: A philosophy of art.* Cambridge, MA: Harvard University Press.

Danto, A. C. (1986a). Bad aesthetic times. In F. Frascina & J. Harris (Eds.), *Art in modern culture: An anthology of critical texts* (pp. 297–312). London: Phaidon.

Danto, A. C. (1986b). *The philosophical disenfranchisement of art.* New York: Columbia University Press.

Danto, A. C. (2001a). Introduction. In P. G. Meyer (Ed.), *Brushes with history: Writing on art from The Nation, 1865–2001* (pp. xxi–xxviii). New York: Thunder's Mouth Press/Nation Books.

Danto, A. C. (2001b). In the bosom of Jesus. *The Nation,* May 28, 30–34.

Darley, A. (2000). *Visual digital culture: Surface play and spectacle in new media genres.* London: Routledge.

Davies, B. (1992). Women's subjectivity and feminist stories. In C. Ellis & M. G. Flaherty (Eds.), *Investigating subjectivity: Research on lived experience* (pp. 53–76). Thousand Oaks, CA: Sage.

de Freitas, N. (2002). *Towards a definition of studio documentation: Working tool and transparent record* (Working Papers in Art & Design, Volume 2). Retrieved July 14, 2009, from http://sitem.herts.ac.uk/artdes_research/papers/wpades/v012/freitas.html

Dennett, D. (1995). Intuition pumps. In J. Brockman (Ed.), *The third culture: Beyond the scientific revolution* (pp. 181–197). New York: Touchstone.

Denzin, N. K. (1989). *Interpretive biography.* Thousand Oaks, CA: Sage.

Denzin, N. K., & Lincoln, Y. S. (Eds.). (1998). *The landscape of qualitative research: Theories and issues.* Thousand Oaks, CA: Sage.

Denzin, N. K., Lincoln, Y. S., & Smith, L. T. (Eds.). (2008). *Handbook of critical indigenous methodologies.* Thousand Oaks, CA: Sage.

Desai, D. (2002). The ethnographic move in contemporary art: What does it mean for art education? *Studies in Art Education, 43*(4), 307–323.

Deutsche, R. (1998). *Evictions: Art and spatial politics.* Cambridge, MA: MIT Press.

Dewan, D. (2003). Vivan Sundaram. *ART AsiaPacific, 37,* 39.

Dewey, J. (1938). *Logic, the theory of inquiry.* New York: Henry Holt.

Diamond, C. T. P., & Mullen, C. A. (Eds.). (2006). *The postmodern educator: Arts-based inquiries and teacher development.* New York: Peter Lang.

Dickie, G. (1974). *Art and the aesthetic: An institutional analysis.* Ithaca, NY: Cornell University Press.

Diderot, D., & d'Alembert, J. R. (1965). Encyclopedia. (N. S. Hoyt & T. Cassirer, Trans.). Indianapolis, IN: Bobbs-Merrill. (Original work published 1751)

Dikovitskaya, M. (2005). *Visual culture: The study of the visual after the cultural turn.* Cambridge, MA: MIT Press.

Douglas, A., Scopa, K., & Gray, C. (2000). *Research through practice: Positioning the practitioner as researcher* (Working Papers in Art & Design, Volume 1). Retrieved July 15, 2009, from http://sitem.herts.ac.uk/artdes_research/papers/wpades/v011/douglas1.html

Dow, A. W. (1998). *Composition. A Series of exercises in art structure for the use of students and teachers* (13th ed.). Berkeley: University of California. (Original work published 1913)

Dubuffet, J. (1988). *Asphyxiating culture and other writings* (C. Volk, Trans.). New York: Four Walls Eight Windows. (Original work published 1986)

Duncum, P. (2002). Theorizing everyday aesthetic experience with contemporary visual culture. *Visual Arts Research, 28*(2), 4-15.

Duncum, P. (Ed.). (2006). *Visual culture in the art class: Case studies.* Reston, VA: National Art Education Association.

Duncum, P., & Bracy, T. (Eds.). (2001). *On knowing: Art and visual culture.* Christchurch, New Zealand: Canterbury University Press.

Duxbury, L., Grierson, E. M., & Waite, D. (Eds.). (2007). *Thinking through practice: Art as research in the academy.* Melbourne, Vic., Australia: RMIT Publishing (published on Informit e-library, http://search.informit.com.au).

Eagleton, T. (1992). Capitalism, modernism and postmodernism. In F. Frascina & J. Harris (Eds.), *Art in modern culture: An anthology of critical texts* (pp. 91-100). London: Phaidon.

Efland, A. D. (1990). *A history of art education: Intellectual and social currents in teaching the visual arts.* New York: Teachers College Press.

Efland, A. D. (1995). Change in the conceptions of art teaching. In R. W. Neperud (Ed.), *Context, content, and community in art education: Beyond postmodernism* (pp. 25–40). New York: Teachers College Press.

Efland, A. D. (2002). *Art and cognition: Integrating the visual arts in the curriculum.* New York: Teachers College Press.

Efrat, T. (2008). *A question of memory: Constructing an artist's screen memories through video.* Unpublished doctoral dissertation, Teacher College, Columbia University, New York.

Egan, K. (1999). *Children's minds, talking rabbits & clockwork oranges: Essays on education.* New York: Teachers College Press.

Eisner, E. W. (1972). *Educating artistic vision.* New York: Macmillan.

Eisner, E. W. (1991). *The enlightened eye: Qualitative inquiry and the enhancement of educational practice.* New York: Macmillan.

Eisner, E. W. (1993). Forms of understanding and the future of educational research. *Educational Researcher, 22*(7), 5–11.

Eisner, E. W. (2008). Persistent tensions in arts–based research. In M. Cahnmann–Taylor & R. Siegesmund (Eds.), *Arts-based research in education: Foundations for practice* (pp. 16–27). New York: Routledge.

Eisner, E. W., & Day, M. D. (Eds.). (2004). *Handbook of research and policy in art education.* Mahwah, NJ: Lawrence Erlbaum.

Eisner, E. W., & Peshkin, A. (Eds.). (1990). *Qualitative inquiry in education: The continuing debate.* New York: Teachers College Press.

Elkins, J. (1999). *The domain of images.* Ithaca, NY: Cornell University Press.

Elkins, J. (2003). *Visual studies: A skeptical introduction.* New York: Routledge.

Elkins, J. (Ed.). (2005). *The new Ph.D in studio art* (Printed Project No. 4). Dublin: Sculptors' Society of Ireland.

Elkins, J. (Ed.). (2009a). On beyond research and new knowledge. In J. Elkins (Ed.), *Artists with PhDs: On the new doctoral degree in studio art* (pp. 111–133). Washington, DC: New Academia Publishing.

Elkins, J. (Ed.). (2009b). *Artists with PhDs: On the new doctoral degree in studio art.* Washington, DC: New Academia Publishing.

Ellsworth, E. (2005). *Places of learning: Media architecture pedagogy.* New York: Routledge.

Emme, M. J. (2001). Visuality in teaching and research: Activist art education. *Studies in Art Education, 43*(1), 57–74.

Emmison, M., & Smith, P. (2000). *Researching the visual: Images, objects, contexts, and interactions in social and cultural inquiry.* London: Sage.

Eve, R. A., Horsfall, S., & Lee, M. E. (Eds.). (1997). *Chaos, complexity, and sociology: Myths, models, and theories.* Thousand Oaks, CA: Sage.

Feldman, D. H., Csikszentmihalyi, M., & Gardner, H. (1994). *Changing the world: A framework for the study of creativity.* Westport, CN: Praeger.

Feyerabend, P. K. (1991). *Three dialogues on knowledge.* Oxford, UK: Blackwell.

Feyerabend, P. K. (1993). *Against method* (3rd ed.). New York: Verso.

Fineberg, J. (1997). *The innocent eye: Children's art and the modern artist.* Princeton, NJ: Princeton University Press.

Finley, S. (2008). Arts-based research. In J. G. Knowles & A. L. Cole (Eds.), *Handbook of the arts in qualitative research: Perspectives, methodologies, examples, and issues* (pp. 71–81). Thousand Oaks, CA: Sage.

Firth, H. (2007). *And so it goes: Artists from Wales. Richard Deacon, Merlin James and Heather and Ivan Morison.* Retrieved May 3, 2009, from http://www.walesvenicebiennale.org/exhibition.asp?currentbiennaleid=3

Flick, U. (2002). *An introduction to qualitative research* (2nd ed.). London: Sage.

Foster, H. (1995). The artist as ethnographer? In G. E. Marcus & F. R. Myers (Eds.), *The traffic in culture: Refiguring art and anthropology* (pp. 302–309). Berkeley: University of California Press.

Fox, G. T., with Geichman, J. (2001). Creating research questions from strategies and perspectives of contemporary art. *Curriculum Inquiry, 31*(1), 33–49.

Frayling, C. (1993). Research in art and design. *Royal College of Art Research Papers, 1*(1), 1–5.

Frayling, C. (1997). *Practice-based doctorates in the creative and performing args and design.* Lichfield, UK: UK Council for Graduate Education.

Freedman, K. (2003). *Teaching visual culture: Curriculum, aesthetics, and the social life of art.* New York: Teachers College Press.

Frith, C. (2007). *Making up the mind: How the brain creates our mental world.* Malden, MA: Balckwell.

Fry, B. (2008). *Visualizing data: Exploring and explaining data with the processing environment*. Sebastopol, CA: O'Reilly Media.

Gablik, S. (1984). *Has modernism failed?* New York: Thames and Hudson.

Gablik, S. (1991). *The reenchantment of art*. New York: Thames and Hudson.

Gahan, C., & Hannibal, M. (1998). *Doing qualitative research using QSR NUD · IST*. Thousand Oaks, CA: Sage.

Gardner, H. (1973). *The arts and human development*. New York: Wiley.

Gardner, H. (1980). *Artful scribbles: The significance of children's drawings*. New York: Basic Books.

Gardner, H. (1983). *Frames of mind: The theory of multiple intelligences*. New York: Basic Books.

Gardner, H. (1985). *The mind's new science: A history of the cognitive revolution*. New York: Basic Books.

Gardner, H. (1990). *Art education and human development*. Los Angeles: The Getty Center for Education in the Arts.

Garoian, C. R. (1999). *Performing pedagogy: Toward an art of politics*. Albany: State University of New York.

Garoian, C. R., & Gaudelius, Y. M. (2008). *Spectacle pedagogy: Art, politics and visual culture*. Albany: State University of New York.

Gates, H. L., Jr. (1988). *The signifying monkey: A theory of Afro-American literary criticism*. New York: Oxford University Press.

Gaudelius, Y., & Speirs, P. (Eds.). (2002). *Contemporary issues in art education*. Upper Saddle River, NJ: Prentice Hall.

Gay, P. (2008). *Modernism: The lure of heresy from Baudelaire to Beckett and beyond*. New York: Norton.

Gell-Mann, M. (1994). *The quark and the jaguar: Adventures in the simple and the complex*. New York: W. H. Freeman.

Gell-Mann, M. (1995). Plectics. In J. Brockman (Ed.), *The third culture: Beyond the scientific revolution* (pp. 316-332). New York: Touchstone.

Gell-Mann, M. (2003). Regularities and randomness: Evolving schemata in science and the arts. In J. Casti & A. Karlqvist (Eds.), *Art and complexity* (pp. 47-58). Amsterdam: Elsevier.

Genocchio, B. (2001). *Fiona Foley: Solitaire*. Annandale, NSW, Australia: Piper Press.

Geuss, R. (1981). *The idea of a critical theory: Habermas and the Frankfurt school*.

Cambridge, UK: Cambridge University Press.

Gierstberg, F., & Oosterbaan, W. (Eds.). (2002). *The image society: Essays on visual culture*. Rotterdam, The Netherlands: Nai Publishers.

Giordano, J. (2007). Jet lag: Visual notes on globalization [Brochure]. In G. Sullivan & B. Curatolo (Eds.), *Pearl Street Projects: John Giordano, visual notes on globalization, April 14–May 13, 2007*. New York: The President and Trustees of Teachers College, Columbia University and the Center for Arts Education Research.

Giroux, H. A. (1981). *Ideology, culture, and the process of schooling*. Philadelphia: Temple University Press.

Giroux, H. A. (1983). *Critical theory and educational practice*. Melbourne, Vic., Australia: Deakin University.

Giroux, H. A. (1997). *Pedagogy and the politics of hope: Theory, culture, and schooling*. Boulder, CO: WestviewPress.

Giroux, H. A., & McLaren, P. (Eds.). (1989). *Critical pedagogy, the state, and cultural struggle*. Albany: State University of New York Press.

Gleick, J. (1988). *Chaos: Making a new science*. London, UK: Sphere Books.

Goldstein, B. M. (2007). All photos lie: Images as data. In G. C. Stanczak (Ed.), *Visual research methods: Image, society, and representation* (pp. 61–81). Thousand Oaks, CA: Sage.

Golomb, C. (1974). *Young children's sculpture and drawing: A study in representational development*. Cambridge, MA: Harvard University Press.

Golomb, C. (1992). *The child's creation of a pictorial world*. Berkeley: University of California Press.

Goodman, N. (1976). *Languages of art: A theory of symbols* (2nd ed.). Indianapolis, IN: Hackett.

Goodman, N. (1978). *Ways of worldmaking*. Indianapolis, IN: Hackett.

Gould, S. J. (1981). *The mismeasure of man*. London: Penguin.

Gould, S. J. (1991). *Petrus Camper's angle*. New York: Norton.

Gowan, J. C., Demos, G. D., & Torrance, E. P. (1967). *Creativity: Its educational implications*. New York: Wiley.

Grant, W. J., III. (2007). *Different keepers of culture: Artistic resistance and growth within social constructs*. Unpublished doctoral dissertation. Teachers College, Columbia University, New York.

Gray, C., & Malins, J. (2004). *Visualizing research: A guide to the research process in art and design.* Hants, England: Ashgate Publishing.

Greenberg, C., & Sylvester, D. (2001). The European view of American art. In P. G. Meyer (Ed.), *Brushes with history: Writing on art from The Nation, 1865–2001* (pp. 227–232). New York: Thunder's Mouth Press/Nation Books.

Greene, M. (1995). Texts and margins. In R. W. Neperud (Ed.), *Context, content, and community in art education: Beyond postmodernism* (pp. 111–127). New York: Teachers College Press.

Greene, M. (2003). The arts and social justice. In P. Sahasrabudhe (Ed.), *Art education: Meaning dimensions and possibilities. Keynote addresses. The 31st InSEA World Congress, August 2002* (pp. 21–25). New York: The Center for International Art Education Inc., Teachers College, Columbia University.

Gross, P., & Levitt, N. (1994). *Higher superstition: The academic left and its quarrels with science.* Baltimore: Johns Hopkins University Press.

Guba, E. G., & Lincoln, Y. S. (1998). Competing paradigms in qualitative research. In N. K. Denzin & Y. S. Lincoln (Eds.), *The landscape of qualitative research: Theories and issues* (pp. 195–220). Thousand Oaks, CA: Sage.

Guilford, J. P. (1950). Creativity. *American Psychologist, 5,* 444–454.

Guilford, J. P. (1956). Structure of the intellect. *Psychological Bulletin, 53,* 267–293.

Habermas, J. (1971). *Knowledge and human interests* (J. J. Shapiro, Trans.). Boston: Beacon.

Hales, N. K. (2004). Flesh and metal: Reconfiguring the mindbody in virtual environments. In R. Mitchell & P. Thurtle (Eds.), *Data made flesh: Embodying information,* (pp. 229–248). New York: Routledge.

Hannula, M. (2004). River low, mountain high. Contextualizing artistic research. In A. W. Balkema & H. Slager (Eds.), *Artistic research* (pp. 70–79; Lier en Boog, Series of Philosophy of Art and Art Theory, Vol. 18). Amsterdam: Dutch Society of Aesthetics.

Hannula, M. (Curator). (2008). Talkin' loud & sayin' something: Four perspectives of artistic research. *ArtMonitor, 4,* n.p.

Haraway, D. J. (1991). *Simians, cyborgs, and women: The reinvention of nature.* New York: Routledge.

Harris, J. (2001). *The new art history: A critical introduction.* London: Routledge.

Harris, M. (Ed.). (1996). *Review of postgraduate education.* Retrieved December 22, 2003, from http://www.hefce.ac.uk/Pubs/hefce/1996/m14_96.htm

Hart, C. (1998). *Doing a literature review: Releasing the social science research imagination.* London: Sage.

Hegyl, L. (2007). Mrdjan Bajić: The ardor of micro narratives working in the tangled web of the historical flow. In M. Ciric (Cur.), *Mrdjan Bajić: Reset* (pp. 10-19). Belgrade, Serbia: Ministry of Culture, Republic of Serbia.

Henderson, A., & Kaeppler, A. L. (Eds.). (1977). *Exhibiting dilemmas: Issues of representation at the Smithsonian.* Washington, DC: Smithsonian Institution Press.

Hesse-Biber, S. N., & Leavy, P. (2006). *Emergent methods in social research.* Thousand Oaks, CA: Sage.

Hetland, L., Winner, E., Veenema, S., & Sheridan, K. M. (2007). *Studio thinking: The real benefits of visual arts education.* New York: Teachers College Press.

Heywood, I., & Sandywell, B. (Eds.). (1999). *Interpreting visual culture: Explorations in the hermeneutics of the visual.* London: Routledge.

Hickman, R. (Ed.). (2008). *Research in art and design education: Issues and exemplars.* Bristol, UK: Intellect Books.

Hill, P. (2007). The dentist, the lighthouse keeper, the storyteller and his thirteen with suits [Catalogue]. In M. Lawry (Proj. Coord.), *New adventures of Mark Twain: Coalopolis to Metropolis* (pp. 34-51). Newcastle, NSW, Australia: University of Newcastle.

Hirsch, E. D. (1987). *Cultural literacy: What every American needs to know.* Boston: Houghton and Mifflin.

Hochtritt, L. J. (2004). *Creating meaning and constructing identity through collaborative art practices among urban adolescents.* Unpublished doctoral dissertation, Teachers College, Columbia University, New York.

Hochtritt, L. (2007). Working corners. *Teaching Artist Journal, 5*(3), 191-198.

Hockney, D. (1981). *The artist's eye: Looking at pictures in a book at the National Gallery, 1 July-31 August, 1981.* London: The National Gallery.

Hockney, D. (1993). *That's the way I see it.* San Francisco: Chronicle Books.

Hockney, D. (2001). *Secret knowledge: Rediscovering the lost techniques of the old masters.* New York: Viking Studio.

Hoffman, D. D. (1998). *Visual intelligence: How we create what we see.* New York:

Norton.

Hooks, B. (1995). *Art on my mind: Visual politics*. New York: The New Press.

Hooper-Greenhill, E. (2000). *Museums and the interpretation of visual culture*. New York: Routledge.

Hughes, R. (1993). *Culture of complaint: The fraying of America*. New York: Oxford University Press.

Hyde, L. (2008). *Trickster makes this world: How disruptive imagination creates culture*. Edinburgh, UK: Canongate Books. (Original work published 1998)

Ihde, D., & Selinger, E. (2003). *Chasing technoscience: A state of the art view of technoscience studies featuring the work of Donna Haraway, Don Ihde, Bruno Latour, Andrew Pickering*. Bloomington: Indiana University Press.

Ilesanmi, O. (2001). Laylah Ali. In T. Golden, C. Kim, & H. Walker (Eds.), *Freestyle* (pp. 20-21). New York: The Studio Museum in Harlem.

Irwin, R. L., & de Cosson, A. (Eds.). (2004). *A/R/Tography: Rendering self through arts-based living inquiry*. Vancouver, British Columbia: Pacific Educational Press.

Irwin, R. L., & Miller, L. (1997). Oral history as community-based participatory research: Learning from First Nations women artists. *Journal of Multicultural and Cross-Cultural Research in Art Education, 15*, 10-23.

Irwin, R. L., Rogers, T., & Wan, Y. (1999). Making connections through cultural memory, cultural performance, and cultural translation. *Studies in Art Education, 40*(3), 198-212.

Itten, J. (1964). *Design and form: The basic course at the Bauhaus* (J. Maass, Trans.). New York: Reinhold.

Jaeger, R. M. (Ed.). (1997). *Complementary methods for research in education* (2nd ed.). Washington, DC: American Educational Research Association.

Jagodzinski, J. (1997a). *Postmodernism dilemmas: Outrageous essays in art & art education*. Mahwah, NJ: Lawrence Erlbaum.

Jagodzinski, J. (1997b). *Pun(k) deconstruction: Experifigural writings in art & art education*. Mahwah, NJ: Lawrence Erlbaum.

Jagodzinski, J. (2004). *Youth fantasies: The perverse landscape of the media*. New York: Palgrave Macmillan.

Jeffri, J. (2002). *Changing the beat: A study of the worklife of jazz musicians, volume III* (NEA Research Division Report No. 43). Washington, DC: National Endowment for the Arts.

Jencks, C. (1989). *What is post-modernism?* (3rd ed.). New York: St. Martin's.

Jones, A., & Stephenson, A. (Eds.). (1999). *Performing the body: Performing the text.* London: Routledge.

Jones, T. E. (2006). The studio-art doctorate in America. *Art Journal, 65*(2), 124-127.

Jones, T. E. (2009). Research degrees in art and design. In J. Elkins (Ed.), *Artists with PhDs: On the new doctoral degree in studio art* (pp. 31-47). Washington, DC: New Academia Publishing.

Junghaus, T. (2007). Paradise lost: The first Roma pavilion. In T. Junghaus & K. Szekely (Eds.), *Paradise lost* (pp. 16-23). Budapest, Hungary: Open Society Institute.

Kaila, J. (Ed.). (2008). *The artist's knowledge 2: Research at the Finnish Academy of Fine Arts.* Helsinki, Finland: Finnish Academy of Fine Arts.

Karim, P. M., & Khorrami, M. M. (1999). *A world between: Poems, short stories, and essays by Iranian-Americans.* New York: George Braziller.

Kellner, D. (1989). *Critical theory, Marxism, and modernity.* Cambridge, UK: Polity Press.

Kemmis, S., & McTaggart, R. (Eds.). (1988). *The action research planner* (3rd ed.). Melbourne, Vic., Australia: Deakin University.

Kenneth A. Marantz & Sylvia S. Marantz. (1992). *Artists of the Page: Interviews with Children's Book Illustrators.* McFarland & Company.

Kent, L. (2001). *The case of Lucio Pozzi: An artist/teacher's studio critique.* Unpublished doctoral dissertation, Teachers College, Columbia University. New York.

Kent, L. (2003). *Lucio Pozzi: Diagrams.* Fara d Adda, Italy: Edizioni Bacacay.

Kepes, G. (1944). *Language of vision.* Chicago: Paul Theobald.

Kincheloe, J. L., & McLaren, P. L. (1998). Rethinking critical theory and qualitative research. In N. K. Denzin & Y. S. Lincoln (Eds.), *The landscape of qualitative research: Theoretical issues* (pp. 260-299). Thousand Oaks, CA: Sage.

King, T. (2008). The art of indigenous knowledge: A million porcupines crying in the dark. In J. G. Knowles & A. L. Cole (Eds.), *Handbook of the arts in qualitative research: Perspectives, methodologies, examples, and issues* (pp. 13-25). Thousand Oaks, CA: Sage.

Kirk, J., & Miller, M. L. (1986). *Reliability and validity in qualitative research.* Thousand Oaks, CA: Sage.

Kjørup, S. (2006). *Another way of knowing. Sensuous knowledge no. 1.* Bergen, Norway: Kunsthøgskolen Bergen National Academy of the Arts.

Klee, P. (1953). *Pedagogical sketchbook.* London: Faber and Faber. (Original work published 1925)

Klee, P. (1969). *On modern art.* London: Faber and Faber. (Original work published 1948)

Knowles, J. G., & Cole, A. L. (Eds.). (2008). *Handbook of the arts in qualitative research.* Thousand Oaks, CA: Sage.

Knowles, J. G., Luciani, T. C., Cole, A. L., & Neilsen, L. (Eds.). (2007). *The art of visual inquiry.* Halifax, Nova Scotia: Backalong Books.

Krug, D. H. (2003). Symbolic culture and art education. *Art Education, 56*(2), 13–19.

Kuhn, T. S. (1970). *The structure of scientific revolutions* (2nd ed.). Chicago: University of Chicago Press.

Lacy, S. C. (Ed.). (1995). *Mapping the terrain: New genre public art.* Seattle, WA: Bay Press.

Lakoff, G., & Johnson, M. (1980). *Metaphors we live by.* Chicago: University of Chicago Press.

Lankford, E. L. (1992). *Aesthetics, issues and inquiry.* Reston, VA: National Art Education Association.

Laurel, B. (Ed.). (2003). *Design research: Methods and perspectives.* Cambridge, MA: MIT Press.

Lave, J., & Wenger, E. (1991). *Situated learning: Legitimate peripheral participation.* New York: Cambridge University Press.

Lawry, M. (2007). Curiosities and criticalities [Brochure]. In G. Sullivan & B. Curatolo (Eds.), *Pearl Street Projects-New adventures of Mark Twain: Coalopolis to Metropolis, September 28—November 4, 2007.* New York: The President and Trustees of Teachers College, Columbia University and the Center for Arts Education Research.

Lawton, P. H. (2004). *Artstories: Perspectives on intergenerational learning through narrative construction among adolescents, middle aged, and older adults.* Unpublished doctoral dissertation, Teachers College, Columbia University, New York.

Leavy, P. (2009). *Method meets art: Arts-based research practice.* New York: Guilford Press.

Lesage, D. (2009). *The academy is back: On education, the Bologna process, and the doctorate in the arts.* Retrieved March 22, 2009, from http://e-flux.com/journal/view/45

Levan, L. D. (2004). *Fat beauty: Giving voice to the lived experience of fat women through a search for and creation of sites of resistance.* Unpublished doctoral dissertation, Teachers College, Columbia University, New York.

Light, P., & Butterworth, G. (Eds.). (1993). *Context and cognition: Ways of learning and knowing.* Hillsdale, NJ: Lawrence Erlbaum.

Lincoln, Y. S., & Guba, E. G. (1985). *Naturalistic inquiry.* Beverly Hills, CA: Sage.

Linden, D. J. (2007). *The accidental mind: How brain evolution has given us love, memory, dreams, and God.* Cambridge, MA: Belknap Press.

Lindqvist, K. (2003). *Exhibition enterprising: Six cases of realization from idea to institution* (School of Business Research Report No. 2003:5). Stockholm, Sweden: Stockholm University School of Business.

Lippard, L. R. (1997). *The lure of the local: Senses of place in a multicentered society.* New York: The New Press.

Logan, F. M. (1955). *Growth of art in American schools.* New York: Harper & Brothers.

López, H. O. A. (2008). *Tolerance and diversity: Towards alternative forms in the documentation of art.* Unpublished manuscript, Teachers College, Columbia University, New York.

Lovejoy, M. (1997). *Postmodern currents: Art and artists in the age of electronic media* (2nd ed.). Upper Saddle River, NJ: Prentice Hall.

MacLachlan, G., & Reid, I. (1994). *Framing and interpretation.* Carlton, Australia: Melbourne University Press.

Macleod, K. (2000). *The functions of the written text in practice based PhD submissions* (Working Papers in Art & Design, Volume 1). Retrieved July 16, 2009, from http://sitem.herts.ac.uk/artdes_research/papers/wpades/v011/macleod1.html

Macleod, K., & Holdridge, L. (Eds.). (2006). *Thinking through art: Reflections on art as research.* New York: Routledge.

Madoff, S. H. (2007). School is out: Rethinking art education today. *Modern Painters, 19*(7), 74–75.

Mäkelä, M., & Routarinne, S. (Eds.). (2006). *The art of research: Practice in research of art and design.* Helsinki, Finland: University of Art and Design Helsinki.

Mandelbrot, B. (1983). *The fractal geometry of nature.* New York: W. H. Freeman.

Manovich, L. (2001). *The language of new media*. Cambridge, MA: MIT Press.

Marantz, S., & Marantz, K. (1992). *Artists of the page: Interviews with children's book illustrators*. Jefferson, NC: McFarland.

Marcus, G. E. (1998). What comes (just) after "post"?: The case of ethnography. In N. K. Denzin & Y. S. Lincoln (Eds.), *The landscape of qualitative research: Theories and issues* (pp. 383–406). Thousand Oaks, CA: Sage.

Marcus, G. E., & Fischer, M. M. J. (1999). *Anthropology as cultural critique: An experimental moment in the human sciences* (2nd ed.). Chicago: University of Chicago Press.

Marshall, C., & Rossman, G. B. (1999). *Designing qualitative research* (3rd ed.). Thousand Oaks, CA: Sage.

May, T. (Ed.). (2002). *Qualitative research in action*. Thousand Oaks, CA: Sage.

Mayo, S. L. (2004). Emergent objects at the human–computer interface (HCI): *A case study of artists' cybernetic relationships and implications for critical consciousness*. Unpublished doctoral dissertation, Teachers College, Columbia University, New York.

McFee, J. K. (1998). *Cultural diversity and the structure and practice of art education*. Reston, VA: National Art Education Association.

McGlennen (Ojibwe), M. (2004). *George Longfish*. Continuum 12 Artists, April 2003 to November 2004, National Museum of the American Indian's George Heye Center, New York.

McNiff, S. (1998). *Art-based research*. London: Jessica Kingsley Publications.

McNiff, S. (2008). Art-based research. In J. G. Knowles & A. L. Cole (Eds.), *Handbook of the arts in qualitative research: Perspectives, methodologies, examples, and issues* (pp. 29–40). Thousand Oaks, CA: Sage.

Meyer, P. G. (Ed.). (2001). *Brushes with history: Writing on art from The Nation, 1865–2001*. New York: Thunder's Mouth Press/Nation Books.

Michael, L. (2003). We are family. In F. Bonami & M. L. Frisa (Eds.), *50th international art exhibition: Dreams and conflicts—The dictatorship of the viewer* (pp. 506–507). Ca' Giustinian, San Marco: La Biennale di Venezia.

Miles, M. (Ed.). (2005). *New practices—New pedagogies*. London: Routledge.

Miller, D. (Ed.). (1985). *Popper selections*. Princeton, NJ: Princeton University Press.

Miller, J. L. (2005). *Sounds of silence breaking: Women, autobiography, curriculum*.

New York: Peter Lang.

Min, S. S., Okudzeto, S., Beck, M., James, G., Odita, O. D., & Soutter, L., with responses by Rubin, J. & Herschberger, A. E. (2009). The currency of practice: Reclaiming autonomy for the MFA. *Art Journal, 68*(1), 40–57.

Mirzoeff, N. (1999). *An introduction to visual culture*. London: Routledge.

Mitchell, C., Weber, S., & O'Reilly-Scanlon, K. (Eds.). (2005). *Just who do we think we are?: Methodologies for autobiography and self-study in teaching*. Abingdon, Oxon, UK: RoutledgeFalmer.

Mitchell, R., & Thurtle, P. (Eds.). (2004). *Data made flesh: Embodying information*. New York: Routledge.

Mitchell, W. J. T. (1994). *Picture theory: Essays on verbal and visual representation*. Chicago: University of Chicago Press.

Mithaug, D. E. (2000). *Learning to theorize: A four-step strategy*. Thousand Oaks, CA: Sage.

Morgan, R. C. (1998). *The end of the art world*. New York: Allworth Press.

Morgan, R. C. (1999). Omniscient eyes: Selected works by Angiola Churchill [Catalogue]. In F. Farina & R. C. Morgan (Eds.), *Angiola Churchill: The trickster*. Milan: Lattuada Studio.

Morrow, R. A. (1994). *Critical theory and methodology*. Thousand Oaks, CA: Sage.

Mottram, J. (2009). Researching research in art and design. In J. Elkins (Ed.), *Artists with PhDs: On the new doctoral degree in studio art* (pp. 3–30). Washington, DC: New Academia Publishing.

Mulji, H. (2009). *Half-life: New work. David Alesworth/Huma Mulji*. February 16–March 4, 2009, Zahour-ul-Akhlaq Gallery, National College of Arts, Lahore, Pakistan.

Mundine, D. (1996). The native born. In B. Murphy (Ed.), *The native born: Objects and representations from Ramingining, Arnhem Land* (pp. 29–111). Sydney, Australia: Museum of Contemporary Art.

Myers, F. R. (1995). Representing culture: The production of discourse(s) for aboriginal acrylic paintings. In G. E. Marcus & F. R. Myers (Eds.), *The traffic in culture: Refiguring art and anthropology* (pp. 55–95). Berkeley: University of California Press.

Myers, F. R. (2002). *Painting culture: The making of an aboriginal high art*. Durham, NC: Duke University Press.

Nadaner, D. (1998). Painting in an era of critical theory. *Studies in Art Education, 39*(2), 168–182.

National Commission of Excellence in Education. (1983). *Nation at risk: The imperative for educational reform* (D. Pierpont Gardner, Chairman, A Report to the Nation and the Secretary of Education, United States Department of Education). Washington, DC: National Commission of Excellence in Education.

Navab, A. D. (2004). *Unsaying life stories: A comparative analysis of the autobiographical art of four Iranians.* Unpublished doctoral dissertation, Teachers College, Columbia University, New York.

Neilsen, L., Cole, A. L., & Knowles, J. G. (Eds.). (2001). *The art of writing inquiry.* Halifax, Nova Scotia: Backalong Books.

Neperud, R. W. (Ed.). (1995). *Context, content, and community in art education: Beyond postmodernism.* New York: Teachers College Press.

New South Wales Department of Education. (1952). *Curriculum for primary schools.* Sydney, NSW, Australia: New South Wales Department of Education.

N. N. (Elizabeth Pennell). (2001). The Impressionists in London. In P. G. Myer (Ed.), *Brushes with history: Writing on art from The Nation, 1865–2001* (pp. 80–86). New York: Thunder's Mouth Press/Nation Books.

No Child Left Behind Act of 2001, Pub. L. No. 107–110, 107th Congress (2001).

Nochlin, L. (1988). *Women, art, and power and other essays.* New York: Harper & Row.

Oldenburg, R. (1997). *The great good place.* New York: Marlowe & Company.

Organisation for Economic Co-operation and Development (OECD). (2002). *Frascati manual: Proposed standard practice for surveys on research and experimental development.* Paris: OECD Publication Service.

Paley, N. (1995). *Finding art's place: Experiments in contemporary education and culture.* New York: Routledge.

Paley, W. (1838). *Paley's moral and political philosophy* (A. J. Valpy, American Ed.). Philadelphia: Uriah Hunt.

Panek, R. (1999, February 14). Art and science: A universe apart? *The New York Times,* Arts & Leisure, pp. 1, 39.

Parsons, M. (1995). Art and culture, visual and verbal thinking: Where are the bridges? *Australian Art Education, 18*(1), 7–14.

Pasztory, E. (2005). *Thinking with things: Towards a new vision of art.* Austin: University of Texas Press.

Pearse, H. (1992). Art education theory and practice in a postparadigmatic world. *Studies in Art Education, 33*(4), 244-252.

Pellegrin, M. (1999). *Reflections and intentions.* Venice, Italy: Arsenale Editrice.

Perkins, D. (1992). *Smart schools: From training memories to educating minds.* New York: Free Press.

Perkins, D. (2000). *The eureka effect: The art and logic of breakthrough thinking.* New York: Norton.

Pevsner, N. (1973). *Academies of art, past and present.* New York: De Capo Press.

Phillips, D. C. (1990). Subjectivity and objectivity: An objective inquiry. In E. W. Eisner & A. Peshkin (Eds.), *Qualitative inquiry in education: The continuing debate* (pp. 19-37). New York: Teachers College Press.

Phillips, D. C., & Burbules, N. C. (2000). *Postpositivism and educational research.* Lanham, MD: Rowman & Littlefield.

Pink, S. (2001). *Doing visual ethnography: Images, media, and representation in research.* London: Sage.

Pink, S. (2006). *The future of visual anthropology: Engaging the senses.* New York: Routledge.

Pinker, S. (1994). *The language instinct.* New York: Morrow.

Pirsig, R. M. (1999). *Zen and the art of motorcycle maintenance: An inquiry into values.* New York: HarperCollins. (Original work published 1974)

Pitnick, R. (2007). The Chiapas photography project. *B&W, 51,* 50-56.

Plagens, P. (1986). *Moonlight blues: An artist's art criticism.* Ann Arbor, MI: UMI Research Press.

Pollock, G. (1988). Vision and difference: Femininity, feminism and the histories of art. London: Routledge.

Pollock, G. (2001). *Looking back to the future: Essays on art, life and death.* Amsterdam: G+B Arts International.

Prosser, J. (Ed.). (1998). *Image-based research: A sourcebook for qualitative researchers.* London: Falmer Press.

Rancière, J. (2004). *The politics of aesthetics* (G. Rockhill, Trans.). New York: Continuum. (Original work published 2000)

Ransom, J. C. (1979). *New criticism.* Westport, CT: Greenwood Press.

Reas, C., & Fry, B. (2007). *Processing: A programming handbook for visual designers and artists.* Cambridge, MA: MIT Press.

Reed-Danahay, D. E. (Ed.). (1997). *Auto-Ethnography: Rewriting the self and the social.* Oxford, UK: Berg.

Refsum, G. (2002). *Bete comme un peintre? Contribution to an understanding of the knowledge base in the field of visual arts* (Working Papers in Art & Design, Volume 2). Retrieved July 17, 2009, from http://sitem.herts.ac.uk/artdes_research/papers/wpades/v012/refsum.html

Reichardt, C. S., & Rallis, S. F. (Eds.). (1994). *The qualitative-quantitative debate: New perspectives.* San Francisco: Jossey-Bass.

Reimer, B. (1992). What knowledge is of most worth in the arts? In B. Reimer & R. A. Smith (Eds.), *The arts, education, and aesthetic knowing* (pp. 20-50). Chicago: The National Society for the Study of Education.

Ricoeur, P. (1981). *Hermeneutics and the human sciences: Essays on language, action, and interpretation* (J. B. Thompson, Ed. & Trans.). Cambridge, UK: Cambridge University Press.

Robb, P. (1998). *M: The man who became Caravaggio.* New York: Henry Holt.

Roda, T. (2005). *Artist's statement.* Retrieved March 22, 2009, from http://www.gregkucera.com/roda_statement.htm

Rogoff, B., & Lave, J. (Eds.). (1984). *Everyday cognition: Its development in social context.* Cambridge, MA: Harvard University Press.

Rogoff, I. (2000). *Terra infirma: Geography's visual culture.* London: Routledge.

Rolling, J. H., Jr. (2003). *Un-naming the story: The poststructuralist repositioning of African-American identity in western visual culture.* Unpublished doctoral dissertation, Teachers College, Columbia University, New York.

Rolling, J. H., Jr. (2004). Figuring myself out: Certainty, injury, and the poststructuralist repositioning of bodies of identity. *Journal of Aesthetic Education, 38*(4), 46-58.

Romans, M. (2005). *Histories of art and design education: Collected essays.* Chicago: Intellect Books.

Rose, G. (2001). *Visual methodologies: An introduction to the interpretation of visual materials.* Thousand Oaks, CA: Sage.

Rose, G. (2007). *Visual methodologies: An introduction to the interpretation of visual materials* (2nd ed.). Thousand Oaks, CA: Sage.

Rose, S. (2008, December 27). Search of the God neuron. *The Saturday Guardian*, Review, p. 8.

Ross, N. (2004). *Culture & cognition: Implications for theory and method*. Thousand Oaks, CA: Sage.

Rowley, S. (Ed.). (1994). Research and postgraduate studies in the visual arts and design proceedings. *NCHADS Research Seminar, April 15-16*. Sydney, NSW, Australia: College of Fine Arts, University of New South Wales.

Rubinstein, R. (2007). Art schools: A group crit. *Art in America, 5*, 99-100.

Rumelhart, D. E. (1998). The architecture of mind: A connectionist approach. In P. Thagard (Ed.), *Mind readings* (pp. 207-238). Cambridge, MA: MIT Press.

Ryle, G. (1949). *The concept of mind*. London: Hutchinson House.

Said, E. W. (1978). *Orientalism*. New York: Pantheon Books.

Salomon, G. (1991). Transcending the qualitative-quantitative debate: The analytic and systemic approaches to educational research. *Educational Researcher, 20*(6), 10-18.

Savery, J. R. (2006). Overview of problem-based learning: Definitions and distinctions. *The Interdisciplinary Journal of Probelm-Based Learning, 1*(1), 9-20.

Schank, R. C. (1999). *Dynamic memory revisited*. Cambridge, UK: Cambridge University Press.

Schatzman, L., & Strauss, A. L. (1973). *Field research: Strategies for a natural sociology*. Englewood Cliffs, NJ: Prentice Hall.

Scheffler, I. (1991). *In praise of the cognitive emotions and other essays in the philosophy of education*. New York: Routledge.

Scheurich, J. J. (1997). *Research method in the postmodern*. London: Falmer Press.

Schleifer, R., Con Davis, R., & Mergler, N. (1992). *Culture and cognition: The boundaries of literary and scientific inquiry*. Ithaca, NY: Cornell University Press.

Schön, D. A. (1983). *The reflective practitioner: How professionals think in action*. New York: Basic Books.

Schön, D. A. (1987). *Educating the reflective practitioner: Toward a new design for teaching and learning in the professions*. San Francisco: Jossey-Bass.

Scrivener, S. A. R. (2000). *Reflection in and on action and practice in creative-production doctoral projects in art and design* (Working Papers in Art & Design, Volume 1). Retrieved July 17, 2009, from http://sitem.herts.ac.uk/artdes_research/

papers/wpades/v011/scrivener1.html

Scrivener, S. A. R. (2006). Visual art practice reconsidered: Transformational practice and the academy. In M. Mäkelä & S. Routarinne (Eds.), *The art of research: Practice in research: Practice in research of art and design* (pp. 156–179). Helsinki, Finland: University of Art and Design Helsinki.

Semali, L. M., & Kincheloe, J. L. (Eds.). (1999). *What is indigenous knowledge?: Voices from the academy.* New York: Falmer Press.

Sengupta, S., Dietz, S., Nadarajan, G., Bagchi, J., & Narula, M. (2003). Translocations. In P. Vergne, V. Kortun, & H. Hou (Eds.), *How latitudes become forms: Art in a global age* (pp. 40–57). Minneapolis, MN: Walker Art Center.

Serig, D. A. (2005). *A conceptual structure of visual metaphor in the practices and exhibition of a consortium of artists.* Unpublished doctoral dissertation, Teachers College, Columbia University, New York.

Serig, D. A. (2006). A conceptual structure of visual metaphor. *Studies in Art Education, 47*(3), 229–247.

Shlain, L. (2007). *Art and physics: Parallel visions in space, time, and light.* New York: Harper Perennial.

Shohat, E. (Ed.). (1998). *Talking visions: Multicultural feminism in a transnational age.* Cambridge, MA: MIT Press.

Silverman, D. (2001). Interpreting qualitative data: Methods for analysing talk, text and interaction (2nd ed.). London: Sage.

Singerman, H. (1999). *Art subjects: Making artists in the American university.* Berkeley: University of California Press.

Sinnott, P. (2007). Curiosities and criticalities [Brochure]. In G. Sullivan & B. Curatolo (Eds.), *Pearl Street Projects-New adventures of Mark Twain: Coalopolis to Metropolis, September 28-November 4, 2007.* New York: The President and Trustees of Teachers College, Columbia University and the Center for Arts Education Research.

Slager, H. (2009). Art and method. In J. Elkins (Ed.), *Artists with PhDs: On the new doctoral degree in studio art* (pp. 49–56). Washington, DC: New Academia Publishing.

Smith, G. (2009). The non-studio PhD for visual artists. In J. Elkins (Ed.), *Artists with PhDs: On the new doctoral degree in studio art* (pp. 89–95). Washington, DC:

New Academia Publishing.

Smith, H., & Dean, R. T. (Eds.). (2009). *Practice-led research, research-led practice in the creative arts*. Edinburgh, UK: Edinburgh University Press.

Smith, J. K., & Heshusius, L. (1986). Closing down the conversation: The end of the quantitative-qualitative debate among educational researchers. *Educational Researcher, 15*, 4-12.

Smith, L. T. (1999). *Decolonizing methodologies: Research and indigenous peoples*. Dunedin, New Zealand: University of Otago Press.

Smith, N. R. (1993). *Experience and art: Teaching children to paint* (2nd ed.). New York: Teachers College Press.

Smith, P. (1996). *The history of American art education: Learning about art in American schools*. Westport, CT: Greenwood Press.

Smith, S., & Watson, J. (Eds.). (2002). *Interfaces: Women, autobiography, image, performance*. Ann Arbor: The University of Michigan Press.

Snow, C. P. (1959). *The two cultures and the scientific revolution*. New York: Cambridge University Press.

Solomon, R. Guggenheim Museum. (2001). *Frank Gehry, architect*. Retrieved July 18, 2009, from http://pastexhibitions.guggenheim.org/gehry/exhibition.html

Solso, R. L. (1994). *Cognition and the visual arts*. Cambridge, MA: MIT Press.

Solso, R. L. (2003). The psychology of art and the evolution of the conscious brain. Cambridge, MA: MIT Press.

Song, B. R. (2008). *Changing conceptions of cultural identities: Critical inquiry through digital art practices within higher education*. Unpublished doctoral dissertation, Teachers College Press, Columbia University, New York.

Soucy, D., & Stankiewicz, M. (Eds.). (1990). *Framing the past: Essays on art education*. Reston, VA: National Art Education Association.

Springgay, S. (2008). *Body knowledge and curriculum: Pedagogy of touch in youth and visual culture*. New York: Peter Lang.

Springgay, S., Irwin, R., Leggo, C., & Gouzouasis, P. (Eds.). (2008). *Being with A/r/tography*. Rotterdam, The Netherlands: Sense Publishers.

Stafford, B. M. (1994). *Artful science: Enlightenment entertainment and the eclipse of visual education*. Cambridge, MA: MIT Press.

Stafford, B. M. (1996). *Good looking: Essays on the virtue of images*. Cambridge, MA:

MIT Press.

Stafford, B. M. (2007). *Echo objects: The cognitive world of images*. Chicago: University of Chicago Press.

Staikidis, C. (2004). *Where lived experience resides in art education: A painting and pedagogical collaboration with Mayan artists*. Unpublished doctoral dissertation, Teachers College Press, Columbia University, New York.

Staikidis, K. (2006). Personal and cultural narrative as inspiration: A painting and pedagogical collaboration with Maya artists. *Studies in Art Education, 2*(47), 118–138.

Stallabrass, J. (2003). *Internet art: The online class of culture and commerce*. London: Tate Publishing.

Stanczak, G. C. (Ed.). (2007). *Visual research methods: Image, society, and representation*. Thousand Oaks, CA: Sage.

Sternberg, R. J. (Ed.). (1990). *Metaphors of the mind: Conceptions of the nation of intelligence*. New York: Cambridge University Press.

Stewart, I. (1995). *Nature's numbers: The unreal reality of mathematics*. New York: Basic Books.

Storr, R. (2007). *Think with the senses—Feel with the mind. Art in the present tense*. Venezia, Italy: Fondazione La Biennale di Venezia.

Strand, D. (1998). *Research in the creative arts*. Canberra, ACT, Australia: Commonwealth of Australia.

Strathern, M. (Ed.). (2000). *Audit cultures: Anthropological studies in accountability, ethics and the academy*. London: Routledge.

Strauss, A., & Corbin, J. (1990). *Basics of qualitative research: Grounded theory procedures and techniques*. Thousand Oaks, CA: Sage.

Stronach, I., & MacLure, M. (1997). *Educational research undone: The postmodern embrace*. Buckingham, UK: Open University Press.

Stuhr, P. (1994). Multicultural art education and social reconstruction. *Studies in Art Education, 35*(3), 171–178.

Stuhr, P. (2003). A tale of why social and cultural content is often excluded from art education—And why it should not be. *Studies in Art Education, 44*(4), 301–314.

Sullivan, G. (1993). Art-based art education: Learning that is meaningful, authentic, critical, and pluralist. *Studies in Art Education, 35*(1), 5–21.

Sullivan, G. (1994). *Seeing Australia: Views of artists and artwriters*. Annandale, Australia: Piper Press.

Sullivan, G. (1996). Critical interpretive inquiry: A qualitative study of five contemporary artists' ways of seeing. *Studies in Art Education, 37*(4), 210-225.

Sullivan, G. (1998). *Critical influence: A visual arts research project with Jayne Dyer and Nikki McCarthy* [CD-ROM]. Sydney, NSW, Australia: College of Fine Arts, University of New South Wales.

Sullivan, G. (2002a). Ideas and teaching: Making meaning from contemporary art. In Y. Gaudelius & P. Speirs (Eds.), *Contemporary issues in art education* (pp. 23-38). Upper Saddle River, NJ: Prentice Hall.

Sullivan, G. (2002b). Artistic thinking as transcognitive practice: A reconciliation of the process-product dichotomy. *Visual Arts Research, 27*(1), 2-12.

Sullivan, G. (2004). Studio art as research practice. In E. W. Eisner & M. D. Day (Eds.), *Handbook of research and policy in art education* (pp. 795-814). Mahwah, NJ: Lawrence Erlbaum.

Sullivan, G. (2005). *Art practice as research: Inquiry in the visual arts*. Thousand Oaks, CA: Sage.

Sullivan, G. (2006). Research acts in art practice. *Studies in Art Education, 48*(1), 19-35.

Sullivan, G. (2007). Creativity as research practice in the visual arts. In L. Bresler (Ed.), *International handbook of research on arts education, part 2* (pp. 1181-1194). Dordrecht, The Netherlands: Springer.

Sullivan, G. (2008). Painting as research: Create and critique. In J. G. Knowles & A. L. Cole (Eds.), *Handbook of the arts in qualitative research: Perspectives, methodologies, examples, and issues* (pp. 239-250). Thousand Oaks, CA: Sage.

Sullivan, G. (2009). Making space: The purpose and place of practice-led research. In R. T. Dean & H. Smith (Eds.), *Practice-led research, research-led practice in the creative arts* (pp. 41-65). Edinburgh, UK: Edinburgh University Press.

Sullivan, G., & Hochtritt, L. (2001). *Christo & Jeanne-Claude: The art of gentle disturbance*. New York: The President and Trustees of Teacher College, Columbia University.

Svenungsson, J. (2007). *An artist's text book*. Helsinki, Finland: Finnish Academy of Fine Arts.

Svenungsson, J. (2009). The writing artist. *Art & Research, 2*(2), Spring. Retrieved July 8,

2009, from http://www.artandresearch.org.uk/v2n2/svenungsson.html

Tashakkori, A., & Teddlie, C. (1998). *Mixed methodology: Combining qualitative and quantitative approaches.* Thousand Oaks, CA: Sage.

Tashakkori, A., & Teddlie, C. (2003). *Handbook of mixed methods in social and behavioral research.* Thousand Oaks, CA: Sage.

Taylor, M. C. (2001). *The moment of complexity: The emergence of network culture.* Chicago, IL: University of Chicago Press.

Tesch, R. (1990). *Qualitative research: Analysis types and software tools.* Basingstoke, Hampshire, UK: Falmer Press.

Thelen, E., & Smith, L. B. (1994). *A dynamic systems approach to the development of cognition and action.* Cambridge, MA: MIT Press.

Thomas, D. (2007). Composites, multiplicities, complexities and duration. In L. Duxbury, E. M. Grierson, & D. Waite (Eds.), *Thinking through practice* (pp. 81–91). Melbourne, Vic., Australia: RMIT Publishing (published on Infomit e-library, http://search.infomit.com.au)

Tonfoni, G. (1994). *Writing as a visual art.* Oxford, UK: Intellect Books.

Torrance, E. P., & Myers, R. E. (1970). *Creative learning and teaching.* New York: Dodd, Mead.

Tufte, E. R. (1983). *The visual display of quantitative information.* Cheshire, CT: Graphic Press.

Turkle, S. (1995). *Life on the screen: Identity in the age of the Internet.* New York: Simon & Schuster.

Twain, M. (1899). *Following the equator: A journey around the world* (Vol. I, Author's National Edition). New York: Harper & Brothers.

Valovic, T. S. (2000). *Digital mythologies: The hidden complexities of the internet.* New Brunswick, NJ: Rutgers University Press.

van Leeuwen, T., & Jewitt, C. (Eds.). (2001). *Handbook of visual analysis.* Thousand Oaks, CA: Sage.

Varnedoe, K. (1998). *Jackson Pollock.* New York: The Museum of Modern Art.

Vasari, G. (1993). *Lives of the artists* (George Bull, Trans.). London: The Folio Society. (Original work published 1568)

Velickovic, V. (2007). Foreword. In M. Ciric (Cur.), *Mrdjan Bajić: Reset* (pp. 4–5). Belgrade, Serbia: Ministry of Culture, Republic of Serbia.

Vergne, P., Kortun, V., & Hou, H. (Eds.). (2003). *How latitudes become forms: Art in a global age.* Minneapolis: MN. Walker Art Center.

Wagner, G. (2007). The Roma pavilion in Venice—A bold beginning. Ambivalence, sophistication and politics. In T. Junghaus & K. Szekely (Eds.), *Paradise lost,* (pp. 36–37). Munich, Germany: Prestel Publishing.

Walker, H. (2001). Renigged. In T. Golden, C. Kim, & H. Walker (Eds.), *Freestyle* (pp. 16–17). New York: The Studio Museum in Harlem.

Walker, J. A., & Chaplin, S. (1997). *Visual culture: An introduction.* Manchester, UK: Manchester University Press.

Wallace, D. B., & Gruber, H. E. (1989). *Creative people at work.* New York: Oxford University Press.

Ward, J. H. (1876, August 10). New England liberalism. *The Independent,* p. 26.

Webb, J. (Ed.). (1999). *Beyond the future: The thir Asia–Pacific triennial of contemporary art.* Brisbane, Australia: Queensland Art Gallery.

Webb, J. (2000). *Research in perspective: The practice of theory* (Working Papers in Art & design, Volume 1). Retrieved July 1, 2009, from http://sitem.herts.ac.uk/artdes_research/papers/wpades/v011/webb1.html

Weber, S. (2008). Visual images in research. In J. G. Knowles & A. L. Cole (Eds.), *Handbook of the arts in qualitative research: Perspectives, methodologies, examples, and issues* (pp. 41–70). Thousand Oaks, CA: Sage.

Weintraub, L. (2003). *Making contemporary art: How today's artists think and work.* London: Thames and Hudson.

Weisberg, R. W. (1993). *Creativity: Beyond the myth of genius.* New York: W. H. Freeman.

Werner, J. P. (2007). *Immersive installation art: Digital technology, its philosophies, and the rise of a new genre in fine art.* Unpublished doctoral dissertation, Teachers College Press, Columbia University, New York.

Wilson, B. (1997). The second search: Metaphor, dimensions of meaning, and research topics in art education. In S. D. La Pierre & E. Zimmerman (Eds.), *Research methods and methodologies for art education* (pp. 1–32). Reston, VA: National Art Education Association.

Wilson, B. (2001). Mentors and models. Doctoral study in art education at Penn State. In J. Hutchens (Ed.), *In their own words: the development of doctoral study in art education* (pp. 28–43). Reston, VA: National Art Education Association.

Wilson, F. (2003). Interview with Kathleen Goncharov. In K. Goncharov (Ed.), *Speak of me as I am* (pp. 20–25). Cambridge, MA: MIT List Visual Arts Center.

Wilson, M. (2009). Four theses attempting to revise the terms of a debate. In J. Elkins (Ed.), *Artists with PhDs: On the new doctoral degree in studio art* (pp. 57–70). Washington, DC: New Academia Publishing.

Wilson, S. (2002). *Information arts: Intersections of art, science and technology.* Cambridge, MA: MIT Press.

Wimsett, W. K., & Beardsley, M. (1971). The intentional fallacy. In G. Dickie (Ed.), *Aesthetics, an introduction* (pp. 110–121). Indianapolis, IN: Pegasus.

Wolff, J. (1993). *The social production of art* (2nd ed.). New York: New York University Press.

Yang, A. (1998). *Why Asia?: Contemporary Asian and Asian American art.* New York: New York University Press.

Young, J. O. (2001). *Art and knowledge.* London: Routledge.

Zeki, S. (1999). *Inner vision: An exploration of art and the brain.* Oxford, UK: Oxford University Press.

Zeki, S. (2009). *Splendours and miseries of the brain: Love, creativity and the quest for human happiness.* Chichester, West Sussex, UK: Wiley–Blackwell.

찾아보기

저자 소개

Graeme Sullivan

2010년 이후로 미국 펜실베이니아 주립대학교 미술교육과 학과장이다. 1999년부터 2010년까지 컬럼비아 대학교 대학원(Teachers College) 미술교육과 교수로 재직했던 설리번은 오하이오 주립대학교에서 1984년 박사학위를 받았으며, 1998~1999년 컬럼비아 대학교 교수를 역임하기 전까지 호주의 뉴사우스웨일즈 대학교에서 후학을 양성하였다. 1990년대 초반부터 설리번은 시각예술 작가의 비평적이고 반성적인 사고과정과 시각예술이 채택하는 탐구의 방법론에 관해 연구해 오고 있다. 그 연구들의 목적은 시각적 사고 과정, 그중에서도 대학과 미술학교의 스튜디오에 기반을 둔 예술의 실행과정에 대한 연구를 증가시키는 데 두고 있다. 그 연구의 집약이 이 책의 초판인 『*Art Practice as Research: Inquiry in the Visual Arts*』(2005)에 있으며, 증보판인 이번 저서에는 중대한 증보와 개편이 이루어져 있다. 설리번은 미술교육의 전 분야에서 많은 저서를 출판했으며, 1990년에 미국미술교육학회(National Art Education Association: NAEA)가 수여하는 마뉴엘 바칸상(Manual Barkan Memorial Award)을 받았다. 설리번은 미국미술교육학회로부터 미술교육 분야에 기여한 성과로 2007년 로웬펠드 수상했다. 설리번은 『*Seeing Australia: Views of Artists and Artwriters*』(1994)의 저자이기도 하다. 미국미술교육학회가 출간하는 학회지인 『*Studies in Art Education*』의 책임편집위원을 역임하기도 했다. 설리번은 전 세계의 여러 장소에 설치작품인 Streetworks 시리즈를 통해 시각예술 작가의 실제 예술 실행을 실천하고 있다.

역자 소개

김혜숙(Kim Hyesook)
미국 컬럼비아 대학교 교육학 박사(미술교육 전공)
현 춘천교육대학교 교수

김미남(Kim Minam)
미국 펜실베이니아 주립대학교 박사(미술교육 전공)
현 한양대학교 응용미술교육학과 조교수

정혜연(Chung Hyeyoun)
미국 컬럼비아 대학교 교육학 박사(미술교육 전공)
현 홍익대학교 미술교육과 겸임교수

최성희(Choi Sunghee)
미국 펜실베이니아 주립대학교 박사(미술교육 전공)
현 홍익대학교 교육대학원 미술교육 전공 초빙교수

예술실행 연구
-시각예술에서의 탐구-

Art Practice as Research: Inquiry in Visual Arts, 2nd Edition

2015년 9월 25일 1판 1쇄 인쇄
2015년 9월 30일 1판 1쇄 발행

지은이 • Graeme Sullivan
옮긴이 • 김혜숙 · 김미남 · 정혜연 · 최성희
펴낸이 • 김진환
펴낸곳 • (주) **학지사**

　　　　　121-838 서울특별시 마포구 양화로 15길 20 마인드월드빌딩
대표전화 • 02)330-5114　　　팩스 • 02)324-2345
등록번호 • 제313-2006-000265호

홈페이지 • http://www.hakjisa.co.kr
페이스북 • https://www.facebook.com/hakjisa

ISBN 978-89-997-0704-9 93370

정가 22,000원

인터넷 학술논문 원문 서비스 **뉴논문** www.newnonmun.com

이 도서의 국립중앙도서관 출판시도서목록(CIP)은 서지정보유통지
원시스템 홈페이지(http://seoji.nl.go.kr)와 국가자료공동목록시스템
(http://www.nl.go.kr/kolisnet)에서 이용하실 수 있습니다.
(CIP 제어번호: CIP2015013867)